2019年度教育部人文社会科学重点研究基地重大项目
《长江三角洲全面建成小康社会中的创新发展研究》
(项目编号:19JJD790002) 资助

"十三五"国家重点出版物出版规划项目
长三角区域践行新发展理念丛书

长三角地区创新发展研究

洪银兴 孙宁华 等 ◎著

Research on the Innovative Development of
the Yangtze River Delta Region

中国财经出版传媒集团
经济科学出版社
Economic Science Press

主要作者

洪银兴　　孙宁华

（以下以章为序）

宗晓华　　龙翠红
李永友　　王辉龙
周　磊　　安　志
刘梦鹤　　季小立

总序

长三角地区一直是我国经济发展的"领头羊",尽管三省一市(江苏、浙江、安徽和上海)的面积是全国的1/26,常住人口是全国的1/6,但经济总量是全国的近1/4;长三角城市群已经跻身六大世界级城市群。无论是全面小康社会建设还是即将开启的现代化建设,都需要长三角地区发挥"领头羊"的作用。2018年11月5日,习近平在首届中国国际进口博览会开幕式上宣布,长江三角洲区域一体化发展上升为国家战略。进入新时代,长三角地区一体化发展进入新的历史起点,面临新的现实挑战,承担新的发展任务。长三角地区在一体化进程中既要高质量全面建成小康社会,又要通过建设现代化经济体系高质量开启现代化建设的新征程,其有效路径就是践行新发展理念。

新发展理念是针对我国经济发展现阶段的重大问题提出的重要理论创新。我国已经告别低收入发展阶段,正在进入中等收入发展阶段,但仍处于并将长期处于社会主义初级阶段,这是现阶段我国经济发展面临的基本国情。在这一阶段,面临一系列重大问题。第一,增长速度从高速转向中高速,必须依靠新旧动能接续转换,才能保证中高速增长的可持续。第二,必须直面"中等收入陷阱"这一历史难题,避免像国际上一些国家和地区在进入中等收入阶段后,由于收入差距过大、结构矛盾加剧等原因陷入经济发展停滞甚至倒退状态。第三,我国经济发展迫切需要提升质量,从低质量发展向高质量发展转变。高质量发展意味着经济发展的效率改进、效益提升、结构优化、生态改善与区域平衡等诸多内涵。新发展理念正是针对我国发展面临的这些重大问题提出来的，是我国当前和今后一个时期经济社会发展的战略指引。

创新着重解决发展动力问题。改革开放40年是破除制度壁垒、优化生产关系、解放生产力、发挥初级生产要素对经济增长推动力的40年。但是，在经历多年的高速增长后，初级生产要素对经济增长的推动力在减弱。创新作为高级生产要素，不仅属于新动能，能直接推动经济增长，而且对其他生产要素的经济增长效应能起到增幅作用。现在，我国产业发展和科技创新在世界上的位置已从跟跑并跑提升到并跑领跑，抢占战略制高点、实现创新驱动发展的任务更为紧迫。长三角地区科技创新资源较为丰富，企业的创新主体地位突出，有必要也有能力依靠创新，着力培育以技术、品牌、质量、服务为核心竞争力的新优势。

协调着重解决发展不平衡问题。改革开放允许一部分地区先发展，效果明显，长三角地区总体上是得益者。但是，地区发展不平衡随之而来。虽然长三角地区是全国城乡居民收入差距最小的区域，但其三省一市内部的不同区域都存在地区差距、城乡差距，相比其他领域，农业现代化仍然是短板。因此，在全面小康社会建设中，长三角地区不仅要彰显优势，还要根据协调发展的理念，解决地区之间、城乡之间的发展不平衡问题，补齐发展的短板。

绿色着重解决人与自然和谐问题。绿色发展要求牢固树立"保护生态环境就是保护生产力，改善生态环境就是发展生产力"的核心理念。长三角地区是我国最早实现工业化的地区，发展开放型经济，形成了"世界工厂"。在其工业化水平进入全国前列的同时，也不可避免地带来环境和生态遭到破坏的问题。因此，绿色发展成为长三角地区全面小康建设的着力点，不仅要改变粗放式发展，走集约式低消耗低排放的发展道路，还要修复已经遭到破坏的环境和生态，让长三角地区重现绿水青山、蓝天白云。

开放着重解决发展内外联动问题。长三角地区对外开放水平一直较高，不仅外向度高，引进外资规模也大。进入新时代，长三角地区的开放发展不但要继续走在全国前列，还需要由数量型转向质量效益型，在更高层次上实现改革与开放之间的互动，发挥两者之间的正反馈机制，向发达国家和发展中国家开放。根据习近平关于构建人类命运共同体思想的重要论述，建立高质量的开放型经济体系的主要表现是：开放战略坚持"引进来"和"走出去"并重，利用自由贸易区等开放载体，形成陆海内外联动、东西双向互济的开放格局；服从于创新驱动发展战略，引进国外要素的着力点将转向创新要素；参与全球化分工将从比较优势转向竞争优势；重视我国产业在全球价值链中地位的提升，争取在价值链中的主导地位，并且依托核心技术建立以我为主的全球价值链，形成面向全球的贸易、投融资、生产、服务的价值链，培育国际经济合作和竞争新优势。

共享着重解决社会公平正义问题。中国特色社会主义经济发展的根本目标是以人民为中心，是要满足人民日益增长的美好生活需要。改革开放40年来，人民生活水平普遍提高，但也出现了收入差距扩大问题。共享发展是要在发展中共享、在共享中发展，努力实现改革发展成果全民共享、全面共享、共建共享。在共享发展中，人民群众共同分享改革发展成果，不断得到实实在在的利益，在民生改善中有更多获得感，逐步实现共同富裕，从而进一步激发广大人民群众的积极性和创造性，为经济发展提供不竭的动力源泉。

作为教育部人文社会科学重点研究基地，南京大学长江三角洲经济社会发展研究中心多年来坚持发挥研究的比较优势，始终聚焦长三角地区经济社会发展中的重大问题，取得了一系列具有影响力的研究成果。2016年初，中心结合长三角全面建设小康社会的战略任务，制定中心发展的"十三五"规划，并根据这五大新发展理念发布五个重大项目，由刘志彪教授、范从来教授、张二震教授、李晓春教授和洪银兴教授分别作为带头人，组织南京大学经济学科整体力量申报的长江三角洲全面建设小康社会中的协调发展研究、长江三角洲全面建设小康社会中的共享发展研究、长江三角洲全面建设小康社会中的开放发展研究、长江三角洲全面建设小康社会中的绿色发展研究、长江三角洲全面建设小康社会中的创新发展研究等课题，获批2018年和2019年教育部人文社会科学重点研究基地项目。展现在读者面前的这系列著作，就是这五个重大项目的研究成果，希望能为国内外学者研究长三角问题提供有益的借鉴和参考，也能为各地政府部门厘清贯彻新发展理念、实现高质量发展提供可行的政策建议。

长三角区域发展一体化上升为国家战略以后，长三角区域高质量发展研究成为研究热点，并且提出一系列的新课题。南京大学长江三角洲经济社会发展研究中心的新成果也将纳入本丛书陆续出版。这些成果可以说是长三角地区践行新发展理念的新成就的总结。

洪银兴

目 录 CONTENTS

导 论　各具特色的长三角区域创新体系 / 1
　一、上海：构建具有全球影响力的科技创新中心 / 2
　二、浙江：加快建设创新型省份 / 4
　三、南京：新型研发机构推动科技与产业深度融合 / 5
　四、合肥：依托综合性国家科学中心提升科技创新能力 / 7
　五、苏州：创新园区支撑科技和产业创新 / 9
　六、昆山：科技创新驱动产业升级 / 10
　七、常州科教城：政府主导的产学研协同创新 / 12
　八、展望：长三角地区创新一体化 / 14

第一章　长三角一体化创新型区域建设 / 15
　一、建设创新型区域的新时代要求 / 15
　二、长三角地区创新型区域建设 / 19
　三、创新极（创新型城市）的建设 / 24
　四、创新极与外围地区的有效对接 / 27

第二章　高等教育高地支持长三角区域创新一体化 / 32
　一、长三角区域高等教育资源集聚现状及其创新优势 / 32
　二、长三角区域创新一体化建设及其对高等教育的要求 / 36
　三、长三角地区高等教育对区域创新经济发展贡献的实证研究 / 44
　四、长三角地区高等教育高地建设及其对区域创新的支持路径 / 61
　　附录　长三角区域经济一体化及高等教育一体化的发展历程 / 65

第三章　上海：构建具有全球影响力的科技创新中心 / 68
　一、上海科创中心的定位 / 69
　二、上海具有全球影响力的科技创新中心的构建 / 73

三、上海具有全球影响力的科技创新中心建设的成就 / 81
四、张江国家综合性科学中心建设及其效应的放大 / 88
五、上海科创中心需要进一步提升 / 96

第四章　浙江：加快建设创新型省份 / 105
一、浙江省创新发展的成效 / 105
二、浙江省推动创新发展的主要经验 / 119

第五章　南京：以新型研发机构推动科技与产业深度融合 / 148
一、在长三角区域创新一体化中定位引领性国家创新型城市 / 148
二、南京的新型研发机构及其作用 / 155
三、南京新型研发机构的运行和绩效 / 161
四、争创南京综合性国家科学中心 / 168

第六章　合肥：综合性国家科学中心提升安徽省科技创新能力 / 179
一、安徽在长三角区域中还是创新"洼地" / 179
二、创新"洼地"的突破 / 188
三、加强合肥综合性国家科学中心对安徽省科技创新的辐射带动作用 / 203

第七章　苏州：以创新园区支撑科技和产业创新 / 210
一、科技和产业创新高地 / 210
二、外资升级引领产业创新 / 213
三、高水平科技园区成就创新"策源地" / 217
四、打造长三角产业科技创新核心区 / 227

第八章　昆山：高质量开放驱动科技和产业创新 / 230
一、昆山高质量发展之路 / 230
二、昆山产业转型与升级 / 235
三、科技和产业创新的开放动力 / 242
四、产业创新的政府推动 / 250

第九章　常州科教城：政府主导的产学研协同创新体系 / 255
一、从大学城到科教城的提升 / 256

二、政府主导的产学研协同 / 259
　　三、常州科教城建设成效 / 267
　　四、新发展阶段做强区域创新内核 / 273

第十章　以创新一体化推动长三角全域一体现代化 / 278
　　一、长三角区域内的二元结构 / 278
　　二、长三角全域一体化的发展格局 / 280
　　三、科创中心与科创成果产业化的一体化布局 / 281
　　四、产业链一体化区域布局 / 283
　　五、后发展地区实现现代化跨越的基础条件和制度安排 / 285

参考文献 / 287
后记 / 297

导 论
各具特色的长三角区域创新体系

长江三角洲(以下简称"长三角地区")是我国经济发展最强劲、经济和科教实力最强的地区,现在该区域包括江苏、浙江、安徽、上海三省一市。据《第七次人口普查公报》数据测算,2020年末,长三角地区常住人口总量达2.35亿人,占全国大陆人口的16.7%。该区域土地面积占全国的4%,但该区域创造的GDP约占全国GDP总量的24%。

从总体上说,长三角地区达到的全面小康水平在全国处于前列。回顾长三角地区全面建设小康社会进程,该区域以上海及其周边16个城市为代表,经过如下几个发展阶段:一是"农"转"工",即在全国率先发展乡镇企业,推进农村工业化和城镇化;二是"内"转"外",率先发展外向型经济,成为我国引进外资数量最多、质量最高的区域;三是在全国率先发展创新型经济,进入我国科教和产业创新的最前沿。

长三角区域一体化上升为国家战略。该区域一体化的战略定位是建设"一极三区一高地",即全国经济发展强劲活跃的增长极,全国经济高质量发展的样板区、率先基本实现现代化的引领区、区域一体化发展的示范区,新时代改革开放的新高地。创新发展是实现这个战略定位的第一动力。

在长三角地区经济加速从要素驱动向创新驱动的转型过程中,高等教育的作用日益突出。我们利用长三角地区省级和地级市面板数据进行实证研究,发现长三角地区高等教育人力资本对区域经济增长与区域创新能力提升均具有显著的正向促进作用,其中对区域创新能力的促进效果要相对更大。省级层面的实证分析显示,高等教育人力资本每增加1%,人均实际GDP将增加0.167%,三种专利申请授权量将增加0.605%;地级市面板数据实证结果显示,在其他变量保持不变的情况下,高等教育人力资本每增加1%,人均实际GDP将增加0.126%,三种专利申请授权量将增加

0.301%。这也说明,在新的发展阶段,高等教育人力资本已经成为长三角区域创新发展的核心要素。

现代科技创新的源头是知识创新和基础研究,高等院校在其中起着重要作用。长三角地区是我国高校分布最密集、实力最强的地区之一。从院校分布来看,2019年全国共有普通高校2 688所,长三角地区共计有459所,占全国的比例为17.08%;从高校在校生规模来看,长三角地区的普通高等教育在校生人数为534.34万人,占全国普通高校在校生人数的16.12%,其中博士生人数占全国的比例为23.15%;从"双一流"建设高校数量来看,长三角地区拥有复旦大学、上海交通大学、浙江大学、南京大学、中国科学技术大学等8所"一流大学"建设高校,占全国"一流大学"(42所)的19.05%;从"一流学科"建设高校来看,长三角地区拥有27所"一流学科"建设高校,占全国"一流学科"建设高校总数(95所)的28.42%。[①] 长三角地区发挥高等教育高地和大科学装置集群的知识创新功能,支撑了创新发展高地的建设。

长三角地区之所以能够成为国家的创新高地,最为重要的是拥有提供原创性科技成果的高地。在国家首批批准的三家综合性国家科学中心中,有两家位于长三角地区——上海张江和安徽合肥综合性国家科学中心。

长三角不同区域和行政层级所拥有的创新资源禀赋存在明显的差异,在整个创新链中承担的历史使命也不尽相同。基于这一原因,本书选取了不同区域不同层级的创新经济体,剖析它们如何结合自身已有资源和优势以创新促经济发展的动力作用,对各个地区创新发展的分析不是面面俱到,而是突出其最有特色的部分,综合起来就可以发现创新型区域的基本特征。

一、上海:构建具有全球影响力的科技创新中心

加快建设具有全球影响力的科技创新中心,是党中央、国务院交给上海的重大战略任务,也是上海当好改革开放排头兵、做好创新发展先行者的内在要求,不仅体现了国家创新驱动发展的战略导向,也肩负着代表国家抢占科技创新制高点的历史使命和责任担当。

上海依托国际大都市建设和国际金融中心建设的协同联动效应,打造具有全球影响力的科创中心,促进资本形成与科技创新的协同,使上海成为中国金融开放的新窗口、科技创新的新高地,辐射带动整个长三角地区的经济发展。

---

① 《中国统计年鉴(2020)》和《中国教育统计年鉴(2019)》。

导论　各具特色的长三角区域创新体系

党的十八届三中全会以来,党中央国务院赋予上海的国家战略包括自由贸易区(以下简称"自贸区")战略、"一带一路"倡议、长江经济带发展战略、建设具有全球影响力的科技创新中心战略和长三角一体化发展国家战略。建设具有全球影响力的科创中心,是重构上海发展动力的关键之举,是上海建设全球卓越城市的关键内核,是上海产业结构调整转型升级的关键选择。上海需要挖掘要素驱动潜力,在更大范围内强化高端要素的集聚功能,形成新型的要素驱动功能;上海需要正确发挥财富驱动的支撑作用,形成财富聚集、推动实体经济发展的动力机制,为创新驱动提供财富支撑;上海更要尽快形成一批能带动全市产业结构快速转型升级的战略性新兴产业,产生一批能够整合长三角区域资源的战略性新兴产业,发现一批能够对全球产生重大影响力的前沿性新兴产业。

上海要构建具有全球影响力的科技创新中心,相关配套措施与发展基础必不可少。目前上海已经在如下五个方面为建设全球有影响力的科创中心奠定了较好的基础:一是科创中心建设布局不断优化,政策法规体系日益完善;二是科创中心建设的金融支持不断完善;三是高度重视科创人才培养;四是深化科技体制机制改革;五是政府深化改革,强化法规保障与规划引领。

上海具有全球影响力的科技创新中心建设的成就主要表现为:其一,原创性重大成果突出;其二,科技成果转化加速推进;其三,企业活力进一步增强;其四,对外开放度进一步提升;其五,长三角区域一体化创新平台有序推进。

张江入选综合性国家科学中心,是上海具有全球影响力的科技创新中心建设的重大动力源。国家科学中心既是超大设施的硬件集群,也是支撑前沿研究的科研生态群落,要以全球视野、国际标准提升科学中心集中度和显示度,在基础科技领域作出大的创新,在关键核心领域取得大的突破。张江科学城作为上海科创中心的核心和国家级科技高地,集聚了众多科研平台和一流创新型院所,形成了深远的知识外溢和技术辐射。张江作为上海科创中心的中枢要领区,肩负着自贸区和科创中心共同融合发展的国家战略任务。近年来,张江的创新成果不断涌现,基础研究能力和自主创新能力不断跃升,打造出了世界级大科学设施集群,创造出了诸多令人瞩目的成果。在不断合理优化区域内创新创业生态的同时,张江还积极响应"一带一路"、长江经济带发展等国家层面的倡议,加速创建面向全国的科技创新、产业发展体系,并实现了跨区域联动发展,形成了独特的"张江模式",获得了优异品牌效应,"张江模式"已成为全国高科技园区竞相效仿的成功典范。

张江作为综合性国家科学中心,初步展现了全球科技创新网络框架。其一,张江创新的"磁石效应"。依托上海区位、科技、人文等优势,吸引了诸多科技创新人员、科研机构逐渐向张江聚集,围绕特定方向进行密切交流与合作。张江综合性国家科学中心科技创新的"磁石效应"初步显现。其二，全球创新网络初现雏形。其三，初建一批产业联盟。为进一步提升张江综合性国家科学中心的集中度和显示度，需要深度融入全球科技创新网络，不断集聚全球高端创新资源；构建多层研究机构和研发平台，努力突破重大核心技术；利用共性技术平台开展技术创新。

可以肯定，上海的科技水平处于全国前列，其科创中心的建设成果显著。但是对标具有全球影响力的科创中心的要求，对标北京中关村和其他国内先进的科创中心，上海科创中心还有进一步提升的空间。存在的问题主要有：上海的科技成果转化效率还不够高，高校、科研院所的科技成果产权制度有待完善，新型研发机构发展不足，技术交易平台和知识产权机构发育不足，创新引导基金、风险投资机构等作用还有待提升，创新创业的生态环境还有待进一步完善。目前上海科创中心的显示度主要体现在原创知识创新成果产出方面，如重大科学发明、高质量论文和专利等，而在产业技术发明和高技术产品产出方面有待加强。上海虽然在新兴技术的学术研究领域走在全球前列，但在新兴技术研发领域与排名靠前的城市仍有一定差距。

二、浙江：加快建设创新型省份

浙江省一直致力于全面实施创新驱动发展战略，加快建设创新型省份。2013年，浙江省委十三届三次全会通过了《中共浙江省委关于全面实施创新驱动发展战略加快建设创新型省份的决定》。之后的"十三五"规划期间，浙江省陆续出台了一系列政策措施。2016年，浙江省积极贯彻落实全国科技创新大会精神和《国家创新驱动发展战略纲要》，制定出台《浙江省科技创新"十三五"规划》《关于补齐科技创新短板的若干意见》《加快推进"一转四创"建设"互联网+"世界科技创新高地行动计划》等一系列重要的政策文件，努力建设科技强省。2017年，浙江省第十四次党代会强调要突出"创新强省"的工作导向。2018年，浙江省制定出台《关于全面加快科技创新推动高质量发展的若干意见》，提出了新一届省政府科技创新工作的施政纲领。2020年浙江省委十四届八次全会又明确提出"推动浙江从资源拉动向创新驱动跃升"。通过政策顶层设计与贯彻实施，开辟出了一条浙江特色的创新道路，浙江创新驱动实现高质量发展取得了显著成效。根据科技部发布的《中国区域创新能力监测报告》和《中国区域科技创新评价报告》数据，浙江在全国的创新力排名一直处于前六位。浙江省的创新工作持续保持在全国第一方阵。

浙江抓住新一轮科技革命中科创资源配置深度变化的机会，聚焦制造业和服务业创新发展，通过制度创新、组织创新、管理创新为技术创新提供更强大的支持。浙江紧紧瞄准现代科技前沿，以互联网、大数据、云计算等为技术手段，积极推动数字产业化和产业数字化，形成了以数字经济为龙头的现代产业体系，根据浙江省统计局数据，浙江省数字经济占比2017年就高达37.8%，到2019年进一步上升到43.3%。与此同时，浙江聚力金融科技和物联网发展，强力扶持金融与科技的融合创新，为电子商务发展建立可靠的基础设施，形成四通八达的物联网物流体系。浙江的数字经济和创新平台对长三角地区甚至全国各地形成了广泛的溢出效应。

浙江省在实施创新驱动发展方面还利用自身优势，积极搭建创新平台，为市场主体创新活动建立更趋市场化的创新实现载体。2019年浙江省又新增了5个省级创新平台，各市也积极效仿，在其区域内建立市级创新平台，如省级层面的阿里达摩院、之江实验室等，市级层面的南湖研究院、东南研究院等。这些创新平台对汇聚全国优质创新资源发挥了积极作用。浙江省在搭建创新平台的同时，还积极助推创新成果的市场转化，建立了不同层次和形式的创新成果交易市场。例如，2019年浙江成立了全省首家科技成果交易所，并举办了首场科技成果拍卖会。

浙江创新发展的另一个突出点就是推动特色小镇建设。特色小镇不同于小城镇，特色小镇以特色产业为纽带，在实现产业集聚的同时有效汇聚了创新要素，激励企业通过创新在特色小镇获得发展。

总之，浙江大力推进科技创新，通过创新驱动实现高质量发展，成效显著，但需要进一步改善的空间也很大，浙江需要抓住新一轮科技革命下科创资源配置深度调整的机会，积极布局大平台大载体，聚焦制造业和服务业创新发展。

三、南京：新型研发机构推动科技与产业深度融合

南京市以创新资源丰厚著称。南京市在长三角创新一体化的大背景下，依据对自身创新优势和劣势的判断，主动担负起创新策源地和知识扩散的城市使命，积极寻找促进科技成果转化的有效路径，推动本地和区域的高质量发展。南京市创新新型研发机构运营模式和运行机制，推动科教资源与产业创新深度融合，成为突破创新"最后一公里"的关键支点，推动创新名城建设并辐射周边区域经济发展。

南京选择从培育新型研发机构入手建设具有全球影响力的创新名城，契合了以下资源禀赋条件：一是南京创新资源丰富，高水平大学和科研机构较多，人力资源水平较高，具备了创新发展的禀赋优势；二是南京的产业基础特别是企业的活力和

市场竞争力并不突出，这阻碍了其创新成果的本地转化进程，出现创新"最后一公里短板"；三是南京所处的长三角地区具有创新合作的传统和条件，以上海为中心，以宁杭合为区域中心，以苏锡常等都市圈为子城市群，形成了层次清晰、相互补充的创新生态圈；四是长三角区域一体化发展上升为国家战略，促进长三角创新一体化发展的政策叠加效应明显，可以在创新的体制机制上大胆突破、先行先试。

南京建设新型研发机构对建设创新名城的主要贡献是打通"创新最后一公里"。南京的资源集聚力和区域影响力主要体现在大学和公共服务能力上，大学的知识通过与企业的合作扩散出去。从南京建立的新型研发机构的内涵、发展、成效、激励来看，其具有与本地产业结合，推动资源集聚和知识扩散的作用。

南京新型研发机构的核心要义体现在组织结构、股权构成、管理模式方面。一是以南京丰富的人力资本为最大资源，把人才团队作为新型研发机构组织机构的必要条件；二是以产、学、研结合为主要任务，在股权结构上体现"研"与"资"的关系，并且"研"具有主导性和控制性；三是以柔性管理为基本原则，新型研发机构的管理团队可以是专业化团队，也可以由研发团队自行管理，采用的是企业化运作模式。

南京新型研发机构的主要绩效表现在以下几个方面：一是新型研发机构数量增速较快。从2017年11月28日第一批30家新型研发机构签约，到2020年底，南京全市累计组建新研机构近409家，累计孵化引进企业8 914家，为创新名城建设作出了积极贡献。[①] 在多家权威机构发布的城市创新力评价中，南京均名列前茅。一批新型研发机构因南京创新名城建设而签约，进而又成为创新名城建设的重要推动力。二是发展方向明确。主要集中在战略性新兴产业领域，体现了南京主导产业发展方向。三是推动了大学和科研院所与地方融合发展。在政策的引导下，南京创新资源被有效调动。大学纷纷参与南京"两落地一融合"工作，两院院士、长江学者纷纷加盟。四是引进了一批国内外知名院校和学者。参与南京新型研发机构建设的不仅有驻宁高校，也有国内著名高校和院所，还有来自全球的顶级高校。在开放创新的背景下，城市国际化与城市创新能力相辅相成，新型研发机构通过汇聚全球高端人才和创新要素，聚焦科技前沿领域，助推具有全球影响力的创新名城建设。五是注重成果转化和发展实效。与以往的产学研合作不同，南京新型研发机构在运行机制、成果商业化等方面都更加依靠市场的力量。其中，要求研发团队占大股就是一个重要标志。通过研发团队入股，可以激励研发人员更加关注市场和成果的商业化。通过政府平台基金进入，可以帮助新型研发机构的早期发展；通过社会资本的引入，可以更好地把研发跟社会资源结合起来。新型研发机构采取混合所有制的模

---

① 数据由南京市科学技术局科技成果处提供。

式，研发团队占大股，使研发活动直接面向市场。

下一步，南京应集中力量争创综合性国家科学中心，并继续高质量建设新型研发机构；进一步完善和优化相关政策措施，稳定存量新型研发机构持续投入的信心，激发更多新的智力资源和金融资本加入；加大力度发展现代金融，建设多层次资本市场，推进现代金融与科技创新的结合，形成"科研、教育、产业、资本"四位一体的新型研发机构支持体系。

四、合肥：依托综合性国家科学中心提升科技创新能力

安徽省依托合肥地区大科学装置集群，整合相关创新资源，集聚世界一流人才，建设国际一流水平、面向国内外开放的综合性国家科学中心，保持和巩固安徽省在基础研究领域的先进地位和比较优势。

安徽省将"建设创新安徽、推动转型发展"摆在全省发展全局的核心位置，深入实施创新驱动发展战略，在创新型省（自治区、直辖市）[①] 的建设中取得重大进展，科技创新综合实力大幅提升，创新支撑经济发展的能力明显增强。与此同时，安徽省科技创新发展也面临一系列新问题、新挑战，如高新技术产业规模偏小、竞争力较弱；区域创新发展不平衡，与同处于长三角地区的江苏、浙江和上海差距较大。随着长三角区域一体化发展上升为国家战略，安徽与江苏、浙江和上海科技创新的竞争与合作日益加强。为了避免科技创新发展模式的同质化现象，应突出安徽省科技创新的特色与比较优势，实现长三角区域一体化背景下的省际创新优势互补。

第一，"合肥模式"助力长三角地区科创新高地。近年来，以政府主导战略性风险投资为主要特征的"合肥模式"成为政府推动科技创新的代名词，引起了全社会的广泛关注和热议。作为政府投资模式的重大创新，"合肥模式"成为推动合肥乃至安徽经济高质量发展的重要引擎。

传统招商引资模式存在诸多弊端。例如，政府给予企业土地、信贷、税收等优惠的政策模式在工业化后期人为压低了各生产要素的价格，导致同质化工业企业投资过度，造成产能过剩问题。相比较而言，合肥模式的重点是找准产业方向，尊重产业规律，通过国有资本引导社会资本和实施资本市场有序退出，国有资本实现保值增值后投向下一个产业，实现良性循环。本书从组建产业基金、强化资本运作，积极构建重大国有项目资本进入退出通道，以及强化投资管理三个方面介绍合肥模

[①] 为行文及阅读方便，以下"省（自治区、直辖市）"简称"省份"。

式助力创新型企业发展的具体路径。

第二，推进合肥综合性国家科学中心建设，打造安徽省科技创新策源地。合肥综合性国家科学中心是一个复杂的综合性系统，其构成要素具有多样性，大体可以划分为四类：第一类是以超导托卡马克实验装置、合肥同步辐射装置等大科学装置为代表的重大科研基础设施；第二类是协同创新平台，包括国家实验室（同步辐射国家实验室、微尺度物质科学国家实验室等）、交叉前沿研究平台（人工智能中心、天体一体化网络合肥中心）和科研成果转化平台（离子医学中心等）；第三类是科研创新主体，包括高校、科研原始科技企业等；第四类是市场中介服务机构。

合肥综合国家科学中心自建设运营以来，受到了来自国家、部委、地方三个层面的政策支持。其中，国家层面的政策文件主要包括《中华人民共和国国民经济和社会发展第十三个五年规划纲要》《国家创新驱动发展战略纲要》《"十三五"国家科技创新规划》等；部委层面的政策包括《关于参与建设科技创新中心和共建综合性国家科学中心的指导意见》《"十三五"国家科技创新基地与条件保障能力建设专项规划》等；地方层面的政策包括《合肥综合性国家科学中心实施方案（2017—2020年）》等。

合肥综合性国家科学中心的创新路径大体可以概括为两个部分：第一部分为基于知识创造的科技创新路径，具体包含科技战略、规划布局、载体建设、中心运营等方面；第二部分为基于知识共享的转移体制、机制创新路径，涵盖了合肥综合性国家科学中心的管理机制和合肥重大科技基础设施群开放共享的运行机制。创新成就涵盖四个方面：原创成果不断涌现，创新成果转化速度加快，创新人才集聚加速，合作创新不断深化。

第三，合肥综合性国家科学中心对安徽省科技创新的辐射带动作用。安徽省科技创新呈现出集聚有余、辐射不足的空间格局。从投入层面来看，安徽省的科技创新呈高速增长态势，但与苏浙沪两省一市的差距依然较大，且创新投入的省内空间不均衡情况较为严重，2013~2018年这种空间不均衡并未得到明显改善。从产出层面来看，安徽省的科技创新呈波动式上升趋势，研究人员的高流动性是造成这一情况的主要原因；安徽省的科技创新产出与苏浙沪地区同样存在明显的差距，部分指标甚至低于全国平均水平；安徽省内科技创新产出呈现空间负相关，且这种负相关性随时间推移而加剧，造成这一情况的主要原因是合芜蚌"一体两翼"的科创空间分布格局以及由此产生的"极化效应"。

为了扭转合肥综合性国家科学中心对安徽省科技创新辐射力度不足的问题，安徽省尽力打造"合芜蚌自主创新示范区"，通过"一体两翼"的空间布局增强辐射全省的力度，促进安徽省科技创新整体水平的提升。具体而言，应坚持"高端引领产业提升、先行先试、辐射带动",坚持把提升自主创新能力作为核心,形成"突出三体建设,围绕三个核心,强化三个联动"发展模式,为安徽省乃至中西部地区实现创新驱动发展积累经验。

合肥综合性国家科学中心未来的发展方向应该是借力长三角区域一体化发展,融入全球创新网络。具体而言,一是推动合肥、上海"两心共创",以合肥、上海张江综合性国家科学中心"两心共创"为牵引,加快科技资源共享服务平台优化升级,推动重大科研基础设施、大型科研仪器、科技文献、科学数据等科技资源合理流动与开放共享。二是广泛开展协同创新,充分发挥张江、宁波、温州、苏南、杭州、合芜蚌等六个国家自主创新示范区的辐射带动作用,不断提升长三角整体区域创新能力。三是共同牵头组织或参与国际大科学计划和大科学工程,整合长三角地区科技创新资源,集聚全世界科技创新力量。

五、苏州:创新园区支撑科技和产业创新

苏州位于长三角核心区,是国家历史文化名城和风景旅游城市、国家高新技术产业基地、长江三角洲重要的中心城市,也是中国开放程度最高、经济活力最强、创新能力最高、吸纳外来人口最多的城市之一。2020年,苏州GDP总量首次突破2万亿元大关,在全国地级市中排名第一位。同年,苏州实现一般公共预算收入2 303亿元,进出口总额达到22 321亿元,在全国大中城市均排名第四位。此外,苏州拥有4个国家级高新区,位居全国首位,4个县级市均位列全国百强县前十名。

作为长三角地区乃至全球重要的制造业基地,苏州的制造业已涉及35个工业大类、167个工业中类和489个工业小类。2020年,苏州规模以上工业总产值达到34 824亿元,位居全国前列。截至2021年5月,世界500强企业中已有156家在苏州投资,各类外资企业地区总部和功能性发展机构已超300家。苏州本土企业中,已有200家企业在境内外上市,其中科创板上市企业33家;28家企业入围全国民营制造500强;10家企业进入中国500强行列;5家企业营收超千亿元;3家本土企业跻身世界500强。

依托雄厚的制造业基础,苏州不断加大科技创新力度,已经成长为长三角地区乃至全国重要的区域科技创新中心。"十三五"期间,苏州的高新技术企业由3 478家快速增长到9 772家,位居全国第五。2020年,苏州市国家科技型中小企业入库评价企业12 594家,位列全国第一;科技进步贡献率达到66.5%,连续11年位居江苏省首位;新兴产业产值和高新技术产业产值分别达到19 400亿元和17 735.8

亿元，占规模以上工业总产值比重分别达55.7%和50.9%。2021年，苏州获批建设生物医药、第三代半导体两大国家技术创新中心以及国家新一代人工智能创新发展试验区，这表明苏州的生物医药、半导体以及人工智能等产业已经位居国内领先地位。

截至2020年底，苏州共有存量外商投资企业超过1.7万家，已经累计实际使用外资超过1 300亿美元，位居全国前列。外资的引入显著提升了苏州经济的国际化水平，带来了先进的管理理念，为当地培养了大批具有国际化视野的管理和技术人才，也带动了一大批本土配套企业的发展。

产业的集聚发展需要高水平科技园区作为载体。虽然不是国内最早获批建设高新技术开发区的地区，但苏州后来居上，打造了建设高水平科技园区的苏州样板。最初，昆山在没有政策支持、没有资金支持的情况下，凭借敢为人先的精神，开启了自费办开发区的成功之路。1994年，苏州广泛吸收借鉴新加坡等发达国家和地区的先进做法，从"规划先行"开始，倾力打造苏州工业园区，至今已是国家级经济技术开发区的排头兵。当前，各类开发区已经成为苏州科技创新的"策源地"和产业创新的"主阵地"，如苏州工业园区的生物医药产业产值已超1 000亿元，连续多年保持20%以上的快速增长，生物医药产业竞争力已跃居全国首位。

进入创新驱动阶段以后，苏州又走在了全国前列，以科技创新带动产业创新，其动力源一是与研究型大学、科研院所深度合作，二是引进高科技外资。一方面，苏州坚持引进大院大所，把深化产学研合作作为汇聚一流创新要素、吸引一流创新人才的重要举措。截至2020年底，苏州已累计与238家知名高校和科研院所共同建设了130多家协同创新平台、1 800多个产学研联合体，合作开展研发类项目超过14 000个，总投入经费超过300亿元，为地区经济社会发展注入了强大的动能。另一方面，苏州积极引进高科技外资，并持续推动外资转型升级。仅2020年，苏州就新引进和形成了35个以区域总部或共享功能中心为中心的外资企业。截至2020年底累计已有超过330家跨国公司在苏州设立了区域总部或共享功能中心，2 000多家外资研发机构以内设机构或者非经营主体形式落户苏州。这些动力源集聚在各类创新园区，共同支撑苏州的科技和产业创新高地不断向更高水平发展。

六、昆山：科技创新驱动产业升级

昆山位于江苏省的苏州，地理位置处于苏州和上海交界处，昆山市总面积为931平方千米，常住人口209万人。作为县级市的昆山经济实力十分雄厚，2020年昆山地区生产总值达到了 4 250 亿元。在中国县域经济排行榜中，昆山市更是连续 16 年位居榜首，昆山也因此被人们誉为"华夏第一县"。昆山始终坚持自主可控的产业路径，推动产业链向高端攀升，探索出一条以创新驱动产业升级发展的昆山之路。

昆山已发展成为全球资本、技术、人才的集聚地，海峡两岸产业合作的集聚区，以及中国对外贸易加工和进出口重要基地。昆山的科技创新和产业创新，既体现出自身特色和历史演进趋势，又深度融入长三角区域一体化创新体系，成为全国县域经济发展的"领头羊"和"示范区"。

第一，科技创新是区域发展的核心动力，是推动产业创新与升级的关键。昆山正是通过打造科创之城实现了产业创新与升级。其一，推动科技创新，激发企业活力。昆山积极打造高端科创载体、集聚高层次人才、构建自主可控产业体系、加快新旧动能转换，推动科技创新，充分激发企业活力。完善以企业为主体、市场为导向、产学研深度融合的技术创新体系，使企业成为创新决策、研发投入和成果转化的主体。其二，构建产业科创，建设人才生态。昆山大力吸引和集聚海内外人才来昆山创新创业，以人才和智力资源的集聚，引领和支撑昆山产业的发展。其三，加强科创服务，促进成果转化。昆山积极推动跨领域跨行业协同创新，打造"政、产、学、研、金、介、贸、媒"深度融合的创新体系，形成区镇优势互补、部门互相配合的创新格局，不断引领昆山的产业创新与升级。

第二，从完善高端产业布局实现价值链攀升的角度来看，昆山最早以"低端嵌入"的方式融入全球价值链分工体系，而在高端和先进制造业领域发展方面也相对滞后，因此昆山决定依托自身的比较优势进而培育出现代高端产业，从而实现价值链攀升。一是培育拥有自主知识产权的新产业、新业态、新模式。昆山通过自主创新、集成创新和引进、消化、吸收、再创新的有机结合，形成了拥有自主知识产权的高端新兴产业。二是加快制造业与生产性服务业互动发展。昆山能取得较好的成绩并不是单纯依靠制造业的发展，而是制造业链条上生产性服务活动和生产性服务业共同作用的结果。通过专业化分工，降低制造业价值链内生产成本和交易成本，促进价值链内的综合创新。三是培育壮大产业规模，充分依托国际国内两个市场。昆山通过兼并、收购、参股、控股、托管等多种形式，实行产业的聚合、裂变、扩张，培育和发展一批集投资、融资、结构调整和技术创新为一体、技术创新能力强的具有国际竞争力的大企业和企业集团，推动昆山产业向价值链高端攀升。

第三，从高水平开放推动昆山产业创新的角度来看，开放型经济已成为昆山的最大特色。昆山依靠其紧邻上海的独特区位优势，抓住了全球产业重组的历史机遇，用好劳动力和土地资源优势，主动融入国际分工体系，实现了经济的高速增长。其一，高水平引资汇聚创新优势。外商投资规模继续增加与引资质量不断提高，引导昆山产业升级。同时，昆山总部经济呈现良好发展势头，总部经济产业关联度强、集聚带动作用大，进一步推动昆山产业进行升级。其二，外贸竞争新优势逐步形成。昆山的出口规模一直呈现高速增长的态势。出口技术含量不断提高，昆山智造和昆山创造的出口比例增加，加工贸易企业逐步从劳动密集型产业向技术和研发密集型产业升级，同时服务贸易和跨境电商等新业态增加也提高了昆山外贸竞争的优势。其三，"走出去"创造昆山企业国际经营新优势。境外投资为昆山企业发展所面对的各种问题提供了新的解决方案，此外境外园区建设不仅为东道国经济发展注入了动力，创造了大量就业机会，而且为昆山企业利用国际市场和输出园区开发管理软实力创造了平台。

第四，从产业创新的政府推动角度来看，昆山政府依据自身特点和发展需求，围绕要素集聚、成果转化、产业创新、科创服务等方面，积极推动昆山产业的升级与发展。其一，加速产业创新要素集聚。在加强产学研协同创新、科创人才引进培育模式、优化创新资源配置路径方面，昆山政府作出了很大的贡献。其二，强化创新成果转化。昆山推动大院大所通过"校内孵化＋天使投资＋政府资金（资本）＋产业基金"的模式开展技术成果定制转化，重点引进校内成熟项目开展成果转化。昆山还搭建了创新成果转化平台，通过引进培育重大创新载体、搭建新型研发载体以及推进研究院体制机制改革强化创新成果转化。其三，加速推动先导产业创新发展。昆山政府通过培育壮大先导产业、打造创新型企业集群以及发展创新型产业集群等方式，充分发挥龙头企业的引领作用，实现昆山产业在研发制造、示范应用、产业规模和发展质量方面的全方位突破。其四，产业创新与科创服务融合发展。昆山政府通过发挥财政资金杠杆作用、丰富科技金融工具以及集聚发展金融服务机构等方式，促进产业与金融、科技与金融深度融合。

昆山市由一个普通江南农业县发展成为蝉联数年全国百强县之首。昆山市在产业升级与创新方面的成功为全国其他城市树立了榜样。

七、常州科教城：政府主导的产学研协同创新

常州是长三角地区的制造业大市。在科教资源禀赋方面，常州原先的优势是基础教育和职业教育，劣势是高等教育资源相对缺乏。常州发展创新型经济一开始是扬其职业教育的优势，建设以高等职业教育为特色的常州大学城，其职业教育水平进入全国前列，常州大学城也成为长三角地区制造业高技能人才的基地。2006年

春，常州市委市政府决定在常州大学城的基础上，整合和集聚教育、科技、人才资源，构建开放共享的公共科技、教育和服务平台，拓展大学城功能，建设常州科教城，走"经科教联动、产学研结合"的创新之路。

常州市政府发挥苏南模式的优势，以规划、政策和资金投入引导等多种方式，建设科教城这一综合性载体平台，服务和推进区域科技创新，同时也充分发挥企业在技术创新中的主体作用。常州科教城以研究院、孵化器、创业园三位一体，大学研究院和企业合作共赢，科技创新同产业创新互动推进。政府主导因素贯穿常州科教城产学研合作的全过程，表现为：政府牵头招商引智、政府主导搭建产学研合作平台和构建"研究院—孵化器—创业园"三位一体的协同创新机制，等等。这种政产学研协同创新模式取得成功的主要特色或经验是强政府与强市场的协同，政府对经济的强力推进加快和增进了市场作用的发挥。

常州科教城长期坚持"以科技创新为引领、以产业培育为导向"的经科教联动发展之路，积极营造氛围、创新政策环境、搭建服务平台、完善政产学研协同机制、集聚和孵化企业、促进创新成果溢出、积极布局机器人、人工智能和新一代信息技术等未来产业，依托教育链部署创新链，围绕创新链布局产业链，强化企业技术创新主体地位，促进成果转化，实现科教创新与经济社会发展的积极互动，带动提高城市区域的自主创新、人才育引和产业成长能力，有效促进区域产业升级。

常州科教城面向科技革命和产业变革孕育突破，坚持系统化思维、高质量发展，加快政产学研协同推进区域创新，全社会研发支出占GDP的比重保持江苏省内领先，科技进步统计监测综合评价得分在省内也多年名列前茅。2020年常州国家创新型城市创新能力指数列全国第16位、地级市第3位，先后获得省部级、国家级荣誉数十项，已经成为区域创新带动功能突出的科教园区的发展样板。仅在"十三五"时期，2016年园区荣获科技部"创新人才培养示范基地"，2017年获评"苏南国家自主创新示范区优秀科技园区"，2018年获评江苏省知识产权服务业集聚区，被省委省政府授予"为江苏改革开放作出突出贡献的先进集体"称号，2019年荣膺中国创新园区TOP10第一名，2020年获批国家高等学校科技成果转化和技术转移基地。科教城产学研协同创新示范和持续极核作用有力促进了常州创新型城市建设，常州市连续被评为全国科技进步先进城市，经过多年的培育和实践，一个以政府为主导、市场为主体、产学研合作为基础的具有常州地方特色的区域创新体系内核基本形成，科教融合、产教融合态势显著增强，辐射全市的"创新之核"的极核功能日益凸显。

虽然常州异军突起领先在科教资源贫乏地区集聚一批大院大所等科研机构，但是城市自身禀赋局限将成为进一步大规模引进作为创新来源的科研院所的"短板"，未来科教城要以更完善的科技服务与企业集群优势招引和孵化产业。如果说科教城过去的成功在于"补短",则将来的成功在于"扬长"。进入新阶段,常州科教城需要更进一步布局建设具有强大创新带动作用的科学装置,更充分重视创建具有强烈示范效应的国家级创新基地等高端平台,更有效探索、创新科教城招商引智新方法和开拓国际创新协同的新渠道、新机制,来保持和显著增强区域创新体系内核,提升"创新之核"的创新资源富集度、创新能量级及其辐射带动效能。

八、展望:长三角地区创新一体化

长三角区域一体化发展上升为国家战略,包含的内容之一是创新一体化。以创新一体化推动长三角全域一体现代化,引领全国现代化建设,长三角地区要再次当好排头兵,为其他地区探索出可供借鉴的创新经验和发展模式。

根据国家"十四五"规划纲要要求,提升长三角区域一体化发展水平,需要瞄准国际先进科创能力和产业体系,提高长三角地区配置全球资源能力和辐射带动全国发展能力;发挥创新要素集聚优势,加快在创新引领上实现突破,推动东部地区率先实现高质量发展;加快培育世界级先进制造业集群,引领新兴产业和现代服务业发展,提升要素产出效率,率先实现产业升级;更高层次参与国际经济合作和竞争,打造对外开放新优势,率先建立全方位开放型经济体系。

一体化的区域创新体系是通过各个子区域既因地制宜发挥自身创新优势,又交互协同,形成具有凝聚力的一体化区域创新体系而形成的。沪苏浙皖以及各地的市县通过协同创新,突破了行政界域,形成互相促进、互相依赖的创新共同体。

国家"十四五"规划纲要提出,健全区域协调发展体制机制。建立健全区域战略统筹、市场一体化发展、区域合作互助、区际利益补偿等机制,更好促进发达地区和欠发达地区、东中西部地区和东北地区共同发展。提升区域合作层次和水平,支持省际交界地区探索建立统一规划、统一管理、合作共建、利益共享的合作新机制。长三角区域通过科技创新的联系作用和产业创新的关联效应,突破了行政区划的桎梏,打通了沪苏浙皖及其下属行政区域传统上的产业隔离和市场封锁,形成了创新一体化的局面。

第一章

长三角一体化创新型区域建设

长三角区域一体化上升为国家战略。该区域一体化的战略定位是建设"一极三区一高地",即全国经济发展强劲活跃的增长极,全国经济高质量发展的样板区、率先基本实现现代化的引领区、区域一体化发展的示范区,新时代改革开放的新高地。这个战略定位对长三角区域来说,既要明确迎来了新的发展机遇,更要明确上升为国家战略的国家需求。实现这个战略定位的突破口是推进区域创新一体化,建设创新型区域。长三角一体化创新型区域将成为我国建设创新型国家的有力支撑。长三角地区一体化上升为国家战略以后,建设长三角创新型区域成为首要任务。三省一市建设成为创新型区域,可能成为世界上最大的创新型区域,对整个国家成为创新型国家将起到决定性的作用。同时也要看到,在长三角区域范围内,科教资源分布不均衡,经济发展水平也不平衡,如何在较短的时间内建设成创新型区域,是需要研究的重大理论和实践问题。

一、建设创新型区域的新时代要求

党的十九届五中全会提出的 2035 年基本实现社会主义现代化的一个重要目标是进入创新型国家前列。建设创新型国家,需要有若干个创新型区域支撑。创新型区域属于国家创新体系的一部分,直接反映和影响着国家创新体系的质量和效率。

区域创新体系是由在地理上毗邻地区的相互分工与关联的企业、研究机构和高等教育机构等构成的区域性组织体系。创新型区域作为创新型国家的子系统，具备创新型国家的基本特征。可以把创新型区域定义为：在创新的社会文化、制度与体制、政策与法规的保障下，充分利用本区域要素禀赋和国内外创新资源，创新要素高度集聚、产学研紧密结合、创新主体充满活力，形成拥有核心知识产权和国际竞争力的新兴产业集群的区域。一体化的长三角区域最有条件率先建成创新型区域。

评价一个国家或一个地区成为创新型国家或创新型地区，既有先进国家的国际标准，又有理论上的科学界定，还有我国的实际情况，需要综合起来，研究制定客观的评价标准。

根据经济合作与发展组织、欧洲联盟（以下简称"欧盟"）、世界经济论坛等的界定，创新型国家的主要特征表现为：整个社会对创新活动的投入较高，重要产业的国际技术竞争力较强，科技投入产出的绩效较高，科技进步和技术创新在产业发展和国家财富增长中起着重要的作用。目前全球大约有20个国家和地区符合创新型国家的特征。具体指标[①]如下。

一是研发投入强度高。研发（R&D）经费占GDP的比例一般在2%以上，如美国为2.6%，日本、韩国、瑞典、芬兰和爱尔兰均为3%，以色列则多年保持在4%以上。

二是自主创新能力强。核心技术自给率高，对外技术依存度在30%以下，高技术产业在国际上具有明显的竞争优势。

三是创新产出能力强。大学和科研院所的原始创新能力强。人均发明专利拥有量和知识创新成果居全球前列。

四是科技进步贡献高。科技进步对经济增长的贡献率在70%以上。

五是国家创新体系完备。国家创新体系是研究型大学、科研院所、企业和政府共同促进知识创造与技术扩散的有机系统，包括知识创新体系和技术创新体系两个方面。国家创新体系理论将企业、大学与国家科技政策之间的互动作为国家创新体系的核心，根据知识创造—研发新技术—转化为新技术、新产品、新产业的创新路线图，国家创新体系将企业、研究型大学和政府实验室等促进知识创造与扩散的组织视为创新的主要来源。

上述创新型国家的评价标准无疑是创新型区域的重要参照系。但对我国这样的发展中大国来说，由于各个区域的发展水平不平衡，要达到创新型国家的要求，对像长三角这样的创新型区域的评价标准就要更高。

---

① 洪银兴等：《产学研协同创新研究》，人民出版社2015年版，第30页。

（一）创新产出评价

与创新型国家的创新产出标准相比，创新型区域的创新产出既要关注原创性成果，又要关注科技成果转化及其对区域经济社会发展的贡献。科技进步对经济增长的贡献率大幅上升，是进入创新型国家行列的基本要求，更是创新型区域的要求。科技进步贡献率是创新产出对经济增长作用的综合反映，目前美国、日本平均科技贡献率已达到80%左右，英国、法国、德国等西欧国家为50%~60%。根据已有的分析资料，我国目前的平均科技进步贡献率为30%~40%，创新能力处于全国前列的上海、江苏、浙江有望突破60%，但与创新型国家标准还有差距。这正是建设创新型区域的方向。

第一，高水平原创性创新成果丰硕。科技论文是知识创新的产出，其中相当多是原始创新的来源。发明专利是应用性研究的产出，也是原创性创新成果。建设创新型区域不仅要求多出反映国际水平的科技论文，提供原始创新的成果，同时要产出更多的发明专利，提高发明专利在全国的份额。

第二，原始创新成果顺畅转化为高新技术。只有拥有自主知识产权的高新技术、国际知名自主品牌的产品，才具有国际竞争优势。高新技术产品的来源，一是直接从国外引进，二是依托自主创新。后者包括原创性成果和引进消化吸收再创新成果。这是"中国制造"转向"中国创造"的源。因此，创新型区域特别关注拥有自主知识产权的新技术及以此为基础产生的新产品和新产业。这就要求科技创新的成果（科技论文和发明专利）更多地转化为现实生产力，推动科技创新成果的产业化，提高高新技术产业在全国乃至世界市场上的份额，尤其是具有自主知识产权的技术、产品和品牌的份额，这样，科技创新成果的转化率就成为创新型区域的重要评价指标。

第三，区域绿色化水平。进入生态文明时代的所有产业都能得到创新的绿色技术的改造，实现低碳、低排放、低能源消耗。要使环境和生态得到根本性改善，必须依靠科技创新。因此，创新型区域是人和自然和谐共生的生态文明区域。创新型区域拥有先进的绿色技术，并且广泛应用这些技术。各项排放和能源消耗指标都处于低位，相应的空气优良程度和生态文明指标都处于前列。

第四，建立起现代产业体系。一个国家和地区在某一时期的竞争力和竞争优势，主要看有没有发展在这个时代处于领先地位的新兴产业，形成自主可控的现代产业体系。依靠科技创新成果，在重点领域占领世界科技和产业的制高点，是一个国家和地区的竞争力处于领先地位的标志，也可以说是创新型区域的标志性成果。

已有的创新型区域都是以创新的引领性、战略性新兴产业为标志的。例如，硅谷（电子、生物医药等新兴产业）、北卡罗来纳州研究三角区（生物医药产业）、班加罗尔（软件业）、伦敦（金融服务业）等都是因拥有掌握产业话语权的产业集群而成为创新型区域的。目前的长三角区域，处于上海周边的区域产业水准较高，而在远离上海中心的区域，仍然是劳动密集型、资源密集型产业占很大比重。长三角区域要成为创新型区域，就要求全区域建立现代产业体系，依托新技术、新产品、新工艺的研究与开发，优化提升优势产业，重点培育新兴产业和现代服务业，尤其是形成若干个世界级制造业集群，包括战略性新兴产业集群。

第五，产业链现代化。现代产业竞争的主要特征是全球价值链竞争。为了反映产业的创新力，创新型区域产业水准的评价标准中有两条是与全球价值链相关的：一是区域内形成多少条以我国高端技术为主导的全球价值链；二是进入全球价值链的产业处于低端还是中高端环节。相应地，长三角区域要成为创新型区域，就要求形成多条以我国核心高端技术为主导的全球价值链，进入全球价值链的产业由低端迈上中高端环节。

（二）创新投入评价

创新源丰富是创新型区域的基础性条件。创新源，或者是丰富的禀赋科教资源，或者是通过有效的机制和制度吸引到丰富的科技成果，无论是哪种创新源，都需要足够的创新投入，以提升创新能力。创新型区域的主要标志是高强度的创新投入，不仅要求足够的经费投入，还要有足够的从事研发的人力投入，只有这样才能有高密度的研发活动。

一是研发投入。创新型国家的平均水平为2%，早在2007年，日本和美国的研发投入分别占其GDP的3.44%和2.68%，瑞典和芬兰也都超过了3%。就长三角地区来说，作为创新型区域，其研发投入的比重应该高于这些发达国家的总体水平。2020年长三角区域的研发投入占其GDP的比重均已超过创新型国家的平均水平：上海为4.13%，江苏为2.82%，浙江为2.8%，安徽为2.05%。但三省一市内部研发投入比重还不平衡，2021年计划目标：上海4.1%左右，浙江2.9%，安徽仅为2.34%。[①] 既然是全社会研发投入，就不仅是指政府投入，更需要企业的研发投入。

二是研发人员和研发机构的投入。作为创新的直接载体，研发机构的数量，特别是质量是关键因素。人才是创新的第一要素。创新人才尤其是高端创新人才的

---

① 上海、江苏、浙江、安徽2021年政府工作报告。

区域集聚是创新型区域的重要标志。

(三) 创新环境评价

创新环境涉及区域创新创业的生态环境建设，包括人才环境、创新成果供给环境、创新文化环境和制度环境，形成大众创业万众创新的氛围。主要特征为：创新要素高度集聚，产学研协同创新平台广泛分布，创新活动极为活跃，区域创新体系高效运行。

首先，从创新主体的角度看，企业真正成为技术创新的主体，大学成为知识创新的主体，在科技创新平台上技术创新主体和知识创新主体协同作用，产学研深度融合。

其次，从创新要素的流动看，不仅可以充分有效地利用本地的创新资源，而且能有效地吸引国内外技术、资金、企业家等创新资源。本地创新要素同外来创新要素深度融合。

最后，从区域创新体系的形成看，以企业为主体的技术创新体系与以大学为主体的知识创新体系之间形成互动关系。创新不只源于以科学新发现为源头的"正向"创新路径：由大学的知识创新、孵化高新技术到企业将高新技术转化为现实生产力的模式，还源于市场拉动、产业发展到产业技术升级所推动的科学新发现（知识创新）的"逆向"创新路径。孵化高新技术和新技术产业化，是产学研合作的关键性环节，是连接知识创新和技术创新的桥梁和纽带。创新型区域需要形成这样一个充满活力的创新体系。

二、长三角地区创新型区域建设

(一) 区域创新体系的组成

基于创新型区域的界定，长三角地区建设创新型区域主要包括以下创新体系建设。

一是知识创新体系。长三角区域拥有一批国内高水平研究型大学（以华东五校为代表）和高水平研究机构，特别是拥有上海张江和合肥两个综合性国家科学中心。依托高校、科研院所，建设和引进国家实验室、国家重点实验室、国家工程实验室、国家工程技术研究中心、国家工程中心、国家企业技术中心等国家级高端研发平台，深度参与国家创新体系建设，把长三角区域建设成为国家基础科学和战略高技术研究的重要基地、国内高水平的知识创新和国内外一流人才培养高地。知识创新部门创造出一批达到国际水平的科研成果，并且有一批成果成为原始创新的源泉，创造出一批国内一流、国际领先的发明专利。

二是技术创新体系。全区域范围内各个产业和企业都拥有自主知识产权的核心技术和关键技术，产生一批有自主品牌的竞争力强的创新型企业。培育出若干个有国际影响力的、有自主知识产权技术和品牌的创新型企业。区域范围内的企业普遍成为技术创新的主体，不仅是采用新技术的主体，更是研发新技术的主体。涌现出一大批创新型企业和创新企业家。依托国家和省级研发机构，围绕优势产业和优势产业技术，建设和引进科技与产业创新对接的平台，重点是关键共性技术研发与公共服务平台、行业技术与产品开发平台、跨国机构区域性研发中心，打造更加便捷的科技成果产业化通道。

三是现代产业体系。科技创新会落脚到产业创新上。创新型区域是否形成最终会在产业的高科技水准上反映出来。现代产业体系有两个特征：一个是"群"，即产业集群；另一个是"链"，即产业链。

首先是"群"。党的十九大提出建立若干个世界制造业集群的要求，长三角区域是最有条件建立世界制造业集群的区域。党的十九大以后，长三角各省市都就世界级制造业集群建设作出规划，并着力打造。长三角各省市正在形成一批各具特色的具有国际竞争优势、自主可控的产业集群。

其次是由"群"发展到"链"。根据新发展格局要求，加快推进区域产业链现代化。现代竞争的主要特征不是单打独斗的企业之间的竞争，而是产业链、供应链之间的竞争。在发展开放型经济阶段，长三角区域开放度高，通过引进外资以及"走出去"产业和企业深度参与全球产业链。长三角地区是全国产业门类最为齐全的地区，因而在吸引外商直接投资方面有较为完备的供应链优势。近年来愈演愈烈的中美贸易摩擦实际上转向了科技战。美国阻碍中国技术进步的重要路径就是利用产业链对中国的高科技企业断供技术、中间产品和市场。再加上近期新冠肺炎疫情在世界蔓延导致多条全球产业链中断，长三角地区受到重大影响，由此提出产业链重组的要求。对长三角地区来说，重组产业链也是构建新发展格局、塑造竞争新优势的机会。其中包含核心技术和关键技术的产业链环节从国外回流，其路径是在原有的完备的供应链基础上在全区域范围部署产业创新链，从而在长三角区域依靠产业链和创新链的融合建立自主可控的产业链。对创新型区域来说，产业竞争力表现为有多少条以我为"链主"的产业链。对创新型区域来说，产业创新最为重要的是做大做强产业链的"链主"。

上述三个创新体系不是孤立的，而是相互衔接和互动的。建设区域创新体系，还涉及以下两大体系的建设。

一是人才支撑体系。人才是创新的第一要素，既需要科研人才，也需要创业人才，尤其是科技企业家。创新型区域需要实施各类科技人才支撑计划，构建政策优势突出、服务环境一流、创业氛围浓厚、与产业发展相契合的人才集聚高地，为加快转型发展、创新发展、跨越发展提供强大的人才和智力支撑。

二是科技管理与政策保障体系。党的十九届五中全会提出将科技自立自强作为国家发展的战略支撑，以及相应的实施措施为完善科技管理的政策保障提供了方向。创新型区域需要设立全区域科技创新管理高位协调机构，建立专业性、综合型跨部门的协调机制，统一组织协调创新平台建设、产业化载体建设、人才队伍建设，加快发展技术市场，形成创新资源优化配置、科技与产业联动发展的新型科技创新管理体系。

基于上述创新投入和制度建设，创新型区域将会具备以下五个方面的能力：较高的创新资源投入能力、较高的知识创造能力、较高的技术应用与扩散能力、较高的创新产出能力、较高的创新环境支撑能力。概括来说，创新型区域会源源不断地产生拥有自主知识产权并达到国际水平的科技创新成果。创新成果源源不断，战略性新兴产业形成集群，区域产业链实现现代化。

（二）长三角创新型区域建设的特色

已有的创新型区域理论不能很好地说明长三角的创新型区域建设，主要包括以下两点。第一，已有的创新型区域的尺度范围都不大，如美国的硅谷地区和我国的中关村，而长三角区域包括三省一市，范围之大是世界上任何一个创新型区域都不可企及的。第二，已有的创新型区域强调区域内科技水平相近。而在长三角区域，无论是创新资源的分布，还是经济发展水平以及经济的开放度都很不平衡。显然，在长三角建成创新型区域可以为全国提供可复制的样板。

不同区域有不同的资源禀赋，区域内不同地区也有不同的资源禀赋，因此不同区域内的不同地区在创新方面有不同的比较优势和竞争优势。面对不同区域的比较优势，建设创新型区域的目标是形成创新合力和整体的竞争优势。就三省一市在创新要素方面的比较优势来说，上海、南京、杭州、苏州的国际化程度高，吸引国际创新要素的能力强；上海、南京、杭州和合肥均拥有丰富的科教资源，具备基础研究和原始创新的能力；江苏的苏南、浙江的浙东地区经济发达，企业的技术创新主体地位突出，新技术转化为新产业的能力强；江苏的苏北、浙江的浙西，以及安徽的广大地区虽然同这些地区在创新能力上存在较大差距，但是这些科创中心的广阔腹地正在进入经济增长期，有条件成为高新技术产业化基地。很显然，长三角区域内的创新中心和外围的关系非常清晰。这样，长三角建设创新型区域的基本要求就是，区域内有不同比较优势的地区在合作创新中形成创新合力。

地理位置上的邻近是区域创新体系存在的必要前提，而不是充分前提。地理位置上的邻近是指参与者在既定的空间框架内的定位，仅仅地理上的邻近能够产生创新要素集聚的存在基础，但未必会成为区域创新体系的存在基础，反过来，离创新中心远的区域不意味着不能进入创新型区域。创新体系最重要的潜力是拥有丰富的创新源和通畅的新技术转化的通道。丰富的创新源能够产生源源不断的可以转化的原创性技术，便捷畅通的新技术应用通道能够使区域内创新的新技术迅速扩散并得以产业化。

长三角区域虽然具备建设创新型区域的基础条件，但要真正形成一体化的区域创新体系，需要根据进入新时代的要求进行制度和组织的创新。其中最为重要的是以下四个方面。

第一，区域内形成合作创新的机制。长三角区域各地分属不同的行政区域，长期以来各地只有竞争少有合作，尤其是上海周边经济发展水平相近的地区竞争更为激烈，在创新要素的争夺上尤为突出。长三角地区创新一体化所需要的不同地区创新合作机制的主要内容是，创新要素在区域内自由便捷地流动，以改变创新要素的不均衡分布状态。各地都会有吸纳创新要素以实现高度集聚的要求，但各地集聚的创新要素不应该是竞争同种要素，而是有差别的集聚创新要素，包括分别获取区域内、区域外的以及国际的创新要素；分别获取知识创新要素、新技术要素和产业创新要素。在此基础上，区域内分布于不同地区的创新机构和企业紧密合作，形成创新网络，形成建立在创新链基础上的供应链，构建起由基础研究、应用研究和成果转化支撑的现代科技和产业体系。

第二，产业链和创新链的区域融合。习近平总书记提出："要围绕产业链部署创新链，发展科技含量高、市场竞争力强、带动作用大、经济效益好的战略性新兴产业，把科技创新真正落到产业发展上。"[①] 这就是长三角区域创新的目标导向。围绕产业链部署创新链的方向有两个：一是依托所拥有的高端技术布局的以我为主导的全球产业链上布局创新链；二是处于全球价值链中低端环节向中高端攀升上布局创新链。长三角地区的产业链不只是面对区域内，还要面向全国。相应的创新链就是要攻克全球价值链上的核心关键技术，替代全球价值链上国外高科技含量的中

---

① 中共中央文献研究室编：《习近平关于社会主义经济建设论述摘编》，中央文献出版社2017年版，第132页。

间品供给环节。产业链上的创新链着力研发能替代进口的关键核心技术。在区域内建创新链需要产学研深度融合，科技创新与产业创新有效衔接。一方面，创新核心技术的创新链从基础研究开始，创新处于国际前沿的核心高新技术；另一方面，在产业链的每一个环节上都将科技创新与产业创新融合，打通从科技强到产业强、经济强、区域强的通道，解决好从"科学"到"技术"的转化，形成良好的科技成果转化体系以及重要的创新平台和载体，从而实现产业化。

第三，创新型区域的开放性。自主创新不等于封闭创新。对引进的国外技术进行消化吸收再创新本身即自主创新的重要途径。引进外商直接投资数量多、质量高的苏南地区和浙江的宁波等地，在这方面有许多成功的案例。除此以外，提升区域创新能力需要实施开放式创新。开放式创新具有如下特点：首先，与其他国家主攻相同方向的科技，所产生的新知识、新科技可以在世界范围内传播。在主攻同一创新方向过程中吸收和引进新发明、新技术，可降低研发成本，并进入世界前沿。其次，引进外资不再是追求数量，而是突出进入的外资的技术和产业的先进性及高科技性。外资进入环节向价值链的高端环节和研发环节延伸，由利用一般的劳动力和土地资源转向主要利用创新资源。最后，在基础研究领域通过国际合作进行开放式创新，既有必要又有可能。上海是国际化大都市，以其金融中心、航运中心、贸易中心的国际地位直接对接海外。上海、南京、杭州和合肥有强大的基础研究力量，依托这些地区的研究型大学开展国际合作，可以获取国际创新资源，培育出处于国际前沿的核心先进技术，以原创性成果带动整个区域创新能力的提升。

第四，壮大长三角核心区的内核。作为区域内核，有两方面要求：一是范围经济。过去长三角区域范围被确定为上海和紧靠上海的江苏和浙江的16个市，这时上海的中心地位突出，对周边有足够的带动力和辐射力。现在长三角区域范围扩大到三省一市，上海的GDP只占长三角总量的17%。在这么大的范围内，上海中心的辐射力和带动力明显不足。长三角区域建设创新型区域就需要增强长三角中心的内核，从而增强其辐射力。如何增强中心？可行的选择，就是中心扩容，做大做强内核。在一体化的背景下做大做强内核不能走虹吸周边地区发展要素的路径，只能走扩大内核范围形成新的经济板块的路径。核心区的范围可以扩大到上海周边包括江苏沿江和浙东最初的长三角16市。二是核心要素。过去上海作为长三角核心区的核心要素先是工业品，后是市场，现在在科技创新依托科学新发现的世界趋势下，核心要素已转变为创新要素，尤其是科教要素集聚所形成的科创中心及其成果。科创中心也由上海扩大到沪（上海）宁（南京）杭（杭州）合（合肥）。这里集聚了长三角地区乃至全国最丰富的科教资源，大学和科研院所最为密集，全区域31所"双一流"高校都分布在沪宁杭合走廊上。因此，长三角核心区的内核可以定位在沪宁杭合科技创新走廊（或称沪宁杭合科创圈）。按照建设沪宁杭合长三角科创核心区的思路建设创新型城市是创新政策同城化，以同城化路径建设分属不同行政区的创新型城市的内容包括：科技政策同城化；科技成果转化利益（税收等）分享机制；科技人才柔性流动机制；建立建设通用、公共性科研平台。

三、创新极（创新型城市）的建设

在已有的区域经济理论中，有发展极概念，即带动周边区域发展的中心，其发展极作用在于中心集聚了主导产业。创新型区域赋予了城市作为发展极的新含义，发展极成为了创新极。创新型城市成为区域科技创新中心，与一般的发展极不同，其不是集聚主导产业，而是集聚创新机构。创新型城市既是科技创新要素的集聚地，也是区域科技创新的策源地和辐射中心。因此，建设创新型区域首要的是建设集聚创新资源、辐射力强的创新极即创新型城市。创新型区域必须包括若干个创新型城市，否则不可能成为创新型区域。

（一）创新型城市的创新极功能

所谓创新型城市，是指创新资源高度集聚、创新成果极为丰硕、对周边科技创新具有较强辐射和引领作用的城市。一般来说，创新型区域都会拥有若干个在区域内分布较为均匀的创新型城市。建成多个创新型城市，并依托创新型城市向周边辐射创新成果，就能带动创新型区域的建设。

创新型城市的共同特征是创新源丰富，即创新型城市作为区域科创中心，拥有充分的科教资源。创新的动力来自高水平的研究大学和各类创新型人才高度集聚、广泛分布的科技创新平台，以及紧密结合的产学研协同创新。拥有很多具备科研能力的大学和研究机构，它们的科学突破可以源源不断地提供实验结果、创新成果。对创新型城市来说，创新资源可能是内生的，如北京中关村拥有丰富的禀赋科教资源；也可能是外源的，如深圳通过有效的机制和制度吸引国内外丰富的创新资源成为创新型城市。长三角地区的上海、南京、杭州、合肥丰富的科教资源以内生为主，尤其是上海和合肥均被批准设立国家级科学中心，南京和杭州均拥有处于国家前列的高水平的一流研究型大学。这几个城市是我国产出原创性科技成果的国家队。处于沪宁杭合科技走廊上的宁波、苏州、无锡、常州则是另一种类型的创新型城市，这里的科教资源是以外源为主，既包括吸引的区域外的大学资源，也包括引进外资的研发资源。更为突出的是，这里集聚了一批高科技的战略性新兴产业，也能发挥区域创新极的作用。

一般来说，雄厚的基础研究能力是成为科技创新中心的必要条件，但不是充分条件。充分条件是基础研究成果向新技术的转化。就如北京中关村，过去这里重点大学和科学院所林立，却没有成为我国的创新中心；现在这里涌现了一批科创企业、研发机构、各类孵化器和众创空间，并且有活跃的风险和创业投资，促进了大学和科学院所的基础研究成果在这里充分转化为新技术，中关村也成为国家级创新中心。因此，创新型城市集聚的创新资源主要有四类：一是科教资源，尤其是研究型大学；二是创新平台和孵化器；三是科技服务机构，包括软件服务、文化创意、科技服务、科技中介等；四是专事创业投资的风险投资机构和其他金融服务机构。这些正是从科技强到产业强、经济强再到城市强的通道。这也给长三角地区的上海、南京、杭州、合肥这样的科教资源相对丰富的城市建设创新型城市指明了方向。

现实中，科教资源禀赋丰富的城市不一定是创新型城市，科教资源禀赋优势不能转化为创新优势的城市不能成为创新型城市。反过来，科教资源禀赋不丰富的城市也可能成为创新型城市，关键是具备吸引创新资源和创新成果的能力，就如深圳，其科教资源禀赋并不丰富，但说它是创新型城市绝不为过，原因是其依靠政策、体制和机制汇聚了国内外技术、资金、企业家等创新资源。长三角地区正在呈现出这种趋势。例如，苏州吸引了多个国内外一流大学进入办分校，常州等地吸引了一大批国内著名研究型大学进入其科教城。

创新包括科技创新和产业创新两个方面，科技创新中心和新技术研发中心可以在空间上分开。因此现实中，创新型城市有两种类型：一是高科技创新中心，即基础研究中心及其成果的高科技化中心，如北京中关村；二是新技术研发中心，主要是高科技研发中心和高科技产业公司总部所在地，如深圳。而在长三角区域，上海、南京、杭州、合肥所要创建的创新型城市就属于第一种类型，这里都有国内顶尖的研究型大学，有条件建设高科技创新中心，上海同时还成为国际顶尖的高科技公司的总部所在地。江苏的苏州、无锡、常州所要创建的创新型城市就属于第二种类型。这些城市拥有良好的产业基础，产业技术创新在全国具有一定的影响力。这些城市已经被国家批准为创新型城市试点，建设的方向是要像深圳那样以政策、体制和机制吸引外部创新资源的进入，突出研发新技术，推进高科技产业化。

（二）创新型城市的科创中心建设

创新型城市建设即创新极的极化。大众创业、万众创新引发的高密度的创新活动是创新型城市的重要标志。在创新型城市，专业性技术和人才的高度集聚、活跃的创新创业活动、资源的高度流动性以及新知识的便捷传播，更容易激发创新主体的活力，创新活动的密度也更高。创新型区域的创新活动不只是指企业所进行的研发新技术、新产品的活动，而是指多层次的大众创新、网络式创新和开放式创新。具体表现为：一是大学的知识创新活动，除了承担重大课题研究以外，科学家的国际流动、国际性科技信息交流、国际科技会议、学术研讨活动和各类科技讲座都很活跃，促使其研究始终处于国际前沿；二是研发平台的技术创新活动，也就是科技成果向新技术的孵化和转化活动，与此相关的有产学研的协同创新活动、科技咨询活动；三是科技创新创业活动活跃，在大学和科研机构集聚的城市，科学家带着创新成果离岗创业、大学生自主创业、众创空间众多，由此形成大众创业、万众创新的氛围。同时，支撑上述各类科技创新活动的各种类型的人才培训和科技中介也极为活跃。

创新具有高风险和高收益的特点，除了创新创业者的自有资金外，更需要风险资本的介入。创新型城市一般都有活跃的科技金融，表现为：科技与金融深度融合、充足的各类创业投资基金和便捷的上市通道，都会促进金融进入孵化新技术环节。在孵化新技术阶段集聚的金融资本数量，越来越成为衡量一个城市是否成为创新型城市的重要标志。

创新型城市存在高效运行的创新体系。创新是一个复杂的系统，创新型城市具有更高的创新效率，主要是因为创新型城市能有效地吸引国内外创新要素的集聚，创新与文化相容，科学和技术、科技与金融融合，使创新活动的密度更高，因而创新产出效率更高。从创新的成功率看，创新型城市的高效运行表现在拥有"三高"的成功率：一是在创新型城市内进行科技创新的成功概率高，能够产出一批进入国际前沿的基础研究和应用性研究成果；二是在创新型城市进行科技创业，成功的概率高；三是科技创新的成果在创新型城市内转化为现实生产力的成功概率高。

创新型城市是开放型城市。国际人才、信息流动频繁，国际科技合作紧密。创新型城市通过开放式创新平台建设，吸引全球创新要素集聚，形成高端的创新链。尤其是在新发展格局中，引进外资不只是追求数量，还要注重外资技术和产业的先进性，吸引在全球处于产业链高端或拥有前沿产业技术的跨国公司；依托良好的基础设施和制度设计，吸引国际一流的创新创业人才到本地创新创业，吸引国际要素从过去注重吸引资本到注重吸引创新要素转变，尤其注重吸引高端科技和管理人才；利用中国强大的生产制造能力、巨大的市场潜力，吸引国外新技术在本区产业化，孵化和培育全球领先的新兴产业；积极吸引跨国公司在本区设立研发机构，增加本土企业向外资研发机构学习的机会；除了"引进来"之外，还要积极"走出去",包括在国外设立研发机构、雇用国外先进技术研发人员和充分利用国外的创新要素,"不求所有,但求所用"。

根据以上分析,概括来说,区域创新极(创新型城市)一般具有以下特征。

一是拥有良好的创新基础设施,除了传统的交通等方面的基础设施和现代城市基础设施外,还有完备的适应创新驱动的新基建的基础设施,包括国际性的信息网络通道。

二是集聚国内领先甚至达到国际水平的大学、研究院所,提供原创性基础研究成果,并为产业输送技术、管理等各类人才,并通过前沿技术论坛等方式扩散新技术。

三是集聚科技创新平台和载体,包括众创空间、大学科技园、孵化器,以及公共性、公益性科技服务平台。

四是拥有集聚高端创新创业人才的宜居宜研环境,提供绿色、环保、宜居的生态环境,吸引创新创业人才进入。

五是拥有良好的教育与培训体系,居民素质普遍较高,不仅拥有国际一流人才,更拥有众多高素质的科学家与工程师、技术工人。

六是形成激励创新和创业的软硬件环境。拥有开放并激励创新的文化和制度,拥有发达的直接服务于创新创业的科技服务业和优越的公共服务业;具备多元、包容的创新创业氛围,以及鼓励创新、包容失败的文化。

对照上述创新型城市的特征,长三角区域建设创新型城市需要补短板,主要涉及:一是补基础研究转型的短板,推动从事基础研究的机构和科学家向创新作为国之重器的核心技术转型;二是补科学向技术转化的短板,这不仅涉及发展众创平台,还涉及技术转移机制的建设;三是补科技金融的短板,不仅要发展风险投资,还要提供科技企业上市的顺畅通道。

四、创新极与外围地区的有效对接

在区域经济研究中,本来就有中心和外围的关系,相应的有外围与中心对接的要求。科创中心同高新技术产业化可以在空间上分开,两者有有效对接的要求。

(一)创新极的辐射和扩散作用

创新型区域的创新中心和外围的关系与创新型区域尺度范围相关。创新型城市是创新型区域的科创中心,但只是创新型城市,不能称为创新型区域。从创新系统的层次性看,创新型区域尺度范围包含多个创新型城市及其辐射的外围地区。创新型区域的范围有多大取决于科创中心科技创新能力所能辐射的外围的尺度。外围主动与创新中心对接非常重要。长三角区域一体化包括三省一市的范围,这指的只是行政范围,而从经济范围考虑,有的地区本来就远离长三角区域的创新中心,这些地区只有主动与创新中心对接并接受其科技成果辐射才能成为创新型区域的组成部分,否则,其在经济上并不属于长三角区域。因此,进入长三角范围的各地都必须主动对接科创中心,以成为创新型区域的重要组成部分。

中心对外围是辐射还是虹吸创新资源,不只是影响创新型区域的范围,还涉及中心自身的创新能力。同一般的中心和外围的关系一样,在贫穷的外围不可能有平安的富裕中心,在科技落后的外围不可能有强大的创新中心。因此,外围与创新中心对接,要求作为创新中心的创新型城市主动向外围扩散技术。主要方式是将科创中心的创新成果实现产业化,这是建设创新型区域的主要动力。其直接原因是,创新的科技成果只有转化为新技术并产业化才能实现其潜在价值。上海、南京、杭州、合肥等地是长三角区域乃至全国的科创中心,但因处于城市中心,普遍缺乏转化空间尤其是高新技术产业化的空间,需要进入外围实现转化。外围范围越大,中心地位越突出。

(二)创新成果和创新要素流动的对接

外围与中心对接的要素与各个时期发展的主题相关。过去外围与中心对接的要素主要是市场和投资项目。在创新型区域建设中,外围与中心对接的要素则转向科技创新要素。

科创中心的周边区域有条件成为高新技术产业化基地,尤其是处于长三角核心区的上海周边地区。其基础性条件不只是毗邻科创中心可以就近接受其创新的技术,还有三个条件不能忽视:一是这些地区的居民文化素质高,学习能力强;二是这些地区经过发展乡镇企业和开放型经济的洗礼,企业的技术创新主体地位突出;三是这些地区建立了有效接受技术转移的载体和基地。这些地区在发展开放型经济时为吸引外资建立的各类开发区卓有成效,现在为吸引新技术,开发区转型为各类大学科技园区,因此这些地区与其创新中心就形成了创新圈。现在三省一市全域都进入长三角范围,更大范围的外围地区需要以此为榜样对接科创中心。

创新型区域内的不同地区经济和科技发展水平不平衡,区域内创新型城市和创新型企业分布也不均匀。在此背景下,建设创新型区域要求各地都有明确的创新驱动发展的战略和政策，但不要求各地县、乡都从事同样内容的创新和创业。各地会根据各自的创新能力和供求条件，分别从事科技创新、科技创业和科技创新成果的产业化。

中心对外围辐射的是创新成果还是创新要素？前者属于技术转移，后者则是协同创新。现阶段的科技创新更多地依靠科学新发现所转化的新技术。对外围地区来说，其发展尤其是要成为创新型区域的一部分，更需要接受中心扩散的高新技术。现代技术和产业更多来自集聚于中心的大学、科研院所创造的知识、发明和突破性科技成果。因此，必须寻求有效的知识流动或技术转移机制。在市场经济体系下，衡量地方政府工作最为重要的标准是创造一个有利于企业创新的环境和接受高新技术转移的机制。

对外围地区来说，新技术主要靠外源。已有的理论和实践把外围地区获取新技术的方式归结为技术转移和交易实践证明，光是技术转移方式难以适应当下外围地区创新型区域建设的进程。以科学新发现为源头的创新路线图涉及由大学的知识创新到孵化高新技术再到企业将高新技术转化为现实生产力的创新阶段。这样，孵化阶段和产业化阶段就成为外围对接中心的桥梁。孵化高新技术即科技创新的中游环节，从产学研合作角度分析是关键性环节，它是连接知识创新和技术创新的桥梁和纽带。越来越多的新技术、新产品和新企业在这个阶段产生，成为外围地区获取新技术的捷径。最为有效的方式是推进由大学和外围地区的企业共同参与的产学研结合，建立产学研紧密结合的协同创新机制。这就需要建设吸引新技术的载体，搭建一批科技与产业创新对接的平台。载体建设应突出创新研发、技术转移、创业服务三大功能建设。

（三）高新技术产业化

高新技术产业化需要建设高新技术开发区、特色产业园区等，构建区域高科技产业化的空间载体。无论是建孵化器还是建产业园区，主体都是企业和企业家，但外围地区政府的作用非常重要。

第一，建科技创新平台。产学研深度融合的基本方式是建产学研协同创新平台（包括各类研发机构）。外围地区吸引中心的创新成果最为有效的进入方式是，引进一批国际、国内一流的专业研发机构，利用载体整合和发挥高等院校、科研院所、企业和园区资源，鼓励企业与高校科研院所联合建立产学研合作联盟或中试基地，包括产学研共同参与的孵化器，以及公共性、公益性科技服务平台。大学和企业合作的研发机构和平台可以建在大学，也可以建在企业，但平台建设的投资主体是企业。在平台上，科学家和企业家之间的交互和互动成为制度性常态。各种创新要素向产学研协同创新平台集聚，孵化和研发新技术就成为创新投资的重点环节。特别要求政府的引导性创新资金也重点投向产学研协同创新平台。

第二，建科技产业创新园区，包括大学科技园区。科技产业创新园区主要由各级政府建立。以前发展外向型经济，各类开发区是招商引资的载体；现在发展创新型经济，各类科技创新园区就成为招技引智的载体。吸引区域内外研究型大学进入园区建立大学研究院，落户产学研协同创新平台。依托这些研究院和平台，科技园区不仅孵化新技术，同时还为创新的高新技术提供产业化的空间。如果说产学研协同创新平台是新技术的孵化器，科技创新园区则是推动科技成果产业化的"加速器"。最为成功的案例是，安徽的合肥一举引进京东方（显示屏）和蔚来（新能源车）两家行业龙头，借此由长三角的边缘城市一跃成为新一线城市。这样，对科技创新园区的评价不同于过去的工业区和开发区，不以引进多少外资、产出多少 GDP 为主要评价指标，而要以创新能力和创新成果评价创新园区。其中包括：创新机构（研发中心和创投公司）的集聚度；创新要素（人才、风投、科技服务）的集聚度；战略性新兴产业集聚度；孵化器的集聚度；有自主知识产权的新技术、新产品的产出水平。过去开发区对外资的吸引力在于"几通一平"的软硬环境建设；现在的创新园区则需要注重吸引创新要素（包括创新成果和创新创业人才）的环境建设，创造创新创业人才的宜居宜研环境，如先进的网络信息基础设施和高效便捷的公共服务环境；政府对创新的支持政策（包括创新人才和项目的引导资金）；等等。

第三，建完善的科技服务体系。外围与中心的对接，尤其是科技成果的转化并实现产业化需要完善的科技服务体系，包括金融服务、软件服务、文化创意、科技服务。其中，有两个服务最为重要：一是科技中介服务，解决创新成果到哪里去转化、所需的科技从哪里获得的问题，这两个方面都需要服务于创新中心和外围地区的科技中介服务，包括科技市场的建设。二是金融服务，科技创新和创业需要科技与金融深度融合。美国的硅谷、中国的中关村之所以成为世界顶尖的创新型区域，其原因不只是紧靠研究型大学，还因为有活跃的风险投资机构。因此，外围地区特别要吸引各类金融机构，有足够多的资金投入高新技术产业化领域。要吸引活跃的专业服务科技创新的风险投资公司，就需要推动创新企业及时上市的机制。

外围地区与中心对接，除了上述地方政府的对接措施外，还需要有内生的条件。只要满足以下企业、人和政府三个内生条件，就可以对接好创新中心，并且成为创新型区域的组成部分。

第一，企业真正成为技术创新的主体。在技术创新体系中，企业是创新主体，不等于说所有企业都能成为创新主体。企业成为创新的主体，就有创新的动力，就能够有效地吸引和整合各种创新资源，提高产业技术水平。最典型的是长三角的苏南地区，上海、南京乃至中科院的创新项目纷纷落地苏南，原因是苏南经过发展乡镇经济和开放型经济的洗礼，企业的技术创新主体地位非常突出。与之形成反差的是，有些科教资源禀赋丰富的地区，科技成果转化率远远低于苏南，根本原因是这里缺乏成为创新主体的企业。由此得到的启示是，一个地区技术创新能力的高低关键看企业有没有强有力的创新动力和创新能力。外围地区建设创新型区域，关键在于培育和引进创新型企业。

第二，加强人力资本投入。创新型经济中，人才是第一资源，人力资本投资是第一投资。创新驱动发展模式中，人力资本比物质资本更重要。世界上所有创新型区域都紧靠研究型大学，原因是此范围内人力资本丰富。因此，外围地区与创新中心的对接，最为重要的是依靠人力资本投资，提高外围地区的创新能力和学习能力。现在长三角区域在接受创新中心技术转移、创新水平方面存在地区差距，原因就在于不同地区人力资本存量、学习能力存在地区差异。因此，外围地区同中心的对接，关键是在创新投资中加大人力资本投入强度，提高全区域的学习能力。外围地区的人力资本投资着力点有两个：一是培育科技企业家。企业家的最大资本是其人力资本。作为科技企业家不仅要有一般的企业家精神，还需要有科学家的视野。对外围地区来说，最缺乏的资源是企业家，尤其是科技企业家。企业家人力资本投资的主要路径是通过引进科技企业来引进科技企业家。二是提高劳动者素质。首先是吸引和培育高端创新创业人才。在要素驱动增长阶段，要素跟着资本走，因此引进发展要素以引进外资为主。现在要转为创新驱动，各种创新要素跟着创新人才走。引进创新要素的着力点是引进高端科技和创新人才。在这里需要改变在发展中地区流行的低成本发展战略之说。该理论强调发展中国家低劳动力成本的比较优势。这种低成本比较优势在贸易领域可能是有效的，但在创新型经济中就不适用了。低价位的薪酬只能吸引低素质劳动力，只有高价位的薪酬才能吸引到高端人才，才能创新高科技和新产业，从而创造自己的竞争优势。

第三，建设创新型政府。外围地区与创新中心对接，各级地方政府起着关键性作用。这就需要政府创新。一是营造法治化的创新环境，主要涉及建立推动和激励知识创新、技术创新，以及两者有效衔接和协同的制度；建立顺畅的创新成果的转移和扩散机制，以及知识产权保护制度。二是政策创新，制定和落实一系列鼓励创新的财税、人才流动、技术市场、技术奖励、技术标准，以及高新技术产业发展等政策，从而形成对创新活动的强大、系统性的激励，特别是跨行政区域的推动创新技术的顺畅流动及产学研各方互利共赢的创新收益分配政策。三是文化创新，形成尊重知识、尊重人才、尊重创造以及鼓励创新、允许失败的文化。

第二章

高等教育高地支持长三角区域创新一体化

长三角地区是我国高校分布最密集、研发实力最强、国际化程度最高的地区之一，高等教育是推动长三角区域经济社会高质量发展的重要引擎。长三角区域一体化上升为国家战略对高等教育的创新发展和协同发展提出了更高的要求。高水平大学的空间集聚与高等教育系统的区域协同发展，是吸引各种创新要素在长三角地区集聚的重要条件，也是打造长三角区域创新一体化的重要内容和驱动力量。

一、长三角区域高等教育资源集聚现状及其创新优势

（一）长三角地区高等教育整体规模巨大，综合实力较强

长三角地区不仅是我国经济社会发展水平最高、区域一体化进程最快的地区，也是我国高校分布最密集、实力最强的地区之一。2019年长三角地区普通高校及在校生情况如表2-1所示。从院校分布来看，2019年，全国共有普通高校2688所，长三角地区共计459所，其中上海64所、江苏167所、浙江108所、安徽120所，共计占全国的比例为17.08%。从发展阶段来看，根据马丁·特罗（Martin Trow, 1973）提出的高等教育发展阶段理论，三省一市的高等教育均进入普及化阶段。根据教育部和各省（市）政府公布的数据，2019年全国高等教育毛入学率达到了51.6%，其中，安徽省高等教育毛入学率超过50%，浙江省为61.3%，江苏省为60.2%，上海市由于部属高校较多且高校密集，毛入学率可比性不是很大，

早在 2012 年就接近 70%。从高校在校生规模来看，2019 年长三角地区的普通高等教育在校生数为 534.34 万人，占全国普通高校在校生人数的 16.12%。从在校生学历层次结构来看，长三角地区普通高校专科层次在校生占全国的比例为 14.60%，本科层次占全国的比例为 16.26%，硕士层次占全国的比例为 21.94%，博士生占全国的比例为 23.15%，不同学历层次学生从低到高占全国的比例依次递增。

表 2-1　　2019 年长三角地区普通高校及在校生情况

项目		全国合计	长三角地区合计	长三角地区占比（%）
机构情况	高校数量（所）	2 688	459	17.08
	教职工总数（万人）	256.67	43.54	16.96
	专任教师数（万人）	174.01	29.60	17.01
在校生情况	专科生（万人）	1 280.71	186.93	14.60
	本科生（万人）	17 500.82	284.72	16.26
	硕士生（万人）	241.79	53.04	21.94
	博士生（万人）	41.69	9.65	23.15
	在校生总数（万人）	3 315.01	534.34	16.12

资料来源：《中国统计年鉴（2020）》和《中国教育统计年鉴（2019）》。

从"双一流"建设高校数量来看，长三角地区拥有"双一流"建设高校 34 所，占全国"双一流"建设高校（137 所）的 24.82%。从"一流大学"建设高校来看，长三角地区拥有复旦大学、上海交通大学、浙江大学、南京大学、华东师范大学、同济大学、东南大学和中国科学技术大学这 8 所"一流大学"建设高校，占全国"一流大学"建设高校总数（42 所）的 19.05%。从"一流学科"建设高校来看，长三角地区拥有 26 所"一流学科"建设高校，占全国"一流学科"建设高校总数（95 所）的 28.42%。从"双一流"建设学科数量来看，长三角地区拥有"双一流"建设学科 132 个，占全国"双一流"建设学科（465 个）的 28.39%（见表 2-2）。

表 2-2　　2017 年长三角地区"双一流"建设高校及建设学科

地区	"双一流"建设高校（所）	"双一流"建设高校比例（%）	"双一流"建设学科（个）	"双一流"建设学科比例（%）
全国	137	100.00	465	100.00
上海	13	9.49	56	12.04
江苏	15	10.95	43	9.25
浙江	3	2.19	20	4.30
安徽	3	2.19	13	2.80
长三角地区合计	34	24.82	132	28.39

资料来源：教育部官网。

（二）长三角地区高校研发投入力度较大，创新成果丰富

充足的经费支持和高水平的科技人才集聚是确保科技创新发展的基础。如表2-3所示，2018年长三角地区高校教学与科研人员的数量为242661人，占全国的比例为21.16%。其中，研究与发展人员为99969人，研究与发展全时人员为59969人年，R&D成果应用及科技服务全时人员为10321人年。从R&D成果应用及科技服务经费来看，全国共投入约248.64亿元，支出约201.50亿元，其中，长三角地区投入约80.19亿元、支出约62.60亿元，分别占全国的32.25%、31.07%。

表2-3　　　　2018年长三角地区高校研发投入与创新成果

	项目	全国合计	长三角地区合计	长三角地区占比（%）
科研人员	教学与科研人员（人）	1 147 044	242 661	21.16
	研究与发展人员（人）	445 190	99 969	22.46
	研究与发展全时人员（人年）	267 070	59 969	22.45
	R&D成果应用及科技服务全时人员（人年）	34 734	10 321	29.71
科技经费	R&D成果应用及科技服务经费当年拨入（千元）	24 864 123	8 019 363	32.25
	R&D成果应用及科技服务经费当年支出（千元）	20 150 064	6 260 003	31.07
科技成果	发表学术论文篇数（国内）	581 465	113 116	19.45
	发表学术论文篇数（国际）	444 735	125 877	28.30
	专利申请数（项）	310 276	92 499	29.81
	专利授权数（项）	184 934	51 335	27.76

资料来源：《2019年高等学校科技统计资料汇编》，教育部官网，2020年9月18日。

长三角地区拥有较多优质高校，高校科技成果产出丰硕。如表2-3所示，从学术论文发表情况来看，长三角地区2018年学术论文发表总量为238 993篇，其中国内学术刊物和国外学术刊物分别为113 116篇和125 877篇，占全国的比例分别为19.45%和28.30%。值得注意的是，国际刊物发表篇数是国内刊物发表篇数的1.11倍，说明长三角地区高校更加注重科学研究的国际化水平。与此同时，长三角地区高校2018年的专利申请数与授权数分别为92 499项和51 335项，占全国的比例均超过了25%。

(三) 长三角地区高校对外交流合作广泛，国际化程度高

长三角地区地处长江下游，东临太平洋，是"一带一路"与长江经济带的重要交汇地带，拥有现代化江、海港口群和机场群，国内外交通十分便捷。尤其是龙头城市上海，作为我国首批对外开放的城市，国际化程度相当高。长三角地区高校受地理位置与文化影响，国际化水平普遍较高。2018 年长三角地区高校国际化程度情况如表 2-4 所示。从国际合作研究来看，2018 年长三角地区派遣出国合作的人次为 12 861，占全国的比例为 27.35%。与此同时，该地区所接收国外合作人次高达 13 941，占全国的比例超过 30%，这也从侧面说明，从全国来看，长三角地区高校科研水平较高，能够吸引更多的国外研究机构寻求合作。从国际学术会议来看，出席人员、交流论文数量、特邀报告以及主办次数占全国的比例均超过 29%。尤其是主办国际会议次数，长三角地区 2018 年承接的国际会议数量为 741 次，占全国的比例高达 32.93%。从国际留学生来看，2018 年长三角地区接收学历留学生总数为 73 991 人，占全国的比例超过 28%。其中，专科留学生占全国的比例高达 54.06%，其他层次留学生占全国的比例均超过 25%。这也再次印证了长三角地区高等教育国际化程度处于全国领先水平。

表 2-4　　2018 年长三角地区高校国际化程度情况

项目		全国合计	长三角地区合计	长三角地区占比（%）
合作研究	派遣（人次）	47 029	12 861	27.35
	接收（人次）	43 433	13 941	32.10
国际学术会议	出席人员（人次）	202 413	58 978	29.14
	交流论文（篇）	99 026	28 915	29.20
	特邀报告（篇）	22 843	7 370	32.26
	主办（次）	2 250	741	32.93
国际留学生	专科（人）	12 277	6 637	54.06
	本科（人）	160 723	43 523	27.07
	硕士（人）	59 444	16 947	28.51
	博士（人）	25 618	6 883	26.87
	学历留学生总数（人）	258 122	73 991	28.67

资料来源：《2019 年高等学校科技统计资料汇编》，教育部官网，2020 年 9 月 18 日；教育部国际合作与交流司，《2018 年来华留学生简明统计》。

二、长三角区域创新一体化建设及其对高等教育的要求

（一）区域创新一体化建设中的高等教育集群

在区域创新一体化建设过程中，高等教育集群成为国际上的一个普遍经验。没有高等教育资源的集聚和支撑，就很难有高质量的区域创新一体化建设。没有区域创新一体化的高质量发展，区域内的高校及其毕业生也难以找到发挥创新功能的载体和环境。由于独特的地理位置和区位优势，世界级的"湾区经济"与高等教育集群相伴而生。例如，现今世界主要存在四大湾区，分别是纽约湾区、旧金山湾区、东京湾区和粤港澳大湾区。基于大学第三方指数排行榜（third-party university ranking indexes，TUI）排名所推出的四大湾区大学排行榜可知，四大湾区具有显著的优质高校集聚效应，且优质高等教育集群与区域经济社会发展具有良性的互动效应。在 2019 年入选 TUI 排名的 1 142 所大学中，有 113 所分别属于四大湾区，占据总数的 10%。四大湾区共拥有世界排名前 10 位的大学 6 所，世界排名前 50 位的大学 16 所，世界排名前 100 位的大学 25 所，世界排名前 500 位的大学 65 所，展现出四大湾区强劲的高等教育全球竞争力。

究其原因，世界一流湾区往往依托于其位置优势作为空间载体，打造出了高水平大学集群发展的新形式。这种"湾区经济"主导下所构建的大学关系网络，是区域大学集群发展的基础，不断促进高水平大学集群由"核心城市"向"中心城市"延伸，进而由"单中心城市"向"多中心城市"演进，最终衍生出高水平大学集群发展模式，以此加快湾区产业由劳动密集型向资本和技术密集型过渡和转变，其产生的空间锁定效果使湾区高水平大学集群在实现湾区经济发展的功能上达成高度协同一致，在促进各大学集群在优化互补的基础上不断吸纳创新要素方面，产生了积极的推动作用。有鉴于此，长三角区域高等教育一体化可以借鉴国际一流湾区建设的成功之道，从而推动长三角区域高等教育一体化迈向新台阶。

1. 旧金山湾区

美国旧金山湾区的高等教育，对湾区之崛起发挥着显著的支撑作用。其高等教育的发展过程，亦是一个联结、失调、再联结的反复过程。旧金山湾区包括以旧金山、圣何塞和奥克兰为大都市中心的 9 个县，仅 1.79 万平方公里。尽管面积不大，但却滋养了斯坦福大学、加州大学伯克利分校等顶尖级世界名校，以及世界著名的

高科技研发基地硅谷。这些均得益于湾区内高等院校间所形成的高校合作联盟机制。该机制不仅使得学校内部拥有浓厚的学术交流氛围、优质教学资源的共享条件（如传统的学分互换、学历互认等），而且在研究领域上不同院系和院校之间也存在广泛的学术探讨、学术合作等活动，尤其是在高科技方面确立了学术交流合作平台，形成了浓厚的高科技合作学术和知识资源共享的氛围，在知识交流的频度、广度和深度上营造了科技型文化氛围，形成了一个以研究型大学为核心，面向世界一流科技创新的教育和科研开发集群，旧金山湾区也因此被称为"世界高新技术创新的神经中枢"。

科技创新产业作为旧金山湾区屹立于世界四大湾区的最主要竞争力，区域协同是依靠知识创新链条拉动的。美国的经济秉持市场原则，资本市场作用作为诱导因子，促成了科研成果向技术转化再向科技产品转化最终反向刺激研发和科创的过程。这一过程在产业链上联结了企业、中介、科研机构、政府和用户，在区域范围内形成了产业集群；产业信息在科学研究、工程实施、产品开发、生产制造和市场销售之间进行反馈，从而在区域内跨城市建立起创新与生产、市场、消费者之间的高效融通体系。而位于产业链上下游各个位置上的机构或企业恰如其分地扮演着自己的角色：高等院校是知识创新的起点，企业是技术创新的载体，配套科学技术型产业的金融和管理等中介服务发挥着平台的作用，把湾区内创新所需的要素整合在一个完整的体系内，辅之以政府通过地方联盟、湾区层面的权力机构、各专业性的专委会组织共同在区域合作中形成催化剂。旧金山湾区的高等院校与知识创新的渊源早在二战时就开始了。高等院校鼓励师生基于学校的科技研发进行创业，让知识技术化、技术产品化，在获得的反馈中完成知识的迭代更新，为旧金山湾区高校引发的产业创新奠定了基石。

2. 纽约湾区

纽约湾区由纽约州、康涅狄格州、新泽西州等31个县联合组成，面积达到3.35万平方公里（龙晓和孙波，2019）。哈佛大学、麻省理工学院、普林斯顿大学、耶鲁大学以及哥伦比亚大学五所世界级名校坐落于此，共同组成了一个有层次、有梯度且紧密联系的高等教育集群。各具特色的大学在地理与组织上的临近，为大学之间建立密切联系提供了天然的条件，有助于实现物质和知识资源的交流与整合，获得集聚所带来的经济效益和知识竞争优势，从而促使湾区内大学形成一个完整的有机体。湾区内的不同大学在文化的碰撞与交融中彼此互尊差异与传统，早已是该区高等教育集群发展的主旋律。求异、求特成为美国大学集群中大学的普遍价值选择。例如，哈佛大学是以人文综合性特色著称，而麻省理工学院则是工程教育的卓越者，两所学校均在各自领域达到了极致。

同时，由于地理相邻的位置优势缩小了大学间的空间距离，大学之间的合作办学、共同开发变得更加方便。一则，集群内的大学可以通过校际间的多种形式，实现在课程互选、学科共建、设备设施资源共享、科研合作等方面的优势互补，从而缓解教育资源不足、促进优质资源共享，最终得以提高人才培养、科学研究以及服务社会等的水平，进而获得一系列在经济、文化、社会等层面所集聚的价值效应。二则，高等教育与产业集群协同发展，可全面推动人、力、物等资本的聚集，打通从科技创新到产业应用的关键环节，真正助力"产学研政用"一体化的完美实现。这无疑将会促进校企之间的深度合作，达成科技与产业间的联结，增强大学知识创造、人才培养、成果转化等多维能力，最终提升高等教育的核心竞争力。

3. 东京湾区

东京湾区的核心增长级是日本的行政与经济中心东京都。二战结束以后，日本周边区域人口快速向东京集聚，而此时政府产业政策又极力引导，从而推动了制造业的快速发展。20世纪60年代，制造业尤其是机械工业远离东京都这一中心区域，转而向京滨、京叶地区迁移，旨在缓解中心城区压力。东京随之进行产业转型升级，尤为关注服务业，最终发展成日本的金融、商业、政治及文化中心。在东京湾区的发展之初，日本政府便率先规划定位了首都圈各县的功能，并依循发展形势的演进而调整。20世纪70年代，经济高速增长促使传统来料加工型制造业逐步向东京都以外的周边城市迁移，在此过程中，各城市发展定位进一步明确。

同样，得天独厚的地理环境与历史沿革，造就了东京湾区多所世界级的大学。例如，世界一流著名研究型综合大学——东京大学；以工程技术与自然科学为主的世界一流大学——东京工业大学；享有"企业家摇篮"之称的日本顶尖级大学——庆应义塾大学等。作为东京湾区的中心，东京聚集了日本约1/3的高等院校和2/5的大学生，拥有全日本1/3的科研和文化机构（杜德斌，2015）。东京湾区的大学集群，并没有像产业集群一样较好地培育周边都市副中心、重组空间结构，以期解决区域教育发展不平衡不充分的问题，但它确实在东京湾区科技人才聚集、高科技研发与转化等方面起了积极的推动作用。概而言之，东京湾区的大学集群发展模式最为突出的特点在于，高等教育的优质资源偏向集中于东京都，而周边大学集群的影响力却较为不足。

（二）区域创新一体化建设对长三角地区高等教育的要求

长三角区域创新一体化建设对长三角地区高等教育高质量协同发展提出了更高

的要求。首先，区域创新一体化要求区域内的高校深度参与到创新链中，形成从科技创新到创业创新完整的路径。虽然产业和政府过去是工业社会的主要机构，然而后工业时代以知识为基础的社会中，大学、产业和政府三者构成了主要的体制框架。[①] 区域创新发展不仅要求高校能够供给更高质量的人力资本，而且要求高校在知识生产上要具有更高的原始创新能力，要能够解决产业发展面临的关键技术和共性技术问题，要在基础研究上取得重大突破，为解决国家高科技领域"卡脖子"问题提供方案。同时，高校的知识创新环节要向下游的技术创新环节延伸，要提升科技成果的转化能力，跨越科技成果向产业创新转化的"鸿沟"。其次，区域创新一体化要求打造区域高等教育高地，要求不同城市、不同类型和不同层次的高校之间形成更高的协同创新水平，开创长三角地区高等教育一体化的局面，为区域创新发展提供人才、知识、技术和智力支持，通过突破区域内阻碍高等教育资源优化配置的体制性障碍，将区域内的高等教育资源进行整合，进一步将一体化区域打造成高等教育发展、经济增长和社会进步的"增长极"，从而在实现一体化区域快速发展基础上带动一体化区域以外地区的高等教育发展和经济增长。

1. 更强的原始创新与创新成果转化能力

长三角地区高校虽然在科研人员投入、科研经费拨款和科研成果数量方面走在全国前列，但在当今国际形势下，我国高新技术行业面临"卡脖子"威胁，关键核心技术高度依赖国外，部分高校遭受外国高技术软件"封杀"，长三角地区高校的科技创新能力仍需进一步提高。归根结底，我国科学技术高质量发展受制于他国的原因在于国内高校原始创新能力不足，长三角地区高校更需进一步提升原始创新能力。

（1）长三角地区高校基础研究能力需要进一步提升。基础研究是指以探求对自然及其规律的理解，获得新原理、新工艺、新知识等为目的的科学研究。它是工业研究的基础，是技术进步的先行官。高校作为科学研究的主力军，更是基础研究的主要力量。从表2-5可以看出，2018年长三角地区高校在基础研究和应用研究方面的经费支出最多，分别占总经费支出的46%和43%。与全国水平相比，长三角地区高校的基础研究经费支出占总经费支出的比例高出全国水平7%。然而，从近40年来看，美国高校承担着全美超过50%的基础研究任务，并且科研支出的3/4以上用于基础性研究。与美国相比，长三角地区高校的基础研究投入力度需要进一步提升。基础研究是一项长期性、探索性的科学研究，短时间内很难产出重大成果，但高校在政府的考核评价体系下，普遍追求"短平快"的成果，进而使得高校

---

① 亨利·埃茨科维兹：《三螺旋创新模式》，陈劲译，清华大学出版社2016年版，第311页。

研发人员难以长期坐住"冷板凳",产生基础研究激励不足问题。

表 2-5　　2018 年长三角地区高校研究与发展经费支出情况

地区	总支出（千元）	基础研究 支出（千元）	基础研究 占总支出比例（%）	应用研究 支出（千元）	应用研究 占总支出比例（%）	试验发展 支出（千元）	试验发展 占总支出比例（%）
上海	7 040 720	3 117 289	44	3 280 959	47	642 472	9
江苏	8 208 046	3 556 335	43	3 343 110	41	1 308 601	16
浙江	4 799 734	2 183 070	45	2 315 128	48	301 536	6
安徽	2 287 120	1 426 234	62	733 038	32	127 848	6
长三角	22 335 620	10 282 928	46	9 672 235	43	2 380 457	11
全国	96 755 332	37 521 537	39	47 509 315	49	11 724 480	12

资料来源:《2019 年高等学校科技统计资料汇编》,教育部官网,2020 年 9 月 18 日。

(2) 长三角地区高校的科技成果转化能力需要进一步提高。我国高校科研工作者往往以单一的组织、分散性探索模式进行随机创新,喜欢各做各的,缺乏开放包容的协作精神。长三角地区高校科研人员聚集,科研工作缺乏组织性,学科交叉的团队或研究中心缺乏有效的运行机制。即便存在部分国家级重大项目或学科交叉项目将多学科的研究人员协同起来,这些项目也仅仅是多个子项目的简单拼接,并非学科间的深度融合。此外,从高校层面来看,长三角地区各高校在教育经费、学科排名、社会名誉方面存在着较大的竞争,高校间很难进行科研合作与创新;从科研人员个人来看,由于高等教育资源有限,高校科研人员在基金项目、人才"帽子"、专业职称方面的激烈竞争使他们难以进行合作创新。

2. 更高的区域一体化与协同创新水平

相对于高等教育大众化后期和普及化阶段对高校协作的巨大需求而言,长三角地区高等教育在协作层次、内容和深度上仍显不足。第一,从协作层次来看,政府层面的政策重在搭建平台,消除协作壁垒,然而政府的努力并不能替代高校的努力,真正的政策落实仍需高校自身的行动,而目前高校之间的协作明显不足;第二,从协作内容来看,协作是合作与协调并重,然而在高校层面,目前的协作内容则偏重显性合作,而忽视隐性的协调与分工;第三,从协作深度来看,长三角地区高校的区域分布并不均衡,且与产业的区域分布存在一定的错位,在长三角地区经济一体化加速发展的形势下,长三角地区高校之间并未打破区域和行政界线,形成一个深度整合、分工明确的整体,来服务整体经济转型和升级。这些问题构成了长三角地区高校整体实力和服务经济社会发展能力提升的巨大挑战。

结合世界三大一流湾区高水平大学集群发展的概况、特点与模式，我国长三角地区的高等教育一体化要实现其战略目标，真正建设成为世界一流高水平大学集群高地，必须在遵循高等教育发展规律的基础上，优化大学集群治理结构，建构世界一流高等教育生态系统；构建开放自由的产学研协同机制，加强长三角地区各城市的高校、科研院所、企业之间的交流和合作；实现高质量的合作与协同创新，推进长三角区域创新体系的完善。

长三角区域要不断优化大学集群治理结构，建构世界一流高等教育生态系统。世界著名大学集中于湾区是一流湾区最重要的标志之一。湾区高水平大学聚集具有相当强的临近聚集型、结构生态型以及创新创业型等显著特征，吸引高科技企业、研究型机构聚集在大学周围，与高水平大学一起形成高等教育生态系统。湾区的高水平大学集群之间存在协同互补和制约关系的同时，内部的物质、信息等要素传递速度快，流通自由，形成了独具特色的发展模式。例如，旧金山湾区形成了多中心、互补式的大学集群发展模式，纽约湾区形成了"多中心+轴线"式的大学集群发展模式，东京湾区形成了"中心+边陲"式大学集群发展模式。长三角区域也应当充分利用高等教育优势资源，加强沟通和协作，逐步探索并形成具有区域特色的大学集群发展模式。

要进一步加强长三角地区各城市的高校、科研院所、企业之间的交流和合作，构建开放自由的产学研协同机制。无论是旧金山湾区、纽约湾区还是东京湾区，产学研协同创新机制都很完善，已经建立较为完善的创新集群。湾区内部的多个创新主体，即研究型高校、科研院所以及企业的研究机构之间形成了优势互补的合作模式，各主体各司其职，共同带动湾区知识创新发展和产业进步。以旧金山湾区为例，湾区内产业分工体系明晰，不仅拥有5所高水平研究型大学，还有国际级或州级实验室，同时还有英特尔、苹果等著名企业的全球研发中心，真正形成了学术界、产业界、政府三方跨越边界、交叉融合的三螺旋创新机制。长三角区域也应该利用研究型高校、科研院所集聚的优势，打通与高校技术企业以及企业研发中心之间的创新合作，打造强有力的产学研协同体系，构建开放型创新体系，加强长三角地区各城市之间高等院校及科研院所的交流合作。

实现高质量的合作与协同创新，推进长三角区域创新体系的完善。长三角区域强劲的创新发展动力，不仅能够充分带动长三角城市群实现跨越式的发展，而且能够辐射和带动长三角经济带综合水平的提升。创新这一巨大引擎可以吸引更多的高质量人才，推动经济社会结构的优化升级。高校正是形成创新经济的关键所在，将为高新技术产业提供源源不断的创新人才以及技术支持。唯有实现高校、科研机构、企业的高质量发展，才能够逐步推进长三角区域创新体系的完善与升级，实现创新资源的跨区域高效配置。

（三）长三角区域高等教育一体化的探索轨迹

从实践发展来看，长三角区域高等教育一体化是在破界融合发展过程中逐步提升和发展的，整个发展与探索的历程大致可以划分为以下三个阶段。

1. 萌芽阶段

长三角地区明确以政策文件的形式尝试和探索如何打破区域教育行政壁垒，始于 2003 年《江浙沪三省市教育合作协议》的签署。协议签署后，江浙沪三省市在高等教育一体化发展的方式上做出了诸多尝试，涉及学术资源的共享、人才开发与就业流动等问题。随后，《关于加强沪浙两地教育交流合作的意见》提出要在学术讨论、信息共享、优质教育资源等方面展开合作，并在高等教育人才培养方面逐步达成共识。2003 年 4 月苏沪浙三地政府人事部门签署的《长江三角洲人才开发一体化共同宣言》，是推进高校毕业生就业领域协作的重大突破。2003 年底，三地政府教育行政部门领导还表达了进一步加强合作、扩大合作范围的意向，内容包括：建立交流合作的组织和工作机制、定期举行教育合作交流活动与学术研讨、鼓励校际教学合作如学分互认、师资互聘等。之后苏浙沪三地政府在高等教育领域的协作行动逐渐增多。除政府主导的协作外，高校之间自发性质的协作也方兴未艾。例如，2005 年 12 月，复旦大学、上海交通大学、浙江大学、浙江工业大学、浙江理工大学、东南大学六所高校在上海交通大学签署了《长三角六校交换生计划备忘录》，希望通过交流，实现六校优势互补、资源共享，为学生跨校学习提供途径。目前，该"联盟"已扩大至十多所高校，合作领域也在逐步扩展。长三角地区高校其他方面的合作，如实验室共享、数据库团购、重大项目合作攻关等也在不断地自发推进。

2. 加速发展阶段

随着高等教育联动的不断推进，区域高等教育合作问题愈发受到国家重视，国家对长三角地区高等教育一体化也寄予了更高的期待。2008 年，国务院印发《关于进一步推进长江三角洲地区改革开放和经济社会发展的指导意见》（以下简称《指导意见》），提出尤其要重视长三角地区教育领域的合作与交流，充分整合区域的社会事业资源。这是第一次从国家层面将教育联动写入政策文本，同时也标志着教育的联动发展正式成为长三角区域一体化发展战略的重要组成部分。从此，长三角地区高等教育在国家层面政策的引领下，开展更为丰富的探索，走向聚力突破、全面推进的新阶段。

在《指导意见》出台后，到 2009 年苏沪浙三地的教育行政部门负责人共同签订《关于建立长三角地区教育协作发展会商机制协议书》，标志着长三角地区教育的交流与合作已由非常规状态向制度化状态转变。依托每年一度的研讨会为平台，众多高校迅速在各种资源和项目上展开合作。2008 年出台的《国务院关于进一步推进长江三角洲地区改革开放和经济社会发展的指导意见》指出，不仅要进一步推动高校校际多层次多类别的合作，而且鼓励高校以其学科专业等优势，在区域内开展与企业、政府、单位等多主体的合作，进一步创新区域教育合作体制机制。2016 年出台的《长江三角洲城市群发展规划》提出，要提高教育发展质量和共享水平，加快完善现代教育体系，全面提高教育质量，推进多种形式的教育合作。继而，为了共同探索并建立教育发展共同决策、统一执行、联合监督机制，三省一市签署《"十三五"深化长三角地区教育战略合作框架协议》。可见，从稀少的自发性探索合作到在政策支持下高校积极达成众多合作，再到探索如何能够在保证合作的基础上实现多层次多主体的合作、提高合作的质量，是政策引领的方向和追求的更高目标。2015 年，上海理工大学联合南京工业大学、浙江工业大学，共同发起成立了"长三角工程教育联盟"。随着长三角区域一体化进程的加速，安徽省也逐步参与进来。2016 年《长江三角洲城市群发展规划》提出在 2 省 1 市的基础上，将安徽省的 8 个城市纳入长江三角洲城市群。

3. 高质量发展阶段

2018 年，习近平总书记在首届中国国际进口博览会上宣布，支持长江三角洲区域一体化发展并上升为国家战略。自此，长三角地区的高等教育一体化进入了新阶段。随后，中共中央办公厅、国务院办公厅印发《加快推进教育现代化实施方案（2018—2022 年）》。2019 年，中共中央、国务院印发《长江三角洲区域一体化发展规划纲要》，提出要全面推动大学大院大所全面合作和协同创新，鼓励长三角地区以优势教育资源孕育出具有国际影响力的一流大学和一流学科，并与国际知名高校合作办学，打造国际合作教育样板区。

由这些政策文件可以看出，目前长三角地区高等教育一体化前进的方向，不仅是做好本地区的高等教育协作，为区域的经济发展与教育质量的提高作出贡献，更注重区域高等教育一体化的外溢效应，为国内其他区域的高等教育一体化发展做示范，并打造在国际上具有影响力的高等教育高地。2019 年由浙江大学牵头、华东五校共同发起的"长三角研究型大学联盟"正式成立，地处安徽的中国科技大学成为联盟成员之一,标志着安徽的高等教育开始加入长三角地区高等教育一体化进程。为积极响应《长江三角洲区域一体化发展规划纲要》号召,2019年安徽工业大学和江苏大学也共同参与进来。

由长三角地区高等教育一体化演进的脉络不难发现,过去十多年,国家层面的政策对长三角地区高等教育高质量发展寄予了厚望。同时,长三角地区各省市也越来越重视高等教育领域的协同,主动推进一体化发展,已经形成较好的协作发展基础。在区域经济与社会发展现实需要的推动下,长三角地区高等教育一体化进程逐步加快,政策的精神引领也逐步从"需要什么样的高等教育一体化"到"如何实现更高的高等教育一体化水平",再到"如何做到有影响力的高等教育一体化"逐步延伸和深化。在我国经济转向高质量发展阶段的当下,长三角地区亟须更高质量、更高层次的高等教育一体化,为长三角地区的发展提供新动能,助力长三角区域实现"成为全球一流品质世界级城市群"的目标。

三、长三角地区高等教育对区域创新经济发展贡献的实证研究

伴随着人口红利的消失与新一轮科技革命的兴起,我国经济增长方式由原先的物质要素驱动向创新发展驱动过渡,这意味着作为科技第一生产力、人才第一资源和创新第一动力的结合点,高等教育在不同的经济增长阶段呈现出不同的发展特点,发挥着不同的社会功能。鉴于此,本部分的实证研究在研究范畴上先探究高等教育对区域宏观经济增长的贡献,后论证高等教育对作为创新经济驱动力的创新发展水平的贡献;在研究层次上先通过省级面板数据进行初步探索,后利用地级市面板数据进行印证。

(一) 长三角地区高等教育对区域经济增长的影响分析

1. 模型设计

(1) 省级层面。基于1990~2018年长三角地区的省级面板数据,本章采取普通面板数据模型进行分析,具体如下:

$$Y_{it} = \beta_0 + \beta_1 H_{it} + \beta_2 HS_{it} + \beta_3 R_{it-4} + \beta_z Z_{it} + \mu_i + \varepsilon_{it}$$

其中,Y_{it}表示各省份实际人均GDP;H_{it}表示平均受教育年限;HS_{it}表示人力资本结构;R_{it}表示高校师生比,用来衡量地区高等教育的质量,为了更好地衡量毕业生的人力资本质量,将此变量滞后4年;Z_{it}表示一系列控制变量,包括人均固定资本存

量、对外开放水平、城市化率、产业结构、人口数量等；μ_i 表示不随时间变动的地区虚拟变量；ε_{it} 为随机扰动项；i 和 t 分别代表省份和年份。此外，由于各变量间的数值相差较大，为了避免异方差的情况，本章对非比例型变量取自然对数。

（2）地级市层面。基于 2001~2018 年长三角地区 41 个地级市的省级面板数据，本章采取普通面板数据模型进行分析，具体如下：

$$Y_{it} = B_0 + B_1 S_{it} + B_2 T_{it} + B_Z Z_{it} + \mu_{it}$$

其中，Y_{it} 表示长三角地区各地级市人均 GDP；S_{it} 表示高校在校生人数；T_{it} 表示高校的师生比；Z_{it} 表示一系列控制变量；B_0 为常数项，B_1 和 B_2 分别表示高校在校生人数和高校师生比的估计系数，B_Z 表示一系列控制变量的估计系数；μ_{it} 表示随机扰动项；i 和 t 分别代表省份和年份。此外，由于各变量间的数值相差较大，为了避免异方差的情况，本模型中对非比例型变量取自然对数。

2. 指标说明与变量特征

从省级层面的实证模型来看，模型中的变量可以分为被解释变量（区域经济发展水平）、核心解释变量（人力资本和高等教育质量）以及控制变量，各变量的内涵如下。

（1）区域经济发展水平。地区经济发展水平是指在一定时间内地区经济发展的规模、速度和达到的水准，现有研究大多采用人均 GDP 或 GDP 增长率进行表征。本章选取人均 GDP 作为地区经济发展的代理变量。

（2）人力资本。人力资本是反映一国或地区劳动力的受教育程度或者国民素质的重要指标。本章选取地区人口平均受教育年限指标作为人力资本的代理变量。目前中国不同教育层级（小学、初中、高中、大专及以上）对应的教育年限分别为 6 年、9 年、12 年和 16 年，文盲按照 0 年计算。因此，地区人口平均受教育年限指标的代理变量计算公式为：

$$H = \frac{E_6 \times 6 + E_9 \times 9 + E_{12} \times 12 + E_{16} \times 16}{Popu}$$

其中，E_i 代表受教育年限为 i 的人口数量，$Popu$ 代表 6 岁以上的人口数量。

同时，考虑到不同教育层次的人力资本对区域创新可能存在不同的影响，故本章按照教育层次对人力资本进行等级划分，具体分为高等教育人力资本（H_1）、中等教育人力资本（H_2）、义务教育人力资本（H_3）。详细计算公式如下：

$$H_1 = \frac{E_{16} \times 16}{Popu} \quad H_2 = \frac{E_{12} \times 12}{Popu} \quad H_3 = \frac{E_6 \times 6 + E_9 \times 9}{Popu}$$

$$H = H_1 + H_2 + H_3$$

一般大多数研究侧重不同人力资本的类型与区域创新发展的关系，忽略了不同教育层级间的最优比例。因此，本章引入一个结构性变量——人力资本结构，记为 H_S，表示人力资本中高等教育人力资本的比例。H_S 的计算公式为：

$$H_S = \frac{H_1}{H}$$

（3）高等教育质量。本章选取普通高校师生比作为代理变量，考虑到高等教育人力资本培养周期为3~5年，高等教育人力资本经过高校培养后方可进入劳动力市场，为区域经济发展作出贡献，因此将高校师生比滞后4期放入模型中。

（4）相关控制变量。对外开放水平，用地区进出口贸易总额占地区GDP的比重表示；城市化率，用地区非农人口占常住人口的比重表示；人均物质资本存量，借鉴单豪杰（2008）使用永续盘存法计算的结果，折旧率取10.96%；产业结构，用第三产业产值占GDP的比重表示；人口数量，用地区常住人口数表示。此外，考虑到我国于2001年12月11日加入世界贸易组织（WTO），我国经济的发展可能会受到影响，因此本章设置一个虚拟变量 T_{WTO}（2001年以前，取值为0；2001年及之后，取值为1）。

从地级市层面的实证模型来看，由于地级市层面的数据可得性，无法保证地级市层面的指标与省级层面的指标完全一致。因此，本章在选取地级市层面的指标时尽可能选取与省级层面指标内涵相类似的指标。具体选取的指标如下：

（1）区域经济发展水平。国内生产总值是经济学研究中衡量经济增长水平最常使用的指标。本章采用各个地级市的人均GDP对区域经济发展水平进行衡量，这样可以剔除由于人口增长带来的影响。

（2）高等教育规模。一地的高等教育规模可以衡量当地的高等教育发达程度。高等教育规模指的是高等教育各类教育机构中所拥有的人、财、物的综合。本章选取高校在校生人数作为衡量高等教育规模的变量。一般而言，高等教育人力资本的培养周期为4年左右，经过高等教育的培养后，便可进入劳动力市场，为区域经济发展作出贡献，因此本章对高校在校生采取了滞后4年的处理方式。

（3）高等教育质量。高等教育质量对于人才培养至关重要，进而会影响区域经济的发展水平。高校生师比能够在一定程度上反映我国高等教育规模的大小，体现了高校人力资源的利用效率，也是高校办学质量的重要衡量指标。因此，本章选取普通高校在校学生数作为高等教育质量的代理变量。

（4）控制变量。人口总数，人口是一个较为复杂和综合了多种社会关系的实体，构成了一定的社会关系和经济关系，经济发展和人口之间有千丝万缕的关系，人口对于经济发展的影响情况较复杂，因此本章对人口总数进行了控制；人均固定资产投资，固定资产投资是经济发展的主要动力，这一指标可以反映一个城市固定资产投资情况以及经济增长情况，固定资产也是城市经济发展的主要动力；研发投入，用科学事业费用支出与地方财政内预算支出之比表示，高校是区域创新系统的重要组成部分，高校的研发投入是会促进区域创新水平发展进而可能影响区域经济发展水平的重要变量；基础设施，基础建设指的是为社会居民提供公共服务的物质工程设施，以保证城市经济发展的重要公共服务系统，可以说是城市经济发展的重要基础，本章采用人均道路铺装面积作为基础设施的代理变量；对外开放程度，对外开放主要是指一个地区基于自身优势要素参与国际分工的经济活动，一般涉及商品的进出口关于对外开放度与经济增长之间的关系，不同的研究者认为对外开放度的作用机理是不同的，但是整体上理论研究形成了较为统一的认识，即对外开放度对经济增长有促进作用，本章使用实际利用外资与GDP之比作为衡量对外开放度的代理变量；地区的产业结构，产业结构一般是指资源在社会生产生活中配置的比例关系，一般采用就业指标，即第二、第三产业从业人员比重，以及价值指标，即第二、第三产业占比来衡量，产业结构与经济发展之间的关系极为密切。

就指标的数据来源而言，本部分数据从尺度上可以分为两部分。第一部分，省级层面数据。这类数据是通过整理《中国统计年鉴》和《中国人口与就业统计年鉴》相关数据资料获得。第二部分，地级市层面数据。这类数据是通过整理《中国统计年鉴》《中国城市统计年鉴》《中国人口与就业统计年鉴》，以及国研网区域经济数据库（市级经济）等相关数据资料获得。进一步地，为了防止通货膨胀因素对经济变量的影响，本章利用GDP指数处理所有相关经济变量，将省级层面的经济数据统一到1990年价格，将地级市层面的经济数据统一到2000年价格。

省级层面数据的时间跨度为1990~2018年，地级市层面数据的时间跨度为2000~2018年。省级层面与地级市层面的变量描述性统计如表2-6、表2-7所示。具体来看，长三角地区的实际人均GDP、高等教育人力资本、高等教育质量的变化如图2-1、图2-2、图2-3所示。

表2-6　　　　　　　　各变量描述性统计（省级层面）

变量名称	单位	观测值	均值	标准误	最小值	最大值
实际人均GDP	元/人	116	17 067.57	17 509.14	924.60	80 283.21
义务教育人力资本	年	116	4.95	0.52	3.42	5.69
中等教育人力资本	年	116	1.79	0.71	0.69	3.49
高等教育人力资本	年	116	1.50	1.23	0.16	5.45
平均受教育年限	年	116	8.23	1.43	5.27	11.43

续表

变量名称	单位	观测值	均值	标准误	最小值	最大值
人力资本结构	—	116	0.19	0.17	0.03	0.91
高校生师比	—	116	13.37	4.76	4.70	19.13
外贸依存度	—	116	0.55	0.43	0.06	1.72
城市化率	%	116	55.55	21.54	19.59	89.60
实际人均物质资本	元/人	116	34 513.37	37 298.13	834.46	162 301.74
第三产业占比	—	116	40.67	10.46	22.83	69.90
就业人口数量	万人	116	2 088.939	1 365.025	786.00	4 761.00
T_{wto}	—	116	0.62	0.49	0.00	1.00

表2-7 　　　　　各变量描述性统计（地级市层面）

变量名称	单位	观测值	均值	标准误	最小值	最大值
实际人均GDP	万元	779	56 421.230	49 312.580	2 091.041	269 639.900
高等学校在校学生数	人	776	83 403.020	134 918.500	316	827 773
高校生师比	—	774	18.665	4.817	2.179	51.679
年末总人口数	万人	779	181.062	212.582	24.440	1 462
人均固定资产投资	万元/人	697	33 802.140	31 664.220	255.899	194 385.200
研发投入	%	656	0.050	0.043	0.0007	0.272
人均道路铺装面积	平方米	655	10.971	5.804	0.690	36.570
实际利用外资占GDP比重	%	779	0.038	0.031	0.0005	0.253
第二产业从业人员比重	%	778	50.042	9.420	26.320	76
第三产业从业人员比重	%	779	43.216	7.905	22.630	69.900
第二产业占GDP比重	%	774	48.440	17.059	0.600	143.480
第三产业占GDP比重	%	774	46.746	17.088	1.490	190.280

（1）实际人均GDP。如图2-1所示，1990~2018年，长三角地区实际人均GDP均呈现增长趋势，其中，上海市的实际人均GDP明显高于其他省份，且增长幅度最大。江苏省和浙江省的实际人均GDP水平及其变化趋势几乎一致，说明浙江省和江苏省的经济发展水平无明显差异。此外，安徽省的实际人均GDP明显低于其他省市，反映出长三角地区中安徽省的经济发展水平最低。

（2）高等教育人力资本。如图2-2所示，1990~2018年，长三角地区高等教育人力资本总体趋势是增长的，但各省市间存在明显的差异，其中上海市的高等教育人力资本远远高于其他省份,且差距呈现逐渐增大的趋势。浙江省和江苏省的高等教育人力资本水平和变化趋势无明显差异,而安徽省的高等教育人力资本始终与浙江省和江苏省存在较大的差距。

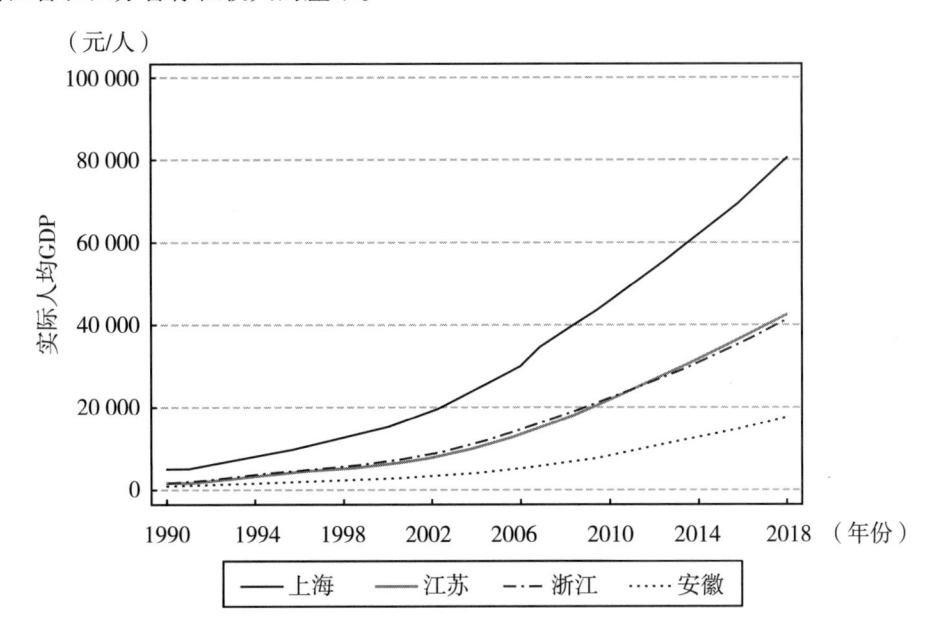

图 2-1 1990~2018 年长三角地区实际人均 GDP 变化

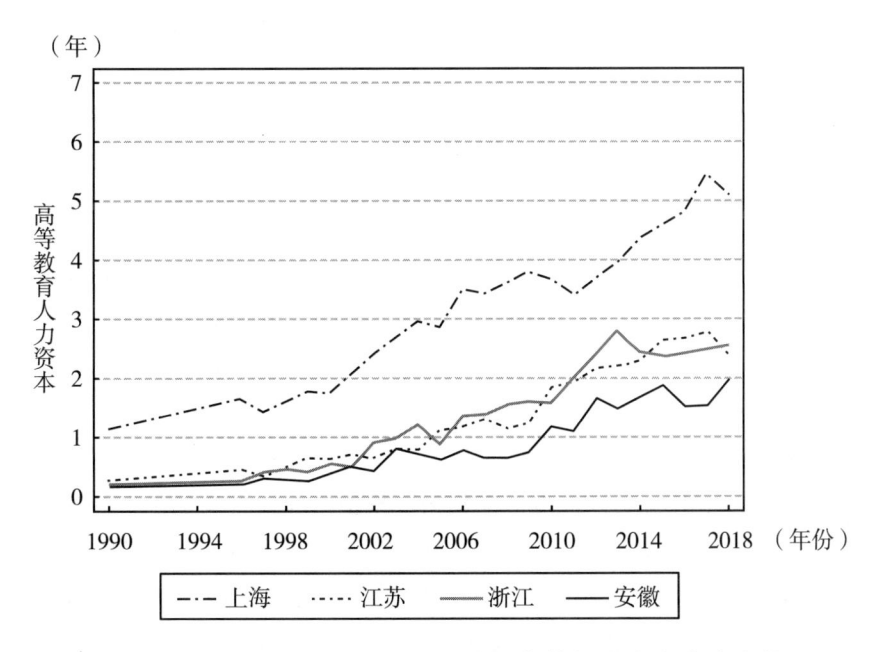

图 2-2 1990~2018 年长三角地区高等教育人力资本变化

（3）高校生师比。如图 2-3 所示，长三角地区高校生师比的发展大致可以分为两个阶段。第一阶段（1990~2006 年），三省一市高校生师比均呈现大幅度增长趋势，不存在明显的差异；第二阶段（2007~2018 年），安徽省、江苏省及上海市的高校生师比逐渐趋于稳定，变化幅度较低，而浙江省的高校生师比则呈现一种缓慢降低的趋势。此外，从数量大小来看，安徽省的高校生师比要明显高于其他省市。

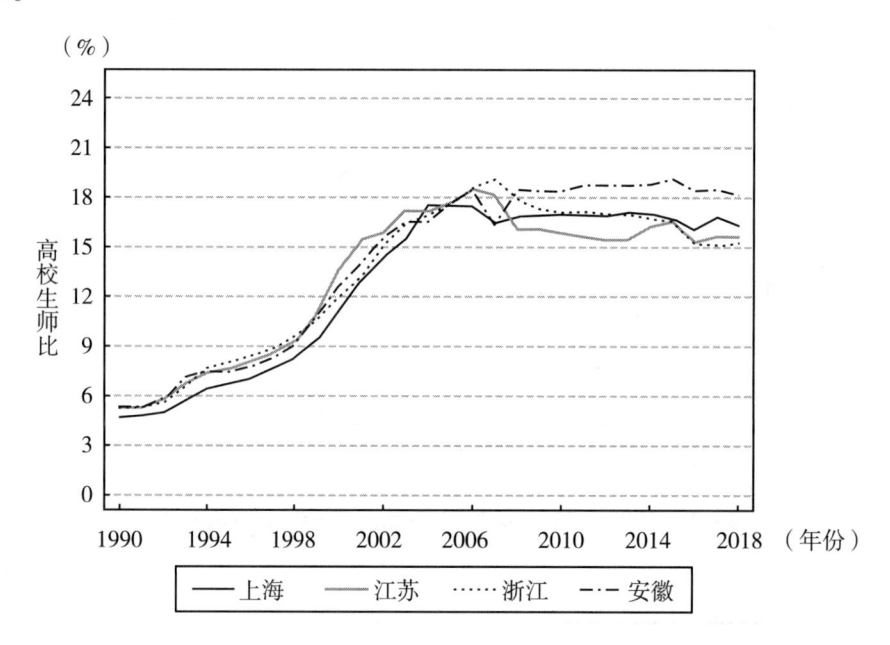

图 2-3　1990~2018 年长三角地区高校生师比变化

3. 实证结果

（1）省级层面。根据豪斯曼（Hausman）检验结果，本书采取固定效应模型对参数进行估计，结果如表 2-8 所示。首先讨论控制变量的估计结果，然后重点讨论人力资本变量。在所有的模型中，城市化率对实际人均 GDP 的增长具有负向效应，城市化率每提高 1%，实际人均 GDP 将会降低 0.010%~0.025%，其原因可能是城市化进程的加快促使农村地区人口进入城市，进而农村地区的生产大幅度降低，此外也会造成农村地区发展红利的消失。模型 1 和模型 2 显示，产业结构、外贸依存度、人均物质资本存量和加入 WTO 均对实际人均 GDP 具有显著的促进效应，其中人均物质资本存量对实际人均 GDP 的贡献最大，而产业结构对实际人均 GDP 的贡献最小，第三产业占 GDP 比例每增加 1%，实际人均 GDP 将增加 0.01% 左右，反映出长三角地区第三产业发展质量不高，经济贡献有限。

表2-8 模型回归结果

变量名称	模型1	模型2-1	模型2-2	模型2-3	模型3-1	模型3-2	模型3-3	模型3-4
产业结构	0.013*** (0.002)	0.014*** (0.002)	0.009*** (0.002)	0.010*** (0.002)	0.015*** (0.002)	0.012*** (0.002)	0.018*** (0.002)	0.015*** (0.002)
外贸依存度	0.155*** (0.042)	0.163*** (0.043)	0.102*** (0.043)	0.130*** (0.041)	0.194*** (0.038)	0.211*** (0.038)	0.180*** (0.044)	0.177*** (0.043)
城市化率	-0.025*** (0.003)	-0.025*** (0.003)	-0.023*** (0.003)	-0.019*** (0.003)	-0.021** (0.003)	-0.019* (0.003)	-0.017** (0.003)	-0.013*** (0.004)
ln（人均物质资本存量）	1.057*** (0.044)	1.053*** (0.045)	1.117*** (0.045)	0.996*** (0.053)	0.851*** (0.053)	0.827** (0.053)	0.795*** (0.065)	0.736*** (0.067)
T_{wto}	0.611* (0.032)	0.057* (0.033)	0.103*** (0.033)	0.056* (0.033)	0.001 (0.030)	0.005 (0.030)	-0.039 (0.027)	-0.031 (0.026)
ln（义务教育人力资本）		0.154 (0.145)	0.227* (0.137)	0.368** (0.086)				
ln（中等教育人力资本）			-0.316*** (0.080)	-0.471*** (0.086)				
ln（高等教育人力资本）				0.167*** (0.044)				
ln（平均受教育年限）					1.340*** (0.263)	1.269*** (0.231)	0.753*** (0.243)	0.582** (0.247)
人力资本结构						0.213** (0.103)		0.258** (0.105)
高校生师比							0.017*** (0.004)	0.020*** (0.004)
常数项	-0.317 (0.213)	-0.566** (0.316)	-1.066*** (0.322)	-0.254*** (0.372)	-1.385*** (0.263)	-1.080*** (0.297)	-0.149*** (0.364)	-1.075*** (0.460)
Hausman检验p值	0.000	0.000	0.000	0.000	0.000	0.000	0.000	0.000
R^2	0.993	0.993	0.994	0.995	0.995	0.995	0.995	0.996
N	116	116	116	116	116	116	100	100

注：*表示$p<0.1$，**表示$p<0.05$，***表示$p<0.01$。

从模型2-3的结果来看，义务教育人力资本对实际人均GDP具有显著的促进效果，义务教育人力资本每增加1%，实际人均GDP将会增加0.368%；而中等教育人力资本则对实际人均 GDP 具有显著的负向效果,其影响程度比义务教育人力资本略大;高等教育人力资本对实际人均 GDP 虽然也具有显著的正向促进效应,但其影响程度不如义务教育人力资本大,高等教育人力资本每提高 1%,实际人均 GDP 将提高 0.167%。这说明在长三角地区,人力资本中的义务教育人力资本才是推动经济发展的主要因素,高等教育人力资本的贡献次之,而中等教育人力资本则会抑制经济的发展。出现这种现象的原因有二:一是长三角地区经济发展仍然以劳动密集型产业和第三产业为主,义务教育人力资本凭借其低价格成本比较优势更能获得市场的认可;二是长三角地区产业升级较为迅速,高技术产业尚不能完全发挥高等教育人才的效率。

由于人力资本结构与人力资本不具有高度的相关性,本书在模型 3 中引入人力资本结构的同时引入了人力资本的代理变量——平均受教育年限。模型 3 结果显示,平均受教育年限可以显著地促进实际人均 GDP 的提高。近年来,长三角地区产业结构不断升级,高技术产业开始兴起,对人力资本的素质提出了更高的要求,平均受教育年限的增加意味着人力资本的学历层次和综合素质不断提高,而具有越高教育水平的从业者,越能熟练地掌握较为先进的生产技术和知识,从而提高生产率和生产力,进一步促进经济的发展。

从模型 3-3 和模型 3-4 来看,高校生师比对实际人均 GDP 的提高具有显著的促进作用,原因在于长三角地区高校实施扩招政策后,一方面有效地扩大了高等教育机构的实际消费需求,刺激了当地经济部门的生产活动,拉动了经济的快速发展;另一方面高校扩招后,进入高等教育培养层次的人数有效增加,进而提高了长三角地区劳动力的平均受教育年限,推动了生产力的发展,创造了更大的经济效益。

此外,模型 3-2、模型 3-4 结果显示,人力资本结构对实际人均 GDP 的提高具有显著促进效应,高等教育人力资本每提高 1%,实际人均 GDP 将提高 2% 以上,说明人力资本中高等教育人力资本比重的提高将会推动区域经济快速发展。其原因在于长三角地区高新技术产业快速兴起,高等教育人力资本比重的增加迎合了产业发展的需求,进而推动了经济增长。

(2) 地级市层面。为了能够更好地把握长三角地区各地级市的高等教育与经济增长之间的关系,本章试图将较多的控制因素纳入模型并使用面板数据进行多元回归分析。因为研究的样本为 41 个地级市,各个地级市之间的教育和经济发展的实际情况可能存在差异,且根据 Hausman 检验结果,面板数据接受固定效应模型、拒绝随机效应模型,综上所述,本书选择使用的是固定效应模型。模型回归结果如表 2-9 所示。

表2-9　　　　　　　　　　　　　模型回归结果

变量名称	模型1	模型2	模型3	模型4
高等学校在校学生数	0.649*** (0.0133)	0.145*** (0.0147)	0.147*** (0.0135)	0.126*** (0.0135)
高校生师比	-0.00980*** (0.00285)	0.000934 (0.00153)	0.000448 (0.00140)	0.000356 (0.00130)
年末总人口数		0.327*** (0.0283)	0.306*** (0.0303)	0.356*** (0.0301)
人均固定资产投资		0.433*** (0.0145)	0.395*** (0.0158)	0.382*** (0.0147)
研发投入		1.677*** (0.214)	1.246*** (0.211)	1.147*** (0.196)
人均道路铺装面积			0.0937*** (0.0217)	0.109*** (0.0209)
实际利用外资占GDP的比重			-1.898*** (0.241)	-1.340*** (0.230)
第二产业从业人员的比重				0.00729*** (0.00281)
第三产业从业人员的比重				0.0171*** (0.00291)
第二产业占GDP的比重				0.000151 (0.000402)
第三产业占GDP的比重				-0.000688* (0.000370)
常数项	4.204*** (0.140)	3.016*** (0.139)	3.349*** (0.139)	2.332*** (0.280)
Hausman检验p值	0.000	0.000	0.000	0.000
N	648	566	525	524
R^2	0.798	0.944	0.952	0.961

注：括号内为标准误；*** $p<0.01$，** $p<0.05$，* $p<0.1$。

从表 2-9 可以看出，在 4 个模型中，高等学校在校学生数对实际人均 GDP 的增长具有显著的正向促进效应，因此高等人力资本能够显著推动经济的发展。从模型 1 来看，高等学校在校学生数对经济发展有显著的促进作用，而在这个模型中，高校的生师比对经济发展有负向效应。这可能是由于目前高校的生师比还不够合理，整体结构尚未达到最优，对高校人力资源的利用效率还不高。在模型 2 中，引入了年末总人口数、人均固定资产投资以及研发投入这三个控制变量，根据实证结果可以看出，它们均对经济发展有显著的正向效应。其中，研发投入每提高 1%，实际人均 GDP 将增长 1.677%，说明研发投入对经济发展水平的提高是有益的。在模型 3 中，进一步加入了人均道路铺装面积以及实际利用外资占 GDP 的比重这两个控制变量，结果表明，人均道路铺装面积对经济发展具有显著的正向效应，这说明基础设施的完善有利于推动经济的发展。而衡量开放程度的代理变量——实际利用外资占 GDP 的比重，回归结果表明，地级市的开放程度每提高 1%，区域经济水平将下降 1.898%，可能原因是外资与内资投资部门的重合以及内资企业的竞争力较低，外资对内资具有一定的挤出效应，因此外商直接投资的绩效较低，在很大程度上削弱了对外开放对区域经济增长的贡献。在模型 4 中，加入了衡量产业结构的四个指标：第二、第三产业从业人员比重，以及第二、第三产业占 GDP 的比重。实证结果表明，第二、第三产业从业人员的比重对经济增长有显著的正向效应，其中，第二、第三产业从业人员比重每提高 1%，实际人均 GDP 分别提高 0.00281%、0.00291%，但是第二产业占 GDP 的比重对城市经济增长具有正向影响，但在统计意义上不显著，而第三产业占 GDP 的比重对城市经济发展具有显著的负向影响，这反映了长三角地区第二、第三产业的整体结构发展可能还有待优化。

（二）长三角地区高等教育对区域创新发展的影响分析

1. 模型设计

（1）省级层面。基于 1990~2018 年长三角地区的省级面板数据，本章采取普通面板数据模型进行分析：

$$Y_{it} = \beta_0 + \beta_1 H_{it} + \beta_2 HS_{it} + \beta_3 R_{it-4} + \beta_z Z_{it} + \mu_i + \varepsilon_{it}$$

其中，Y_{it} 表示各省份区域创新能力；H_{it} 表示平均受教育年限；HS_{it} 表示人力资本结构；R_{it} 表示高校生师比，用来衡量地区高等教育的质量，为了更好地衡量毕业生的人力资本质量，将此变量滞后 4 年；Z_{it} 表示一系列控制变量，包括人均固定资本存量、对外开放水平、产业结构等；μ_i 表示不随时间变动的地区虚拟变量；ε_{it} 为随机扰动项；i 和 t 分别代表省份和年份。此外，由于各变量间的数值相差较大，为了避免异方差的情况，本章对非比例型变量取自然对数。

（2）地级市层面。基于2000～2018年长三角地区地级市面板数据，本章采取普通面板数据模型进行分析：

$$Y_{it} = \beta_0 + \beta_1 Hs_{it} + \beta_2 Hq_{it} + \beta_Z Z_{it} + \mu_{it}$$

其中，Y_{it}表示各地级市创新水平；Hs_{it}表示高等教育规模；Hq_{it}表示高等教育质量；Z_{it}表示一系列控制变量；β_0为常数项，β_1、β_2分别表示高校在校生数和高校生师比的估计系数，β_Z表示控制变量的估计系数；μ_{it}表示随机扰动项；i和t分别代表省份和年份。此外，由于各变量间的数值相差较大，为了避免异方差的情况，本章对非比例型变量取自然对数。

2. 指标说明与变量特征

从省级层面的实证模型来看，模型中的变量可以分为被解释变量（区域创新发展水平）、核心解释变量（高等教育质量和高等人力资本）和控制变量，各变量的内涵如下：

（1）被解释变量。区域创新发展水平，现有研究一般用地区R&D经费支出、相关专利数据、创新成果收入及高技术产业收入来表征。本章认为区域创新发展水平体现在地区将新知识转化为新产品、新工艺和新服务的能力，相关专利数据更具有典型性和代表性。基于此，本章选取地区专利申请授权数作为区域创新发展水平的代理变量。

（2）核心解释变量。高等教育质量和高等人力资本，本章选取普通高校生师比作为高等教育质量的代理变量，并对其进行滞后4期处理；选取高等教育人力资本和人力资本结构来代表高等人力资本。

（3）相关控制变量。对外开放水平，用地区进出口贸易总额占地区GDP的比重表示；产业结构，用第三产业产值占GDP的比重表示；地区R&D经费投入，用地区R&D内部经费支出表示。

从地级市层面的实证模型来看，由于地级市层面的数据可得性，无法保证地级市层面的指标与省级层面的指标完全一致。因此，本章在选取地级市层面的指标时尽可能选取与省级层面指标内涵相类似的指标，具体选取的指标如下：

（1）被解释变量。本章用城市当年的三种专利申请授权量来作为城市创新水平的代理变量。高等教育的三大基本职能是人才培养、科学研究以及服务社会，高等教育通过培养高水平的专业人才增进技术研究和科学创新并为社会提供服务，以直接或者间接的方式影响着区域创新发展的整体水平。归根到底，是科技的创新推动了区域创新发展。根据国内外的研究，衡量区域创新能力以及发展水平的指标主要是专利的授权数、新产品产值以及新产品的销售收入等。由于本章研究高等教育对区域创新发展的贡献，更为强调的是高等教育的应用价值，因此选取三种专利申请授权量来作为衡量区域创新发展水平的代理变量。

（2）核心解释变量。高等教育规模和高等教育质量，本章选取高校在校生数作为高等教育规模的代理变量，高校生师比作为高等教育质量的代理变量。由于高等教育的培养需要3~5年，当年的高校在校生数和高校生师比并不会影响城市创新能力，本章对这两个变量进行滞后4期处理。

（3）控制变量。产业结构，用第三产业产值占GDP的比重表示；外资依存度，由于地级市层面较难收集对外贸易数据，故用城市实际利用外资占GDP的比重表示，以此作为城市对外开放程度；研发经费投入，用政府财政支出中科学技术支出表示。

就指标的数据来源而言，本部分数据从尺度上可以分为两部分。第一部分，省级层面数据。这类数据是通过整理《中国统计年鉴》《中国科技统计年鉴》《中国人口与就业统计年鉴》等相关数据资料获得；第二部分，地级市层面数据。这类数据是通过整理中国研究数据服务平台、《中国城市统计年鉴》等数据资料获得。考虑到城市的创新水平主要体现在城市区域，因此这部分所选数据均为市辖区数据。此外，为了避免通货膨胀因素的干扰，本章利用GDP指数将省级层面经济变量统一到1990年价格，将地级市层面经济变量统一到2000年价格。

省级层面数据的时间跨度为1990~2018年，地级市层面数据的时间跨度为2000~2018年，省级层面与地级市层面的变量描述性统计如表2-10、表2-11所示。具体来看，长三角地区的三种专利申请授权量变化如图2-4所示。

表2-10　　　　　　　　各变量描述性统计（省级层面）

变量名称	单位	观测值	均值	标准误	最小值	最大值
三种专利授权量	件	116	48 370.853	76 888.923	255	306 996
平均受教育年限	年	116	8.232	1.428	5.270	11.429
人力资本结构	—	116	0.189	0.167	0.031	0.910
义务教育人力资本	年	116	4.950	0.523	3.420	5.687
中等教育人力资本	年	116	1.786	0.707	0.689	3.486
高等教育人力资本	年	116	1.497	1.228	0.161	5.445
高校生师比	—	116	13.365	4.752	4.702	19.130
R&D经费支出	万元	116	582 565.57	669 312.710	26 459.699	2 880 339.300
第三产业占比	%	116	40.673	10.464	22.830	69.900
外贸依存度	—	116	0.545	0.432	0.058	1.721

表 2-11　　　　　　　各变量描述性统计（地级市层面）

变量名称	单位	观测值	均值	标准误	最小值	最大值
三种专利授权量	件	779	6 839.828	12 751.062	6	92 055
高校在校生人数	人	776	83 403.259	134 918.33	465	827 773
高校生师比	—	774	18.666	4.82	3.407	51.679
实际科学技术支出	万元	779	24 346.545	120 843.4	20	1 337 628.6
第三产业占比	%	779	43.216	7.905	22.63	69.9
外资依存度	—	779	0.038	0.031	0.001	0.253

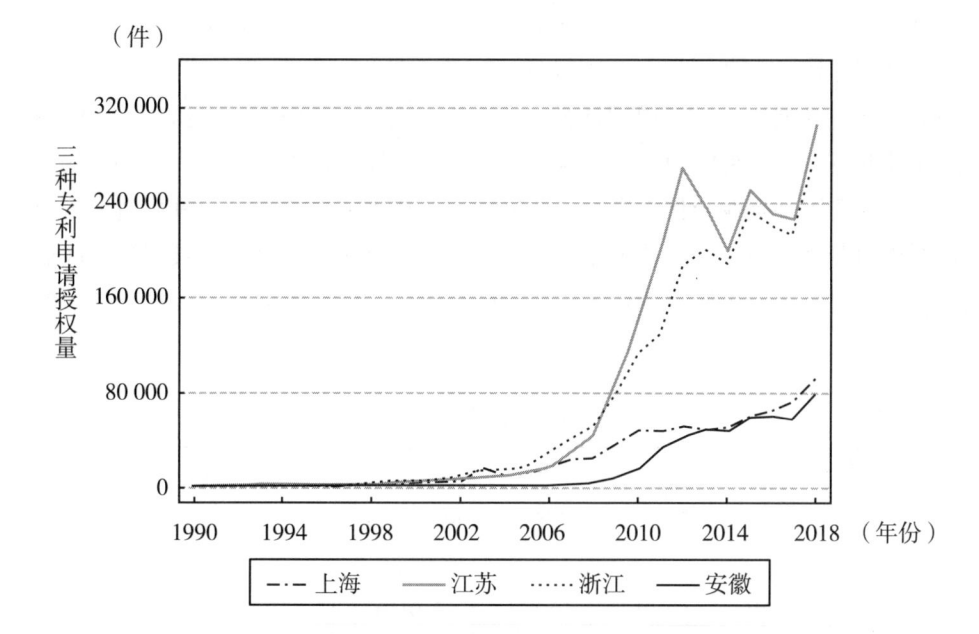

图 2-4　1990～2018 年长三角地区三种专利申请授权量变化

从图 2-4 可以看出，1990～2018 年，长三角地区三种专利申请授权数量整体呈现增长趋势，其中江苏省增长幅度最大，安徽省增长幅度最小。江苏省和浙江省三种专利申请授权数变化趋势趋同，上海市和安徽省三种专利申请授权数量变化趋势相同。同时，2006 年以后三省一市在三种专利申请授权数量方面存在明显的差异，江苏省和浙江省的三种专利申请授权数量远远高于安徽省和上海市，且差距随着时间的推移而越来越大。

3. 实证结果

（1）省级层面。从所有模型的 Hausman 检验结果来看，面板数据拒绝随机效应、接受固定效应，因此本章选用固定效应模型作为实证模型。从模型1到模型3，控制变量中产业结构和外贸依存度始终对区域创新发展水平存在显著的负向效应，而R&D经费投入则始终对区域创新发展水平具有显著的正向效应。第三产业占GDP比重的提高并不会促进区域创新，相反却抑制了区域创新，原因可能是长三角地区服务业普遍技术性含量不高，从业人员进入门槛较低，使得大量人员进入第三产业，进而使得第三产业在快速发展的同时对高技术产业产生了"挤压效应"。外贸依存度表示地区对外开放程度，回归结果表明地区开放程度每提高1%，区域创新发展水平就会下降0.6%~0.8%，原因有两点：首先，我国高技术产业发展仍与发达国家有较大的差距，地区对外开放程度越高越会造成地区市场对国外高技术产品的进入没有较高的壁垒，发达国家企业会对本土高技术产品市场拥有较强的垄断地位，从而导致本土高技术企业难以发展，甚至转行或被收购；其次，产品创新、知识创新和技术创新是一项周期性长、资金需求巨大、知识密集型的系统性工程，一般企业并不具备这种能力，随着对外开放程度的提高，本土企业为了在市场中生存，更愿意与国外企业合作，借助国外机构的高技术来发展自己，进而造成本土区域创新能力萎缩。表2-12结果显示，R&D经费投入每提高1%，长三角地区创新发展水平将提高2%以上，说明资金的投入才是长三角地区创新发展水平提高的重要驱动力。

表2-12　　　　　　　　　　模型回归结果

变量名称	模型1	模型2			模型3		
		模型2-1	模型2-2	模型2-3	模型3-1	模型3-2	模型3-3
产业结构	-0.040*** (0.010)	-0.066*** (0.010)	-0.069*** (0.011)	-0.066*** (0.011)	-0.052*** (0.124)	-0.060*** (0.008)	-0.051*** (0.011)
外贸依存度	-0.524*** (0.174)	-0.661*** (0.158)	-0.682*** (0.164)	-0.640*** (0.159)	-0.326*** (0.180)	-0.327* (0.170)	-0.320* (0.168)
ln（R&D经费支出）	2.276*** (0.092)	2.442*** (0.088)	2.495*** (0.137)	2.137*** (0.180)	1.903*** (0.241)	2.845*** (0.141)	2.400*** (0.239)
ln（义务教育人力资本）		-3.233*** (0.612)	-3.177*** (0.623)	-2.618*** (0.632)			
ln（中等教育人力资本）			-0.142 (0.278)	-0.844** (0.360)			
ln（高等教育人力资本）				0.605*** (0.207)			

续表

变量名称	模型 1	模型 2			模型 3		
		模型 2-1	模型 2-2	模型 2-3	模型 3-1	模型 3-2	模型 3-3
ln（平均受教育年限）					1.882 (1.308)		2.517** (1.085)
人力资本结构					1.458*** (0.505)		-0.048 (0.400)
高校生师比						-0.036* (0.020)	-0.030 (0.020)
常数项	-17.557*** (0.793)	-13.355*** (1.066)	-13.926*** (1.545)	-10.061*** (1.994)	-16.661*** (0.862)	-23.735*** (1.419)	-23.810*** (1.500)
R^2	0.960	0.968	0.968	0.970	0.963	0.978	0.979
Hausman 检验 p 值	0.000	0.000	0.000	0.000	0.000	0.000	0.000
N	116	116	116	116	116	100	100

注：* 表示 $p<0.1$，** 表示 $p<0.05$，*** 表示 $p<0.01$。

表 2-12 中模型 2-3 结果显示，义务教育人力资本和中等教育人力资本对区域创新发展水平具有显著的负向效应，而高等人力资本则对区域创新发展水平具有正向的促进效应，且高等人力资本每提高 1%，区域创新发展水平就会提高 0.605%。这种现象的原因在于：首先，区域创新发展离不开高校、实验室、研究院所以及高技术企业，这些创新主体对创新参与者的受教育程度要求较高，只有高等教育人力资本才能参与创新活动；其次，义务教育人力资本和中等教育人力资本的积累会导致高等教育人力资本的减少，进而无法满足区域创新活动对人才的需求，进而抑制了区域创新发展。

从表 2-12 中模型 3-1 的结果来看，平均受教育年限虽然对区域创新发展水平有正向的促进效应，但是这种影响在统计意义上不显著，而人力资本结构则对区域创新发展水平有正向的促进效应，这一现象也印证了人力资本中只有高等教育人力资本才是推动区域创新发展的驱动力。在模型 3-1 的基础上增加一个高校生师比变量，模型 3-3 显示平均受教育年限由不显著变为显著，人力资本结构则由显著的正效应变为不显著的负效应，而高校生师比在统计意义上也不显著。结合模型 3-2 结果来看，出现这种现象的原因可能是：其一，高校生师比的提高会导致更多的人接受高等教育，进而提高了平均受教育年限，最终推动区域创新发展；其二，高校生师比是高等教育质量的代理变量，生师比越高，则高等教育质量越低，而人力资本结构表示高等教育人力资本在总人力资本中的比重，因此生师比的提高会导致高等教育人力资本质量的下降，而高等教育人力资本质量的下降又会造成高等教育人才无法满足区域创新活动的要求，在此前提下高等教育人力资本比重的提高并不会促进区域创新，相反会抑制区域创新活动的进行。

（2）地级市层面。由 Hausman 检验结果可知，面板数据模型接受固定效应、拒绝随机效应，故回归结果为固定效应模型结果（见表 2-13）。从表 2-13 中模型 2、模型 3 可知，第三产业产值占 GDP 的比重对城市创新能力具有显著的负向促进效应；而外资依存度对城市创新水平不具备统计意义上的显著性，但其估计系数符号表明了其对城市创新水平存在负向效应，这可能是因为其内生技术资源有限导致对先进的技术缺乏一定的承载能力，加之制度方面的排斥和漏洞，使得开放对创新能力的提升作用大为削弱。模型 3 结果显示，实际科学技术支出对城市创新水平的影响程度最大，实际科学技术支出每提高 1%，城市创新水平将提高 2.664%，说明城市创新水平提高的驱动力主要在于科技经费的投入。高校在校生人数对城市创新水平存在显著的正向促进效应，高校在校生人数每提高 1%，城市创新水平将提高 0.301%，说明高等教育规模的扩大对城市创新水平是有益的。而高校生师比对城市创新水平具有负向效应，但在统计意义上不显著，反映了高等教育质量的提高对城市创新水平提高的影响仍然有限。综合来看，地级市面板数据回归结果与省级面板数据回归结果大致相同。

表 2-13　　　　　　　　　　模型回归结果

变量名称	模型 1	模型 2	模型 3
第三产业占比	0.001 (0.006)	-0.042*** (0.004)	-0.043*** (0.004)
外资依存度	-1.451 (1.088)	-0.330 (0.773)	-0.373 (0.774)
ln（实际科学技术支出）	2.073*** (0.043)	2.685*** (0.051)	2.664*** (0.081)
ln（高校在校生人数）		0.250*** (0.051)	0.301*** (0.067)
高校生师比			-0.007 (0.005)
常数项	-7.964*** (0.296)	-13.373*** (0.265)	-13.601*** (0.310)

续表

变量名称	模型1	模型2	模型3
Hausman 检验 p 值	0.000	0.000	0.000
R^2	0.818	0.932	0.932
N	779	612	610

注：*** 表示 $p<0.01$。

（三）实证研究的主要结论

1. 高等教育对区域创新发展具有更为显著的促进效应

无论是省级面板数据还是地级市面板数据，实证结果均表明高等教育人力资本与区域宏观经济发展、区域创新发展呈现出显著的正相关关系。其中，省级面板数据实证结果显示，其他变量保持不变的情况下，高等教育人力资本每增加1%，人均实际GDP将增加0.167%，三种专利申请授权量将增加0.605%；地级市面板数据实证结果显示，其他变量保持不变的情况下，高等教育人力资本每增加1%，人均实际GDP将增加0.126%，三种专利申请授权量将增加0.301%。可以看出，高等教育人力资本对区域创新发展水平的贡献要远高于对区域宏观经济发展的贡献。高等教育人力资本对二者贡献率的明显差异也印证了长三角地区经济增长方式的快速转型，即由粗放型向集约型转变。

2. 高等教育人力资本是区域创新发展建设的核心要素

省级面板数据的实证结果表明，人力资本中义务教育人力资本与中等教育人力资本对区域创新发展水平具有显著的抑制效应，说明长三角地区的创新发展更为依赖高等教育人力资本。实证结果显示，高等教育人力资本对区域创新发展具有显著的正向影响，即高等教育人力资本每增加1%，区域创新发展水平将提高0.605%。不同于其他生产方式，科技创新往往产生于高校、实验室、研究院所、研发中心等，这意味着创新活动对参与者的文化素质和综合技能有着较高的要求或门槛，而这些创新要素只有接受过高等教育的人才会具有。

四、长三角地区高等教育高地建设及其对区域创新的支持路径

长三角地区高等教育基础和优势明显，协同发展和一体化进程正在加速。为了

进一步支撑长三角地区创新发展，提供更多高层次的人力资源和高质量的科技创新成果，当前发展需要在已有格局和优势的基础上，采取有效措施，破解制约区域高等教育高质量发展和协同发展的体制和制度障碍，化解高校间的非合作博弈与无序竞争问题，构建现代化、生态型的高等教育治理体系，打造高等教育集群的沿江走廊和湾区中心，促使长三角地区高等教育形成立体交叉式的协作、联盟与集群态势。

（一）打造高等教育集聚的沿江走廊与湾区中心，加快建成具有全球影响力的科技创新中心

长三角区域高等教育一体化不仅是区域一体化发展的重要突破口，更是高等教育自身发展强有力的推手。长三角地区要实现高质量的一体化，关键是以上海为中心，和江苏沿江八个市以及浙江杭州湾七个市形成一个更大的中心区，把增长极培育起来，建立一个科创走廊，实现科技创新在更大范围内的推广。上海市、江苏省的沿江八市（南京市、无锡市、常州市、苏州市、南通市、扬州市、镇江市、泰州市）与同处长江流域安徽的合肥、滁州、马鞍山、芜湖等市高等教育和科技资源丰富，人文历史源远流长，地理临近，高铁相通，产业结构具有一定的梯度和连接，可以打造成高等教育集聚的沿江走廊。杭州湾区的七个市具有相似的人文地理、经济产业和科教资源条件，可以打造成高等教育集聚的湾区中心。在沿江走廊和湾区中心里，要构建科研协作平台，打破分散的、封闭的、单学科的科研体制，抓住新科技革命突破的关键期，建立健全科研合作机制，充分发挥重点科研合作平台优势，引导高校协作攻关制约产业发展的基础研究和共性基础问题。进入"大科学"时代，三省一市要充分重视和发挥科研合作在科学研究中的重要作用，加大基础研究和基础学科人才培养的财政投入和制度保障，解决我国科研领域中重大原始创新不足的困境。

（二）构建立体化的区域高等教育"联盟体系"，为高质量的协同发展搭建高效的运行平台

在高等教育普及化阶段，引导高校走内涵式发展是时代主题，这就要求发展的议题必须从扩招、兼并、升级转换到竞争、联合、协调，保障每一层级和每一类别的高校都在各自的领域内追求卓越。在长三角区域一体化发展的背景下，长三角地区高等教育协作发展也要打开新的局面，要进一步加大区域内高校资源的相互开放

力度，搭建各种层次和类别的协作发展与创新平台，实现资源的优势互补与有序流动，形成跨地区高等教育一体化的示范区。

目前长三角地区高校已自发建立起了两个类别的联盟，一个是"长三角研究型大学联盟"，另一个是"长三角工程教育联盟"。目前参加长三角研究型大学联盟的高校有浙江大学、复旦大学、上海交通大学、南京大学和中国科技大学。长三角研究型大学联盟采取"联合、共建、协同、开放、共享"的运行机制，目标是打造互联互通、紧密合作、开放共享的研究型大学合作载体，在更高层次、更高水平、更高质量上开展战略合作，共同推动长三角地区高等教育一体化发展。长三角工程教育联盟的主要任务是共建一流学科联合体，共享优质高等教育资源，共创重大科技创新载体，共引高层次创新人才，共织国际高校合作网络。目前参加的高校有上海理工大学、南京工业大学、浙江工业大学。长三角工程教育联盟将在区域内高校资源共享和优势互补、卓越工程人才和创新创业人才培养模式改革、区域内校企联合招生、培养和就业体系建设、科技协同创新等方面开展深度协作。

从未来发展来看，三省一市的政府和高校应该制定分层次和类别的高等教育协作和联盟框架协议，鼓励各层次、各类别高校根据框架协议和发展需求建立更多形式的"联盟"，促进人才培养、科学研究和校企合作等方面的协作与资源共享，相互学习、相互促进。例如，可以考虑建立"长三角医学教育联盟""长三角教师教育联盟""长三角新能源科教创新联盟""长三角人工智能科教创新联盟"等。

（三）建立多元、协调的区域高等教育治理机制，形成现代化、生态型高等教育区域集群

长三角地区高校间非合作博弈与无序竞争的根源在于政策上缺少协调机制，必须诉诸制度改革，构建促进良性竞争和催生合作博弈与协同创新的竞争规则。从20世纪90年代末到21世纪初，高校之间合作博弈的主要模式是合并，其经济学基础是高校的规模经济和范围经济。当前靠规模扩张的合并时代已经远去，必须寻找非合并状态下的高校合作模式，即独立、分离主体之间的合作模式。从博弈论角度看，分离主体之间达成可执行的合作协议属于合作博弈范畴。合作博弈可以分为两种模式：一种是不使用共同投入要素但通过协调分工以增进系统整体收益，又称"协调博弈"；另一种是通过使用共同投入要素联合行动以提高系统整体收益，又称"联合博弈"。协调博弈并不要求高校之间必须结成一定形式的联盟，也不要求使用

共同的投入要素，就如公路上靠左靠右行驶、协调交通系统运行一样。因此，协调博弈关键在于信息的沟通、行动的协调和角色的分工。

对于长三角地区高等教育系统而言，核心是要进行分层和分类，形成运行不悖的高校纵向和横向结构。在纵向上，学界曾将长三角地区高校分成四个层次：第一层次即最高层主要是国际知名的高水平综合性研究型大学，第二层次是国内知名的国家重点大学，第三层次是主要面向长三角地区和本地的省级大学，第四层次是社区大学和职业学院。在横向上，同一层次的高校之间在专业和优势定位上应各有侧重，在不同领域形成鲜明的专业特色，分工和专业化是生产力提高的源泉。从长远来讲，高校间的协调博弈对于每所高校都有利。只有形成高校间的协调博弈，长三角地区高等教育的整体实力才能提升。

协调博弈和联合博弈演化到高级阶段就是区域高校集群。区域高校集群主要是指集中于一定区域内的众多具有分工合作关系的不同层级类别的高校，通过纵横交错的网络关系紧密联系在一起的空间集聚体，代表着介于行政集权与分散市场之间的一种新型教育空间组织形式。国际上比较典型的高校集群组织是美国的加利福尼亚高等教育体系。该体系包括142所公立院校和近400所非公立院校，各层次各类别高等学校分工明确，各司其职，在各自领域追求卓越。我国尚未出现这种新型组织形式，但从各种构成要件来判断，长三角地区高等教育有望率先通过构建多元、协调的治理机制，演化出一个现代化、生态化的高等教育空间集群体系。

为了形成分类发展、运行有序的区域高等教育集群，必须探索建立分类、多元的高等教育评价体系，实行分类管理和评价，引导高校合理定位，鼓励每所高校在各自类型和领域中追求卓越，提高整体高等教育体系与社会经济发展需求的适应程度。2019年3月，教育部、财政部联合制定《关于实施中国特色高水平高职学校和专业建设计划的意见》，提出要实施中国特色高水平高职学校和专业建设计划，集中力量建设50所左右高水平高职学校和150个左右高水平专业群。高等职业教育领域"双一流"建设计划的出台和实施，凸显了国家对高等职业技术教育的重视。作为中国制造业中心和向"智能制造"转型的先行区，长三角地区更应根据区域的产业结构和人才需求结构，科学制定高等教育发展规划，既要重视"双一流"高校在科技创新领域的重要作用，又不能忽视高等职业院校和应用型本科院校在培养大批量高素质专门人才方面的不可替代的功能。未来应考虑探索建立应用型本科院校的"双一流"建设计划，长三角地区应该率先进行探索和试验，为长三角地区高等教育一体化发展创造条件和动力。

附录　　长三角区域经济一体化及高等教育一体化的发展历程

长三角区域经济一体化	长三角区域高等教育一体化
启动阶段（1982~2000年）	萌芽阶段（1992~2002年）
1982年，国务院提出成立"上海经济区"，尔后江浙企业纷纷进沪投资。 1992年，15个城市参加的长三角城市经济协作办（委）主任联席会议（简称"联席会议"）制度建立。 1997年，"联席会议"升格为由各市市长参加的长江三角洲城市经济协调会，并审议通过了《长江三角洲城市经济协调会章程》。 1998年，以长三角地区基础设施建设推动经济一体化进程，如沪杭高速公路正式通车。 1999年，第二次长江三角洲城市经济协调会确定加强区域科技合作、推进国企改革和资产重组、研究筹建国内合作信息网和旅游商贸等重点专题	此阶段尚未形成此方面的政策文件，但具备了区域高等教育跨界自主办学的条件
不断拓展阶段（2001~2007年）	全面推进和逐步展开阶段（2003~2008年）
2001年，建立沪、苏、浙经济合作与发展座谈会制度，由三地常务副省（市）长出席，以后每年一届。 2003年，16个城市市长参加的第四次长江三角洲城市经济协调会，确立了长三角区域经济一体化发展主体组织架构，协调会承担制度组织协调功能。 2004年，建立长三角地区主要领导座谈会制度，并把每两年召开一次的长江三角洲城市经济协调会改为一年一次。 2006年，（1）沪、苏、浙及16城"十一五"规划明确提出要"建设世界第六城市群，推进长三角经济一体化"；（2）第七次长三角城市经济协调会会议通过经济协调会办公室工作会议制度、城市合作专题制度、财务管理制度、经济协调会办公室新闻发布制度等；（3）上海和杭州联合签署《深化沪杭经济合作与交流框架协议》	2003年，（1）举办长江三角洲人才开发一体化论坛，沪、苏、浙三省市人事厅发表《长江三角洲人才开发一体化共同宣言》；（2）举行长三角三方教育合作签字仪式，签署《沪浙两地教育合作意见》《沪苏两地教育合作意见》；（3）举行长三角地区高校毕业生就业工作合作签字仪式，签署《长三角高校毕业生就业工作合作组织合作协议书》，其中包括建立高校毕业生就业信息平台、扩大高校就业市场开放程度等。 2004年，长三角地区教育与科技研究机构自发开展合作交流，沪、苏、浙三地签订《长三角教育科学研究合作协议》，努力打造国内最强教育科研联盟。 2005年，（1）长江流域15省市（含沪、苏、浙、皖）签署《长江流域各省市教育共同发展协议》；（2）浙江大学、浙江工业大学、浙江理工大学、南京大学、东南大学、复旦大学、上海交通大学、同济大学成立长三角高校合作联盟，通过组织校际友好辩论赛和暑期实践活动等增强合作交流；（3）复旦大学、上海交通大学、东南大学、浙江大学、浙江工业大学、浙江理工大学签订《长三角地区六校交换生计划备忘录》。 2006年，长三角地区六校交换生计划正式启动，主要选拔在校三年级本科生跨校学习，实现资源共享、学分互认

续表

长三角区域经济一体化	长三角区域高等教育一体化
快速发展和强化提升阶段（2008~2017年）	快速发展阶段（2009~2017年）
2008年，（1）国务院印发《关于进一步推进长江三角洲地区改革开放与经济社会发展的指导意见》，要求把长三角区域扩大到沪、苏、浙三地全境范围，建成具有较强国际竞争力的世界级城市群；（2）长三角政府层面确立实行"三级运作"的区域合作机制。 2009年，安徽作为正式成员出席长三角地区主要领导座谈会和长三角地区合作与发展联席会议。 2010年，（1）国务院正式批准实施《长江三角洲地区区域规划》，要求长三角加快推进区域一体化进程，充分发挥对周边地区、长江流域及其他地区的带动作用；（2）第十次长三角城市经济协调会会议召开，并正式更名为长江三角洲城市经济协调会市长联席会议，主要职责是深化专题合作。 2011年，安徽首次作为轮值方成功举办长三角地区主要领导座谈会和长三角地区合作与发展联席会议。 2013年，第十三次长三角城市经济协调会市长联席会议召开，协调会成员由长三角16市扩至22市。 2016年，国务院发布《长江三角洲城市群发展规划》，要求长三角到2030年建成有全球影响力的世界级城市群（涵盖"一市三省"）	2009年，第一届长三角教育联动发展研讨会召开，"一市三省"签署《关于建立长三角地区教育协作发展会商机制的协议书》，会议以后每年召开一次。 2010年，（1）成立长三角教育联动发展协调领导小组及办公室，负责定期召开协商会，制定规划纲要、政策以及协调联动发展重大事项；（2）教育部和上海市签订《共建国家教育综合改革试验区战略合作协议》；（3）国家教育综合改革试验区领导小组召开第一次会议，探索建立教育区域合作联动发展的新格局等；（4）沪、苏、浙三地的《中长期教育改革和发展规划纲要（2010—2020年）》都涉及长三角教育联动发展。 2011年，（1）第三届长三角教育联动发展研讨会达成7项协议：长三角地区高等教育专家资源库建设及共享协议、高等学校大型仪器设施共享协议、高校图书馆联盟框架协议、研究生教育创新计划合作协议、共同举办国际教育合作意向书、高校优秀中青年干部挂职培养合作协议、高校学分互认协议；（2）正式启动"长三角高校交流生计划"，沪、苏、浙三地高校互派学生交换游学，推进学分互认；（3）实施"长三角研究生教育创新计划项目"等。 2012年，安徽加盟长三角教育协作体，首次对接区域高等教育联动发展工作协作联盟。 2013年，第五届长三角教育协作会议召开，长三角教育联动发展研讨会至此正式更名为长三角教育协作会议。 2014年，（1）教育部印发《关于进一步推进长江三角洲地区教育改革与合作发展的指导意见》，要求推进区域高等教育管理体制改革、人才培养模式改革、教育国际交流与合作等；（2）长三角地区应用型本科高校联盟正式成立，合肥学院任联盟主席单位。 2016年，一市三省教育厅（委）签订《"十三五"深化长三角地区教育战略合作框架协议》，要求高等教育领域加快各类高校联盟建设，完善合作育人机制，推进区域内师资互聘、课程互选、学分互认等

续表

长三角区域经济一体化	长三角区域高等教育一体化
全方位、更高质量一体化发展阶段（2018年以来）	更高质量一体化发展阶段（2018年以来）
2018年，（1）国家发展改革委发布《国家发展改革委关于实施2018年推进新型城镇化建设重点任务的通知》，提出实施长三角城市群规划，形成"一核五圈四带"网络优化布局；（2）一市三省抽调人员在沪成立长三角区域合作办公室；（3）长三角地区主要领导座谈会审议通过《长三角地区一体化发展三年行动计划（2018—2020年）》；（4）一市三省科技部门签署《长三角地区加快构建区域创新共同体战略合作协议》，发布《推进长三角国家科技成果转移转化示范区协同发展 共同构建国家科技成果转移转化高地倡议书》；（5）一市三省人大常委会进行长三角区域一体化发展立法对接；（6）习近平在首届中国国际进口博览会上宣布支持长江三角洲区域一体化发展并上升为国家战略。 2019年，（1）李克强在《政府工作报告》上提出，长三角区域一体化发展上升为国家战略，编制实施发展规划纲要；（2）中共中央政治局会议和国务院常务会议审议《长江三角洲区域一体化发展规划纲要》，提出加强各领域互动合作，扎实推进长三角区域一体化；（3）第十九次长三角城市经济协调会市长联席会议召开，至此一市三省41个地级以上城市全部加入长三角城市经济协调会	2018年，第十届长三角教育一体化发展会议召开，签署《长三角地区教育更高质量一体化发展战略协作框架协议》，成立了长三角教育一体化发展领导小组、长三角教育一体化发展研究院，同时签署《长三角地区教育一体化发展三年行动计划》，其中，高等教育是深化协作、重点发力的领域之一。相比前九届会议，本届会议首次使用"教育一体化会议"的名称。 2019年，（1）中共中央办公厅、国务院办公厅印发《加快推进教育现代化实施方案（2018—2022年）》，明确提出构建长三角教育协作发展新格局；（2）浙江大学、复旦大学、上海交通大学、南京大学和中国科学技术大学组建长三角研究型大学联盟和长三角高校智库联盟；（3）一市三省学生资助管理中心签署《长三角学生资助一体化发展联盟框架协议》，成立长三角学生资助一体化发展联盟；（4）复旦大学上海医学院、上海交通大学医学院、上海中医药大学、南京医科大学等10所高等医学院校成立长三角医学教育联盟

资料来源：根据吴颖、崔玉平所著《长三角区域高等教育一体化的演进历程与动力机制》（载于《高等教育研究》2020年第1期）一文相关内容整理。

第三章

上海：构建具有全球影响力的科技创新中心

2016年，依据《中共中央国务院关于深化体制机制改革加快实施创新驱动发展战略的若干意见》和《国家创新驱动发展战略纲要》，上海提出《上海系统推进全面创新改革试验 加快建设具有全球影响力的科技创新中心方案》（以下简称上海科创方案）。上海科创方案提出的总体目标是：2020年前，形成全球科创中心的基本框架，基本形成有利于创新驱动发展的制度环境，基本形成满足科技创新要求的支撑体系，基本形成大众创业、万众创新的发展格局，基本展现科创中心城市的经济辐射能力，实现带动长三角区域、长江经济带创新发展的目标，为我国进入创新型国家行列作出应有的贡献；到2030年，着力形成具有全球影响力的科创中心的核心功能，在助力我国参与全球经济科技合作与竞争中发挥枢纽作用，进一步发挥对我国经济提质增效升级的促进作用，同时实现本市创新驱动发展走在全国前头、走到世界前列。最终要全面建成拥有全球影响力的科创中心，成为与我国经济科技实力和综合国力相匹配的全球创新城市，为实现"两个一百年"奋斗目标和中华民族伟大复兴的中国梦，提供科技创新的强劲动力，打造创新发展的重要引擎。上海科创方案也进一步提出了主要任务：重点建设一个大科学设施相对集中、科研环境自由开放、运行机制灵活有效的综合性国家科学中心，打造若干面向行业关键共性技术、促进成果转化的研发和转化平台，实施一批能填补国内空白、解决国家"卡脖子"瓶颈的重大战略项目和基础工程，营造激发全社会创新创业活力和动力的环境，形成大众创业、万众创新的局面。上海科创方案提出的总体目标和主要任务成为界定上海全球科创中心功能定位的重要参考。

一、上海科创中心的定位

(一) 在国家战略中的地位

党的十八届三中全会以来，党中央国务院赋予上海的国家战略包括：自贸区建设战略、"一带一路"倡议、长江经济带发展战略、建设具有全球影响力的科技创新中心战略，以及长三角区域一体化发展国家战略。这些战略构成了上海新时期的系统性发展战略。这几项战略从不同角度要求上海率先在全国进行制度创新、科技创新，率先走转型升级的道路。

1. 上海科创中心与自贸区建设的联动关系

上海建设具有全球影响力的科技创新中心，必须以全球资源为视野，以拥有在全球范围内配置科技创新资源的能力和制度作为保证，增强科技创新能力，提升国家科技实力。上海自贸试验区的设立是中国对外开放迈向更高层次的需要，发挥自贸区先试先行作用和制度创新功能，可以以降低企业的研发成本、便利企业的研发物品进口为导向，优化简化通关、保税、检验检疫等流程；以降低企业融资成本为导向，利用自贸区融资租赁等资金流通便利化的有利条件，扩大对在上海的国内外科技企业资金的供给，支持各类高科技企业境外投资并购活动，深度链接海外科研资源；以自贸区服务业开放为依托，以更广泛地引进国外研究机构、研发型企业和创新服务组织为导向，通过负面清单管理，大力发展科技服务业；同时利用上海自贸区改革的机遇，进一步探索国际人才往来自由的问题，让全世界的科技人员、研发人员、专业人员等高端人士、人才能够更加便利地到上海来创业创新，也让上海的高端人才与世界离得更近、与市场离得更近。

2. 上海科创中心对接"一带一路"倡议

上海科技创新中心建设为"一带一路"倡议服务，既是科技资源配置的需要，也是扩展上海国际影响力的重要组成部分。创新研发资源的集聚和优化配置是全球科技创新中心的重要特征，上海建设具有全球影响力的科技创新中心，需要提升创新研发资源的集聚和优化配置能力。从跨境科技资源的国际化配置看，"一带一路"沿线国家和地区都拥有各自的科技创新研发资源优势，也有各自的需求，能够从各自不同的角度为上海科技创新中心提供科技创新研发资源，通过创新研发资源在

"一带一路"沿线国家的配置,从而实现创新研发资源在更大国际范围内的优化配置。从跨境技术的合作看,科技的国际合作紧密度是衡量全球科技创新中心的重要标志之一,上海建设具有全球影响力的科技创新中心,也需要提升其在跨境技术合作开发和应用方面的能力,建立起全球性的技术研发和应用合作网络。"一带一路"倡议的实施,为上海建设具有全球影响力的科技创新中心提供了平台与机遇,上海科技创新中心能够借助"一带一路"倡议,同沿线国家和地区建立跨境技术合作关系,进行跨境技术合作,优势互补。

3. 上海科创中心建设与长江经济带发展战略的联动关系

从空间角度讲,上海是长江入海的门户,是长江经济带的龙头,也是长三角地区的核心。全球科技创新中心本质上是一个创新的门户和枢纽。全球科技创新中心不仅在全球发挥创新的节点作用,而且在城市—区域内形成一个从全球到本地的完整的创新中心网络,整个城市—区域成为全球、国家、区域、属地多个空间维度的科技创新基地和中枢。各级科技创新中心首先在城市—区域内部形成一个相互作用的紧密联系的创新网络,这样有助于信息互换、知识溢出和科技创新方面的交流,也有助于建立一个集聚经济中的学习机制,同时各级创新中心和外部科技创新中心也形成一个网络,这个城市—区域就可以和其他空间上的科技创新中心共同组成一个全球科技创新体系,而全球科技创新中心就是这个体系中的节点城市。上海要成为长江流域合作与交流的龙头,这就要求上海要成为科技创新的枢纽和节点型城市。上海推进科创中心建设"22条建议"[①] 提出,要积极融入长江经济带等国家战略,促进长三角地区科技创新联动发展。

4. 在长三角区域一体化国家战略中的核心地位

长三角地区是我国最具有竞争力的经济增长极之一,凭借着其自身区位优势以及经济实力,已经形成了全国范围内最好的产业发展基础、最优的体制环境以及最强的整体竞争力。目前长三角地区拥有普通高校300余所,研究机构近700所,专利授权量达到全国的40%,规模以上企业科技项目与专利数量均占全国的三成左右,在科技进步环境指数、科技活动投入指数、高新技术产业化指数和科技促进经济社会发展指数方面,苏浙沪三地都排在全国前列。在协同创新体系建设方面,苏浙沪三地不仅签订了《关于沪苏浙共同推进长三角创新体系建设协议书》,而且创

---

① 《中共中央 国务院关于深化体制机制改革加快实施创新驱动发展战略的若干意见》,新华社,2015年3月23日。

建了"长三角科技文献资源共享服务平台""长三角大型科学仪器协作共用网"等公共科技基础设施,以及"长三角嵌入式系统与软件产业联盟""长三角纺织产业协同创新联盟"等产业创新联盟,长三角地区科技资源共享平台日趋成熟。[①]

从战略性产业协同发展看,推动长三角地区战略性新兴产业协同发展是提升长三角地区国际竞争力的重要抓手,为长三角城市群跻身世界六大城市群提供了有利机遇。上海科创中心建设将从更高层面推动长三角地区战略性新兴产业的协同发展,通过战略性新兴产业链和价值链的构建及延伸,以16个核心城市为基础,打造引领区域协同发展的核心区,更大程度上发挥辐射带动作用,实现整个长三角地区的协同发展,从而带动泛长三角地区其他省份的发展。

可以想象,当以上海都市圈为核心的长三角地区成为一个真正意义上的全球科技创新中心时,它会形成一个多层次的、紧密联系的创新网络,这个网络是由各种重要性不同的节点城市组成。长三角地区内还应该形成若干在国内具有重要影响力的科技创新中心,如杭州中心城区、苏州中心城区、上海近邻比较发达的地区等。其他地区将出现区域性的或者主要服务于本地的科技创新中心。这些不同角色的科技创新节点之间协同合作、紧密联系,形成了一个以全球城市—区域为基础的上海全球科技创新中心网络。

(二)全球科创中心建设的上海发展思维

建设具有全球影响力的科创中心,是重构上海发展动力的关键之举,是上海建设全球卓越城市的关键内核,是上海产业结构调整转型升级的关键选择。上海需要挖掘要素驱动潜力,在更大范围内强化高端要素的集聚功能,形成新型的要素驱动功能;正确发挥财富驱动的支撑作用,建立推动实体经济发展的动力机制,为创新驱动提供财富支撑;尽快形成一批能带动全市产业结构快速转型升级的战略性新兴产业,产生一批在长三角经济领域具有产业资源整合作用的战略性新兴产业,发现一批能对全球产生重大影响力的前沿性新兴产业。

在高新技术产业和战略性新兴产业总体布局层面,上海已经形成了较为完整合理的空间布局和产业布局。以上海西部各区组成的自北向东边界通道,上海东部浦东、崇明临海通道,加之徐汇至浦东的中部高新技术开发区通道为"增长极",构筑上海市战略性新兴产业制造业"H"型布局结构,以战略性新兴产业服务业集中的中环线为通道,打造上海市战略性新兴产业服务业"O"型布局格局。

---

① 穆一戈:《长三角战略性新兴产业协同发展模式与机制》,上海工程技术大学2015年版。

目前上海面临着高房价、高工资、高物价的成本障碍，使得上海的产业竞争优势减弱，在建设国际金融中心推动财富集聚的过程中，进一步推高了要素的成本，对创新活动形成了挤出效应。上海土地开发潜力小，建筑用地占到45%，其中工业用地占建设用地的比重为28%，是纽约、伦敦等国际大都市的3~10倍，"十四五"期间上海要在建设用地零增长状态下推动转型升级，很难对产业用地提供新增量支持。上海能源消费总量和消费强度在全国大中城市中位列第一，[1] 面临着能源约束、老龄化加剧、就业人口的产业结构调整不匹配等问题，同时也面临着结构性减速、资源瓶颈约束、外部竞争压力加大等挑战。

上海建设科创中心正是要化解其经济发展中的结构性矛盾，为上海的进一步发展寻找新的增长动力。上海进入后工业化阶段以来，产业正转向高度的"三、二、一"结构，去工业化速度快于工业技术水准提升的速度，造成上海战略性新兴产业的引领作用不够突出，制造业的支撑作用逐步减弱。过度的去工业化可能会导致结构性减速和城市产业的空心化。上海工业的调整如果不能有效降低上升的商务成本和工业用地成本，制造业的升级空间就会产生强烈的非技术限制。在固定资产投资下降的情况下，如果没有新的战略性新兴产业充当经济发展的主力军，整个城市的增长动力就会出现空档期，制造业会越来越让位于房地产业，让位于所谓的财富驱动。所以，上海科创中心建设的核心内容之一，就是要推动上海战略型新兴产业的发展，从根本上改变上海的产业结构，从产业高度上引领全国战略性新兴产业的发展，从综合竞争上参与全球高科技产业的竞争。

（三）上海全球科创中心建设的目标

当前，新一轮科技革命和产业变革深入发展，使得科技创新成为推动经济发展的重要助推力，同时也为上海建设全球科创中心提供了难得的机遇。以新一代信息技术、生命健康、先进制造、新材料、新能源为代表的新一轮技术革命不断发展，促使经济领域新产业、新业态、新模式加速涌现。基础研究、技术创新、技术应用与创新网络都呈现新的特征。具体地，基础研究表现为前沿突破不断涌现，学科领域发展纵深推进，科学研究范式发生深刻变革，除数据密集型特征外，研究内容、方法和范畴也发生了实质性变化，跨学科研究和学科交叉融合不断发展，科学的开放性和全球化发展迅速；前沿技术发展呈现群体性突破态势，技术变革呈现多种技术融合、齐头并进的特点；颠覆性技术创新、颠覆性的新知识新技术应用正在重塑

---

[1] 上海社科院课题组：《开放改革引领创新转型》，载于《社会科学报》2015年12月17日。

新的产业体系，催生新的工业革命；科技创新进一步推进全球化进程，科技创新的全球合作共享趋势更加明显。世界主要国家开始积极布局建设科技创新高地，为未来产业和经济的发展提供源动力。上海也应抓住新一轮科技革命和产业变革的机遇，建设全球性的科创中心，实现科技水平迈入世界前沿的目标。

随着科创中心建设进程的推进，国家对上海全球科创中心建设的目标更加明确。上海要强化科技创新策源功能，努力实现科学新发现、技术新发明、产业新方向、发展新理念从无到有的跨越，成为科学规律的第一发现者、技术发明的第一创造者、创新产业的第一开拓者、创新理念的第一实践者，形成一批基础研究和应用基础研究的原创性成果，突破一批"卡脖子"的关键核心技术。《2019年上海科技报告》指出，上海科技创新工作将对标"四个新""四个第一"的总要求，聚焦"三大任务"和"三大领域"，着力打造国家战略科技力量，聚力强化创新源头供给，重点突破产业重大技术，进一步完善创新治理体系，建成拥有全球影响力的科创中心的基本框架，实现上海全球科创中心建设的再次突破。

《上海市国民经济和社会发展第十四个五年规划和二〇三五年远景目标纲要》中，有关强化科技创新策源能力、扩大高水平科技供给的规划指出：按照将创新置于现代化国家建设的全局核心地位、以科技自立自强为国家发展战略支撑的总要求，科创中心建设应该紧跟世界科技前沿、聚焦经济主战场、以满足国家重大需求为导向、服务于人民生命健康，坚持科技创新和制度创新的融合驱动，以提升基础研究能力和突破关键核心技术为主攻方向，疏通基础研究、应用研究和产业化三者双向链接的快速通道，激发各类主体的创新动力和活力，同时强化知识产权的运用和保护，以更加开放包容的政策和环境培育集聚科技创新人才，助力国际科技创新中心核心功能建设取得重大突破性进展，进而实现上海科创中心成为科学新发现、技术新发明、产业新方向、发展新理念的重要策源地；将当前推进上海科技创新工作的主要任务分为大幅提升基础研究水平、攻坚关键核心技术、促进多元创新主体蓬勃发展、加快构建顺畅高效的转移转化体系、厚植支撑国际科创中心功能的人才优势、以张江科学城为重点推进科创中心承载区建设六个方面。

二、上海具有全球影响力的科技创新中心的构建

2014年5月，习近平考察上海时，做出上海"要加快向具有全球影响力的科技创新中心进军"的重要指示。上海建设具有全球影响力的科技创新中心是一场以科技创新为核心的全面创新，也是继"四个中心"和现代化国际大都市之后，城市功

能拓展与提升的新目标新举措，不仅体现了国家创新驱动发展的战略导向，同时也肩负着代表国家抢占科技创新制高点和国际话语权的历史使命和责任担当。

（一）科创中心建设布局不断优化，政策法规体系日益完善

自20世纪90年代初浦东开发开放以来，上海就以全球市场作为自己的发展坐标，通过大量吸引外资，与国际规则接轨，朝着社会主义现代化国际大都市的目标迈进。2013年9月底，中央批准设立中国（上海）自由贸易试验区之后，上海进一步确立以开放促改革的战略方针，深入推进行政体制改革，种好改革试验田，通过制度复制、效应溢出的方式，向全国推广。高度国际化为上海吸纳全球创新资源、引进吸收再创新创造了条件。

近年来，上海科创中心建设布局不断优化，支撑性的创新法规和政策体系日益完善。推进科技成果转移转化方面陆续出台"三部曲"，即《关于进一步促进科技成果转移转化的实施意见》《上海市促进科技成果转化条例》《上海市促进科技成果转移转化行动方案（2017—2020）》，从立法、政策到行动计划层层深入。上海科技创新服务系统，依托上海交通大学国家技术转移中心、上海新生源医药研究有限公司、上海科技成果转化促进会、上海联合产权交易所、上海技术交易所、上海市高新技术成果转化服务中心、中国科学院上海国家技术转移中心、华东理工大学、上海科威国际技术转移中心有限公司等服务机构，采用行业资源分类集聚模式，重点建设生物医药、新能源汽车、软件信息、电子信息、新材料、先进重大装备等专业技术服务平台，着重为企业特别是中小企业技术创新服务，服务于上海乃至长三角地区优势产业。《2018上海科技创新中心指数报告》显示，2017年上海全员劳动生产率达到22.03万元/人，相当于全国的2.2倍。知识密集型产业从业人员占全市从业人员比重达到27.1%，意味着上海市不到4个就业人口中就有1人从事知识密集型产业。知识密集型服务业增加值占全市GDP比重超过1/3，达到35.2%。

2018年4月，上海市对科创中心管理体制做出重大调整，重组上海推进科创中心建设办公室（以下简称上海科创办），作为市政府派出机构，实行"四合一"的管理体制，并挂张江综合性国家科学中心办公室、上海市张江高新技术产业开发区管理委员会、上海市张江科学城建设管理办公室、中国（上海）自由贸易试验区管理委员会张江管理局牌照。主要职能包括：对接服务国家战略，统筹推进全市科技创新面上的工作，推动建设张江高新区"一区22园"，开发建设张江科学城等。张江科学城肩负着建设"科学特征明显、科技要素集聚、环境人文生态、充满创新活力"的世界一流科学城、国家自主创新示范区和中国（上海）自由贸易试验区等

国家战略任务，以张江高科技园区为基础，强调开放、集聚的规划理念，培育顶尖的科创能力，在建设过程中遵行"张江科学城创新发展规划方案国际征集设计任务书"的发展规则，朝着"科研要素更集聚、创新创业更活跃、生活服务更完善、交通出行更便捷、生态环境更优美、文化氛围更浓厚"的世界一流科学城的目标打造。

2020年4月21日，上海举行市政府发布会，作为上海科创中心建设的"基本法"、保障法和促进法，《上海市推进科技创新中心建设条例》（以下简称《条例》）重点以提升创新策源能力为目标，对以科技创新为核心的全面创新做出系统性和制度性的安排。《条例》从法律层面确定了科技创新中心建设的基本框架，为相关配套制度的制定和实施提供依据，加快形成制度保障体系。《条例》着力将"最宽松的创新环境、最普惠公平的扶持政策、最有力的保障措施"的理念体现在制度设计中，体现鲜明的改革和创新导向，以"创新主体建设、创新能力建设、创新承载区建设、创新环境建设"为逻辑主线，充分发挥市场对各类创新要素配置的导向作用，有效发挥政府在协调创新活动、整合创新资源、衔接创新环节等方面的积极作用，最大限度激发全社会创新活力与动力。2020年6月以来，"发行上市审核2.0"制度促进上海科创板的效率进一步提升，有望使资本市场对提升科技创新能力和实体经济竞争力的支持功能得到更加充分的发挥。

《条例》在总体框架的构思上，创新主体是科创中心建设的核心力量，创新能力是科创中心建设的核心内容，创新人才、承载区和科技金融是科创中心建设的核心要素，同时，科创中心建设也需要知识产权保护、创新文化、诚信与伦理监督、鼓励创新宽容失败的社会氛围等软环境支持。《条例》的第十三条、第十五条、第二十五条都对"放权"进行了说明，在人员聘用、职称评审、薪酬分配、机构设置、科研立项、设备采购、经费使用、成果处置等方面赋予科研事业单位更大自主权；同时，单位还可以进一步放权给研究人员个人，允许科研事业单位的专业技术人员运用科技创新成果在职创办企业，允许科研事业单位将其依法取得的职务科技成果的知识产权或知识产权的长期使用权给予成果完成人。

2020年7月24日，上海推进科技创新中心建设办公室与上海市科学技术协会（以下简称上海市科协）举行战略合作框架协议签约仪式，共同助力推动上海科创中心建设。上海科创办是上海科创中心建设的重要力量，先后推进了张江药物实验室、李政道研究所等市级重大项目落地，及张江科学城"五个一批"项目建设，为上海科创中心建设作出了突出贡献。上海市科协是上海市科学技术工作者的群众组织，协会资源、专家人才丰沛，平台网络健全。通过此次签约合作，上海市科协和上海科创办将进一步深化合作，充分发挥专业优势、深挖合作潜力、提升合作水平，为上海科创中心建设提供有力支撑。

加快推进高新技术企业认定工作，出台《上海市人民政府关于加快本市高新技术企业发展的若干意见》等政策文件，从财政、金融、税费等方面最大限度为企业降压减负，大力优化服务流程，增强企业获得感。试点生物医药人体临床试验责任保险、生物医药产品责任保险，已为36家企业出具超过252万元保费的保单。上海市创业投资引导基金入选2018年中国政府引导基金30强，截至2018年底已撬动社会资本540亿元，通过参股基金投资创新型中小企业近800家。2018年研发费用加计扣除、高新技术企业、技术先进型服务企业共落实减免税额334亿元，同比增长26.4%，覆盖企业16 734家，而且上海各区均成立了区级创业投资或产业投资引导基金（钱智和史晓琛，2020）。陆续设立多家科技支行、科技特色支行，科技金融从业人员达到数千人，科技信贷帮助科创企业解决融资难的问题。

2020年上海各区科技创新工作情况如表3-1所示。

表3-1　　　　　　　　　2020年上海各区科技创新工作

区域	工作内容
\multicolumn{2}{c}{"四梁八柱"支撑进一步显现}
浦东新区	以改革开放30周年为契机，贯彻新时代高质量发展的战略要求，推进科创中心核心建设向纵深发展； 加快以张江为核心的综合性国家科学中心建设，围绕国家交予的重大科研方向，推进大科学设施和国家科技重大专项建设； 加快提升临港自贸区新片区研发能力，智能制造、工业互联网、海洋高端装备等科技创新型平台加快建设
杨浦区	深化"三区联动、三城融合"核心理念，在建强国家双创示范基地的基础上，进一步打造长三角双创示范基地、"科创中国"试点区
闵行区	聚力推动国家科技成果转移转化示范区建设，聚势推动零号湾创新创业集聚区建设，为创新源头突破引领产业变革提供有力支撑
徐汇区	聚焦人工智能、生命健康等优势产业探索成果转化，持续服务"四大"资源协同创新，助力区域创新能力不断提升
嘉定区	聚焦校地合作、院地合作，持续放大8寸线、智能型新能源汽车等技术领域的研发和转化对产业发展的贡献率
松江区	发挥长三角G60科创走廊建设主力军作用，实现高新技术企业跨越式发展，推动区域创新与全域创新协同发展
\multicolumn{2}{c}{科技赋能效应进一步提升}
宝山区	积极落实转型发展的要求，聚焦生物医药与氢能两项重点产业，积极谋划环上大科技园建设
静安区	以大数据、人工智能、云计算等战略新兴产业发展为引领，着力推进数据智能产业创新融合发展，加快发展在线新经济

续表

金山区	启动创新体系构建年建设，推进碳纤维复合材料创新研究院建设，举办产业创新发展高峰论坛
虹口区	以"一中心六平台"科技创新体系建设为支撑，紧抓全球双千兆第一区和打造上海5G综合应用先导示范区的机遇，扎实推进"硅巷"式科技创新中心建设
崇明区	推进全区5G基础设施和创新应用建设，打造全球首个5G全覆盖的人居生态岛
创新生态系统进一步优化	
普陀区	加快建设中以（上海）创新园以及上海清华国际创新中心，促进创新技术、人才、资本的流动，融入全球创新网络
奉贤区	围绕"东方美谷"美丽健康产业发展，引入国家级传染病免疫诊疗平台——中科院巴斯德所，成功举办全球生物医药创新创业大赛
青浦区	围绕长三角生态绿色一体化发展，与吴江、嘉善科技部门开展科技创新合作交流，推动长三角一体化科技创新协同发展
黄浦区	聚焦生物医药重点产业，重点建设广慈—思南国家转化医学创新产业园区，积极打造医学转化研究试验区、国际前沿医疗先行区、医学创新发展引领区
长宁区	以推动"虹桥智谷"载体建设为重点，积极开展智慧社区、智慧政务、智慧教育、智慧医疗、智慧零售等场景的应用和开发

资料来源：《关注1市区联动，2020年上海各区推进科创中心建设亮点频现！》，https：//www.sohu.com/a/448948234_277595，2021-02-05。

（二）科创中心建设的金融支持

改善科技和金融的融合机制，建设科技金融生态，重视对科技型中小企业多层次资本市场上市的培育工作，为处在不同发展阶段或不同行业领域的科技型企业成长提供金融科技支持。

为推动上海辖内机构提升专业化经营能力，帮助科技创新企业有效获得金融支持，上海银保监局重点推进辖内机构构建针对科技创新金融服务的"六专"信贷机制，即专营的组织架构体系、专业化的经营管理团队、专用的风险管理制度和技术手段、专门的管理信息系统、专项的激励考核机制、专属的客户信贷"新三查"标准。

截至2019年6月末，上海已有服务科创企业的科技支行7家、科技特色支行90家、科技金融专营机构1家，仅这些机构服务科创企业的从业人员就超过了1000人。在科技型企业贷款方面，存量户数为6973户，较年初增加982户，增长率为16.39%；贷款余额2 611.86亿元，较年初增长187.55亿元，增长率为7.74%。[①] 以中国工商银行为例，中国工商银行于2018年11月在上海设立了中国工商银行科创企业金融服务中心（上海），并立足上海辐射长三角地区，中心以提供融资服务为重点，针对初创期企业、成长期企业、成熟期企业、扩张整合期企业，配套建立了"全周期、全产品、全服务"的综合金融服务体系。例如，上飞制造、依图科技、中科新松、科大智能、剑桥科技等一批具有核心技术的民营科创企业通过与中国工商银行的合作实现了高速发展。银行在服务上海科创中心建设的同时，也会收获良好的经济社会效益：一是促进银行优质潜在客群拓展和客户结构调整；二是促进银行金融服务能力提升和新业务增长点获取；三是促进银行资源配置能力优化和科技工具运用。

上海证券交易所（以下简称上交所）科创板上市融资。截至2019年底，科创板已成功上市70家企业，其中上海13家，数量上排名第一位；上交所对205家企业做出受理决定，其中上海企业31家，排名全国第四位。[②] 截至2020年底，上海已经有37家企业在科创板上市，累计首发募资1 099亿元，占科创板首发募资的份额已达36%，位列全国第一；同时，企业市值接近万亿元，约占科创板总市值30%，位列全国第一。[③]

科技企业银行信贷服务力度不断加大。根据2019年8月发布的《上海银行业保险业进一步支持科创中心建设的指导意见》，促进银行增加信贷投放，增强对不良贷款的容忍度。

多层次科技金融产品和服务不断创新，如推出"3+X"科技信贷产品，科技企业贷款、科技履约贷、小巨人信用贷、科技微贷通等进一步降低了信贷门槛。上海银行与上海市中小微企业政策性融资担保基金管理中心共同启动《科创企业专项担保资金实施方案》，上海市中小微企业政策性融资担保基金管理中心将单列规模高于10亿元的科创企业专项担保资金，为本市优质科创企业提供融资担保。经过多年的发展，上海国际金融中心建设取得重大进展，如从强调金融机构集聚转向促进金融市场体系的发展，从科技与金融的独立发展转向通过成立技术银行等制度创新促进两者的深度融合等。"3+X"科技信贷产品体系以及服务体系赋能双创升级。把"3+X"科技信贷产品体系作为着眼点，通过具有特色的渠道准入，以实现降低信贷门槛的目的。截至2019年11月底，科技企业贷款已完成56.55亿元，

---

① 《支持科创，上海银行业亮出了这些绝招》，文汇客户端，2019年8月6日。
② 上海市科学技术委员会：《2019上海科技进步报告》，2020年1月14日。
③ 上海推进科技创新中心建设办公室：《上海科技创新中心建设报告（2020）》，格致出版社、上海人民出版社2021年版。

895 家企业已获得贷款。除此之外，上海市科技金融信息服务平台已成功受理履约贷申请 1 200 笔，同比增长 6%，数量与增幅均达到了历年来最高峰。

"高企贷"授信服务方案推动高新技术企业发展。2019 年 9 月，《高新技术企业贷款授信服务方案》发布，引导银行通过优先采取多种方式支持企业融资，如应收账款质押、知识产权质押和订单融资等方式。合作银行对采用传统担保方式（如房地产抵押或担保公司担保）的贷款，应适当降低贷款定价水平，执行贷款市场报价利率（LPR）优惠利率，并且免除企业除贷款利率外的其他费用。截至 2019 年 11 月底，得到"高企贷"授信服务方案服务的企业共 824 家，授信规模达 237.59 亿元，包括中小微企业共 766 家在内，占比为 92.96%，[1] 这将助力高新技术企业合理、有效的发展。

投贷联动融资服务模式持续创新。上海银行业多渠道与外部的股权投资机构通力合作，共同探索多种不同形式的投贷联动融资，促进其服务模式创新。上海主要银行业金融机构投贷联动项下共 350 户贷款存量家，相比 2019 年初增加 37 户，增长 11.82%；贷款余额累计 47.99 亿元，相比 2019 年初增长 8.88 亿元，增长 22.71%；同时，累计为 546 家企业提供了投贷联动服务，发放贷款累计 159.70 亿元。[2]

政策性融资担保基金增信功能逐渐增强。对处于成长期的多领域的中小微企业，如处于科技型、创新型、创业型、节能环保型、吸纳就业型与战略性新兴产业、现代服务业等领域的中小微企业提供重点支持。截至 2019 年 11 月底，担保基金在保余额共 151.24 亿元，在保户数 6 999 户。其中，小微企业在保余额达 126.99 亿元，在保户数 6 014 户。[3]

上海股权托管交易中心"科技创新板"作用逐渐体现。设置符合科创企业需求的挂牌条件、交易方式以及融资工具等的制度安排，让资本市场对科创企业的直接融资服务作用得到充分发挥。截至 2019 年底，共有 296 家科创企业成功挂牌，主要体现在人工智能、先进制造、信息技术等 20 个新兴行业。其中，172 家次核挂牌企业完成股权融资 24.41 亿元，381 家次企业完成债权融资 19.52 亿元。[4]

（三）高度重视科创人才培养

上海科创中心重视对创新型人才的培养，吸引国内外优秀人才共建上海。根据人才成长阶段和创新领域特点，逐步形成了扬帆计划（32 周岁以下）、启明星计划（35 周岁以下）、浦江计划（50 周岁以下）、学术/技术带头人计划（50 周岁以下）

---

[1][2][3][4] 上海市科学技术委员会：《2019 上海科技进步报告》，2020 年 1 月 14 日。

等分阶段、体系化的科技人才培养体系，制定了上海人才"20条"、人才"30条"和人才高峰工程行动方案，坚持全球视野、眼光向外、国际标准，建立与国际接轨的海外人才引进政策，率先探索海外人才永久居留的市场化认定标准和便利服务措施，截至2018年底，累计办理出入境证件114余万证次，在沪工作外国人才达到21.5万人，占全国的近1/4，位居全国首位。国外人才将上海视作首选工作地，人才数量与质量共同提升。"魅力中国——外籍人才眼中最具吸引力的中国城市"评选中，上海连续7年居首位。2018年外国人才签证制度实施以来，上海已为近500位外国人才办理《外国高端人才确认函》，数量居全国第一位。近年来，上海向全球集聚了顶级科学家近500名，累计引进高层次人才1 145人，以及顶尖高层次人才等一批高峰人才和团队（钱智和史晓琛，2020）。

（四）深化科技体制机制改革

牢记"抓战略、抓规划、抓政策、抓服务"，抓紧落实科技体制机制改革，不断扩大企业创新主体，加强激发人才的创新潜力，形成符合创新发展规律、科研管理规律与人才成长规律的科技体制机制。

上海科改"25条"加速落地。出于促进各类创新主体发展、推动科技成果转移转化、激发科技创新人才活力、改革优化科研管理、融入全球创新网络、推进创新文化建设这六个方面的目的，2019年3月上海率先推出《关于进一步深化科技体制机制改革增强科技创新中心策源能力的意见》（以下简称科改"25条"），提出25项改革举措。为提高科改"25条"的实行效率，接着又围绕扩大科研事业单位自主权、完善科研计划项目（课题）专项经费管理、促进新型研发机构创新发展等出台了11项配套政策，科技体制机制改革体系进一步优化。

（五）政府改革，强化法规保障与规划引领

始终以简政放权为中心，创新改革办法，完善服务措施，积极开展"一网通办"，加大行政审批制度改革力度。对11项接入"一网通办"的行政审批事项进行全面归纳整理，让"双减半"成果尽快落实。对业务流程进行优化再造，围绕高转项目认定、科普基地认定、技术市场开发合同认定登记以及技术市场转让合同认定登记4个事项，制定发布政策文件，对系统进行新一轮升级改造。围绕细分业务办理情形、规范申请材料目录和完善要素填报内容等全面修订办事指南。

加强事中事后监管。以监管对象的基础信息和监管执法信息作为根据，评价和

确定监管类别，对实验动物和技术市场进行具体化差异化监督、管理。并利用"双随机"抽查系统，逐步实现"双随机一公开"。

加强政务公开化。2019年全年新增主动公开政府信息490条，较上年增长40%，累计办理已申请件55件，共办理行政复议25件、行政诉讼12件，复议被纠错率和诉讼被纠错率均为0。[①]

加快推行科技创新立法，研究形成《上海市推进科技创新中心建设条例（草案）》（以下简称《条例（草案）》），为企业营造最宽松的创新环境、争取最普惠公平的扶持政策和提供最有力的保障措施。《条例（草案）》被称为科技创新中心建设的"基本法"、保障法与促进法，其主要目标是增强创新策源的能力，根本宗旨是带动和保障各类创新主体的活力和动力，重心放在创新主体、创新能力和创新生态等科技创新中心建设中的一些关键节点上，作出创新性突破。2020年1月《条例（草案）》通过上海市十五届人大三次会议审议。

强化规划引领。开展上海新一轮中长期（2021~2035年）和"十四五"科技创新规划战略研究工作，联合社会各界力量研究面向上海新一轮中长期科技创新发展，有针对性、具体性地提出指导方针和总体思路，确定面向未来的重点领域与重要任务。面向中长期，进行上海科技创新规划战略研究工作，开通面向全社会的"众筹科技2035"线上通道，合理调用科技界和社会各界力量，与相关智库机构共同在中长期科技发展战略思路和改革举措、重大创新工程和任务等两大方面开展研究工作，重点关注战略性、前瞻性与科学性，走在世界科技创新前沿，用全球视野、全局思维系统地为上海未来科技创新发展规划指导方针和目标，并有针对性地提出重要任务和战略措施。

三、上海具有全球影响力的科技创新中心建设的成就

（一）原创性重大成果成绩斐然

上海科技创新建设近年来取得了显著的成果。2014~2019年，上海每年均有成果入选中国十大科学进展，6年60项重大进展，上海牵头或参与12项，研发投入形成显著的科研成果。[②] 截至2020年4月，上海全社会研发投入占GDP比重达

[①] 上海市科学技术委员会：《2019上海科技进步报告》，2020年1月14日。
[②] 上海市政协："本市加强自主创新，增强科技创新策源功能情况"委员年末专题视察活动，2020年11月24日。

4%，比5年前提升0.35个百分点，而全国范围内科研经费仅占GDP的2.19%。上海每万人口发明专利拥有量达到47.5件，比5年前翻了一倍。[①] 2018年上海专利申请量为150 233件，比上年增长14.0%，实现每万人口发明专利拥有量47.5件，比上年增长14.5%。2018年PCT国际专利申请量2 500件，同比增加19.1%。上海市有效发明专利达114 966件，同比增长14.5%，有效发明专利5年以上维持率达78.6%。[②] 全球首例体细胞克隆猴、阿尔兹海默症的世界级新药"甘露寡糖二酸（GV-971）"、首次人工创建单条染色体的真核细胞、首个轨道角动量波导光子芯片等一系列重要原创成果产生。2019年上海科研人累积在《自然》（Nature）、《科学》（Science）、《细胞》（Cell）等国际顶级期刊上发表论文87篇，达到了全国总数的28%。2019年，上海共集聚中国科学院院士、中国工程院院士179人。

2018年11月《自然》增刊"2018自然指数—科研城市"显示，2012～2017年上海的国际双边合作增加了159%，国际合作论文数量增长了106%。2020年10月《自然》增刊"2020年自然指数—科研城市"显示，上海在全球科研城市中排名第五位，较2016年提升三位。拍摄首张黑洞照片的全球200多位科研人员团队中，来自中国大陆的有16名学者，其中有8位隶属中科院上海天文台。研发与转化功能型平台建设也取得了显著成效，上海微技术工业研究院、石墨烯、生物医药、集成电路、智能制造和类脑芯片等首批建设的功能型平台已具备较强的产业共性技术研发服务能力。首批18个研发与转化功能型平台加快建设，重大创新成果相继涌现。上海微技术工业研究院建成全国首条8英寸"超越摩尔"研发中试线和硅光子技术平台，孵化的磁存储器、CMOS集成六轴传感器技术达到业界领先水平；类脑芯片平台研发的AI芯片和神经信号记录芯片受邀在国际集成电路会议上展示；上海智能型新能源汽车研发与转化平台正在建设智能网联汽车测试评价基地，将成为我国首个面向智能网联汽车测试目的并投入使用的专用测试场地。2020年，上海专家团队在疫苗和药物研发方面也取得了巨大进展。有3款抗体药获得了国家应急项目地支持，有6个疫苗研发项目稳步推进，此外还有6款新冠病毒检测试剂获证上市。在中国国家药监局批准的首批7个新冠病毒检测试剂产品中，就有3个来自上海。同时，2020年，上海已经建成的和正在建设的国家重大科技基础设施已达14个，在全国处于领先地位。2020年，上海全社会研发经费支出占地区生产总值的份额达到4.1%，每万人拥有发明专利量已达60.2件，向海内外输出技术合同成交额占比高达70%。

---

① 上海市人民政府新闻办公室：上海市政府新闻发布会，2020年4月21日。
② 上海市人民政府新闻办公室："严格知识产权保护 营造一流营商环境"新闻发布会，2019年4月23日。

（二）科技成果转化加速推进

上海在促进科学成果转化上也取得了一系列成就。2017 年 6 月《上海市促进科技成果转化条例》正式发布实施，这是上海首部科技成果转化的地方性立法，在加强科技成果转化、促进科学技术转变为现实生产力方面具有重要意义。上海科创中心以张江实验室为核心，积极推进若干重点领域的国家实验室筹建工作，在重大任务布局和体制机制改革上进行探索，脑科学与类脑研究中心及其松江基地、张江药物实验室等新型机构在此期间相继成立，形成了全球光子科技领域规模最大、种类最全、功能最强的大科学基础设施群。硬 X 射线、超强超短激光、上海光源等光子科学设施建设进展顺利，光源二期工程正式进入调试出束阶段，"羲和激光"项目完成白玉兰工程验收。张江科学城从"园区"向"城区"转型升级，加快打造世界一流科学城的步伐，《张江科学城建设规划》和《张江科学城规划实施行动方案》相继出台，首轮"五个一批"73 个重点项目已全部开工，其中 27 个项目已完工，科学技术研究区域布局进一步优化。

科技资源服务系统的目的是解决长期以来存在的科技条件资源利用率低和大量科技条件资源尚未实现社会化共享，而中小企业缺乏相应的创新活动条件支撑等难题。上海区域创新中心通过组织机制创新，建立新型组织形式和科学的管理运行机制，优化资源，打造和完善以面向企业创新创业为主的基于研发公共服务平台基地的科技资源服务体系，促进资源服务平台之间交流、共享、互动，使有限的增量财政资金撬动上海丰富的区域创新中心科技资源。对于党的十九大报告列举的 6 项重大科技成果——蛟龙、天宫、北斗、天眼、墨子和大飞机，上海也都作出了重要贡献。同时，上海在加快拓展科技成果转化网络和渠道方面也取得了显著的成就，近年来上海持续推进闵行国家科技成果转移转化示范区建设，以国家技术转移东部中心为核心构建全球技术转移网络，在美国、英国、新加坡、加拿大等国投资成立了多家创业孵化园区。

高端产业逐步实现集群化发展，如集成电路产业规模快速扩大，产业结构趋于合理化。2016 年上海集成电路产业规模首次突破千亿元，增长 10.76%；2017 年销售收入 1 180.62 亿元，增长 12.2%；2018 年销售规模达 1 450 亿元，占全国 20%，同比增长 22%。上海集成电路的设计业、制造业和装备材料业逐步替代封装测试业，成为主导产业。2016 年，设计业营收首次超过封测业，成为上海市集成电路产业龙头环节。2017 年，超强超短激光装置实现 10 拍瓦激光放大输出，脉冲峰值功率创世界纪录。2018 年，上海集成电路设计业销售收入占产业链比重达 33.73%；

上海诞生国际首个体细胞克隆猴、国际首次人工创建单条染色体的真核细胞。2014~2018年50项全国重大科学进展中，上海参与了11项。上海拥有22家"中国人工智能100强企业"，全市人工智能产业规模约700亿元，人工智能核心企业超过1 000家，居全国第一梯队（钱智和史晓琛，2020）。2020年，上海集成电路产业销售规模已达2 071亿元，同比增长幅度为21.37%。位于浦东的中芯国际14纳米工艺产能规模也不断扩大，实现了300毫米硅片的批量生产。[①]

上海聚集了人工智能行业领军企业、独角兽企业、本土人工智能企业、初创企业等各梯队企业，形成了完整的产业生态。在光子领域，硬X射线、软X射线、超强超短激光等设施全面建设，硬X射线装置是新中国成立以来单体投资额最大的科技基础设施。在生命科学、海洋、能源等领域，先后启动蛋白质设施、转化医学设施等科技基础设施建设。目前，上海建成和在建的国家重大科技基础设施已达14个，设施数量、投资金额等均领先全国。2018年生物医药产业实现经济总量3 250亿元，同比增长7%。浦东新区张江地区精准医疗产业集中度达90%以上，聚集了超过300家生物医药企业，上海国际医学园区汇聚了1 151家企业、26家第三方医学检测机构、400多家医疗器械企业和300多家生物制药企业；松江区定位高端医疗器械，聚集近百家生物医药企业，2019年复宏汉霖松江生物医药产业化基地开工，建成后有望成为中国第一、亚洲前三的生物医药产业基地；徐汇区定位高端医疗服务（钱智和史晓琛，2020）。在经济社会主战场方面，大飞机C919飞上蓝天，集成电路先进封装刻蚀机等战略产品销往海外，高端医疗影像设备填补国内空白，产业创新影响力越来越大。2019年度国家科学技术奖励大会上，上海共有52项牵头或合作完成的重大科技成果荣获国家科学技术奖，占全国获奖总数的16.9%。在连续四年保持获奖比例超过15%的同时，上海科技创新的高度和难度均有了新的突破，科创策源能力持续提升。2020年，上海生物医药产业规模已经超过了6 000亿元，其中制造业产值已达1 416.61亿元。同时，上海科研团队最早成功解析新型冠状病毒3CL水解酶（Mpro）高分率晶体结构，3CL水解酶是抗冠状病毒最关键的蛋白之一（钱智和史晓琛，2020）。

（三）企业活力进一步增强

2018年上海市研发加计扣除与高企税收减免额达到470.99亿元，同比增长

---

① 上海推进科技创新中心建设办公室：《上海科技创新中心建设报告（2020）》，格致出版社、上海人民出版社2021年版。

45.43%，这表明上海企业主体的创新环境不断改善，普惠性的优惠政策持续加大力度，增强了社会投入研发创新的积极性，为企业创新发展提供了巨大的支撑。

从享受研发加计扣除优惠的上海企业数量来看，2018 年为 16 818 家，较上年上升 30.47%，研发加计扣除额为 1 215 亿元，减免所得税税额为 303.75 亿元，同比均增长 80.85%。[①] 自科创中心建设完成，上海企业享受研发加计扣除税收优惠程度不断提升，特别是中小企业创新环境进一步改善，全社会创新积极性和动力持续提高。

从享受税收优惠的高新技术企业数量来看，2018 年，在上海市 9 204 家高新技术企业中，有 3 339 家享受了税收优惠，较上年增长 2.45%，优惠金额为 167.24 亿元，优惠金额较上一年增加 7.28%。[②] 这说明上海高新技术企业享受优惠政策的主体较多。因此，开展政府政策扶持工作，加大高新技术企业的研发投入力度，能够减轻企业经济负担，更好地创造有利于高新技术企业发展的创新创业政策环境。

长城战略咨询研究所发布的《2018 年中国独角兽企业研究报告》显示，2018 年全国拥有独角兽企业共 202 家，总估值 7 441 亿美元，平均估值 36.8 亿美元。其中，上海拥有独角兽企业共 38 家，估值 846 亿美元，总体规模仅次于北京，领先广东、浙江和江苏等其他省份。因此，应加大对上海独角兽企业的投资发展。

2018 年新注册市场主体达 39.98 万户，比 2017 年增加了 4.64 万户，比 2016 年增加了 5.26 万户，新注册市场主体数量不断增加，新设立企业数占比约为 17%，占比相对稳定，表明上海创新活力十足，并且不断涌现出新的市场主体。[③]

2018 年上海新设企业为 32.95 万户，较上年增长 12.73%，新设立企业数占比 17.49%，较上年有所下降。从新设立企业的类型来看，主要有内资、外商与私营企业。2018 年不仅新设内资企业同比增长 43.08%，而且新设外商企业同比增长 8.85%，同时新设私营企业同比增长 12.24%，另外新设私营企业占新设企业的比重达 95% 左右。[④] 这说明新设企业占比处于相对稳定的状态，且新设私营企业在新设企业中居于重要地位。

（四）对外开放度进一步提升

外资研发中心的开放程度不断提升。从最初的应用型研发、自主研发，逐步向开放型创新转型。飞利浦（中国）投资有限公司、博世（中国）投资有限公司等 35 家外资研发中心已加盟上海研发公共服务平台。2017 年，上海提出"专

[①][②][③][④] 上海市科学学研究所：《上海科技创新中心指数报告（2019）》，上海交通大学出版社 2020 年版。

业化、国际化、品牌化"的"三化"培育体系发展战略,培育引导众创空间100家,孵化服务能力、海外对接能力和连锁运营能力有效增长,超过60%的众创空间提供国际合作服务,吸引 Plug & Play、WeWork 等国际知名众创空间入驻。截至2019年,上海已与19个国家和地区签订了政府间科技合作协议,支持约500个国际科技合作项目。

在沪常住外国人口持续稳定。2018年上海常住外国人口达到17.2万人,比上年增长约1万人。近年来,上海常住外国人口基本保持在17万人左右,虽然2017年只有16.3万人,相对来说略有下降,但是由于科创中心建设带来的创新创业人才对外开放力度的加大,2018年上海常住外国人口数量显著增加。[①]

为维持并吸引更多的海外人才,上海率先试点25条政策"组合拳",如采取降低外国人永久居留申办条件或放宽外籍人才就业年龄等政策,确立市场、单位和行业的人才评价决定权。自这一相关政策发布以来,截至2018年9月的统计结果显示,共1 962人通过科创新政申办了永久居留,共28 647人办理了外国人居留许可。另外,共有11万余名外国人可以享受144小时过境免签入境政策,另有近2万名外国人能够享受游轮免签政策。[②] 同时,2018年上海全年共引进12 533名海外留学人员,办理了80 399份外国人工作证,确定了395份外国高端人才确认函(R字签证)。[③] 除此之外,根据2018年全球科学家"理想之城"调查报告,在全球科学家看来,最有发展前景、最希望就业的城市排名调查中,上海在我国国内城市中排名第一,在全球22个创新城市中排在第16位,这表明上海已成为全球科学家,尤其是青年科学家心中最有吸引力与最有发展前景的中国城市。

(五)长三角区域一体化创新平台有序推进

随着知识经济在全球的迅速崛起,科技创新日益成为经济社会发展的主要驱动力,区域经济发展也越来越依赖于科技创新资源的集聚、流动和应用。

上海加快产业结构转型,形成以现代服务业为主导的经济发展模式,促使上海加快以现代服务业为主导的区域创新中心的发展。上海着重发展以金融贸易为核心的现代服务业,吸引以跨国公司投资为主体的高新技术产业,塑造以金融贸易为核心的区域化、国际化经济增长中心,从而可对长三角地区乃至全国产生更大的知识外溢和技术外溢。

[①②] 上海市科学学研究所:《上海科技创新中心指数报告(2019)》,上海交通大学出版社2020年版。
[③] 《上海将在人工智能等重点领域和区域大力引进高端和关键人才》,中国新闻网,2019年2月15日。

纵观全球各大世界级城市群，不仅仅是全球性的经济、金融、文化中心，更是全球性的科技创新集聚中心，内部包含一个或者多个全球科技创新中心城市，其他城市围绕在科技创新中心城市周围，分梯次承接其科技创新实力的辐射，连接形成各具特点的网络化空间结构。建设长三角科创圈是遵循圈层扩散规律的现实路径。沪苏浙皖先后出台《长江三角洲地区区域规划纲要》《长江三角洲城市群规划》《推进长三角区域市场一体化发展合作协议》，形成相对完善的经济社会网络共织局面，通过科技创新引领结网将更深入、更扎实。《长江三角洲区域一体化发展规划纲要》要求，"加强都市圈间合作互动，高水平打造长三角世界级城市群"，确立了以圈层为单元推进城市群一体化的鲜明导向。建设长三角地区科技创新共同体必须率先通过都市圈的科技创新一体化，带动全域的科技创新一体化。遵循圈层扩散规律建设长三角地区科创圈，发挥上海、南京、杭州、合肥等城市的极化效应，通过"串点"实现"连线"，并进一步"成面"，能够大幅提高资源组织的层次性，推动长三角区域内大中小城市错位发展、共同发展。

上海科创中心在稳步推进长三角区域协同创新方面也作出了显著的贡献，如成立"长三角区域合作办公室"，发布三年行动方案和重点攻关计划。探索推进"科技创新券"在长三角区域通用通兑。长三角地区科技协同的体制机制不断完善。中国创新挑战赛（上海）在连续举办的基础上，2018年首次尝试打通长三角共享平台，举办第三届中国创新挑战赛（上海）暨首届长三角国际创新挑战赛，为长三角区域内的企业提供面向全球寻找解决方案的渠道，提升上海的科创资源枢纽地位。在经济发展进入新常态、国际贸易规则加快变化等大背景下，长三角区域肩负着国家对外开放战略、东中西区域联动、国家经济增长驱动等多重使命，深层次地开展协同共建，尤其依托科技创新协同合作，可进一步激发、激活其他行业深入发展，达到互利共赢的效果。

打造长三角创新共同体，启动长三角科技资源共享服务平台建设，与长三角地区多个城市共同打造国际创新带、创新示范点等创新生态实践区。以上海为区域交通核心主枢纽带动周围八城综合交通体系协同发展，补齐铁路通道方面较大的短板，完善高速公路及国省道快速通道存在的问题，打通跨省跨市区域"断头路"，新建通用航空及机场满足区域航空需求，建造磁悬浮、超高速列车、超级智慧高速公路等硬件，并通过完善走廊建设统筹，实现运营平台互通、数据分析共享及生活服务均等，从而实质性推动长三角区域一体化发展。加快构建开放协同的全球创新网络，启动中以（上海）创新园建设，吸引和集聚以以色列为主的国际高端创新创业资源，推进通信技术、人工智能、生物医药、集成电路等关键领域合作与交流。

上海与江苏和浙江两省8地建立了"科技创新券"跨区域互认互用机制。据上海市科委统计，截至2018年4月，可通过科技券提供服务的机构有852家，大型科学仪器8 912台（套），服务项目1 832项。截至2018年底，上海向江苏、浙江、安徽输出技术超过3 300项，成交金额173亿元。同时，持续深化国际合作，设立5个"一带一路"沿线国家技术转移中心，启动建设中以（上海）创新园，深入开展中俄战略科技合作。在全基因组蛋白标签、灵长类全脑介观神经联接图谱等领域，探索参与和发起国际大科学计划。2019年4月，"长三角科技资源共享服务平台"正式开通，长三角地区科技资源共享水平不断提升。2019年5月，上海市科委牵头共建的"长三角大仪网"已整合区域内1 195家法人单位的2.7万多台、总价值超过307亿元大型科学仪器设施，为沪苏浙皖企业和科研单位提供共享服务。近两年时间内，上海共有124家服务机构的1 913台（套）大型仪器为沪苏浙皖近3万家企业提供了共享服务，涉及样品约439万件，服务费用达到14.02亿元。2019年，上海全面优化和深入推进以大型科学仪器为核心的长三角科技创新资源开放共享和集聚建设。据统计，上海研发公共服务平台30万元以上大型科学仪器设施总数为12 885台/套，仪器总价值163.84亿元。

在积极开展各类活动联动长三角创新资源方面，上海依然走在前端，开展了如第二届长三角科技成果交易博览会、"长三角科技青年创新行"系列活动、第四届中国创新挑战赛（上海）暨第二届长三角国际创新挑战赛等，通过建立沟通联系的常态化机制、共享创新资源，促进区域之间的交流与合作，以及对接科研项目，进而提升区域科技创新水平，打通长三角区域之间的创新走廊。上海区域科创中心发挥科技创新的产业路径优势，通过建设科技研发公共服务平台，整合共享各类科技创新资源，优化专业服务供给，降低研发创新、科技创业的成本与风险，进一步促进跨学科、跨部门、跨系统、跨地域的合作，提升长三角区域科技创新和产业化的效率与效益，带动长三角区域增强创新能力的软实力和长三角区域营造增强创新能力的软环境。而在国际交流合作方面，设立5个"一带一路"沿线国家技术转移中心，启动建设中以（上海）创新园，深入开展中俄战略科技合作。在全基因组蛋白标签、灵长类全脑介观神经联接图谱等领域，探索参与和发起国际大科学计划。

四、张江国家综合性科学中心建设及其效应的放大

2016年2月16日，国家发展改革委、科技部同意上海以张江地区为核心承载区建设综合性国家科学中心。这是当时我国批准的三大国家科学中心之一。

（一）张江国家综合性科学中心的建设

建设张江国家综合性科学中心是上海加快建设具有全球影响力的科技创新中心的关键举措。目标是构建代表世界先进水平的重大科技基础设施群，提升我国在交叉前沿领域的源头创新能力和科技综合实力，代表国家在更高层次上参与全球科技竞争与合作。

张江作为上海科创中心的中枢要领区，肩负着自贸区和科创中心共同融合发展的国家战略任务。张江科学城作为上海科创中心的核心和国家级科技高地，集聚了众多科研平台和一流创新型院所。近年来，张江的创新成果不断涌现，基础研究能力和自主创新能力不断跃升，打造出世界级大科学设施集群，创造出诸多令人瞩目的成果。在不断合理优化区域内创新创业生态的同时，张江还积极响应"一带一路"倡议、长江经济带发展等国家层面的倡议，加速创建面向全国的科技创新、产业发展体系，并实现跨区域联动发展，形成独特的"张江模式"，获得优异品牌效应，"张江模式"已成为全国高科技园区竞相效仿的成功典范。随着张江向全球化发展的方向不断迈进，其传统的税收返还等政策红利势必逐渐弱化，而核心产业的竞争优势、领军人才的集聚优势则会成为发展的主要动力，张江目前正在积极推进科学城建设规划。

如果说集成电路是张江布局最早的产业，那生物制药产业则是张江发展最快速、最高效的产业。据上海科创办统计，张江已形成新药研发、药物筛选、临床研究、注册认证、量产上市等系列完备创新链，聚集了400余家生物医药企业、20余家大型医药生产企业、300余家研发型科技中小企业、40余家CRO公司、100多家各类研发机构等。目前，全球排名前10位的制药企业中就有7家在张江设立区域总部或研发中心，在研药物品种已超过400个，处于临床试验阶段的项目已达135个，其中处于Ⅱ期、Ⅲ期临床阶段的一类新药有39个。2019年，张江生物医药产业总收入约为845亿元，占上海市的20%。这里既可以找到罗氏制药、默克中国等国际企业，也不乏中科院药物所、上海中医药大学等科研机构。自2018年10月起，和记黄埔医药的一类新药呋喹替尼上市，截至2019年2月，由君实生物自主研发的中国首个自研抗PD-1单抗"拓益"开出了首张处方。

近年来张江生物医药领域研究成果颇多。根据上海市发展改革委2020年2月下旬公布的2020年上海市重大建设项目清单，152项正式项目中就有42项科技产业类项目，相较上年的31项增幅明显。其中，上海集成电路产业研发与转化功能型平台、上海光源二期（线站工程）、张江复旦国际创新中心（微纳电子与量子科技融合创新大楼、生物与医学科技融合大楼、3号科研楼）、上海硬X射线自由电子激光装置项目、李政道研究所（实验楼、基础实验设施）、中芯国际12英寸芯片SN1项目、上海交通大学张江科学园、华力微电子12英寸先进生产线建设、ABB机器人超级工厂、上海医药集团生物医药产业基地、张江"科学之门"、上海市检测中心二期等项目均位于张江科学城。

张江作为国家综合性科学中心，初步展现了全球科技创新网络框架。

（1）张江创新的"磁石效应"。依托上海区位、科技、人文等优势，吸引了诸多科技创新人员、科研机构向张江逐渐聚集，围绕特定方向进行密切交流与合作。张江综合性国家科学中心科技创新的"磁石效应"初步显现。

（2）全球创新网络初现雏形。截至2017年2月，张江综合性国家科学中心大科学研究设施已经吸引中科院兄弟院所等近200家单位在此研究，来自美国、法国、西班牙等地的1.3万多名优秀科学家，在张江进行了2 000多项重大前沿创新课题研究。

（3）初建一批产业联盟。着力构建重点研究领域与方向上的创新网络，致力于实现创新链、产业链、资金链和政策链的环环相扣，形成良性循环。上海科技大学发挥体制与区位上的比较优势，在与中国科学院上海分院的上海光源、蛋白质科学研究团队深度合作的基础上，积极主动地与浦东科技园区内信息电子、化学化工、生物医药等领域的大型企业形成产业间联盟。目前已有超过50家合作单位形成了产业间联盟。

张江正在积极构建长三角科技创新网络，利用浙江嘉兴、慈溪和江苏南通等地的丰富资源，着力创建长三角城市群及区域内部的创新网络，充分发挥张江作为综合性国家科学中心的基础平台功能，积极推动长三角各地区间科技创新资源的开放、共享与联动。

（二）国家科学中心的集中度和显示度

国家科学中心既是超大设施的硬件集群，也是支撑前沿研究的科研生态群落，应力求以全球视野和国际标准，提升科学中心集中度和显示度，在基础科技领域作出大的创新，在关键核心领域取得大的突破。

纵观发达国家科学中心的发展历程，通常包括核心构建、主体构建、支撑构建和环境构建，其中，核心构建包括大科学装置和设施、大科研团队等主体构建，包括世界一流的创新型大学研究机构研发平台等支撑构建，包括一批多学科交叉前沿研究计划环境构建，包括科学创新的生态环境体系，这些构件的集中程度及其在前沿领域的学术影响力和显示程度，是衡量国家科学中心成熟与否的关键指标。

国家科学中心的集中度，主要是指支撑重大基础研究和应用基础研究的各类创新要素在特定区域的集聚发展程度，主要包括五个方面：一是世界领先设施群的集中程度；二是世界顶尖人才群的集中程度；三是世界一流机构群的集中程度；四是引领未来项目群的集中程度；五是世界前沿学科群的集中程度。在发达国家，科学中心都以科技创新的国之重器为载体，构建重大创新的策源地，如美国能源部国家实验室共集中运营46个世界领先的大科学装置和141台共享设施。

国家科学中心作为开放型的科研创新体系，通常以它在全球科技创新网络中的互动互联作为外在表现形式，具体表现在以下三个方面：一是银河跨国科研合作的互联网互动；二是辐射全球用户的联网互动；三是大科学设施的联网互动。国家科学中心在大科学装置之间构建起了协同创新网络，用户可以同时利用多个装置开展综合性研究。

国家科学中心的显示度，主要是指国家科学中心创新策源作用或重要性的显现程度，包括在重要理论创新、重大科学发现和尖端技术突破等方面的贡献度，以及在全球科学研究发现领域的影响力。显示度包括两方面内容：一是较大规模的技术转移转让；二是顶尖水平的理论成果，国家科学中心集聚了相关行业的专家学者，既是科学研究的前沿阵地，也是专利和重大科学发现的策源地。

国家科学中心的显示度也需要通过一定的外在形式彰显出来，具体表现为三个方面：一是颠覆式的原创发现。重大科学发现是国家科学中心原创思想的核心发现，如欧洲核子研究中心在高能物理领域验证了标准模型的电弱理论。二是高大上的品牌塑造。国家科学中心具有较高的美誉度、知晓度，在国际科技交流与合作中具有较大的影响力，如法国国家科研中心专门设立了国际关系国际交流计划。三是具有震撼性的全球殊荣。国家科学中心催生了一大批诺贝尔奖获得者和具有划时代意义的科技创新成果。例如，截至2015年，在美国劳伦斯伯克利国家实验室从事研究的13位科学家及组织就获得了诺贝尔奖，70位科学家成为美国国家科学院院士，18位工程师当选美国国家工程院院士。四是强辐射的区域。国家科学中心不仅是重大科学成果的诞生地，也是创新产业成长的策源地，在区域创新体系中发挥着重要作用。例如，近年来美国国家实验室开始致力于优化完善实验室职能，着力发挥实验室作为地区增长引擎的功能。

（三）提升张江国家综合科学中心集中度和显示度的举措

1. 深度融入全球科技创新网络，不断集聚全球高端创新资源

技术创新网络是企业为获取外部资源与外部组织所构建的相互信任、互利互惠、长期合作等各种正式或非正式合作关系的总和。随着现代科学研究沿着纵向和横向两个方向不断展开，科技创新早已不再是孤立的个体行为，而是群体开放式、协同式的体验。不同地区的创新主体集结科创人员、科学知识、技术设备等丰富多样的创新资源，形成了一张覆盖全球的合作创新网。融入创新网络、优化创新资源，是张江综合性国家科学中心和上海科技创新中心建设的必由之路。

（1）融入地区科技网络，聚焦创新资源。上海科技创新网络由结点和连线组成。结点通常指高校、科研院所等组成的创新单元、创新机构和创新平台，连线则为彼此之间的信息、人才、知识等交换。作为上海科技创新中心的核心组成部分，张江综合性国家科学中心在发挥自身作用的同时，也通过主动融入创新网络放大创新效应，进一步服务上海科技创新中心地建设。

加强沪上高校院所联动。上海科技大学主动联合学科相同、专业相近的高校，如上海交通大学、复旦大学、华东理工大学和上海理工大学等。针对具体学科而言，在海洋学方面，同济大学联合上海海事大学、上海海洋大学等，在材料、化工等学科方面，上海大学联合华东理工大学、东华大学等，各自发挥自身比较优势，互补前行。同时，上海高校还与中国科学院上海分院等在沪研究机构积极联动。

建立长三角地区科技创新网络。主动对接浙江、江苏、安徽等地高校及其陆续在沪建立的机构。加强"双一流"高校联系，主动与南京大学、浙江大学、中国科技大学等"双一流"高校对接，并适时迎合张江综合性国家科学中心建设的需求，及时优化整合上海的机械、电子、信息、力学、医学、计算机等优势资源，放大创新合力。

强化结点之间的联系。通过上海与海内外高校院所之间的合作研究、高端论坛、学术访问等形式，强化结点间的人才、设备、金融等资源的联系，巩固并提高联系的数量和质量。建立上海高校联盟，增进学术交流、加强合作沟通，建立长三角地区高校、科研院所的联盟，使共享科研、学术资源成为可能。同时，尽量延展上海高校院所与全国乃至全球优质教育资源的联结，不断拓宽优化上海内外的科技创新网络。

强化张江与合肥国家综合性科学中心联动。张江与合肥同属首批国家科创中心，二者地理位置相邻，科学实力接近，自然呈现出建设互补性。二者应不断加强交流，取长补短，共同建设好国家科创中心，在华东地区形成两个亮点，并且点动成线，带动浙江、江苏创新；然后在此基础上线动成面，上联山东，下联福建，中联江西，最后面动成体，开创华东地区的立体创新格局。

（2）融入全球科技网络，融合创新资源。全球目前已有美国的硅谷、纽约、波士顿，英国的伦敦、曼彻斯特，德国的慕尼黑、巴伐尼亚，日本的东京、筑波等创新区域，创新型国家以色列也逐渐步入公众视野。相比而言，上海科技创新中心只能作为全球科技创新宏观网络的一个微观节点，并且上海科创中心的创新力量也有待加强。为此，张江综合性国家科学中心要重视基础研究与技术开发，壮大自身的创新实力，使上海科技创新中心实力不断增强，也为未来更好地融入全球创新体系打下坚实的基础。通过数年不懈的努力，上海势必会成为全球科技创新网络中的重要节点，在国际科技创新的舞台上脱颖而出。具体包括以下几个方面。

一是教育融入。沪上高校积极主动与海外高校合作，在既有线下教育教学基础上，促进线上教育教学合作。利用便捷快速的互联网，发展远程"虚拟+现实"课堂，便于中外教师开展实时网络教学。

二是科研融入。中外高校院所在前期充分讨论的基础上，着重在生物、材料、环境、能源等领域选定研究项目，分工收集资料，积极开展研究，并通过线上线下等形式及时交流沟通，通报研究进展，获取丰硕研究成果。

三是创业融入。一方面将上海科技大学、上海中医药大学、上海理工大学等高校向建成创业型大学的方向引导；另一方面将科技与实践相结合，学习和借鉴麻省理工学院等世界一流大学的经验，促使科技成果转化为实际应用，为解决企业所面临的现实问题提供新的思路与视角。加强上海高校与发达国家一流大学的联系，促使海内外师生交流创新创业经验，进而使科技能够更好地服务于企业。

四是产业融入。从海内外科技创新中心的产业布局出发，促进上海重点发展的电子、材料、医学、健康、计算机、环保、制造等产业与国际科创中心展开积极交流。一方面通过科技创新为经济发展注入新活力；另一方面在全球分工细化的背景下，逐步实现产业交融互动。

2. 构建多层次研究机构和研发平台，努力突破重大核心技术

基于创新单元和研究机构的技术创新。张江综合性国家科学中心的核心功能是基础研究，外围功能则是技术研发。鉴于科技创新涉及诸多领域，张江综合性国家科学中心在服务上海科技创新中心建设中，应特别注意以下几点。

（1）遵循基本服务原则。首先，将瞄准世界前沿与服务国家战略相结合。张江综合性国家科学中心重在基础理论研究，为此应紧跟世界科技前沿，集聚资源攻关，实现从源头创新，在国际科技竞争中增强自身的话语权。同时，结合我国科技战略需求，明确基础研究方向，以科技创新带动产业转型，提升经济发展质量。其次，将重大项目的推行与创新能力的提升相结合。张江综合性国家科学中心以科技基础设施群为基础，以重大项目为载体，以人才集聚为动力，稳步向前。同时也要注重与我国科技创新能力相匹配，在现有基础上推进重大项目，在重大项目推进中提升科技研发能力，培育更多的科技创新人才。最后，将转化科技成果与拉动地方经济相结合。上海科技创新中心的功能之一是科技成果转化，实现科技成果价值。

在转化过程中应紧密结合上海和我国现实情况，将科学研究的实验室成果应用于企业生产或产业发展，拉动地方经济。同时，在企业生产中不断发现并解决新的问题，提升研究水平。

（2）集聚和建设创新单元和研究机构。创新单元既是张江综合性国家科学中心创新的细胞，也是上海科技创新中心的基本建设单位，它同时涵盖高校科研院所、企业和中介组织等机构。应加快复旦大学、上海交通大学张江校区建设和校内整合步伐，重点推进复旦大学微电子、新药研发联合创新中心，以及上海交通大学的前沿物理、代谢与发育科学等前沿科学中心的建设。同时，注重发挥上海科技大学的区位、体制及机制优势，明确学科与专业的定位，加快物质、生命、干细胞与再生医学、新药发现、抗体药物等特色创新研究，对标加州理工大学、麻省理工学院等世界一流高校，努力建成融教学与科研为一体的高水平、国际化大学。同济大学应加快推进海底长期观测系统的项目，优化项目预算，整合前期教育部、科技部等资助的各类研究；同时基于海底长期观测系统，加快建设海洋科学研究中心与中美干细胞医学研究中心。也应推进中国科技大学等其他国内高校在张江进行布局，为既有量子科学研究机构注入新鲜血液。

引进国内名校来沪办学。借鉴深圳与海内外众多名校合作办学的经验，引进清华大学、北京大学等一流国内高校在沪成立研究生院，在张江独立或合作设置高等级科学研究院，吸引更多科研人才。创办创业型大学，引导所有在张江的各类高校弘扬"二次创业"精神，精准学校办学定位，调整人才培养计划，革新教育、科研、服务等管理方法，在更高的起点上将理论与实际相结合，为更多优秀人才提供更透明的科研环境、更公平的竞争平台、更宽松的发展空间。整合通用、IBM等跨国公司在沪的研发中心，引导它们进行产业结构升级，同时促使跨国企业结合自身实际进行应用技术的研发。

（3）加快张江研究机构外的整合工作。集结中国科学院在沪科研机构的力量，推动建设微小卫星研究院、先进核能创新研究院、脑科学卓越创新中心等科研机构。汲取香港科研院校实力雄厚、联络广泛的比较优势，借鉴深圳与香港高校（如香港高校在深圳的分校）和其他科研机构（香港与深圳共建医疗研发机构等）的合作经验，引进香港高校，促使其在张江与内地高校合作，并成立研发机构。吸引欧美等发达国家顶尖实验室来沪建立研发机构，在张江地区提供完善的科学基础设施。借鉴上海纽约大学的经验，鼓励在沪高校与海外顶尖高校合作办学或成立研发机构，共享双方高校和张江大科学基础设施资源，围绕优势学科开展合作研究。吸引更多的跨国公司在张江新建研究机构，做好应用技术研究和科技成果转化的对接工作。加快李政道研究所建设，在前期选址的基础上，尽快完成一系列前期准备工作，尽早开工建设。上海交通大学配合上海市教委做好研究人员的全球招聘、研究生招生及培养等工作。举办高层次学术论坛。

3. 利用共性技术平台开展技术创新

共性技术平台是技术研发与成果转化的重要支撑。张江综合性国家科学中心要注重上海乃至全国经济社会发展的重大需求，从信息技术、生命科学、高端装备等基础研究领域出发，建立共性技术平台以促进技术创新，为上海战略性新兴产业地发展提供保障。

（1）做好成果外溢企业工作。积极引导张江综合性国家科学中心建设中的基础研究成果延伸至共性应用技术研发，发掘基础理论的潜在和应用价值。尽可能对接和服务科技园区企业，从技术研发和研发指导的角度为企业遇到的具体问题提供解决方案与思路。引导上海科技大学的材料研究与张江科技园、临港先进制造对接；促使上海科技大学的新药发现、复旦大学的新药创制与张江科技城南部和上海医学园对接；鼓励中科院的微小卫星与上海大飞机项目对接。同济大学联合上海海事大学、上海海洋大学，对接海洋研究与海洋开发等。

（2）做好设施共享工作。张江地区部分企业尤其是高科技企业，在问题导向型技术研发中需要高精尖设备，张江大科学研究基础设施应积极主动分享材料、海洋、医疗数据库以及干细胞等研究领域的基础设施，同时分享沪外甚至国外企业技术研发所需设施，实现科学基础设施的价值。

（3）积极做好成果转化服务工作。释放张江综合性国家科学中心研发力量，细化上海出台的允许高校和事业单位科研人员在岗兼职、离岗创业等相关规定，顺接离岗期间的人事、职称、养老等政策，以制度保障后期归岗安排，为科研人员提供更好的环境。对国内外企业开放高校、科研院所等基础设施；协调企业研发人员共享研发设施等资源，指导企业合理使用研发设备。

（4）聚焦张江实验室体制机制创新，进一步提升创新策源能力。张江实验室是张江综合性国家科学中心迅速做实做强做出影响的一个关键支撑。张江实验室要继续全力参与张江综合性国家科学中心建设，力争早日获批成为国家实验室，探索"大兵团"协同创新模式，整合上海中科院以及国内外的基础研究力量，以大科学设施集群为基石，重点开展以硅光子为核心的信息科技、以系统生物学为核心的生命健康和以类脑智能为核心的交叉前沿领域，打造具有广泛国际影响力的突破性、平台型一体化的科技创新基地。在治理结构、用人制度、资源配置组织模式等方面开展创新，推动国家实验室运营管理模式与国际接轨，组建专业化市场化的运营管理团队，探索在全国乃至全球范围内招募实验室主任等方式，在项目立项执行失败等各阶段优化批复和调整流程，建立比较适当的容错机制，国家实验室所需关键性的试剂耗材、仪器设备的进口享受海关与检验检疫快速通关服务。

五、上海科创中心需要进一步提升

可以肯定，上海的科技水平处于全国前列，其科创中心的建设成果显著。但是，对标具有全球影响力的科创中心的要求，对标北京中关村和深圳国内先进的科创中心，还有进一步提升的空间。

（一）上海科创中心进一步提升的空间

目前上海的科技成果转化效率还不够高，高校、科研院所等职务科技成果产权制度有待完善，新型研发机构发展不足，技术交易平台和知识产权机构发育不足，创新引导基金、风险投资机构等作用还有待提升，创新创业的生态环境还有待进一步完善。技术熟化成为缺失的一环，技术转移转化的关键在于技术熟化这一环节，也就是产品的"中试环节"。由于技术熟化通常需要数十倍于研发的中试成本且具有外部性，企业和风投公司往往不愿在中试环节投入过多，导致从研发到应用再到商业化之间缺少技术熟化这一环节，由此反映出技术创新体系与市场创新体系之间的脱节。

相对于深圳90%以上都是民营企业、个体企业的结构，上海中央企业、国有企业、外资企业、民营企业的比例约为1∶1∶1∶1，上海的市属国资总量位于地方国企第一名，仅次于央企，这也导致上海经济发展中政府的力量要强于市场的力量，竞争环境不够充分。国企的目标是保值增值，创新带来的风险与该目标相矛盾，上海科创中心的创新主体仍以体制内的科研院所、国有企业为主，阻碍了创新活力的迸发。具体而言，上海外资企业占比为25%，外资企业对技术进步具有明显的提升效果，但技术进步与科技创新并不完全相同，落户上海的外资企业作为跨国公司的功能单元，即使是外资的研发中心，也只是存在一些溢出效应而已，整体上并没有与上海创新体系形成较高的融合度；上海民营企业占比仅为25%，其能够获取的资金、人才、土地等资源还远不到25%，还有不少民营企业是正在不断淘汰和转移的"三高一低"传统产业。因此，即使上海想从企业技术创新入手，也让人感觉无从下手。而深圳在自主创新领域呈现"四个90%"特征，即90%以上的研发机构设立在企业、90%以上的研发人员集中在企业、90%以上的研发资金来源于企业、90%以上的职务发明专利出自企业。

目前上海科创中心的显示度主要体现在原创知识创新成果产出方面，如重大科学发明、高质量论文和专利等，而产业技术发明和高技术产品产出方面有待加强。上海目前主要关注的是宏观层面的产业物理集聚程度，对组成产业的微观企业之间创新活动的协同缺乏有效机制。上海图书馆（上海科学技术情报研究所）与科睿唯安联合发布的《2017 国际大都市科技创新能力评价》报告了 2014～2016 年 12 个主要国际大都市 SCI 论文发表数和被引数的统计结果，上海 SCI 论文发表总数和被引数分列第 3 位和第 5 位，但论文平均被引数仅列第 9 位。可见上海在学术成果总体质量方面与全球创新领先城市相比还存在着一定差距。2015～2017 年，上海科研人员发表的 ESI（基本科学指标数据库）高质量论文约 1 500 篇。

上海虽然在新兴技术的学术研究领域走在全球前列，但在新兴技术研发领域与排名靠前的城市仍有一定差距。例如，在石墨烯领域的全球排名中，上海的学术研究指数高达 6 488，排名第 2 位；而技术研发指数只有 184，排名第 9 位。东京的石墨烯学术研究指数不如上海，但其技术研发指数高达 1 771，排名第 1 位（孙福全，2020）。科研奖励隶属于事业单位绩效工资范围，总资金盘子不变，财政拨款报销方式不变，激励效果难以产生。高校和科研院所的科技人员主要依靠工资性收入，科研奖励占比有限。而且，从奖金的管理体制看，仍隶属于事业单位财政拨款的范畴，总资金盘子不变，报销周期长、手续烦琐、奖物不奖人等问题依然存在。

虽然上海集聚了众多优秀的高等院校，但高校的源头创新与产业应用缺乏高效的对接机制，产业前沿的技术瓶颈与高校已有的创新成果难以在第一时间对接。而且从创新结果的贡献来看，上海的高校研究机构对顶尖前沿领域的研究贡献远不及北京。2019 年 6 月，《自然》增刊发布"2019 自然指数"，根据顶级期刊的文章份额评出全球科研 100 强，中国有 17 家科研机构入选，上海只有复旦大学和上海交通大学上榜，且排名都比较靠后。另外，上海的知识创新偏向于源头创新，不适合企业直接承接成果转移转化，高校的有效专利 80% 以上是发明专利。而江苏、广东和浙江高校的有效专利中发明专利少于 60%，有更多适合转移转化的实用新型专利和外观设计专利。技术创新与市场需求不匹配，目前，我国的产业规划和技术路径大多是由政府制定的，各地战略性新兴产业的选择又大体趋同。政府圈定的重点发展产业，往往成为新政策出台时人们关注的焦点。政府通过产业指导目录，鼓励企业选择前沿技术，推动新产品生产，然而，一旦新产品得不到市场的认可，高大上的科研成果就难以走出实验室、走上生产线，科技创新企业就会被阻挡在消费市场这道看不见的"玻璃幕墙"之外。

在科技成果转化上，美国硅谷、以色列等地已有先进实践经验值得中国学习借鉴。例如，硅谷与高校有深入的产学研合作，其早期主要服务对象是美国国防部，重点发展半导体产业，斯坦福大学、加州大学伯克利分校地理位置与硅谷毗邻，积极与硅谷的产业对接，大力发展工程科学与自然科学，向硅谷输送了大量的科技人才，并在硅谷和美国国防部的支持下获得大量科研经费，用以支持科学研究以及研究成果的商业转化。硅谷最初的一部分园区就来自斯坦福大学校内场地改造后出租的办公楼，惠普、通用电气、洛克希勒等公司都曾是早期租客。以色列为支持高校研究成果转化，先后在7所公立大学和研究机构成立了技术转化公司。研究人员不参与技术公司的运作，只提供技术咨询。技术转化公司隶属于大学，是独立自主、自负盈亏的商业机构，承接高校科研成果的市场化运作，如希伯来大学农学院主要由伊萨姆（Yissum）公司统一负责技术成果转让，针对学校学生和科研人员的技术发明进行市场营销，有效地提高了高校研究成果转化为现实技术的能力。而上海乃至我国全国范围内高校与企业之间还缺少有效连接与互动，致使高校研究未满足市场需求、科研成果转化滞后。

上海企业的自主创新能力仍有提升空间。从创新投入看，上海企业研发投入强度与整体研发投入强度不匹配，尤其缺少高研发投入企业。企业推动产业发展的具体表现之一是贡献大量的产业相关技术，围绕企业形成创新生态，引领产业向更高水平发展。北京、深圳分别形成了以小米、华为和比亚迪等企业为核心的产业创新生态圈，而上海缺少产业的领头创新企业。上海还缺乏领军型创业企业，企业研发投入主要集中于技术研究和应用研究的"第二代创新"，较少参与和投入基础研究和应用基础研究，还没有全方位发挥科技成果转化决策主体、投入主体和实施主体的作用。《2018年度欧盟产业研发投入记分牌》评出的2017～2018年度全球研发投入最多的前2 500家公司中，上海共有38家企业入选，占全国入选企业的8.68%，居全国第4位，只比深圳多1家；研发投入总额61.5亿欧元，占全国的8.64%，也居全国第4位，约为深圳的1/3。2020年，上海科技企业申报科创板上市总数呈现下降趋势，重要原因之一在于财政支持力度较低，显著低于深圳。

上海成果转移转化活跃度不足。上海企业申请政府科研项目资金是以论文发表数量、专利申请数作为考核指标的，高校的考核标准仍以专利数量为主，大量专利与市场、产业实际需求脱节。许多专利在市场上无人问津，"拿钱多"与"效率高"并未紧密挂钩。近年来上海专利数量稳步增加，但是专利质量仍有待提升，对于新兴领域的专利研究也有待进一步加强。知识创新供给端与技术创新需求端的结构性失衡，导致2017年人工智能、无人驾驶、石墨烯等十项新兴技术领域的PCT专利申请量，上海均未进入全国排名前5位。2019年中国互联网企业前十强和2019年中国电子信息技术企业研发投入前十强，上海均无企业上榜。从世界研发投入 100 强企业的分布来看，东京 11 家、硅谷 9 家、纽约 7 家、北京 4 家、深圳 2 家，而上海 1 家都没有。从 PCT 专利产出 100 强企业来看，东京 27 家、硅谷 7 家、北京 6 家、深圳 2 家，上海也是 1 家企业都没有。[①] 世界半导体贸易统计（WSTS）根据 2018 年公开的全球半导体技术发明专利申请数量，公布了半导体技术发明专利 100 强企业，其中 22 家中国企业，上海只有中芯国际和华虹两家企业上榜，分别居第 15 位和第 50 位（见表 3-2）。从产业专利占比来看，上海没有形成与创新企业规模和产业方向匹配的产业创新成果。以人工智能产业为例，上海人工智能专利数量少，而且没有形成有优势的专攻技术领域。2017 年上海获得人工智能专利授权的数量仅占全国的 7.2%，而广东占比为 27.3%，北京占比接近 20%。从专利的领域结构来看，基础算法层的专利授权近 25% 来自北京，上海仅占 5.2%；基础硬件层的专利授权 17.8% 来自北京，上海仅占 6.5%；垂直应用层的专利授权近 25% 来自广东，上海仅占 5.1%。上海企业自主创新技术有待提升，现阶段，上海企业的技术来源主要依靠引进，由此会引致较高的企业经营成本，从而可能会导致企业的竞争力下降。

表 3-2　2018 年全球半导体技术发明专利排行榜 Top100 的中国企业

排名	企业简称	所属地区	2018 年公开的全球半导体技术发明专利申请量（件）
3	京东方	北京	2 792
5	华星光电	广东	2 136
15	中芯国际	上海	1 412
44	长江存储	湖北	534
45	天马微电子	广东	511
50	华虹	上海	464
59	华为	广东	347
63	昆山国显光电	广东	347
65	德怀半导体	江苏	279
68	海谱润斯	吉林	265
69	华邦电子	吉林	252
90	长鑫存储	北京	281
95	旺宏电子	安徽	161

资料来源：中商产业研究院，《2018 年全球半导体技术发明专利排行榜 TOP100：中国 22 家企业上榜》，中商情报网，2019 年 4 月 16 日。

---

① 上海市人民政府发展研究中心：《科技创新策源功能与高质量发展研究》，上海人民出版社 2020 年版。

上海的创新型企业缺乏高端技术人才，特别是缺少先进制造业领域的高级人才。尽管上海企业的技术工人占比超过了50%，但高级技师仅占技术工人总数的0.1%左右，技师和高级技工的占比也只有1.1%和6.1%。而在发达国家的创新型企业中，高级技工占比一般都超过了35%。

（二）提升上海科创中心的对策

当前上海以及中国的科创中心建设与国外创新中心相比还有一些不足之处，需要实事求是地面对问题，与时俱进地调整方法。相比上海已有的经济、金融、贸易和航运四个中心城市定位，新增的第五个"全球科技创新中心"应高于前四个产业中心，具体建设可从以下路径展开。

1. 建设有为政府，凸出市场配置资源的功能

我国政府职能的转变经历了一定时期的探索和调整。从新中国成立到20世纪70年代末，我国政府一直扮演着全能型政府的角色，以行政命令配置社会资源，统包统揽，政企不分，极大地抑制了市场和企业主体的自发性和创造性；伴随着改革开放与社会主义市场经济建设，服务型政府的建设也不断推进。实践证明，转变政府角色，充分发挥市场在资源配置中的主体作用，是充分调动市场主体的积极性、释放经济活力的必经之路。

政府和市场是两种性质不同但又紧密联系的资源配置手段。在科技创新领域，两种力量如果不能相互协调，就极易阻碍创新过程，扭曲创新收益分配，甚至撕裂创新链，破坏创新环境，造成"有研发无技术、有技术无试验、有试验无业态、有业态无产业"的科技创新"碎片化"问题。创新成果的商品化和产业化主要应由市场机制发挥作用，政府的主要作用是加强对知识产权的保护。如果政府过度干预科技成果的市场转化，不仅会导致科技创新资源配置效率低下，还会扭曲创新收益的分配。但是，在科技创新的公共品领域，如科学研究、技术转化、应用试验、小试和中试等环节，由于创新的外部性较大，存在大量的沉没成本，使得很少有企业愿意参与这个阶段的科技创新，市场失灵问题经常发生，这时就需要政府利用制度安排来加以推动和规范，以降低科技创新的外部成本。为此，上海要建设全球科创中心，核心是要解决体制机制问题，要破除制约创新的一切制度藩篱，推进简政放权，突出市场在科技资源配置中的决定性作用，更好地发挥政府在优化创新环境方面的作用。

政府应将自身职能定位于为社会提供优质的公共产品和服务，更好地满足公众普遍性需求，促进公共服务均等化，需要做的是完善基础设施，营造更加开放、便捷的商业环境，为创新主体搭建更多高效交流的平台，要从抓大项目转向抓科技公共服务，以服务型政府运作区域经济，为各种类型的企业创新主体提供高效、良好的公共服务。一方面，必须把市场在资源配置中的决定性作用同更好发挥政府作用紧密结合。在推进上海科技创新事业大发展进程中，要充分尊重市场规律。另一方面，应坚持群众路线，问计于民、问需于民，营造上海人人爱科技、个个喜创新的良好氛围。同时，要加强科技供给，加快打通科技和经济社会发展通道，让更多科技成果转化为现实生产力，惠及人民。

在科技创新中心建设过程中，政府的重要职责是驱动创新。要做到"退""放""进""变"。"退"是指对于市场导向明确的创新活动，减少对具体项目的选择和企业创新的干预；"放"是指凡是市场机制能够实现或有社会组织能够替代的服务功能，主动转型、为之腾出空间，并给予必要支持；"进"是指着力加强统筹协调和顶层设计，抓战略、抓重大、抓前沿、抓基础；"变"是指减少政策预设，不简单地用旧思维和标准对创新活动作取舍，让更多创新创业主体参与竞争。政府要做创新风险的积极承担者，坚持有效市场和有为政府有机结合，真正做到相信市场、尊重主体、各司其职、多元共治。相比深圳活跃的创业环境，上海缺乏自下而上的"草根"创新氛围，这种氛围的形成必定需要政府敢于放手，让企业敢于试错，让市场自发调节。为此，有必要出台企业科创活动的负面清单，从"法无授权不可为"转变为"法无禁止即可为"，让企业在更加开放自由的环境中获得更多创新动力。

2. 增强科研项目与市场需求的关联度，促进产学研的深度互动

一方面，在科研项目申报过程中提高企业的参与度，在项目评审专家中增加来自业界尤其是民营科技企业中科研工作者的占比，更多地倾听来自市场和业务一线的声音，确保研发项目与市场实际需求相匹配，改变企业在科研中的从属地位。另一方面，积极举办商贸洽谈会议、高新技术成果交流会议，搭建研究机构与企业之间、中国企业与国外企业之间互联互通、相互联动的交流平台，广泛学习和吸取国内外优质的科技创新资源，结合经济发展需求和产业发展方向，征集并总结企业所面临的技术瓶颈和需求，寻找行业协会或业界专业人员，组建对口专家支援小组，为研究机构和企业提供有针对性的辅导与支持，持续跟进并促使成果转化，以解决研究机构和企业面临的技术难题，促进研究成果转化效率的提高。

同时，要着重提高科研成果转化为现实生产力的能力。目前上海科技中介服务机构不够发达，从科研成果到投入到在市场中发挥作用这一过程并不顺畅，缺乏专业机构的辅导。要借鉴以色列以及欧美发达国家的成功经验，注重培育一批专业的科研服务机构，增强其市场化的运作能力，将科研成果的市场化过程交由专业的服务机构承办，加速科研成果投入市场生产的过程，解决科研成果"最后一公里"问题，减少"沉睡专利"。

3. 加快金融中心与科创中心协同发展

着力鼓励与支持硬科技企业上市，形成与科创企业生命周期相适应的金融服务体系，推动国际金融中心与科创中心协同联动发展，促进资本形成与科技创新的有效循环，将上海打造成中国金融开放的新窗口、科技创新的新高地。

（1）强化科创企业引导培育的协同。加强对科创企业的培育、挖掘，搭建区、市两级拟上市企业的储备库，为入库企业提供个性化服务，充分发挥政府引导基金的引领作用，构造多层次科创企业培训体系，鼓励国有、民营、外资等各类主体参与众创空间、孵化器、大学科技园等科创载体建设，形成特色明显、资本多元的空间格局，积极推进国家小型微型企业创新创业示范基地升级项目，建立若干资源丰富、服务完善、特色显著的科技创新创业集聚区，建立完善市、区联动相互衔接的政府引导基金管理体系，精准引导社会资本投入匹配程度高的领域和企业，吸引更多活跃资金投向风险相对高、融资难度大的科技型中小企业。坚持结构性减税与普惠性减税并举，重点支持符合国家战略导向的双创企业发展壮大。

（2）加强科创企业金融服务的协同。对接金融资本和科技要素，畅通金融服务科创渠道，形成与科技企业生命周期相适应的金融服务体系，加速创新资本形成和有效循环，抓住设立科创板利好股权创投市场的机遇。进一步完善相关管理方法，吸引优质创投基金落户上海，推动上海创投市场做大做强，鼓励大中型商业银行深化普惠金融服务创新，支持其发行科创金融债，鼓励外资银行进一步拓展科创金融服务范畴，充分发挥保险服务科创的融资增信功能，推动相关保险等产品创新落地。着力打造金融服务科创示范点和金融科技助力科研服务高地。鼓励商业银行积极开展知识产权质押融资等金融服务，发挥财政投入的放大效应，引导金融机构加大对科技企业的信贷投放、风险投资等，大力发展创业投资、风险投资。

（3）支持硬科技企业上市的协同。以产业地图为引领，聚焦人工智能、生物医药、集成电路等重点领域，加快培育战略性新兴产业的领军企业，围绕科创板促进资本市场和科技创新深度融合目标，增加科创企业在科创板的比例。加强企业调研，摸排优质科创企业，支持企业利用资本市场做大做强，储备全国科创企业资源，引导和培育券商等机构的判断识别能力。进一步明确科创企业范畴，预判科创企业能否取得以及成功导入市场后能否取得比较好的经济效益，建立更加包容的审慎推荐机制，鼓励券商推荐风险系数比较高、没有盈利的科技创新企业，淘汰劣质空壳企业，指导帮助真正的科创公司上市。

4. 加强自贸试验区与科创中心联动

上海自贸试验区与科创中心建设已进入新一轮加快推进的关键阶段，要找准自贸试验区与科创中心联动的切入点，进一步激发市场整体协同效应，充分发挥自贸试验区以及新片区的制度创新优势，努力营造更加适合创新要素跨境流动的便利环境，吸引和集聚全球创新资源，提高上海科技创新中心的全球影响力。

（1）依托自贸试验区，加快破解重点产业发展瓶颈。进一步推进生物制药和医疗器械全产业链重点环节的制度创新，借鉴海南医疗先行区的经验，通过简政放权改革，在精准医疗整改上先行先试。对精准医疗产业链在财政土地和体制机制创新上给予政策配套支持，积极争取拓展医疗器械上市许可试点范围，探索以"电子围网"模式推动完善集成电路全产业链保税监管试点，扩大集成电路全产业链保税监管加工贸易手册试点范围，尽快推出支持试点的相关核销制度，拓展张江跨境科创监管服务中心功能与服务范围，实现从普通货物通关到快捷货物通关的功能拓展，尽快启动快件进出口的快速通关，探索以信用管理和灵活机制实现"关检一体化"的通关、查验、核销便利化，研究探索从仓储物流中心向技术贸易中心的功能拓展和工作转型。

（2）以自贸试验区新片区为突破口，进一步建立与国际惯例接轨的科技创新体制机制。通过自贸试验区新片区监管制度创新，促进跨境研发活动便利化，积极争取国家支持，针对研发企业的通关需求，采取监管便捷方式，创新生物材料、生物样本、化工试剂和实验用设备等出入境监管方式，提高跨境研发活动的通关便利化服务水平。在自贸试验区新片区探索海外人才离岸创业托管机制，探索与"基地注册、离岸经营"相配套的离岸注册创新。企业工商登记可在网上填报申请信息，委托托管方进行办理。允许离岸创新创业基地集中注册企业，建议由离岸基地第三方机构背书，实行离岸基地各分基地的集中注册，允许实行注册地与经营地分离。

（3）依托自贸试验区，打造一批面向全球的国际化创新创业平台。引进国际创新创业平台，打造一批创新创业代表性的孵化平台。进一步引进国际知名孵化器、孵化团队和国际知名企业创新孵化中心，支持跨国公司建立企业内部孵化器，鼓励跨国联合孵化器发展，倡导投资公司与基金公司联合资源设立孵化器，发挥其"聚众力、聚众智"的示范带头作用。推进设立海外创业联络服务站，支持行业领军企业和著名孵化器走出去，创办海外孵化基地。进一步吸引跨境科研研发机构集聚，鼓励外资企业设立、参与母公司核心技术研发的全球研发中心、大区域研发中心和开放式创新平台，经认定后可享受地区总部政策，探索在财政政策上支持承担亚太运营中心功能的跨国研发中心。

探索新一轮科技服务业扩大开放措施先行先试，把培育发展国际科技服务业与科技服务业精准招商结合起来，重点引进和集聚研发设计、技术推广、技术贸易、检验检测、科技金融等科技服务企业。争取国家支持，研究探索在自贸试验区对境外科技创新类非政府组织设立代表机构，以及境外组织或个人发起设立科技创新类民办非企业单位试点直接登记。

5. 加强知识产权保护，打造知识产权保护的全国性示范基地

知识产权保护是企业科技创新的保护伞，在侵权成本低、维权难度大的环境中没有企业敢于重金投入进行科技创新，只有配备完善的知识产权保护体系才能让企业没有后顾之忧。中国自1980年加入世界知识产权保护组织以来，逐步建立了涵盖商标法、专利法、著作权法、技术合同法、著作权法、计算机软件保护条例等知识产权保护的法律法规，使我国知识产权保护相关的法律法规逐渐与世界接轨并日趋完善。要继续注重法律制度建设，通过完善相关立法，降低企业的维权难度，简化依法维权的流程。上海当前已建成浦东知识产权保护中心，可在现有的高端装备制造产业、生物医药产业保护的基础上，向计算机、通信技术、光电产业等各个产业拓展，逐步形成综合性的知识产权保护平台，打造全国性的知识产权保护示范基地。

同时，企业应当加强自我约束，在注重自身知识产权保护的同时更应当尊重他方的智力成果，不做违法侵权之事。在当前中国经济实力不断增强、出口产业结构不断优化的背景下，越来越多的中国企业走出国门，参与到全球化的市场竞争中，但中国企业在开展国际业务时也常常受到知识产权侵权等诉讼，尤其是在当前中美两国大国博弈的背景下，中国企业面临更多的贸易风险和政治风险，在注重自身知识产权保护的同时更应当加强自律，积极顺应经济大势，努力参与到更高水平的国际市场竞争中。对违规侵权的企业和个人要严惩不贷，加大监管力度和侵权责任的判罚，提高侵权成本，并加强知识产权保护的宣传教育，努力让尊重知识产权成为公众的自我约束。只有提供充分的知识产权保护的沃土，才能让科技成果遍地开花。

第四章

浙江：加快建设创新型省份

浙江省一直致力于全面实施创新驱动发展战略、加快建设创新型省份。2013年，浙江省委十三届三次全会通过了《中共浙江省委关于全面实施创新驱动发展战略 加快建设创新型省份的决定》。"十三五"规划期间，浙江省按照创新驱动发展战略，陆续出台了一系列政策措施。2016年，浙江省积极贯彻落实全国科技创新大会精神和《国家创新驱动发展战略纲要》，制定出台《浙江省科技创新"十三五"规划》《浙江省人民政府办公厅关于补齐科技创新短板的若干意见》《加快推进"一转四创"建设"互联网+"世界科技创新高地行动计划》等一批重要的政策文件，努力建设科技强省。2017年，浙江省第十四次党代会强调要突出"创新强省"的工作导向。2018年，浙江省制定出台《关于全面加快科技创新推动高质量发展的若干意见》，围绕"一强三高十联动"，提出了新一届省政府科技创新工作的施政纲领。2020年浙江省委十四届八次全会又明确提出"推动浙江从资源拉动向创新驱动跃升"。以上政策保障了中央关于创新驱动发展决策部署在浙江的全面贯彻落实，将创新落到发展上，通过政策顶层设计与贯彻实施，开辟出了一条浙江特色的创新道路，使得浙江省的创新工作始终持续保持在全国第一方阵。

一、浙江省创新发展的成效

浙江省曾在2018年的《政府工作报告》中指出，要积极推进"产学研用金、才政介美云"十联动，即把产业、学术界、科研、成果转化、金融、人才、政策、中介、环境、服务十方面因素融合提升，为企业打造一个完整高效的创新创业生态系统。因此，为加快浙江省创新强省建设，并为浙江高水平全面建设小康社会提供强力支撑，有必要对浙江省近五年的创新驱动相关政策进行系统性梳理和分析，为政策后续优化和决策提供整体性参考，并为接下来"十四五"的开局打下坚实的理论与政策基础。

经过一系列的政策助推，浙江利用创新驱动实现高质量发展取得了显著成效。根据科技部历年发布的《中国区域创新能力监测报告》和《中国区域科技创新评价报告》，浙江在全国的创新力排名一直处于前六位。浙江省创新战略最重要的特点有两个：一是政府创新意识强；二是创新政策聚焦。这两个创新不仅提高了公共服务的效率，而且在全社会营造了创新氛围，对市场主体创新活力激发具有极强的外部性。

浙江创新的另一个突出特点就是推行特色小镇建设。特色小镇不同于小城镇，特色小镇以特色产业为纽带，在实现产业集聚的同时有效汇聚创新要素，激励企业通过创新在特色小镇获得发展。

创新政策聚焦突出表现在浙江在新一轮科技革命中，紧紧抓住了现代科技前沿，以互联网、大数据、云计算等为技术手段，积极推动数字产业化和产业数字化，形成了以数字经济为龙头的现代产业体系。根据浙江省统计局数据，浙江省数字经济占比2017年就高达37.8%，到2019年进一步上升为43.3%。与此同时，聚力金融科技和物联网发展，强力扶持金融与科技的融合创新，为电子商务发展建立可靠的基础设施，形成四通发达的物联网物流体系。

浙江省在实施创新驱动发展上还利用自身优势，积极搭建创新平台，为市场主体创新活动建立更趋市场化的创新实现载体。2019年浙江省又新增了5个省级创新平台，各市也积极效仿，在其区域内建立市级创新平台，如省级层面的阿里达摩院、之江实验室等，以及市级层面的南湖研究院、东南研究院等。这些创新平台对汇聚全国优质创新资源发挥了积极作用。浙江省在搭建创新平台的同时，还积极助推创新成果的市场转化，建立了不同层次和形式的创新成果交易市场。例如，2019年浙江成立了全省首家科技成果交易所，并举办了首场科技成果拍卖会。

但浙江在实施创新驱动战略上也存在需要进一步提升的空间，具体表现在如下三个方面：一是产学政融合方面。尽管浙江和全国其他地区一样，积极推动产学研深入融合，也取得了显著成效，但产学融合和政学融合远逊于产政融合，也就是说，高等学校的研究力量未被充分发掘，创新成果的产业化水平低。二是企业的自主创新力方面。企业是创新主体，企业是创新成果产业化的实现者，但从浙江企业的创新活动看，和全国所有地区一样，尽管企业研发投入有所增加，但主要集中于形式创新和创新成果产业化运用，企业自主建立研究院进行研发创新的情况较少。

尽管浙江在企业建立了院士工作站、博士后工作站等，并对企业建立研究院提供较强支持，企业研究院在企业中依然非常少见。三是尖端技术创新方面。作为一个市场化程度很高的东部发达省份，浙江的创新能力的确非常高，但由于缺乏大企业大平台的支撑，浙江在尖端技术领域的创新力亟待提高，最突出表现就是大型国有企业的研发总部落户浙江的很少，全国性甚至国际性的科创平台更是没有，如国家科创中心等，大企业大平台的缺乏使得浙江的创新主要集中于非"卡脖子"领域的创新，而这些创新的更新特别快，对创新资源的消耗非常大。

总之，浙江在奋力打造"重要窗口"的过程中，精准政策选择，大力推进科技创新，通过创新驱动实现高质量发展，成效显著，但面对深度调整的科技革命时代和不断变化的国际国内环境，浙江需要抓住新一轮科技革命下科创资源配置深度变化的机会，积极布局大平台大载体，聚焦制造业和服务业创新发展，积极对接国家重大战略需求，提前谋划布局，集聚关键节点的技术创新，解放思想，通过制度创新、组织创新、管理创新为技术创新提供更强大的支持。

（一）浙江省创新发展水平和能力测算

首先确立浙江省的创新能力评价指标体系：共分为4个一级指标、18个二级指标（见表4-1）。

表4-1　　　　　　　　浙江省创新能力评价指标体系

一级指标	二级指标	指标属性	信息熵	冗余度	权重
创新环境、政策支持	人均GDP	正	0.98779	0.01221	0.05384
	单位GDP政府财政支出	正	0.98319	0.01681	0.07415
	人均省内固定资产投资额	正	0.98844	0.01156	0.05098
	财政拨款占地方财政支出的比重	正	0.98576	0.01424	0.06284
	百人互联网宽带用户数	正	0.98290	0.01710	0.07541
创新投入	地方公共财政支出：教育	正	0.98814	0.01186	0.05230
	研究与实验发展经费内部支出	正	0.98861	0.01139	0.05025
	研究与实验发展人员	正	0.98884	0.01116	0.04922
	规模以上工业企业：R&D人员全时当量	正	0.98985	0.01015	0.04479
	规模以上工业企业：R&D经费	正	0.98914	0.01086	0.04791

续表

一级指标	二级指标	指标属性	信息熵	冗余度	权重
高技术企业、科技企业研发投入	高新技术企业：企业数	正	0.98803	0.01197	0.05281
	高新技术企业：R&D 经费内部支出	正	0.98914	0.01086	0.04791
	高技术产业：新产品开发经费支出总额占销售收入的比例	正	0.98637	0.01363	0.06011
创新产出	第三产业增加值占 GDP 比重	正	0.98837	0.01163	0.05131
	高技术企业：新产品销售收入	正	0.98725	0.01275	0.05625
	高技术产业：有效发明专利数	正	0.98723	0.01277	0.05633
	发明专利授权量占专利授权量的比重	正	0.98561	0.01439	0.06346
	规模以上工业企业：R&D 项目数	正	0.98864	0.01136	0.05013

然后利用熵值法对浙江省 2011~2018 年的创新能力和水平进行测算，结果见表 4-2。从表 4-2 可以看出，2011~2018 年浙江省创新能力和水平是逐年提高的。

表 4-2 2011~2018 年浙江省创新能力和水平排名

年份	综合指标	排名
2018	0.162566357	1
2017	0.148471711	2
2016	0.136703764	3
2015	0.127763408	4
2014	0.116942619	5
2013	0.10926392	6
2012	0.103406339	7
2011	0.094881883	8

（二）关于浙江省创新发展效率的测算

投入指标：研究与实验发展经费，研究与实验发展人员。

产出指标：专利申请数，浙江：高技术企业：新产品销售收入，浙江：高技术产业：有效发明专利数，浙江：规模以上工业企业：R&D 项目数，浙江：高新技术企业：企业数。

利用 DEAP2.1 软件测算 2011~2017 年浙江省的创新效率，结果见表 4-3。

表 4-3　　　　　　　　2011~2017 年浙江省创新效率

年份	crste	vrste	scale	规模区间
2011	1	1	1	—
2012	1	1	1	—
2013	0.908	0.954	0.952	irs
2014	0.941	0.999	0.942	irs
2015	1	1	1	—
2016	0.994	1	0.994	irs
2017	1	1	1	—
平均值	0.978	0.993	0.984	

注：crste 为不考虑规模收益时的技术效率（综合效率）；vrste 为考虑规模收益时的技术效率（纯技术效率）；scale 为考虑规模收益时的规模效率（规模效率），纯技术效率和规模效率是对综合效率的细分；irs、—分别表示规模收益递增、不变。

由表 4-3 可知，2011 年、2012 年、2015 年、2017 年浙江省的综合效率都为 1，说明浙江的创新投入产出均与规模相适应，达到生产技术的有效前沿面；而 2013 年、2014 年和 2016 年则出现了投入产业与规模不匹配的情况，表现为规模收益递增，表明现有规模过小，无法容纳创新产业的投入，应该适当调整规模和投入产出的量。

由表 4-4 可知，在规模既定的条件下考虑投入冗余情况，2013 年、2014 年浙江创新发展指标均存在相当程度的投入冗余和产出不足的情况。其中，R&D 经费平均冗余 2.47%，R&D 人员平均冗余 2.30%，专利申请数平均不足 16.93%，R&D 项目数平均不足 1.14%；2014 年投入冗余的同时，分别存在高技术产业：有效发明专利数 6.67% 和高新技术企业数 3.23% 的产出不足。

表 4-4　　2013 年、2014 年浙江省投入和产出的冗余及不足情况　　单位：%

年度	投入冗余率			产出不足率			
	R&D 经费	R&D 人员	专利申请数	高技术企业：新产品销售收入	高技术产业：有效发明专利数	R&D 项目数	高新技术企业数
2013	4.83	4.63	18.15	0	0	0.36	0
2014	0.10	0.10	15.71	0	6.67	1.92	3.23

以上说明，2013年和2014年要提高浙江的创新效率，一方面在产出既定的条件下必须要降低投入指标的浪费现象，提高纯技术效率；另一方面，在考虑规模报酬的条件下需要将行业的投入产出指标与整体规模进行适当的匹配。

（三）关于浙江省各地级市创新发展水平的测算

首先确立浙江省各地级市的创新能力评价指标体系：共分为3个一级指标、14个二级指标（见表4-5）。

表4-5　浙江省各地级市创新能力指标体系

一级指标	二级指标	指标属性	信息熵	冗余度	权重
创新环境	人均GDP	正	0.826287	0.173713	0.097385
	人均固定资产	正	0.772482	0.227518	0.127549
	每百人互联网用户数	正	0.893775	0.106225	0.059551
	公共教育投入强度	正	0.941413	0.058587	0.032845
	科技支出占财政支出的比重	正	0.922829	0.077171	0.043263
创新投入	R&D经费支出占GDP的比重	正	0.81144	0.18856	0.105709
	高新技术企业：企业数	正	0.857407	0.142593	0.079939
	规模以上工业企业R&D人员数	正	0.852089	0.147911	0.08292
	规模以上工业企业R&D经费内部支出合计	正	0.902788	0.097212	0.054498
创新产出	第三产业增加值占GDP的比重	正	0.86892	0.13108	0.073485
	发明专利授权数占专利授权数的比重	正	0.875121	0.124879	0.070009
	每万名R&D人员专利授权量	正	0.918977	0.081023	0.045422
	新产品产值率	正	0.951814	0.048186	0.027014
	劳动生产率	正	0.820886	0.179114	0.100413

接着运用熵值法来测算2018年浙江省11个地级市的创新发展水平，结果见表4-6。由表4-6可知，杭州的创新水平位居全省第一，宁波、舟山和绍兴的创新水平也位居全省前列，而台州和丽水则排在最后。

表 4-6　　　　　　　浙江省各地级市的创新水平和能力排名

地级市	得分	排名
杭州	0.7710615	1
宁波	0.5206675	2
舟山	0.460005	3
绍兴	0.4074201	4
湖州	0.3484956	5
嘉兴	0.3286245	6
衢州	0.2740505	7
温州	0.2717828	8
金华	0.2506208	9
丽水	0.2449714	10
台州	0.2305166	11

（四）浙江省 2018 年各地区（R&D）经费情况

《2018 年全国科技经费投入统计公报》显示，2018 年我国 R&D 经费投入超过千亿元的省（市）有 6 个，分别为广东（占 13.7%）、江苏（占 12.7%）、北京（占 9.5%）、山东（占 8.4%）、浙江（占 7.3%）和上海（占 6.9%）；R&D 经费投入强度（与地区生产总值之比）超过全国平均水平的省（市）有 6 个，分别为北京、上海、广东、江苏、天津和浙江（见表 4-7）。

表 4-7　　　2018 年 R&D 经费投入强度超过全国平均水平的地区情况

地区	R&D 经费（亿元）	R&D 经费投入强度（%）
北京	1 870.8	6.17
上海	1 359.2	4.16
广东	2 704.7	2.78
江苏	2 504.4	2.7
天津	492.4	2.62
浙江	1 445.7	2.57
全国	19 677.9	2.19

（五）关于浙江省各地级市创新发展效率的测算

投入指标：R&D 人员数，R&D 经费占 GDP 的比重。

产出指标：每万名 R&D 人员专利授权量，新产品产值率，高新技术企业：企业数。运用 DEAP 2.1 软件来测算 2017 年浙江省各个地级市的投入产出的创新效率，结果见表 4-8。

表 4-8　　　　　　　　　2017 年浙江省各地级市的创新效率

地级市	crste	vrste	scale	规模区间
杭州	1	1	1	—
宁波	0.571	0.617	0.926	irs
温州	0.651	0.708	0.920	irs
嘉兴	0.567	1	0.567	drs
湖州	0.932	1	0.932	drs
绍兴	0.614	1	0.614	drs
金华	0.759	0.816	0.930	irs
衢州	0.840	0.907	0.927	irs
舟山	0.829	1	0.829	irs
台州	0.834	0.897	0.930	drs
丽水	1	1	1	—

注：crste 为不考虑规模收益时的技术效率（综合效率）；vrste 为考虑规模收益时的技术效率（纯技术效率）；scale 为考虑规模收益时的规模效率（规模效率），纯技术效率和规模效率是对综合效率的细分；irs、—、drs 分别表示规模收益递增、不变、递减。

由表 4-8 可知，杭州和丽水的综合效率为 1，即该市的投入和产出是有效率的，而其他的市均没有达到生产技术的有效前沿面。舟山、绍兴、嘉兴和湖州均为纯技术效率有效，造成综合效率低下的原因是规模无效率。考虑存在规模经济的情况，2017 年嘉兴市高技术产业纯技术效率为 1，而规模效率却仅为 0.567，说明对于嘉兴市而言既无投入冗余也无产出不足，造成其创新综合效率低下的主要原因是 2017 年的投入产出与规模不匹配，现有规模过大导致规模报酬递减，要达到效率最优，需要适当缩小规模。其他情况相同的市亦然。宁波市、温州市、金华市、衢州市的纯技术效率和规模效率都没有达到1，说明存在产出投入的冗余和不足，但其规模效率值较高，综合效率为无效的原因主要是纯技术效率值较低，同时表现为规模收益递增，说明其投入产出指标与行业整体规模不匹配，与现有投入产出指标相比较，行业规模偏小。而台州市表现为规模收益递减，说明其投入产出指标与行业整体规模不匹配，与现有投入产出指标相比较，行业规模偏大。

由表4-9可知，在规模既定的条件下考虑投入冗余情况，宁波市、温州市、金华市、衢州市、台州市2017年创新发展指标均存在相当程度的投入冗余和产出不足的情况，其中R&D人员平均冗余39.10%、R&D经费占GDP的比重平均冗余21.30%、新产品产值率平均不足21.40%，衢州市和台州市投入冗余的同时，高新技术企业数分别存在0.19%和76.77%的产出不足。

表4-9　　浙江省各地级市创新投入和产出的冗余和不足情况　　单位：%

地级市	投入指标的冗余率		产出指标的不足率		
	R&D人员数	R&D经费占GDP的比重	每万名R&D人员专利授权量	新产品产值率	高新技术企业数
宁波	56.27	36.00	0	53.79	0
温州	48.19	31.58	0	13.02	0
金华	47.11	18.75	0	10.16	0
衢州	16.93	7.69	0	7.83	0.19
台州	26.99	12.50	0	22.19	76.77

以上说明，这些区域要提高技术创新效率，一方面，在产出既定的条件下必须要降低投入指标的浪费现象，提高纯技术效率；另一方面，在考虑规模报酬的条件下，需要将行业的投入产出指标与整体规模进行适当的匹配。

（六）2014~2018年我国31个省（自治区、直辖市）创新发展水平和能力的测算

用熵值法测算2014~2018年我国31个省（自治区、直辖市）的创新水平，确立了全国的创新能力评价指标体系：共分为3个一级指标、20个二级指标（见表4-10）。我国31个省份创新发展水平情况见表4-11，创新发展水平排名情况见表4-12。

表4-10　　我国创新能力评价指标体系

一级指标	二级指标	指标属性
创新环境	人均GDP	正
	大专及以上学历/总人口	正
	科技支出/财政支出	正
	每百人互联网宽带数	正
	教育投入强度	正
创新投入	规模以上：有研发机构的企业数的比重	正
	规模以上：有R&D活动的企业数的比重	正
	R&D人员占比	正
	每万人R&D人员全时当量	正
	R&D经费投入强度	正
	基础研究人员人均经费	正
	新产品开发经费支出占GDP的比重	正
	每万人R&D项目数	正
	每万人新产品开发项目数	正
创新产出	高技术产业：新产品销售收入/营业收入	正
	发明专利占专利授权数的比重	正
	每万人发表科技论文数	正
	第三产业增加值占GDP的比重	正
	万民科技人员技术市场成交额	正
	每万名R&D人员专利授权数	正

表4-11　　2014～2018年我国31个省份创新发展水平情况

地区	2014年	2015年	2016年	2017年	2018年
北京	0.792548	0.770306	0.746758	0.726255	0.697048
浙江	0.573575	0.456359	0.594471	0.564481	0.600767
江苏	0.54667	0.442458	0.571828	0.549579	0.556376
广东	0.355866	0.31366	0.468302	0.520713	0.552735
上海	0.582286	0.446205	0.560224	0.562818	0.523956
天津	0.572881	0.455068	0.562612	0.465727	0.439564

续表

地区	2014 年	2015 年	2016 年	2017 年	2018 年
福建	0.254573	0.219306	0.287246	0.279418	0.311716
安徽	0.234401	0.212729	0.283216	0.27643	0.287892
重庆	0.229334	0.190899	0.279746	0.249027	0.27577
山东	0.26375	0.219223	0.288203	0.267719	0.267827
湖北	0.224487	0.215433	0.269927	0.273528	0.266817
陕西	0.260685	0.237698	0.271754	0.243892	0.225179
江西	0.112572	0.111468	0.180846	0.200118	0.222194
辽宁	0.228632	0.182489	0.246619	0.220083	0.213144
湖南	0.179245	0.145408	0.188188	0.173102	0.197507
宁夏	0.161297	0.141108	0.179487	0.173181	0.193179
四川	0.17303	0.141381	0.180636	0.177165	0.191369
河南	0.145461	0.120501	0.15709	0.129788	0.173262
甘肃	0.17575	0.161122	0.190223	0.140906	0.148561
河北	0.111834	0.101743	0.151136	0.125745	0.143439
青海	0.113064	0.217194	0.171341	0.128853	0.132995
吉林	0.119862	0.112519	0.152041	0.13752	0.128368
海南	0.131715	0.107256	0.158635	0.149304	0.126138
贵州	0.097344	0.090778	0.125294	0.128569	0.119724
山西	0.126813	0.104542	0.144183	0.121975	0.119471
黑龙江	0.137754	0.134322	0.158396	0.14711	0.107076
内蒙古	0.086515	0.106675	0.12984	0.084194	0.105707
云南	0.094186	0.117683	0.139692	0.112305	0.103855
新疆	0.098091	0.103928	0.130869	0.084057	0.089289
广西	0.095651	0.08635	0.115528	0.096068	0.084374
西藏		0.069989	0.042581		

注：因某些年份西藏数据缺失，故不考虑在内。均采用熵值法测算。

表4-12　　2014~2018年我国30个省份创新发展水平排名

排名	2014年	2015年	2016年	2017年	2018年
1	北京	北京	北京	北京	北京
2	上海	浙江	浙江	浙江	浙江
3	浙江	天津	江苏	上海	江苏
4	天津	上海	天津	江苏	广东
5	江苏	江苏	上海	广东	上海
6	广东	广东	广东	天津	天津
7	山东	陕西	山东	福建	福建
8	陕西	福建	福建	安徽	安徽
9	福建	山东	安徽	湖北	重庆
10	安徽	青海	重庆	山东	山东
11	重庆	湖北	陕西	重庆	湖北
12	辽宁	安徽	湖北	陕西	陕西
13	湖北	重庆	辽宁	辽宁	江西
14	湖南	辽宁	甘肃	江西	辽宁
15	甘肃	甘肃	湖南	四川	湖南
16	四川	湖南	江西	宁夏	宁夏
17	宁夏	四川	四川	湖南	四川
18	河南	宁夏	宁夏	海南	河南
19	黑龙江	黑龙江	青海	黑龙江	甘肃
20	海南	河南	海南	甘肃	河北
21	山西	云南	黑龙江	吉林	青海
22	吉林	吉林	河南	河南	吉林
23	青海	江西	吉林	青海	海南
24	江西	海南	河北	贵州	贵州
25	河北	内蒙古	山西	河北	山西
26	新疆	山西	云南	山西	黑龙江
27	贵州	新疆	新疆	云南	内蒙古
28	广西	河北	内蒙古	广西	云南
29	云南	贵州	贵州	内蒙古	新疆
30	内蒙古	广西	广西	新疆	广西

由表 4-11、表 4-12 可知，2014～2018 年，北京的创新发展水平一直位居全国第一，浙江只在 2014 年排名第三位，在后四年一直处于全国第二位的位置，说明浙江的创新发展水平一直处于全国前列，数字经济发展也处于全国领先位置。

（七）采用随机前沿方法（SFA）测算 2012～2018 年我国 30 个省份创新发展效率

Y：技术市场成交额。
X：R&D 人员全时当量、R&D 经费内部支出、全社会固定资产投资。

选取我国 30 个省份①作为研究对象，利用 2012～2018 年的面板数据进行创新能力的比较。应用 Frontier 4.1 软件对数据进行计量分析，结果见表 4-13。

表 4-13　　　　　　　　我国 30 个省份的计量分析

参数	相关系数	标准误	t 比率
β_0	796.792	2.466	323.127
β_1	-0.005	0.000	-10.812
β_2	0.000	0.000	9.805
β_3	-0.005	0.003	-1.725
ε^2	370 651.270	1.000	370 651.200
γ	0.956	0.005	180.238
η	-0.042	0.010	-4.309
LR	229.671		

结果显示 $\gamma = 0.956$，且 LR 统计检验在 1% 的显著性水平上具有统计显著性，说明误差项具有明显的复合结构，无效率项占 95.6%，对 2012～2018 年 30 个省份的面板数据使用 SFA 模型进行估计是合理的，而不能选择 OLS 方法。

由表 4-14 中展示的 2012～2017 年我国 30 个省份的创新发展效率结果可以看出，在创新的投入和产出方面，北京是最有效率的，达到了最优的产出前沿面；而浙江的平均值较低，排名第八位，说明浙江在创新的投入和产出的匹配上还存在一些问题，创新的有效性还不够。

---

① 因某些年份西藏数据缺失，故不考虑在内。

表4-14　　2012~2017年我国30个省份的创新发展效率

地区	2012年	2013年	2014年	2015年	2016年	2017年	平均值	排名
北京	1.00000	1.00000	1.00000	1.00000	1.00000	1.00000	1.0000	1
广东	0.89560	0.89115	0.88652	0.88169	0.87665	0.87139	0.8838	2
湖北	0.86214	0.85627	0.85015	0.84377	0.83712	0.83018	0.8466	3
江苏	0.86096	0.85504	0.84886	0.84243	0.83572	0.82872	0.8453	4
陕西	0.85685	0.85075	0.84440	0.83777	0.83087	0.82366	0.8407	5
上海	0.55934	0.54058	0.52102	0.50062	0.47936	0.45719	0.5097	6
天津	0.54031	0.52074	0.50033	0.47905	0.45687	0.43375	0.4885	7
浙江	0.45766	0.43457	0.41049	0.38539	0.35922	0.33193	0.3965	8
辽宁	0.39176	0.36586	0.33886	0.31070	0.28135	0.25075	0.3232	9
四川	0.38887	0.36285	0.33572	0.30743	0.27794	0.24719	0.3200	10
安徽	0.35192	0.32433	0.29556	0.26556	0.23429	0.20168	0.2789	11
山东	0.33370	0.30533	0.27575	0.24491	0.21275	0.17923	0.2586	12
黑龙江	0.27076	0.23971	0.20734	0.17358	0.13839	0.10171	0.1886	13
甘肃	0.26055	0.22907	0.19624	0.16202	0.12633	0.08913	0.1772	14
湖南	0.24460	0.21243	0.17889	0.14393	0.10748	0.06947	0.1595	15
吉林	0.21696	0.18361	0.14885	0.11261	0.07482	0.03543	0.1287	16
重庆	0.21659	0.18323	0.14846	0.11220	0.07439	0.03498	0.1283	17
河南	0.20405	0.17016	0.13482	0.09798	0.05957	0.01953	0.1144	18
江西	0.19048	0.15601	0.12007	0.08260	0.04354	0.00281	0.0992	19
云南	0.18526	0.15057	0.11440	0.07669	0.03737	-0.00362	0.0934	20
山西	0.18110	0.14623	0.10988	0.07197	0.03246	-0.00874	0.0888	21
福建	0.17977	0.14485	0.10843	0.07047	0.03089	-0.01038	0.0873	22
河北	0.17941	0.14447	0.10804	0.07006	0.03046	-0.01082	0.0869	23
青海	0.16248	0.12682	0.08963	0.05087	0.01045	-0.03168	0.0681	24
内蒙古	0.15272	0.11664	0.07903	0.03981	-0.00108	-0.04370	0.0572	25
贵州	0.15223	0.11613	0.07850	0.03926	-0.00165	-0.04430	0.0567	26
广西	0.13679	0.10004	0.06171	0.02176	-0.01989	-0.06332	0.0395	27
新疆	0.11911	0.08160	0.04249	0.00172	-0.04079	-0.08511	0.0198	28
宁夏	0.11802	0.08046	0.04131	0.00049	-0.04208	-0.08645	0.0186	29
海南	0.11706	0.07946	0.04026	-0.00060	-0.04321	-0.08763	0.0176	30

二、浙江省推动创新发展的主要经验

(一) 人才政策

人才是创新的第一资源。党的十八大以来,浙江省认真贯彻落实中央深化人才发展体制机制改革的意见,本着建设"人才强省"的目标,大刀阔斧地推进人才发展体制机制改革,在加大力度培养省内人才的同时,更高质量地推进省外及境外人才引进工作,并扎实做好人才管理与服务等相关工作。

浙江省人才政策框架如图4-1所示。

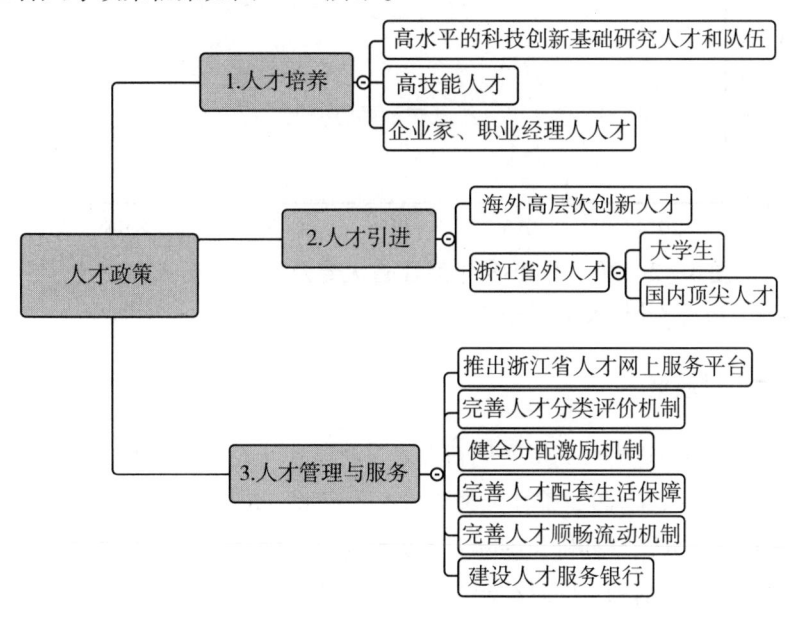

图4-1 浙江省人才政策框架

1. 人才培养政策

根据人才类型不同,浙江省的人才培养政策可分为三类。其一,培育一批省内高水平的科技创新基础研究人才和队伍,打通基础研究与应用基础研究的通道(《浙江省"十三五"农业和农村科技发展规划》)。同时,加强省内高校科技创新相关学科和专业建设,打造一批高水平研究型大学,为科技创新事业不断输送人才(《浙江省人民政府关于强化实施创新驱动发展战略深入推进大众创业万众创新的实施意见》)。其二,浙江省着力培育和造就一批高技能人才,积极推进"百校千企"

和"千企千师"培养工程，普遍开展校企联合招生、校企合作培训。同时进一步提高技能人才的经济待遇和社会地位，鼓励企业建立高技能人才职务津贴和特殊岗位津贴制度（《浙江省人民政府办公厅关于印发浙江省人才发展"十三五"规划的通知》）。其三，加强企业家人才队伍建设，大力实施企业经营管理人才素质提升计划。同时推进浙商人才回归，并加强国有企业经营管理人才培养（《浙江省人民政府办公厅关于印发浙江省人才发展"十三五"规划的通知》《浙江省人民政府关于印发浙江省国民经济和社会发展第十三个五年规划纲要的通知》）。

2014~2018年浙江省大专及以上学历人口占比如图4-2所示。

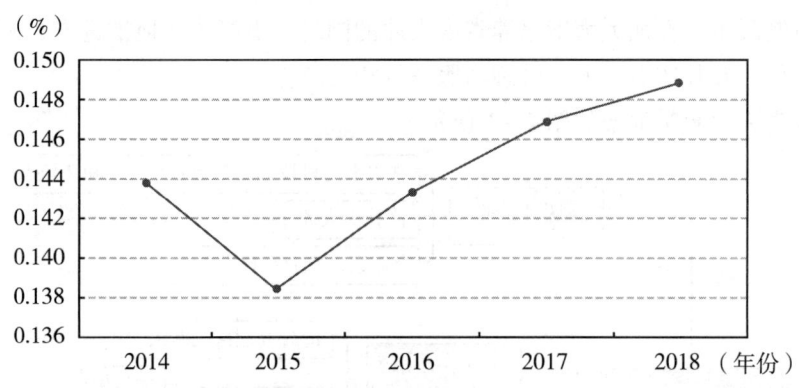

图4-2 2014~2018年浙江省大专及以上学历人口占比
资料来源：历年《中国统计年鉴》。

2. 人才引进政策

这类政策包括引进海外高层次创新人才与浙江省外人才。首先，浙江省深入推进重大海外引智计划（工程），柔性汇聚全球人才资源，包括精准开展赴欧美等人才集聚地招引高层次人才，举办杭州国际人才交流与合作大会、宁波人才科技周、海外学子浙江行等重大人才活动；同时绘制全球顶尖人才和重点团队分布图，掌握具有行业颠覆性技术的人才和团队信息，依托海内外浙商、海外人才联络机构、招商引资海外办事机构、国际猎头公司等资源，在人才密集地区聘请一批"引才大使"，建立一批海外引才工作站，构建常态化的人才联络网络（《浙江省人民政府办公厅关于印发浙江省人才发展"十三五"规划的通知》）。其次，浙江大力引进全国各地的大学生，使得引进人才的关口前移。据中共浙江省委人才工作领导小组办公室（以下简称浙江省委人才办）统计，2019年浙江全省累计引进大学生96万人，比上年增长88.97%。其中，杭州引进大学生最多，达到21万人，比上年增长125.9%。宁波、绍兴、金华等地引进大学生数量也达到"10万+"。从2018年我国各省份的人口净流入数据看（见图4-3），浙江省人口净流入在全国排名第二位，可见其对人口的吸引力之大。

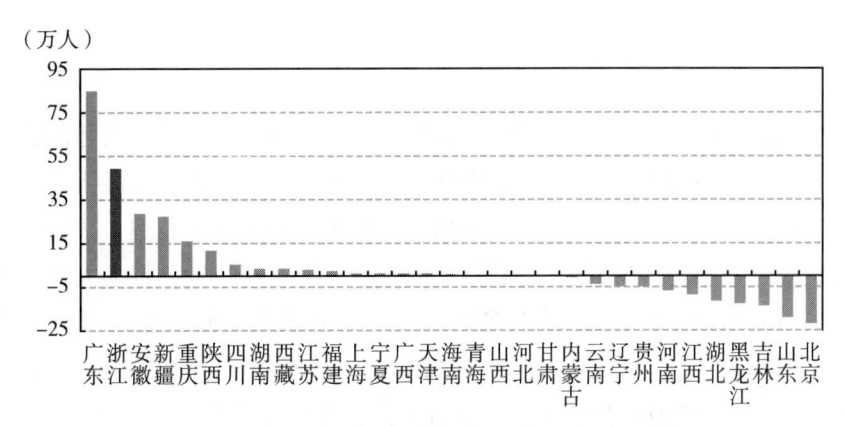

图 4－3　2018 年我国各省份人口净流入量

资料来源：《中国统计年鉴（2019）》。

此外，浙江省还通过全职、柔性等方式大力引进全国顶尖人才和领军人才，省内 11 个市全部实现人才净流入。这些都反映出浙江树立的"大人才观"——厚植发展潜力，关注不同类型、不同层次、不同发展阶段的人才，构建完整的人才"谱系"。浙江省人才工程架构如图 4－4 所示。

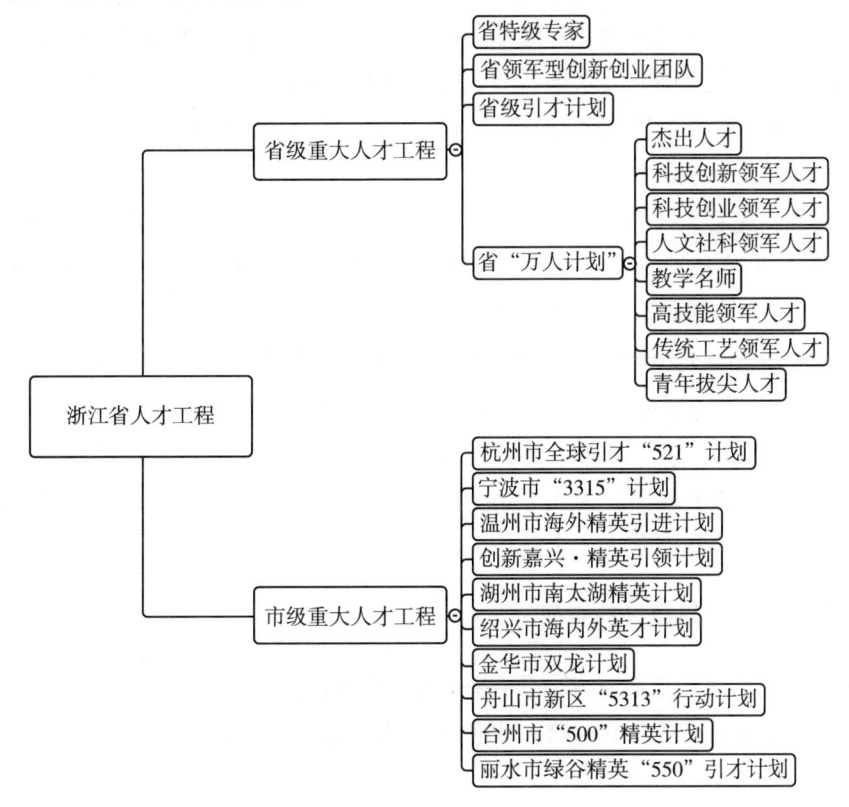

图 4－4　浙江省人才工程架构

3. 人才管理与服务政策

在成功引进人才之后，良好的人才管理与服务制度便成了留住人才的关键。浙江省采取了六个方面的措施。其一，浙江省委人才办、浙江省人社厅推出了浙江省人才网上服务平台。按照"跑一次是底线、一次不用跑是常态、跑多次是例外"标准，平台把分散在各个部门的人才数据、服务事项等整合打通，推动人才工作数字化。其二，浙江省建立了较为完善的人才分类评价机制，针对基础研究、应用研究、成果转化等不同类型人才，建立了体现职业特点和成长规律的分类评价标准体系（《浙江省人民政府办公厅关于印发浙江省人才发展"十三五"规划的通知》）。浙江省于2018年对已经实施30多年的职称制度进行改革，其亮点在于打破学历资历限制，改变一年一评的固有模式，不再唯学历、唯论文，将评审权下放给用人主体和行业协会，形成"问东家、问专家、问大家"的人才评价机制，为全省500多万专业技术人才放权松绑。其三，浙江省健全了与岗位职责、工作业绩、实际贡献紧密联系和鼓励创新创造的分配激励机制，完善科研人员成果转化收益分享机制，并完善事业单位绩效工资制度等（《浙江省人民政府关于印发浙江省国民经济和社会发展第十三个五年规划纲要的通知》《浙江省人民政府关于强化实施创新驱动发展战略深入推进大众创业万众创新的实施意见》）。其四，浙江省在人才配套生活保障方面，妥善解决高层次人才在户口、住房、医疗、子女入学等方面的问题（《浙江省人民政府关于强化实施创新驱动发展战略深入推进大众创业万众创新的实施意见》）。其五，完善人才顺畅流动机制。鼓励高校、科研院所吸引优秀企业家、企业"千人计划"人才和天使投资人，担任研究生兼职导师或创业导师；高校、科研院所科研人员经所在单位同意，可以在不涉及本人职务影响的企业兼职，实现人才双向流动（《浙江省人民政府办公厅关于印发浙江省人才发展"十三五"规划的通知》）。其六，"人才服务银行"建设在浙江全省遍地开花，为高层次人才提供免抵押、免担保的信用贷款。此外，浙江省还启动了整合银行、券商、政府等各方力量的人才企业上市服务联盟，为人才企业提供规范培育、股权融资、上市辅导等专业服务，进一步延伸和完善人才全链条服务。

4. 人才方面可以提升的空间[①]

（1）浙江省在人才培养方面还存在需要改进的问题，主要包括以下几个方面。第一，人才工作理念的问题。政府部门多注重短期人才引进工作，没有建立长

---

① 人才方面存在的问题与对策主要根据《浙江人才发展蓝皮书（2019）》整理编纂而成。

效机制。近年来,引进人才的优惠支持政策频出,可以看出各地政府非常重视引才工作,成效也很显著,但由于人才培养周期长、投入大、见效慢,部分高校和企业没有建立人才培训体系,单位的员工培训经费也落实不到位。政府的人才工作应该以长期建设为导向,致力于做好环境支持、后续培养等长远的服务工作,同时,短期调控的激励政策也要逐渐让位于市场力量。

各地市人才政策同质化现象依然存在,尚未形成差异性竞争格局。省内各地市在经济地理、形象定位、资源禀赋等方面具有不同的优势,按理说各地人才政策应具有地方特色,但当前浙江省各地人才政策的标杆相似,胜在相互学习和取经,在围绕区域特色构建特色化的政策体系方面尚有待加强。

缺乏对人才引进最终目的的思考,缺少对人才"以用为本"的深刻理解。部分地方仍然将"人才引进数量"作为人才工作的根本目标,由于上级考核指标的压力,往往简单化地对高端人才进行数量化考核,并没有真正因需引才,发挥人才的真正作用。

第二,"引才"问题。当前以人才计划为龙头的引才活动仍然是各地引才的主要手段,但太多使用各类"人才计划"引进人才的现象,导致高端人才跳槽频繁,"人才计划"外的本土人才不公平感加剧,人才流失严重。

普惠包容性政策仍不足,各层次人才未得到充分的发展空间。虽然近年来浙江越来越多的地方已开始实施梯度人才政策,但普惠包容性政策仍不足,未给予中低端人才发展空间、包容和关怀。此外,各项计划多关注学科领军人才,对技能人才扶持不够。城市的发展不仅需要引进高端人才,更要为各层次人才提供发展空间。

第三,"育才"问题。高等教育是浙江的短板,浙江人才培养缺乏全覆盖立体化的思维和体系。浙江省在高等教育方面的短板在于总体水平不高,结构不合理。具体来说,主要表现在:高水平大学缺乏;有影响力的学科偏少;高层次人才培养规模较小;许多高校学科专业雷同,缺少发展特色;学科专业结构调整滞后于产业转型升级和新兴产业发展;人才培养尤其是学生创新创业能力培养与经济社会发展需要仍有很大差距,特别是应用型人才、高素质技能技术型人才缺乏。

对企业经营管理人员素质提升,特别是国有企业经营管理人才培养的重视不够。企业经营管理人把控着企业发展的战略方向,是企业的掌舵者。而各项政策计划多注重学科和专业建设人才的培养,企业培训也多注重刚入职员工或其他技术员工的培养,很少有针对企业经营管理人员特别是国有企业经营管理人才的定期培训和学习提升计划。

第四,"励才"和"用才"问题。人才计划的"马太效应"严重,实际效用有待考察。各类人才计划叠加享受的情况比较普遍，人才计划边际效用递减。多数人才计划仍然注重论文数量和项目数量等数量指标，不注重成果转化等实际产出指标，其实际绩效有待检验。

收益分配机制尚不健全，未充分发挥人才积极性。与岗位职责、工作业绩、实际贡献紧密联系和鼓励创新创造的分配激励机制尚不健全，事业单位绩效工资制度不够完善，没有很好地发挥人才的工作积极性。

科研经费管理制度成为科技人才的隐形枷锁。经费管理依然表现为"机脑"重过"人脑"，人才价值体现不足。此外，高校等机构科研经费的财务报销流程烦琐，耗费科技人才大量精力，明显降低了项目绩效。

国有企业人才激励机制亟须改进，人才流失有恶化趋势。目前，国有企业集聚了大量科研中坚人才和优秀应届毕业生，由于人才激励机制（如工资总额框定等）问题，部分国有企业人才外流有加剧趋势。

第五，人才生态环境建设方面的问题。人才平台建设任重道远。高等教育平台、产业平台、产学研合作平台是人才培育、成长和发挥作用的三类基础平台，除了产业平台，浙江与江苏、广东、北京、上海等标杆省市相比，其他两类平台都严重不足。

高质量公共服务供给不足。落户条件、提供补贴的引才效应是短期的，比降低落户门槛、提供落户补贴更能持久产生效应的是提升城市的教育、医疗等各种公共服务水平。当前浙江在国际化社区、高端国际学校和高端医疗资源上与深圳、北京、上海等地还有一定差距，提升空间较大。此外，浙江的政务环境良好，政府人才服务到位，但人才相关的法治环境建设有待加强。

法治规范建设尚不完备。与有关省份对比，浙江省人才立法工作并未走在前列。《云南省人才资源开发促进条例》《深圳经济特区人才工作条例》等早已出台，浙江省应加快步伐，尽快把人才立法纳入立法计划。

（2）人才方面的提升策略主要包括以下几个方面。

第一，实施战略转型，高站位布局政府主导的重点人才工作。在战略布局上，要全面谋划人才工作的七方面转型：从条块式的碎片化管理走向统筹式的系统化管理；从注重财政收入计划管理走向财政预算的绩效管理；从行政化管理走向法治化管理；从物质驱动管理走向精神激励管理；从政绩驱动管理走向战略引领管理；从单一项目的经费支出管理走向全方位的生态环境管理；从政府主导走向市场引领。

而在战略转型中，政府应重点做好四方面工作，即抓重点人才、抓重点平台、抓体制机制、抓综合环境。涉及重点人才，我们需要明确浙江的人才优势、需求惯性和最大短板，持续布局下述重点人才队伍建设：顶尖科技人才（战略科学家）、杰出企业家、顶尖金融人才（风险投资家）、大国工匠型产业人才和教育大师。而在重点平台和综合环境建设上，以重点抓高教平台为龙头，鼓励各地方政府持续加大投入，建立人才平台和综合环境建设的投入经费保障机制。在体制机制改革上，重点在于突破现有制度痼疾，解决改革"最后一公里"问题。在综合环境建设上，重点是在夯实服务环境的基础上加强法治环境建设。

第二，鼓励多元参与，全方位构建立体化的人才培养体系。加快推动人才工作从重引进向重培养转化，从政府主导投入到鼓励多元主体的教育投入，多主体、多手段培养多类型人才。以西湖大学创办试点为契机，鼓励政、商、教结合办高等教育；鼓励不同层次的中外合作国际教育机构落地浙江，推进教育国际化；鼓励企业办校，扶持龙头企业建立行业技能的人才培养基地；建立校政、校企、校研等多类型合作体系。加快调整高校和职业院校的专业设置结构来适应新的经济结构、产业结构对人才知识结构的要求。

第三，发挥市场主体力量，大力推进产业与人才的融合。政府从激励人才个体到激励用人主体，鼓励用人主体自行推进人才计划和项目。推动各类人才支持计划的整合，做好内外人才并重、鼓励海外人才与本土人才合作的支持计划。实施人才计划的预算绩效管理，推行人才计划的考核、惩戒和退出制度。推动以用人单位为主体的海外引才：鼓励以企业为主的海外研发中心和离岸孵化器建设；支持引才法律顾问团队；鼓励浙籍人才加入国际组织；政府加大对海外人才引进地的法律法规研究的投入。

坚守浙江制造业根基，促进产业与人才融合，扭转当前较严重的"四个脱节"现象，推动人才管理部门简政放权，消除对用人主体的过度干预，让企业真正成为科技人才创新的主体，实现科技人才与经济对接；围绕产业链部署创新链，围绕创新链完善资金链，消除人才科技创新中的"孤岛现象"，实现创新成果与产业对接；鼓励和引导优秀人才向企业集聚，总结推广浙江现有的各类创新创业孵化模式，持续打造一批低成本、便利化、开放式的众创空间，实现创新项目同现实生产力对接，降低对外技术依存度；借鉴美国1980年推出《拜杜法案》促成短期科技成果转化率提高10倍的经验，切实保障科技人才、相关组织对创新成果拥有归属权和成果转化收益权，实现创新劳动与利益受益人对接。

第四，持续深化体制机制改革，着力解决改革的"最后一公里"问题。继续推进以"最多跑一次"为龙头的政府行政效率增进改革，解决关键性的人才管理体制改革的"最后一公里"问题。促成浙江省"以增加知识价值为导向的分配政策"的真正落地，解决好省委、省政府人才科技新政与高校科研院所执行现规的对接问题，尽快颁布实施细则，推动科研经费管理制度变革，提高科研项目的人才劳务分成，联合个体信用信息简化财务报销的前置审批，加强后道审计。推动职称制度改革中分类评价和用人主体评价权的真正落地，人才计划中变申报制为提名制，扭转填表式的人才评价，真正建立科学合理的人才评价制度。强化和落实知识产权保护制度，对科研人才的知识产权进行确权，进一步将科技成果的使用权、处置权、收益权下放给科研院所和发明者，让科研人才不畏惧科技成果转化中涉及的"踩线"问题。切实建立人才"旋转门"机制，突破对体制内党政离退休人才为智库等发挥作用的制度束缚。建立创新创业容错机制，保护企业家精神，坚持改革开放，持续释放所有普通人的企业家精神。

第五，实施城乡融合发展，推进长三角地区人才一体化和城乡人才一体化战略。浙江农村可支配收入在全国属于领先水平，但11个地市间人才数量、人才吸引力等差距明显，不平等、不均衡发展一直存在，如舟山自贸区建设人才引进问题一直是"瓶颈"，丽水在人才总量上劣势明显。以往城乡均衡发展更多是采取援助计划和错位竞争战略，在新时期应思考山海联动策略、陆海联动策略，要以城市群、都市圈建设为契机构建一体化人才战略，实施类似于长三角地区人才一体化等各类区域人才一体化的联动性人才政策体系、一体化共享式的公共服务平台。

第六，推动人才工作立法，人才工作从行政化管理转向法治化管理。启动和实施人才工作立法，提供稳定有序的法治环境。迄今为止，全国已有一省（云南）四市（珠海、深圳、南通和石家庄）颁布了人才工作条例或人才发展促进条例，通过对人才政策的顶层设计、系统集成，以立法形式强化人才工作。当前浙江在党管人才方面有所作为，走在全国前列，非常需要以党内或人大立法形式全面固化浙江经验，加强党对人才工作的领导，推动人才强省战略落实。尽快确立浙江人才工作立法的基本思路，把人才立法纳入立法计划，使党委和政府的人才工作具有权威性、持续性、稳定性、公开性和强制性，让人才产生合理的政策预期。

第七，实施区域人才发展评估，全面助推人才最优生态环境建设。考核指标本质上是激励约束机制，只有科学设计才能有效发挥对人才的激励约束作用。注重绩效评价，破"四唯"[①]，反对"一刀切"，对不同类型人才，应建立体现其行业特点的动态评价体系。在分配机制上，要健全与岗位职责、工作业绩、实际贡献紧密联系和鼓励创新创造的分配激励机制，完善科研人员成果转化收益分享机制，并完善事业单位绩效工资制度等。在人才生态环境建设上，要从"五子"[②] 问题抓起，提

[①] 即唯论文、唯职称、唯学历、唯奖项。
[②] 即房子、车子、孩子、本子、票子。

高公共服务供给水平,提升人才满意度和获得感。加快建设一流的基础设施,包括国际化社区、高端国际学校和高端医疗诊所等住房、教育、医疗设施,切实满足人才,尤其是海外高层次人才的基本生活需求。通过稳定的商品和服务指数、宜居的生活环境来增强浙江省各地对人才的吸引力。同时,进一步降低普惠性人才政策的限制条件,在公共租赁住房、基础医疗保障等方面为所有人才创设包容平等的支持环境。

(二) 创新投入和促进科技成果转化政策

企业是科技创新的主体,要提高科技创新能力必须充分发挥企业主体作用。对此,浙江省针对企业科技创新过程中的两个阶段分别出台了政策:一是促进企业研发创新;二是促进企业科技成果转化(见图4-5)。

政府投入
- 1.促进企业研发创新
  - 税收优惠
  - 奖励企业技术改造和设备更新
  - 支持企业建设内部研发机构
  - 鼓励企业积极承担国家级或浙江省级科技计划项目
  - 设立产业引导基金
- 2.促进企业科技成果转化
  - 支持企业承接科技成果进行转化
  - 设立科技成果转化引导基金
  - 政府采购

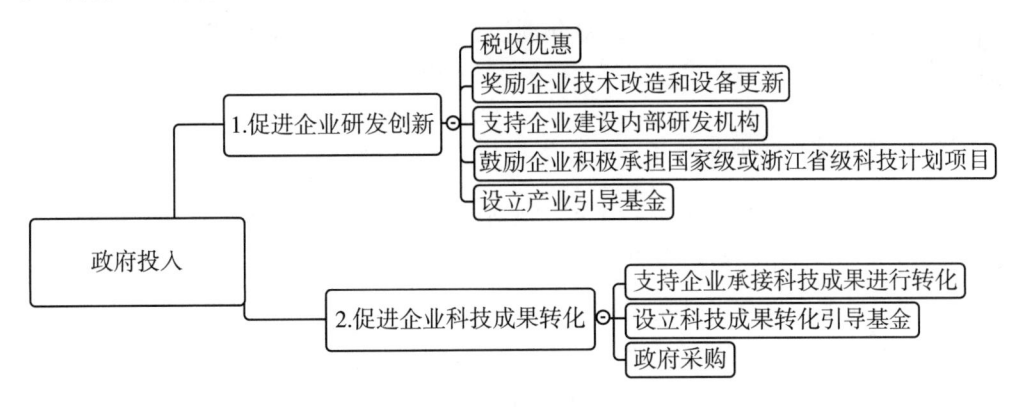

图4-5 浙江省政府投入政策框架

1. 促进企业研发创新

(1) 在税收方面给予支持,包括全面落实国家颁布的研发费用税前加计扣除、高新技术企业所得税优惠等普惠政策,其中针对浙江本省的国有企业,其当年研发投入可以在经营业绩考核中视同利润,鼓励企业加大研发投入(《浙江省人民政府关于印发浙江省国民经济和社会发展第十三个五年规划纲要的通知》《浙江省科技企业"双倍增"行动计划(2016—2020年)》)。

(2) 积极推动企业在技术改造和设备更新方面加大投入,对超额完成年度技术改造投资目标的,省政府有关部门将给予一定的奖励。对企业购置工业机器人和智能化制造系统的,省与市、县(市、区)财政按1:2的比例,给予企业设备购置款10%~20%的奖励(《浙江省人民政府办公厅关于进一步推进企业技术改造工作的意见》)。

（3）大力支持企业建立企业内部研发机构，同时建设一批重点企业研究院、制造业创新中心、工程技术中心和产业技术创新综合体，促进企业提升自身的研发实力（《浙江省科技领导小组办公室关于印发〈浙江省全社会研发投入提升专项行动方案〉的通知》）。

（4）鼓励企业积极承担国家级或浙江省级科技计划项目、参与国家重大科技工程以及国家"863"科技成果与浙江民营企业对接项目等，并按规定予以企业足额经费支持（《国家、省科技项目杭州市本级财政科技扶持资金管理办法》）。

（5）设立浙江省创业风险投资引导基金和创新强省产业基金，旨在通过财政资金的引导和激励作用，吸引社会资本、金融资本、风投资金等进入科技创新领域，促进浙江省新兴产业、高新技术企业跨越式发展，带动传统产业的转型升级和结构优化布局完善（《浙江省财政厅关于修订浙江省创新强省产业基金管理办法的通知》《省发展改革委关于印发〈2020年浙江省推进大众创业万众创新工作要点〉的通知》）。

2. 促进企业科技成果转化

科技成果转化，是指为提高生产力水平而对科技成果所进行的后续试验、开发、应用、推广直至形成新技术、新工艺、新材料、新产品、新服务、新标准，发展新产业等活动。只有当科技成果转化为现实生产力之后，才能为企业带来收益，进而促进社会经济的发展。因此，科技成果转化是科技创新驱动经济发展的关键一步。《浙江省促进科技成果转化条例》中指出，科技成果转化活动应当遵循科技创新规律和市场规律，发挥企业主体作用与政府引导作用，保障参与科技成果转化各方主体的利益。

（1）浙江省大力支持企业承接研究开发机构、高等院校的科技成果并实施转化。对承接科技成果的企业，县级以上人民政府可以按照技术合同的实际成交额或者科技成果作价投资的一定比例给予补助。特别地，浙江省实行了科技创新券制度，主要用于鼓励浙江省企业充分利用创新载体的科技资源开展检验检测、合作研发、委托开发、研发设计等研发活动和科技创新（《浙江省人民政府办公厅关于补齐科技创新短板的若干意见》）。政府向企业发放创新券，企业用创新券向研发机构、研发人员购买科技成果或研发、设计、检测等科技服务，或者购买研发设备。然后，科研服务机构和科研服务人员到政府财政部门兑现创新券（《浙江省科技厅浙江省财政厅关于印发推广应用创新券推动"大众创业、万众创新"的若干意见（试行）的通知》）。通过这种灵活的支持方式，一方面，企业可以根据自身的研发计划来灵活选择所需的服务类型；另一方面，高校或研究机构也能够将技术成果转化到企业，增强了市场对创新资源的配置效率，同时也提高了政府的科技投入资金使用效率，体现了激励企业创新投入的"普惠性"特点。

（2）浙江省设立了科技成果转化引导基金，引导社会力量，如阿里巴巴等民营企业和其他社会资本参与投入之江实验室等平台的基础研究和科技成果转化工作；同时要求县级以上人民政府应当安排必要的经费，用于促进科技成果转化的引导资金、贷款贴息、保险费补贴、补助资金、风险投资以及其他促进科技成果转化的支出。

（3）浙江省通过政府首购、订购等非招标采购方式，采购新产品、新技术、新服务，支持企业科技成果转化；同时通过事后奖补、风险补偿等方式，支持具有自主知识产权的、与转化科技成果相配套的重大成套设备、通用和专用设备、核心零部件等首台（套）装备的研发。据《中国统计年鉴》统计，浙江省科技支出占公共财政支出之比在全国的排名2014年为第3名，2015~2018年均为第5名。

3. 支持创新的方式

浙江省在支持企业创新的方式上独具特色。近年来，浙江省推出五大举措，精心打造企业创新生态环境，助力企业科技创新成为浙江经济增长"新引擎"（见图4-6）。

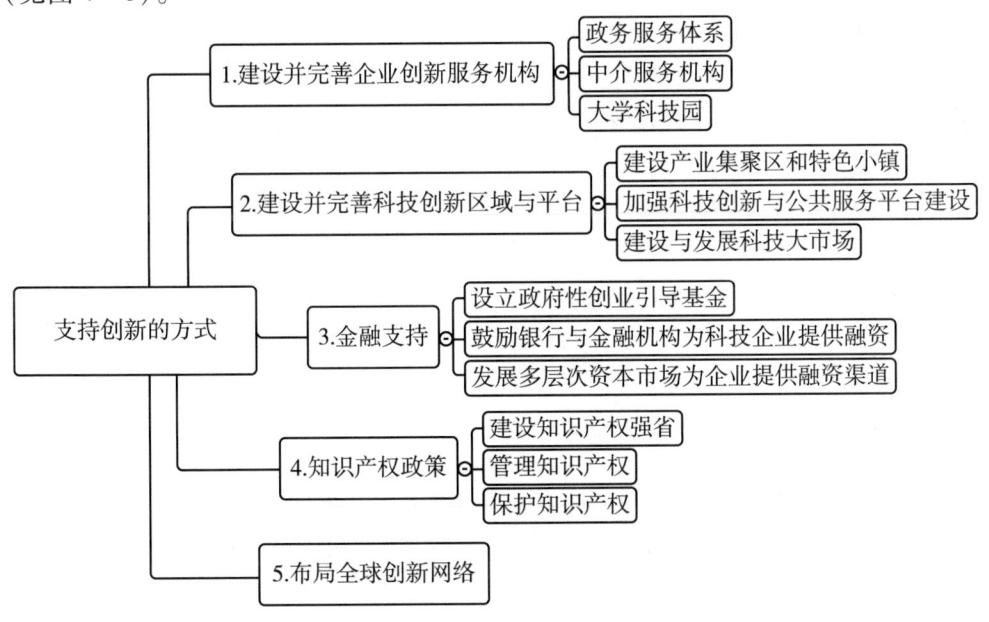

图4-6 浙江省支持创新的方式框架

（1）建设并完善企业创新服务机构。可以为企业创新提供服务的机构主要分为三类，相应地，建设并完善企业创新服务机构的政策也分为三类。

第一，完善政府的政务服务体系。首先是在普惠性层面上。近年来，浙江省以"互联网+政务服务"为抓手，持续推进"四张清单一张网"和"最多跑一次"改革，持续迭代完善浙江政务服务网、"浙里办"App，推行政务服务全程网办、快递送达，大大提高了企业办理政务的效率（《浙江省人民政府关于印发浙江省深化"最多跑一次"改革推进政府数字化转型工作总体方案的通知》）。其次是推行"互联网+科技政务服务"。浙江省针对科技企业推出了"浙江科技创新云服务平台"。该平台是"一站式"的科技网上办事大厅，主要基于云计算、大数据等技术，实现科技资源、科技数据、科技服务和科技管理的互联互通、开放共享。

第二，完善科技中介服务机构的政策。目前浙江省的科技中介服务机构主要有科技企业孵化器和众创空间等。孵化器和众创空间的建立主要是为创业者提供工作、网络、社交、共享空间，降低大众参与创新创业的成本和门槛，并在此基础上孵化、培育一批创新型企业（《浙江省人民政府关于印发浙江省新一代人工智能发展规划的通知》《浙江省人民政府关于印发加快推进"一转四创"建设"互联网+"世界科技创新高地行动计划的通知》）。同时，为了鼓励支持龙头骨干企业、高校、科研院所围绕优势细分领域建设众创空间和孵化器，政策对符合条件的科技企业孵化器免征房产税、城镇土地使用税等，并提供土地、人才等方面的支持（《浙江省人民政府关于强化实施创新驱动发展战略深入推进大众创业万众创新的实施意见》《浙江省人民政府办公厅关于印发浙江省科技创新"十三五"规划的通知》）。2018年我国31个省份孵化器数量及众创空间数量如图4-7、图4-8所示。

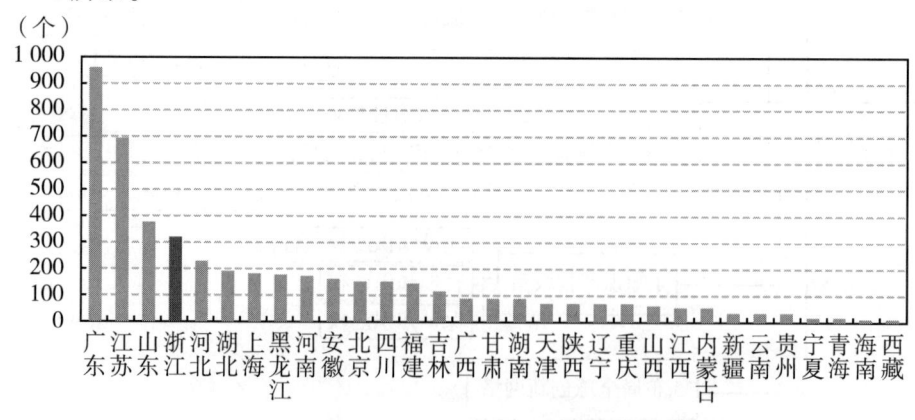

图4-7 2018年我国31个省份孵化器数量

资料来源：《中国科技统计年鉴（2019）》。

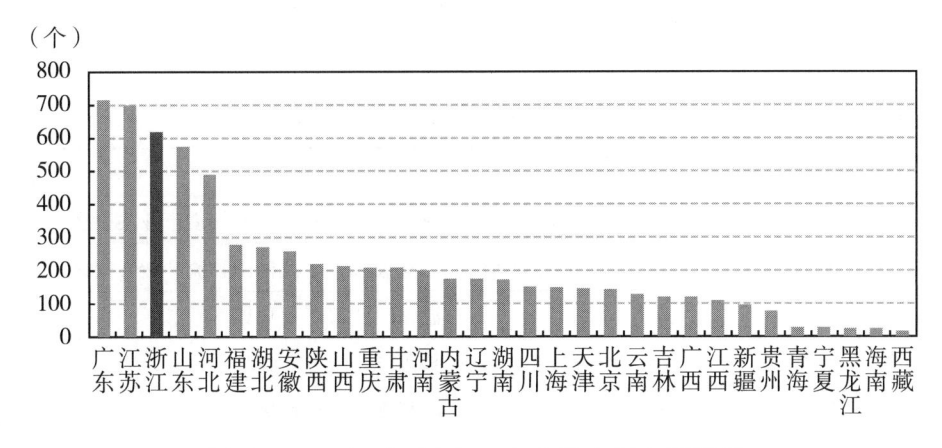

图 4－8　2018 年我国 31 个省份众创空间数量

资料来源：《中国科技统计年鉴（2019）》。

第三，完善大学科技园的政策。浙江省国家大学科技园是由浙江工业大学牵头，浙江理工大学、中国计量大学、杭州市江干区人民政府共同建设的，于 2005 年被科技部、教育部认定为国家级大学科技园，是国家级科技企业。在服务科技企业方面，主要职责包括协助企业申报科技项目、高新企业认定、专利和知识产权的认证等。在政策支持方面，经认定的国家大学科技园，可按规定在一定期限内享受增值税、房产税和城镇土地使用税的减免优惠政策，对符合非营利组织条件的大学科技园内人员的相关收入，允许作为免税收入处理（《浙江省人民政府办公厅关于加快培育发展科技型小微企业的若干意见》）。

（2）建设并完善科技创新区域与平台，可以从以下几个方面着手。

第一，高水平建设科技产业集聚区和特色小镇。首先，浙江省以提高空间集聚度、加快产业集群化、增强科技创新力为重点，积极引导科技创新大产业、大企业、大项目落户浙江，加快打造浙江省有代表性、国内有影响力、国际有竞争力的科技大产业集聚发展高地，如杭州城西科创大走廊等（《浙江省人民政府关于印发加快推进"一转四创"建设"互联网＋"世界科技创新高地行动计划的通知》）（见表 4－15）。同时，大力支持杭州青山湖科技城、杭州未来科技城、宁波新材料科技城、嘉兴科技城、舟山海洋科学城、温州浙南科技城、金华国际科技城的建设，并支持其他设区市合理布局建设科技城（《浙江省人民政府关于印发浙江省国民经济和社会发展第十三个五年规划纲要的通知》）。其次，浙江省规划建设了一批特色小镇，如余杭梦想小镇、西湖云栖小镇等，加强创新链与产业链对接，加快推进创新要素汇集，助力企业科技成果转化应用（《浙江省人民政府关于印发加快推进"一转四创"建设"互联网＋"世界科技创新高地行动计划的通知》)。

表4-15　　　　　　　　浙江省各地级市产业集聚区分布

地级市	产业集聚区
杭州	杭州大江东产业集聚区、杭州城西科创产业集聚区
宁波	宁波杭州湾产业集聚区、宁波梅山物流产业集聚区
温州	温州瓯江口产业集聚区
嘉兴	嘉兴现代服务业集聚区
湖州	湖州南太湖产业集聚区
绍兴	绍兴滨海产业集聚区
金华	金华产业集聚区、义乌商贸服务业集聚区
衢州	衢州产业集聚区
舟山	舟山海洋产业集聚区
台州	台州湾循环经济产业集聚区
丽水	丽水生态产业集聚区

资料来源：浙江省发展和改革委员会、《浙江省人民政府关于印发浙江省产业集聚区发展规划（2011—2020年）的通知》。

第二，加强科技创新与公共服务平台建设。在科技创新平台建设方面，浙江省整合利用科技创新资源，加快打造高能级科创平台，建设之江实验室、良渚实验室、西湖实验室、湖畔实验室等4个实验室（见表4-16）。同时，还建设了产业创新中心、制造业创新中心等国家级重大创新平台，加快产业创新服务综合体建设（《浙江省人民政府关于强化实施创新驱动发展战略深入推进大众创业万众创新的实施意见》）。在科技创新区域平台建设方面，浙江省充分利用长江经济带、环杭州湾地区等区域创新平台的优势，全面提升浙江省高新技术科创平台发展水平，打造了具有国际竞争力的高新技术产业带和创新型城市群（《浙江省人民政府关于印发浙江省国民经济和社会发展第十三个五年规划纲要的通知》《浙江省人民政府办公厅关于印发浙江省科技创新"十三五"规划的通知》）。此外，利用科技公共服务平台，积极打造开放的科技创新平台，支持阿里云"城市大脑"等国家人工智能开放创新平台建设，并鼓励其他有条件的企业搭建开源创新服务平台、开放供应链资源和市场渠道，以构建产业链协同研发体系，带动产业链上下游发展（《浙江省人民政府关于印发浙江省新一代人工智能发展规划的通知》《浙江省人民政府关于强化实施创新驱动发展战略深入推进大众创业万众创新的实施意见》）。

表4-16　　　　　　　　　　首批浙江省实验室情况

实验室名称	主攻方向	牵头方
之江实验室	智能科学与技术	之江实验室
良渚实验室	系统医学与精准诊治	之江实验室
西湖实验室	生命科学和生物医学	西湖大学
湖畔实验室	数据科学与应用	阿里巴巴达摩院

资料来源：《浙江省人民政府关于建设之江实验室等浙江省实验室的通知》。

第三，推进科技大市场建设与发展。浙江省深入实施科技大市场建设工程，2014年，以省科技信息研究院、省科技开发中心两家厅属单位作为国有出资控股，吸收阿里巴巴、华数、浙大网新、杭州科畅、杭州中新力合等5家企业，共同组建了浙江伍一技术股份有限公司，作为市场主体，运营浙江科技大市场。科技大市场集展示、交易、共享、服务、交流"五位一体"，加快线上线下融合发展，推进科技大市场一头向高等学校、科研院所延伸，一头向地方、企业覆盖，完善双向互动的技术供需体系、技术交易服务体系和技术交易保障体系，加快将浙江科技大市场建设成全国一流的科技大市场（《浙江省人民政府关于印发加快推进"一转四创"建设"互联网+"世界科技创新高地行动计划的通知》《浙江省人民政府办公厅关于印发浙江省科技创新"十三五"规划的通知》）。浙江省还鼓励有条件的地方建立地方性的科技交易市场，为当地企业、研究开发机构、高等院校进行科技成果交易提供便利。同时，科学技术行政部门运用互联网、大数据、云计算等信息技术，加强科技大市场建设，支持企业、研究开发机构、高等院校、行业协会等单位通过网上平台开展信息发布、供需对接、询价、拍卖等活动。

（3）金融支持。首先，浙江省设立了政府性创业引导基金，鼓励引导社会资本发展天使投资、种子投资、创业投资等各类风险投资基金投资种子期、初创期科技型企业（《浙江省人民政府关于印发中国制造2025浙江行动纲要的通知》《浙江省人民政府关于全面加快科技创新推动高质量发展的若干意见》）。同时，鼓励条件成熟的银行及金融机构设立科技金融专营事业部或专营支行，加大科技信贷投入，发展适应企业科技创新融资需求的金融产品与服务，如科技保险、专利质押融资业务等，为企业提供多元化融资便利，分散企业研发风险（《浙江省人民政府关于印发加快推进"一转四创"建设"互联网+"世界科技创新高地行动计划的通知》《浙江省科技领导小组办公室关于印发〈浙江省全社会研发投入提升专项行动方案〉的通知》）。此外，发展并完善多层次资本市场为科技型企业提供融资渠道，加快推进企业股改，引导企业到新三板、浙江股权交易中心以及科创板等多层次资本市场挂牌上市，并合理利用境内外资本市场进行多渠道融资（《浙江省人民政府办公厅关于加快发展众创空间促进创业创新的实施意见》）。

（4）科技创新知识产权政策。浙江省当前正加快建设知识产权强省，系统推进知识产权强市、强县、强企建设，努力培育一批省级商标品牌示范县（市、区）、示范乡镇（街道）和示范企业（《浙江省人民政府关于印发加快推进"一转四创"建设"互联网+"世界科技创新高地行动计划的通知》）。同时，积极引导支持科技中介服务机构为中小微企业提供知识产权委托管理等服务。此外，浙江省实行了严格的知识产权保护制度，建设了知识产权保护中心，建立从申请到保护的全流程一体化知识产权维权制度，进一步加强知识产权保护（《浙江省人民政府关于印发中国制造2025浙江行动纲要的通知》《浙江省人民政府关于全面加快科技创新推动高质量发展的若干意见》）。还建立了企业知识产权黑白名单制度，实施信用惩戒，大幅提升侵权违法成本（《省发展改革委关于印发〈2020年浙江省推进大众创业万众创新工作要点〉的通知》）。

（5）布局全球创新网络。首先，浙江省充分发挥"21世纪海上丝绸之路"东部沿海节点的区位优势，加快推进浙江省面向沿线国家的科技交流、合作研究、创新载体与基地建设，建立国际创新要素双向互动机制。同时，支持浙江省企业面向全球布局创新网络，积极参与新兴产业国际规划和技术标准制定，争取话语权。其次，浙江省建立了二十国集团（G20）国际技术转移中心，并积极开展"一带一路"科技合作交流行动（《浙江省人民政府关于强化实施创新驱动发展战略深入推进大众创业万众创新的实施意见》）。此外，还借助世界互联网大会永久落户乌镇的契机，积极与国际知名互联网企业、运营商开展国际合作，进一步提升了浙江省以"互联网+"为核心的信息经济在全球的知名度和影响力（《浙江省科技创新"十三五"规划》）。

4. 支撑创新的政府投入方面需要改进的地方

（1）财政的研发投入力度与北京、上海等省份相比有较大差距，且省内区域间不平衡。企业是技术创新、成果转化与产业化的主体，是浙江成为科技创新大省的中坚力量。如何有效地引导企业加大科技投入尤其是研发投入是浙江省实施创新发展的第一步。而根据2018年全国各地区R&D经费情况来看，在R&D经费投入全国排名上，浙江排第5位；R&D经费投入强度（与地区生产总值之比）全国排名上，浙江排第6位。虽然浙江的R&D经费投入水平已经超过全国平均水平，但与北京、上海、广东、江苏、天津比还存在一定差距。

从省内区域间来看，市与市之间的 R&D 经费支出差距仍较大。2018 年杭州市、宁波市的 R&D 经费支出分别为 4 642 500 万元、2 761 700 万元，两市总额为 7 404 200 万元，而其余 9 个市的 R&D 经费支出总额为 6 525 300 万元，杭州市与宁波市的 R&D 经费支出总额比浙江省其余 9 个市的加总还要大。

激励企业自主创新的研发奖励政策普惠性不够，未引导企业持续增加研发投入。《浙江省省级企业研发后补助资金管理办法（试行）》中规定省财政每年预算安排研发后补助资金 6 000 万元，根据省统计局有关资料，以浙江省上上年度省内规模以上工业企业研发投入占主营业务收入比重前 500 名的企业名单，按"因素法"进行分配。而江苏省 2016 年出台的"科技创新 40 条"政策中规定，江苏省财政根据税务部门提供的企业研发投入情况给予 5%～10% 的普惠性财政奖励，财政政策的激励面扩大至全省所有加大研发投入企业的"普惠"奖励，且企业获得奖励"无需申报"。2015 年《广东省人民政府关于加快科技创新的若干政策意见》则提出要运用财政补助机制激励引导企业普遍建立研发准备金制度，引导企业有计划、持续地增加研发投入。与江苏省、广东省对比，浙江省激励企业加大研发投入政策普惠性不够，操作不够简便，且没有起到引导企业持续增加研发投入的作用。

创新券政策存在金额小、流通不畅、兑现时间过长等问题。目前浙江省创新券支持对象为有创新需求的企业和创业者，重点支持高新技术企业、创新型企业、农业科技企业、科技型中小企业、专利（知识产权）示范企业、科技孵化器在孵企业，以及在各类创新创业大赛取得名次的企业和创业者。由于申请门槛较高，而财政补助额不高（最高补助额省级不超过 20 万元，设区市级多数不超过 10 万元），使创新券对研发实力较强的企业无法起到有力刺激研发投入的作用，而缺乏研发实力的企业也往往申请不到。在异地使用问题上，浙江省除长兴县的创新券可以在上海市异地使用之外，其他地区的创新券都严格限制在本地使用，这种地区的限制性要求，使得创新券不能流通，限制了中小微企业获取异地科技服务的能力，也降低了创新券的使用效力。在兑换时间问题上，浙江省要求省级的创新券要到第二年的 1 月份兑付等。这种时间限制使得企业或者科研机构的支出并不能很快获得财政资金的报销。而使用创新券的中小微企业本身是缺乏资金的，创新券兑现间隔时间太长，影响了使用创新券的中小微企业和科研机构的现金流，给其经营发展造成了一定程度的困难。

科技金融体系不够健全，中小微企业创新融资难的问题亟待解决。在前期创投和研发阶段，一是投资大、风险高，二是很多中小微企业银行没有抵押物，使得企业融资难问题难以解决。浙江省已设立了多个支持科技产业发展的政府性基金（资金），但由于各个基金实行各自的管理办法，甚至分布在不同部门，难以形成合力。另外，光靠政府投入不够，还要引导更多的社会资本投入中小企业发展，拓宽科技型中小微企业投融资渠道。

（2）政府投入方面提升策略。加大财政投入规模，加强科技创新考核力度，优化财政投入方式。着力加强市县尤其是除杭州、宁波之外地区支持科技创新的能力和动力，同时发挥科技强县的带动作用。一是围绕全省科技创新规划，建立健全省对市县的科技创新工作考核方案，将其作为对领导政绩考核内容。考虑到各地经济发展不平衡以及需要财政支出的领域众多等情况，对科技创新工作既要考核研发经费和人员投入等绝对指标，更要考核相对指标，包括财政投入对社会资本投入的放大倍率、研发强度等，激发领导重视创新人才和创新投入持续增长。二是优化财政投入方式，明确财政支持的重点领域和区域。在投入方式上，根据市场对资源配置的有效程度采用不同的财政投入方式：对市场不能有效配置资源的公共科技活动，如公益性的科研项目和平台建设等，以无偿资助为主要支持方式；对市场化特征明显的技术创新和成果转化项目，通过科技金融结合、事后奖补等方式予以支持。在支持对象上，财政补助应主要限于中小微企业，对大型企业除了其开展国际领先的研发项目外不予资助。在区域结构上，着力加强对其余9市的财政投入力度。

改进普惠性的研发后补助政策和税收优惠财政政策，激励中小企业普遍建立研发准备金制度，引导企业持续加大创新投入。一是改进浙江省对企业研发费用的财政奖励办法，对已建立研发准备金制度的中小微企业，根据企业研发投入情况实行分级财政补助。二是省级财政可借鉴广东的经验按二级累退补助率进行补助：对企业研发费用不超过500万元的，补助比例为研发费用的10%；超过500万元的部分按5%补助；单个企业最高补助金额不超过500万元。对于一些财政资助金额较大的企业，在本年政府预算中无法全部兑现的，可结转到下一年度的预算中安排兑现。三是在项目管理上，对信用等级尤其是纳税遵从度高的企业开辟绿色通道，优先限时办理税收优惠；对虚报骗取财税优惠等违纪违法行为，要及时曝光、处罚，取消今后数年内申请财税优惠的资格。四是在绩效评价上，要有衡量财政投入效果的硬指标，如企业实际研发投入、专利授权数等。根据第三方的绩效评价，对于无产出或低效的项目不再予以补助；对于投入产出绩效好的企业，后期优先予以资助。

改革科技创新券政策，也要考虑到无能力进行自主研发的中小微企业，帮助它们通过外部力量获得创新资源，促进企业转型升级。针对创新券金额小的问题，可考虑根据企业的实际费用支出实行累退补助率，如实际费用在10万元以下的部分按照 50% 的比例核定支持；超过部分按照 10% 的比例核定支持。针对异地使用和兑换时间问题，最好是建立全国通用的创新券，同时，应由科技部和财政部制定出台全国创新券的使用办法，缩短创新券的申请和报销期限，解决目前创新券匹配财政资金的预算使用时间问题。最后，应建立全国的创新券支付系统，推动创新券在全国的流通使用，促进全国科技资源的充分共享和使用。

大力发展普惠性科技金融，放大财政资金的杠杆效应，解决企业科技创新项目融资难的问题。一是借鉴广东等省份的经验，通过财政投入带动创投、信贷、保险等社会资本共同投入。二是整合各类支持科技产业发展的国有金融资产和基金，成立国有独资的科技金融集团进行统一管理，铲除部门资源壁垒，开展基金业务、创投业务、金融业务和资产管理，鼓励其联合银行及社会资本设立科技股权基金，引导银行金融机构积极开展科技股权质押贷款业务。三是设立科技信贷风险准备金，为处于种子期、初创期的科技型企业融资提供政府增信，引导银行加大对科技型中小微企业的信贷支持力度。例如，丽水市的青田建立了科技型中小微企业风险资金池，设立科技型中小微企业政府风险金 1 000 万元，由金融机构按政府风险资金放大 10 倍，对符合条件的科技型中小微企业授信并发放部分抵押的科技贷。四是设立"科技企业转贷周转金"或者"政策性担保资金"，为贷款即将到期而足额还贷出现暂时困难的科技型中小微企业按期还贷、续贷提供短期资金支持。

5. 科技成果转化方面需要改进的地方

（1）高校科研院所科技成果转化率低，产学研合作成效有待提高。2018 年各地方辖区内的高校院所和科研院所以转让、许可、作价投资方式转化科技成果的合同金额前 10 名中没有浙江（2018 年各地方辖区内的高校院所以转让、许可、作价投资方式转化科技成果的合同金额前 10 名分别是北京、上海、吉林、广东、江苏、山东、黑龙江、甘肃、辽宁、湖北；2018 年各地方辖区内的科研院所以转让、许可、作价投资方式转化科技成果的合同金额前 10 名分别是北京、上海、吉林、广东、甘肃、江苏、黑龙江、安徽、天津、山东）。

科技成果转化政策目标导向重数量投入、轻产出效益。政策定的成果转化目标多在数量上，而不是在效益上。例如，《授权发明专利产业化工作绩效评价及奖励管理办法（试行）》定下了到 2022 年全省每年高质量推动 2 000 项授权发明专利产业化的目标要求，而没有对成果转化的规模和效益做出要求。在对各省份的发明专利产业化工作绩效评价中，虽然也考虑了产业化效益，但占比不高，各市县完全可以通过增加数量和财政资金的支持额度来提高总得分。我们更应该关注的是产出结果，而不是无效率的投入。

专业化技术转移机构和人才的业务能力有待提升。一是专业化技术转移机构普及面不够。全国30个省份（不含西藏）、新疆生产建设兵团和5个计划单列市共有453个国家技术转移机构。其中，创新资源最为丰富、技术转移最为活跃的北京、江苏和广东的机构数量也仅分别为58家、45家和26家。而浙江只有21家国家技术转移机构，不能支撑浙江省科技大省的技术转化需要。二是现有技术转移机构服务能力较弱，仍存在"规模小，服务少，能力弱"的现象。在《2018年度国家技术转移机构考核评价结果》中，浙江只有5家被评为优秀。三是高水平、专业化技术转移服务人才严重缺乏，高校院所编制有限，从事科技成果转化的专职人员少且能力不足，大部分是以兼职形式成立的成果转化工程咨询专家组。虽然浙江省已经加快培养技术经理人、技术经纪人，从2017年开始每年组织技术经纪人的培训班，但高水平专业人才仍十分匮乏。

科技成果转化的支撑体系不够完善。一是科技成果转化相关考核、激励机制不健全。首先人才考核评价"四唯"问题依旧存在，虽然修订版《浙江省促进科技成果转化条例》强调要把成果转化作为职称评审的重要依据，但缺乏可操作的具体细则、可量化的指标，从而导致"破四唯"改革没有完全落地。二是科技成果转化金融支持不充分，亟待加强。首先，金融对科技成果转化的支持不够，承接成果转化的中小微企业较难以获得以商业银行为主导的金融支持，严重影响科技成果转化；其次，投入科创领域的资金比例较少；最后，成果转化早期融资难。三是科技成果评价体系和政策咨询服务缺位。首先，缺少科技成果评价标准，成果评价的权威性难以界定；其次，科技成果转化政策发布多，落实和咨询体系亟待完善。

（2）科技成果转化方面的改进策略。①打通政策链，使转化制度日益健全。在科技成果转化工作中，一些单位成立由高校院所主要负责人牵头的成果转化工作领导小组，出台具有可操作性的科技成果转化管理制度。上海交通大学形成完成人实施成果转化项目"五步转移法"和作价投资项目"授权投资+产权分割"新机制，实现成果转化模式与机制创新。

瞄准国家战略及市场需求，推动高价值成果产业化。中国科学院长春光学精密机械与物理研究所立足国家发展战略，着眼精密仪器与装备技术体系和领域，联合开展基因测序、人工智能等多个高精尖产业研究和项目合作，设立总规模10亿元的红旗产学研创新基金，累计成功孵化企业93家。清华大学深耕科技成果与国家战略及市场需求的精准对接，通过收集、挖掘、发布"三步走"实现专利工作的精

---

① 本部分内容参见《中国科技成果转化2019年度报告》。

细化管理，对位芳纶纳米纤维制备技术的成果转化，为航空航天等国家战略领域的发展提供基础支撑。

推动建立技术转移机构，积极发挥服务支撑作用。部分单位探索建立符合成果转移转化规律的工作机制，形成各具特色的技术转移服务模式。中国科学院工程热物理研究所建立科技发展处和资产管理公司相互配合的协同工作机制，实现"前期科研创新成果转化"及"后期实施运营投后管理"的有效衔接，全年转化合同总金额达 19.2 亿元。北京大学技术转移机构不断完善"请进来""走出去""精准对接＋专业服务"的科技成果服务机制，通过成立转化子基金、建立数据库、搭建校企联合研发平台等开展技术转移转化。

深化产学研合作，提高科技成果转化效率。一些单位建立多种形式、符合科技成果转移转化规律的产学研合作体系。南京航空航天大学构建航空航天领域校地产学研合作平台，发挥行业特色推进优势成果转化，共建校地研究院 7 家，达成各类科技合作项目 5 000 余项。江苏省农业科学院制定具体实施办法，探索建立"企业＋科研团队""科技成果入股"等专业化市场化服务模式，以知识产权为纽带，与多家企业合作成立 30 家产业研究院，近三年累计有 110 个作物品种得到转化应用。

注重技术转移专业人才培养，提升科技成果转化服务水平。一些单位加强技术转移专业人才队伍建设，让专业的人做专业的事，科技成果转化服务水平不断提升。中山大学成立知识产权服务公司，围绕成果转化"专业化"的特点，建立专业技术转移队伍，打造"学校管理人员—院系兼职职业经理人—公司专业队伍—科研人员"4 个层次一体化运行的成果转化人才体系，2018 年以转让、许可、作价投资方式转化科技成果合同金额同比增长 5 倍。江苏省产业技术研究院构建 3 支技术转移专业人才团队，内部开展技术转移实务培训，外部接轨国际标准引入 ATTP 培训，为科技创业项目和创新型企业提供专业服务。

制定考核评价体系细则，提升成果转化动力。《人才新政》和修订版《浙江省促进科技成果转化条例》强调以科技成果转化应用为导向，建立健全有利于激发教职工及科研人员转化科技成果积极性的考核评价体系，为此需制定具体的实施细则，使政策真正落地。杭州电子科技大学颁布了《杭州电子科技大学岗位设置与聘任实施办法》，在专业技术岗位聘任申报条件的科研业绩核心指标 ABC 中，对横向科研项目和专利转化有具体的规定，1 000 万元以上的企事业单位委托项目可考虑直接聘为三级教授。设立合理可量化的指标，制定可操作的细则，才能真正有效地提高科技人才的成果转化动力。

健全激励机制，激发成果转化热情。部分单位积极探索科技成果转化激励机制改革，构建完善灵活有效的激励方式。在科研人员以作价投资入股的方式进行科技成果转化时，四川大学大胆探索职务科技成果所有权确权改革，建立"科学确权，早期分割权益共享，责任共担"的确权模式，成果完成人可与学校共同作为成果所有权人。

加快科技资源和金融资源融合。为不同发展阶段科技型中小企业量身定制金融服务方案，如以直接融资为主重点支持初创期和壮大期科技型中小企业，以间接融资为主重点支持成长期科技型中小企业。鼓励银行机构设立科技型中小企业信贷专营机构或部门，适当提高对科技型中小企业不良贷款的风险容忍度，成立科技发展融资服务公司，发挥政府资金的引导作用，撬动商业银行信贷资金投向科技型中小企业等。

（三）特色小镇

中国特色小镇发源于浙江省。区别于行政区划单元和产业园区，浙江特色小镇是相对独立于市区，具有明确产业定位、文化内涵、旅游和一定社区功能的发展空间平台，是一种在"块状经济"和"县域经济"基础上发展而来的创新经济模式。高标准规划建设特色小镇，是浙江省高质量发展组合拳的关键一招和供给侧结构性改革的重要一环，是推进"八八战略"再深化、改革开放再出发的重要举措。

1. 浙江省特色小镇发展历程

浙江省特色小镇发展历程如图4-9所示。

2. 浙江省特色小镇的分类

浙江省特色小镇聚焦数字经济、环保、健康、旅游、时尚、金融、高端装备制造等支撑浙江省未来发展的七大产业，兼顾茶叶、丝绸、黄酒、中药、青瓷、木雕、根雕、石雕、文房等历史经典产业，坚持产业、文化、旅游"三位一体"和生产、生活、生态融合发展。

根据《浙江省特色小镇创建规划指南》，特色小镇可分为三大类。第一类，以提供实物产品为主，包括环保小镇、健康小镇A（制药和医疗器械等制造业为主）、时尚小镇B（产品制造型）、高端装备制造小镇；第二类，以提供技术与金融服务产品为主，包括数字经济小镇、时尚小镇A（研发设计型）、金融小镇；第三类，以提供体验服务产品为主，包括健康小镇B（康养保健为主）、旅游小镇。

2014年10月 概念首次提出	时任浙江省省长李强在参观杭州云栖小镇时指出："省有关部门和杭州要积极支持'云栖小镇'建设，让杭州多一个美丽的特色小镇，天上多飘几朵创新'彩云'"。
2015年4月 出台指导意见	浙江省政府出台了《浙江省人民政府关于加快特色小镇规划建设的指导意见》。
2015年6月 第一批创建名单公布	第一批浙江省级特色小镇创建名单正式公布，全省共有37个小镇入围。
2016年1月 第二批创建名单公布	第二批浙江省级特色小镇创建名单正式公布，全省共有42个小镇入围。同时公布了首批省级特色小镇培育名单，共51个小镇。
2016年5月 示范特色小镇确定	浙江省级特色小镇规划建设工作联席会议办公室研究决定，10个特色小镇被确定为省级示范特色小镇。
2017年8月 第三批创建名单公布	第三批浙江省级特色小镇创建名单正式公布，全省共有35个小镇入围。同时公布了第二批省级特色小镇培育名单，共18个小镇。
2018年4月 出台规划指南	浙江省特色小镇规划建设工作联席会议办公室印发《浙江省特色小镇创建规划指南（试行）》。这是全国首个针对特色小镇创建规划出台的专项指导文件。
2018年9月 第四批创建名单公布	第四批浙江省级特色小镇创建名单正式公布，全省共有21个小镇入围。同时公布了第三批省级特色小镇培育名单，共10个小镇。
2019年9月 第五批创建名单公布	第五批浙江省级特色小镇创建名单正式公布，全省共有15个小镇入围。同时公布了第四批省级特色小镇培育名单，共7个小镇。
2020年4月 第六批申报	开展第六批省级特色小镇创建对象、第五批省级特色小镇培育对象的申报工作。

图 4-9 浙江省特色小镇发展历程

特色小镇分类如图 4-10 所示。

3. 浙江省特色小镇的发展模式

（1）运作方式：政府引导、企业主体、市场化运作。《浙江省人民政府关于加快特色小镇规划建设的指导意见》指出，特色小镇建设要坚持政府引导、企业主体、市场化运作，既凸显企业主体地位，充分发挥市场在资源配置中的决定性作用，又加强政府引导和服务保障，在规划编制、基础设施配套、资源要素保障、文化内涵挖掘传承、生态环境保护、统计数据审核上报等方面更好地发挥作用。每个特色小镇都要明确投资建设主体，由企业为主推进项目建设。

特色小镇全面市场化运作模式参考如图 4-11 所示。

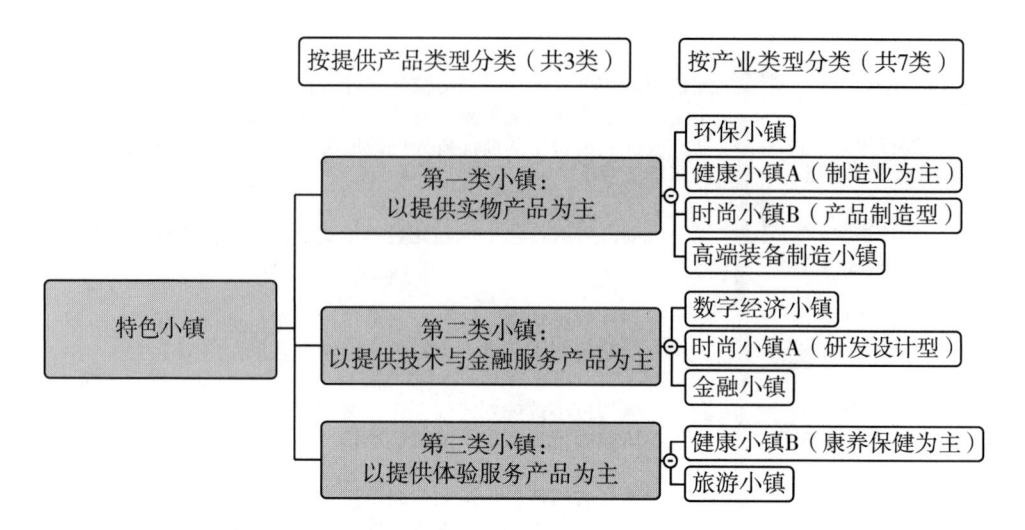

图 4-10 特色小镇分类

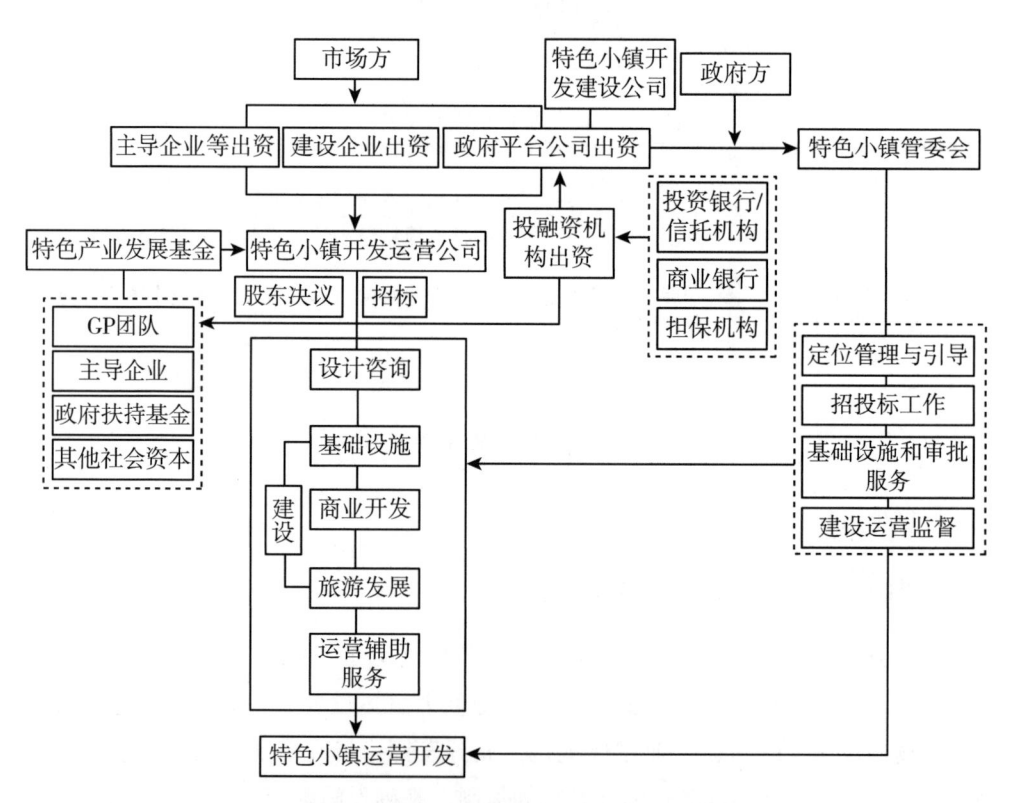

图 4-11 特色小镇全面市场化运作模式参考

资料来源：《浙江省特色小镇创建规划指南》。

（2）建设格局：培育一批、创建一批、验收命名一批。自 2015 年浙江省政府出台《浙江省人民政府关于加快特色小镇规划建设的指导意见》以来，浙江全省各地、各有关单位加快规划建设特色小镇，引导社会各方面力量积极参与，特色小镇创建和培育工作扎实有序推进。

按照深化投资体制改革要求，浙江省特色小镇的建设使用"宽进严定"的方式推进特色小镇规划建设，符合基本条件的纳入培育名单，条件成熟的纳入创建名单，达到目标要求的纳入命名名单。按照这样的规划，浙江省目前已形成"培育一批、创建一批、验收命名一批"的特色小镇建设格局。

（3）动态管理：定期监测、年度考核、联动指导。根据《浙江省特色小镇创建导则》，在特色小镇建设的全过程中，浙江省政府有关部门会对特色小镇实施定期监测、年度考核、联动指导，确保特色小镇各项建设工作计划要求有序推进，不断取得实效。

定期监测：浙江省统计局会同省发展改革委建立省特色小镇统计指标体系，采取季度通报和年度考核的办法，对省级特色小镇创建和培育对象开展统一监测。

年度考核：省级相关主管部门针对特色小镇制定年度考核办法，以年度统计数据为依据，评选并公布各个特色小镇的年度考核等级，建立动态调整机制。特色小镇考核等级如图4-12所示。

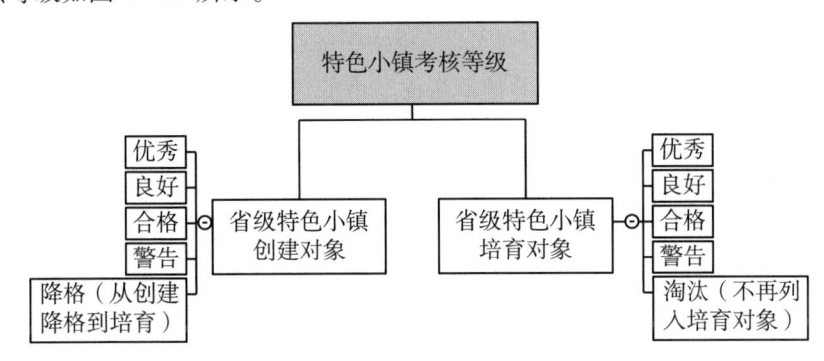

图4-12 特色小镇考核等级

联动指导：省级相关主管部门具体负责对特色小镇规划建设的前期辅导、协调指导、日常督查和政策扶持。各设区市负责所辖县（市、区）特色小镇规划、申报、创建等工作的指导和服务。各县（市、区）参照省特色小镇规划建设工作联席会议部门职责分工，明确责任、分工合作，形成了省、市、县联动推进的工作机制。

4. 浙江省特色小镇的发展特点

特色小镇特色主要体现在四个方面：产业特而强、功能聚而合、形态小而美、体制新而活。

（1）产业特而强。特色小镇的产业定位面向未来，主攻浙江重点打造的信息经济、环保、健康、旅游、时尚、金融、高端装备制造七大产业，以及茶叶、丝绸、黄酒、中药、青瓷、木雕、石雕等历史经典产业。每个小镇将立足一个主导产业，打造完整的产业生态圈，培育具有行业竞争力的"单打冠军"，同时坚持产业、文化、旅游"三位一体"和生产、生活、生态融合发展。

（2）功能聚而合。在特色小镇里，共有产业、文化、旅游和社区四种功能融合发展，注重空间整合和文化传承，强调产、城、人、文一体。除了特而强的产业，在文化功能方面，特色小镇不仅彰显产业文化，还注重传承传统文化，对重要文物进行保护性开发，同时也致力于推动文化对外交流，吸收优秀的国际文化。在旅游功能方面，省政府提出的指导性政策中明确指出，每一个特色小镇都必须按照国家3A级以上景区的标准进行建设，而旅游小镇则要争取建设成为国家5A级景区。在社区功能方面，特色小镇具备合理的居住用地规模、完善的基本公共服务设施，以及适宜的人口规模。

（3）形态小而美。特色小镇建设的指导意见要求小镇的规划面积一般控制在3平方公里左右，建设面积一般控制在1平方公里左右。在建设过程中更要尽力避免小镇演变为"大而全"的形态。同时，特色小镇的建设要充分尊重和利用原有的山水格局、自然生态和特色风貌，并按照海绵城市的建设要求，进行低影响开发，力争创建和谐宜居的美丽小镇环境。

（4）体制新而活。特色小镇是综合改革实验区，凡是国家、省级或是市级的改革举措都率先在特色小镇推开。其建设方式新而活，采用分批建立创建对象、中间动态优胜劣汰、建成后验收命名的"创建制"；其规划理念新而活，融入了四大功能叠加、培育上市公司等新理念；其运作方式新而活，坚持"政府引导、企业主体、市场化运作"；其扶持方式新而活，实施有奖有罚的土地供给方式、期权式的财政奖励方式，助力特色小镇务实建设。

2020年4月，在浙江省特色小镇2.0工作推进会上，浙江省发展改革委相关负责人指出，浙江下一步要聚焦产业基础高级化、产业链现代化的总方向，打造特色小镇2.0，推动特色小镇建设创新平台、集聚创新资源、提升小镇形象，把特色小镇打造成为全面践行新发展理念、率先实现高质量发展的高端平台。

在特色小镇特点上，特色小镇2.0决心在1.0的基础上打造"产业更特、创新更强、功能更优、形态更美、机制更活、辐射更广"的特色小镇，更加强调产业竞争力、创新力和辐射带动力，坚定从产业提质、有效投资、科技创新、体制机制、风貌特质五个方面推进。

5. 浙江省特色小镇的发展现状

截至 2020 年 4 月，浙江省已有命名特色小镇 22 个、创建类特色小镇 110 个、培育类特色小镇 62 个。从不同地市分布来看，全省位于杭州的特色小镇数量最多，共有 43 个；其次是温州市，共有 21 个特色小镇。浙江省各地级市特色小镇分布情况如图 4-13 所示。

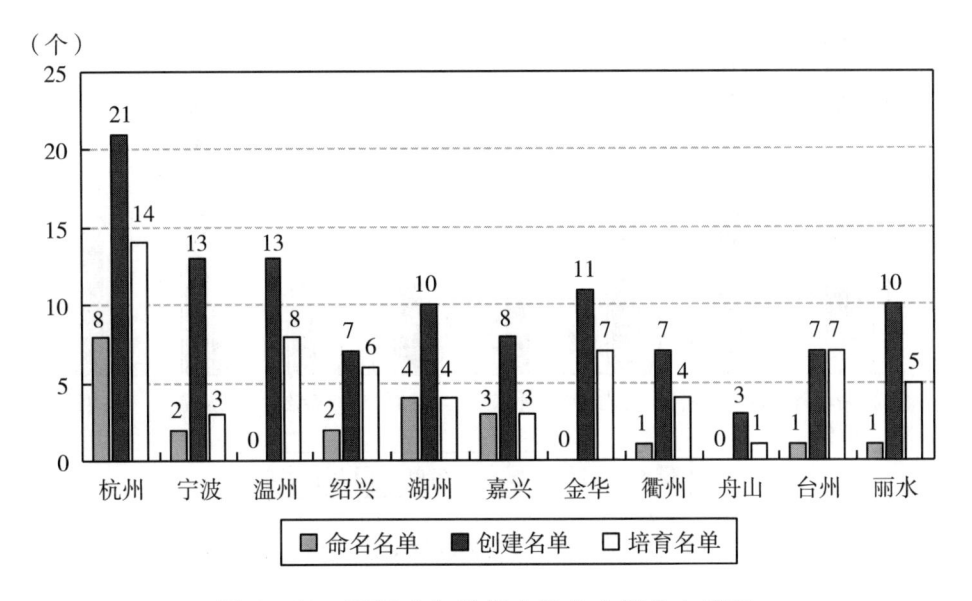

图 4-13 浙江省各地级市特色小镇分布情况

资料来源：浙江特色小镇官网。

从不同产业类型分布来看，数字经济类的特色小镇共有 41 个，高端装备制造类的特色小镇共有 41 个，时尚类的特色小镇共有 27 个，环保类的特色小镇共有 8 个，健康类的特色小镇共有 12 个，金融类的特色小镇共有 11 个，旅游类的特色小镇共有 40 个，历史经典类的特色小镇共有 14 个。浙江省不同产业类型特色小镇分布情况如图 4-14 所示。

6. 浙江省在特色小镇建设中的政府工作创新

（1）创建方式创新：采用创建制。按照深化投资体制改革要求，浙江省特色小镇的创建不采用审批制，而是使用创建制来推进特色小镇规划建设。所谓创建制，是指由县（市、区）政府向省特色小镇规划建设工作联席会议办公室自愿报送创建特色小镇书面材料，省级相关职能部门以及省特色小镇规划建设工作联席会议办公室分批审核，凡符合特色小镇内涵和质量要求的，均纳入省重点培育特色小镇创建名单；纳入创建名单只是规划建设的开始，入围后特色小镇创建对象也不能直接享受到省里有关支持政策；只有在年度考核合格或验收命名后，特色小镇才能获得土地和财政方面支持。在创建制下，形成了"明确目标、竞争入队、优胜劣汰、达标授牌"的特色小镇创建格局。

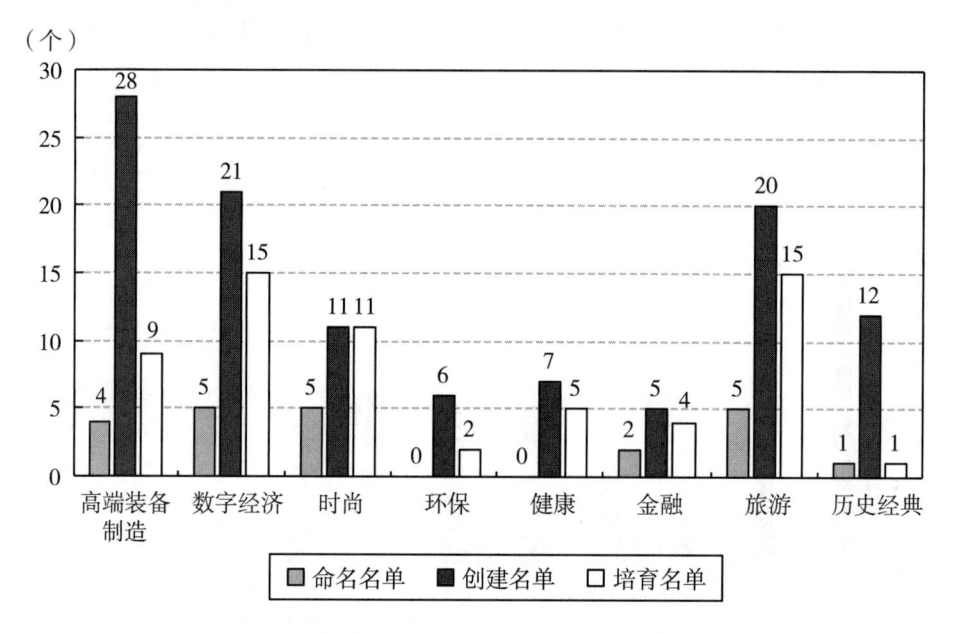

图 4-14　浙江省不同产业类型特色小镇分布情况

资料来源：浙江特色小镇官网。

（2）扶持政策创新：土地奖惩、税收优惠。浙江省特色小镇的扶持政策共有两类。第一类是土地政策，省里按实际使用指标的 50% 给予配套奖励，其中信息经济、环保、高端装备制造等产业类特色小镇按 60% 给予配套奖励；对 3 年内未达到规划目标任务的，加倍倒扣省奖励的用地指标。此外，对在全省具有示范性的特色小镇，省给予一定的用地指标奖励。第二类是"三免两减半"的税收政策，即特色小镇规划空间范围内的新增财政收入上交省财政部分，前 3 年全额返还、后 2 年返还一半给当地财政。

（3）政府角色定位创新：简政放权、甘当配角。浙江省政府作为特色小镇建设的引导者，通过制定出台引导性政策法规，尽力帮助市场主导下的特色小镇更好地进行发展和优化，并在各方面都尽量避免政府的过度干预，充分让市场机制发挥作用。

同时，浙江省政府也是特色小镇建设的服务者，将小镇内企业无法完成的公共服务作为自身的工作内容，如实现特色小镇配套基础设施的搭建、对公共服务进行完善等。浙江省许多特色小镇都设立了创业服务大厅，提供包括"三证联办、创新交流、政企交互信息"等在内的保姆式服务。此外，小镇还制定"一揽子"政策，在房屋租金、能耗、购买云服务、购买中介服务等方面给予补助，最大限度地降低创业者的资金成本。特别地，在杭州上城区玉皇山南基金小镇，还有一家"杭州市上城区人民法院基金小镇人民法庭"，专注于为小镇企业的金融商事案件服务，给小镇的金融法治工作提供了极大便利。

在经济新常态下，浙江创建特色小镇有利于破解经济结构转化和动力转换的现实难题，是浙江供给侧结构性改革的一项探索，是推进经济转型升级的重大战略选择。特色小镇是破解浙江空间资源瓶颈、有效供给不足，以及高端要素聚合度不够的重要抓手，符合生产力布局优化、产业结构演化，以及创业生态进化规律。浙江省特色小镇的建设响应国家号召，顺应发展趋势，已深刻改变了浙江的经济社会发展格局。在未来，特色小镇将继续推动新常态下的浙江经济保持中高速发展，逐步向中高端水准迈进。

第五章

南京：以新型研发机构推动科技与产业深度融合

近年来，通过新型研发机构化解创新转化难题，打通创新"最后一公里"的实践探索在各地不断涌现。广东、江苏、深圳、南京等22个地区发布了支持新型研发机构发展的政策文件，形成了各具特色的发展模式。南京的科教资源较为丰富。近年来，南京创新新型研发机构运营模式和运行机制，推动科教资源与产业创新深度融合，成为突破创新"最后一公里"的关键支点，对南京创新型城市建设起到了重大推动作用。

一、在长三角区域创新一体化中定位引领性国家创新型城市

创新资源丰厚是南京的城市特质，科技成果本地转化率低是南京推进科技创新创业的主要短板之一。在长三角区域创新一体化的大背景下，南京作为区域创新策源地，担负着知识扩散的城市使命，这就亟须找到促进科技成果转化的有效路径，推动本地和区域的高质量发展。

（一）提升南京"创新首位度"

南京是典型的科教资源丰裕型城市，科教综合实力排在北京、上海之后，位列全国第三。驻宁科研机构有中科院多所研究所，南京大学、东南大学等高水平大学；南京依托这些院所建设了20个科教类国家重点实验室，还依托南瑞集团等企业建设了9个企业类国家重点实验室，另有2个

科教类省部共建国家重点实验室;① 南京 930 万人口②中有 80 多名两院院士，80 多万名在校大学生。在转向创新驱动的背景下，南京的创新资源优势正逐步在招商引资、推动高质量发展等方面显现出来。同时，南京是首批国家创新型城市试点之一。创新型城市是国家创新体系的重要内容，在国家创新体系概念提出以前，人们只是使用技术创新的概念，国家创新体系是在总结知识经济时代特征时提出来的。其依据是，在现代科技进步中，科学新发现越来越成为科技创新的源头，而且原始创新的成果一般都是源自科学新发现转化的技术。这意味着知识创新的作用明显增强，知识创新和技术创新成为国家创新体系不可分割并相互衔接的两个方面（洪银兴，2015）。同样，在区域创新体系中，知识创新与技术创新也不可分割。这就决定了创新资源以及原始创新能力越来越成为一个城市地位的重要决定性因素。

科技创新成为经济发展的主要动力是一个城市成为创新型城市的重要标志。创新主体逐渐从国家层面到区域层面，再推进到城市发展层面，城市在创新体系中的地位和作用得到凸显。尤其是近年来，城市经济功能呈现出由传统产业转向高新产业、由制造转向研发、由生产转向服务并迈向创新中心的趋势，城市特别是中心城市正日益成为信息、技术、品牌、知识、人才等创新资源的载体和集聚地（洪银兴等，2017）。同时，城市间在创新领域的合作也日益紧密，以中心城市为增长极，通过集聚效应和辐射效应带动城市群整体发展的模式成为创新资源丰富区域的典型发展特征。

中心城市首位度不高和创新资源利用不够充分，是当前南京经济社会发展亟须解决的两大问题。对这两个问题的破解又统一于南京的高质量发展实践。创新驱动是提升南京中心城市首位度的必由之路。

提升南京城市首位度的意义是什么？是为了做大南京经济体量，还是为了促进知识扩散从而辐射引领带动周边地区发展？答案是后者。在长三角地区范围内，上海是超级城市、核心城市，对周边地区的发展形成辐射带动作用，但这种辐射和带动力会随着距离的扩大而衰减。距上海 300 公里的地方接受上海的辐射力已经较弱了，这就要求在这个距离上建设"次中心"，通过"次中心"集聚资源，辐射带动周边地区发展，南京恰好处在这个位置上，也应该承担这样的职能。通过机制创新和载体建设，让"大院大校大所"的资源"走出来"，让科技创新真正产生现实驱动力，是提升南京"省会首位度"的重要路径。

"首位度"反映的是发展要素在大城市的集聚程度。简化指标是首位城市与第

---

① 《南京统计年鉴（2020）》。
② 根据《南京市第七次全国人口普查公报》，截至 2020 年 11 月，南京常住人口为 9 314 685 人。

二位城市的人口规模之比，经济与产业发展的相对水平也经常被看作城市首位度的衡量指标。根据已公布的数据，[①] 2020年南京全域人口是苏州的0.73倍，GDP是苏州的0.74倍，首位度在全国省会城市中仅略高于济南。同年，杭州人口是宁波的1.27倍，GDP是宁波的1.30倍；武汉人口是襄阳的2.36倍，GDP是襄阳的3.39倍；广州人口是深圳的1.06倍，GDP是深圳的0.88倍。首位度较高的成都人口是绵阳的4.30倍，GDP是绵阳的5.89倍。南京中心城市首位度较低的原因是多方面的。一是南京市全域面积偏小。在所有省会城市中，南京全域面积仅比海口大。杭州面积是南京的2.5倍，广州面积是南京的1.1倍，武汉面积是南京的1.3倍，成都面积是南京的1.9倍。与本省第二位城市面积相比，杭州是宁波的1.7倍，广州是深圳的3.7倍，而南京是苏州的0.77倍。面积偏小，特别是与对照城市的面积相比偏小，限制了南京的首位度。二是民营经济和外向型经济偏弱。民营企业和外资企业在吸纳就业方面贡献了较大比重，成为吸引人口的重要阵地。而南京历来国有大企业规模占比较大，一定程度上使南京在吸引人口方面与苏州形成了较大差距。南京的户籍人口多于苏州，而常住人口大约比苏州少300万人，很大原因是由两市的产业结构和企业类型差异造成的。三是江苏的经济重镇以苏锡常为主。特别是苏州的经济体量在全国城市中排名第六位，去除排在前面的上海、北京、重庆三个直辖市，则排名第三位，超越了除广州之外的所有省会城市。苏锡常地区接受上海辐射作用明显，且彼此之间相互协同，对产业和人口形成较大吸引力，一定程度上稀释了南京省会城市的能级。

南京全域面积偏小是客观现实，但这不应成为南京心安理得面对中心城市首位度较低的理由。上海面积与南京相当，却集聚了2 400万人口；深圳面积只有1 900平方公里，仅为南京面积的1/3，却集聚了1 756万人口；武汉和成都的面积也远远小于襄阳和绵阳，但它们在集聚发展要素、带动周边地区发展方面远远超越南京。而受产业基础相对偏弱、就业机会相对偏少影响，南京城市有吸引力无容纳力。按照以上分析，提升南京首位度的着力点不应是走"兼并"其他城市的外延扩张之路，而应是走内涵式增长的创新驱动之路。其基本逻辑是：通过制度创新激发创新活力，吸引更多的资源特别是人才资源集聚南京，同时，将南京的人力资本优势发挥出来，以新型研发机构为主要载体，形成创新策源地，立足南京都市圈，全方位融入长三角城市群。即南京的首位度不应该是GDP首位度，而应该是"创新首位度"。

可以说，提升南京中心城市首位度，就是进一步发挥省会城市的功能，带动周

[①] 作者根据各市官方公布数据搜集整理，其中，人口为第七次人口普查数据。

边、辐射全省。虽然首位度从指标上关注人口和产值，但从内涵上还要看南京的文化影响力、公共资源服务力、价值体系引领力。南京省会城市的辐射带动力，来自其作为全省政治、文化、教育中心的向心力。南京中心城市首位度提升的过程，就是科技创新作用发挥的过程。作为创新型城市建设的重要抓手，新型研发机构建设在提升南京省会城市首位度中被赋予重任。

（二）融入长三角创新圈是南京建设引领性国家创新型城市的基本路径

在世界范围内，形成了旧金山—硅谷走廊、东京—筑波走廊、伦敦—剑桥走廊、波士顿地区走廊四条比较著名的科创走廊，其共同特点是：有创新策源地、有产业转化地、有交通要道连接，即科创走廊是以交通要道串联起来的科技产业创新资源富集地区。从长三角地区甚至全国范围看，有一条集聚丰富创新资源、发展潜力极大的科创走廊：沪—宁—杭—合科创走廊。在这条科创走廊上，上海是国家中心城市[1]，是"居于国家战略要津、肩负国家使命、引领区域发展、参与国际竞争、代表国家形象的现代化大都市"[2]；苏、浙、皖的省会宁[3]、杭、合是区域中心城市，它们分别集聚了所在省份的主要创新资源；2021年6月，国家科技部复函江苏省人民政府，同意支持南京建设引领性国家创新型城市。以上海为核心，带动和串联起宁杭合的创新资源，在长三角区域科创一体化的国家战略下，建设沪—宁—杭—合科创走廊具有重大区域价值，也是南京建设创新型城市的重要依托。南京的创新型城市建设既要立足本地创新资源禀赋，又要充分地与周边城市融合发展，积极参与沪—宁—杭—合科创走廊建设、融入长三角创新圈是南京建设引领性国家创新型城市的基本路径。

第一，沪宁杭合有着巨大合作空间，并对整个长三角地区形成整体创新支撑"骨架"。从产业类型看，上海的金融、航运、贸易等高端现代服务业可为宁杭合的制造业产业提供强力支撑；从产业层次看，上海的产业链、价值链高端环节与宁杭合的基础产业链形成互补与互动；从人才结构看，总部经济集聚的上海吸引了全球的人才资源，在为上海建设具有全球影响力的科技创新中心的同时，也必将对宁杭合产生人才溢出效应。以沪宁杭合为支撑，将串联起以上海大都市圈为引领的杭州

---

[1] 住房和城乡建设部发布的《全国城镇体系规划（2010—2020年）》明确规划和定位了五大国家中心城市：北京、天津、上海、广州、重庆；后来，国家发展改革委及住房和城乡建设部先后发函支持成都、武汉、郑州、西安建设国家中心城市。
[2] 这是国家发展改革委对国家中心城市的定义。
[3] 国务院关于南京市城市总体规划的批复中明确指出："南京是江苏省省会，东部地区重要的中心城市，国家历史文化名城，全国重要的科研教育基地和综合交通枢纽。"

都市圈、宁波都市圈、苏锡常都市圈、南京都市圈、合肥都市圈。以都市圈中心城市为引领，带动整个长三角地区创新发展。

客观而言，虽然南京创新资源丰富，且多年来始终咬住科技创新发展之路不动摇，但与杭州和合肥两市相比，并无绝对优势，与上海更不在同一层级上。南京仅凭一己之力而在长三角地区崛起为力压群雄的创新名城不是没有可能，但概率较低。若南京能首先融入长三角地区的一体化发展之中，把自己定位为沪—宁—杭—合科创走廊的支柱之一，则引领性国家创新型城市建设的基石将更加稳固。

第二，产业链和创新链深度融合的发展趋势，要求南京积极参与沪—宁—杭—合科创走廊建设。当前的科技创新和产业发展越来越表现为产业链和创新链的深度融合。从科学发现到技术研发、产品制造的转化时间不断缩小，在空间上紧密结合。沪宁杭合连接起来的科创走廊，有上海张江、合肥两个综合性国家科学中心，有南京、杭州的研发基础力量，有苏锡常的产业基础能力，这为产业链和创新链的融合提供了基础条件，也为南京的创新型城市建设提供了支撑。

激活南京创新资源的重要路径是融入长三角创新生态圈，南京融入长三角创新圈需要从参与建设沪—宁—杭—合科创走廊入手。就资源分布来看，张江、合肥作为综合性国家科学中心，基础研究实力雄厚；苏锡常作为传统产业强市，借改革开放的东风，已经在产业链发展方面打下了坚实的基础；杭州都市圈在新经济中迅猛发力，具备了较强的数字经济产业发展实力。对南京而言，如何在长三角地区的科技创新和产业创新中找准自己的位置，以何种方式和路径融入长三角创新生态圈显得至关重要。从现实可行性来看，需要把握以下三点。

一是以大学作为南京融入长三角创新圈的链接点。大学（及科研院所）是南京这座城市最重要的创新资源，也是南京提升城市竞争力的重要基础。大学在学术研究过程中需要持续不断的学术交流，在科技成果转化过程中需要与转化地进行信息交换，这为其所在城市提供了信息汇聚的机会。南京的大学科研人员在与长三角地区同行的学术交流中、在与其他地区的产学研合作中，为南京融入长三角创新圈提供了众多链接点。为了更有效地利用好这些链接点，南京需要深入推进"校地融合发展"。可以说，一座城市缺少大学就会面临创新资源匮乏的问题；但如果一座城市有了大学，却没有有效利用大学创新资源的模式和方法，也就无法形成创新驱动力。在长三角区域创新一体化的背景下，南京必须采取有效办法，实现与高校的融合发展，才能更好地融入长三角创新生态圈。

二是以产业作为南京融入长三角创新圈的黏合剂。长三角区域一体化发展的重要使命是把长三角地区建设成为全国甚至全球范围的创新中心，这个创新中心需要以世界级产业集群为支撑，而长三角世界级产业集群的重要载体之一就是都市圈。

这就可以得出以下结论：长三角地区产业合作是科创合作的基础支撑。于是，南京要融入长三角创新圈，需要以产业一体化为基础，这也是产业链与创新链深度融合背景下的必然逻辑。

三是以人才流动作为南京融入长三角创新圈的润滑剂。地区之间的融合首先表现为要素的自由流动，尤其是人的流动。在创新发展的背景下，又主要表现为人才的流动。南京要融入长三角创新圈，既要重视集聚人才，又不能在吸引人才上持本位主义的狭隘观念。人才的流动有利于知识的交流和扩散，有利于打破地区"内卷化"。在人才集聚上秉持开放观念，就需要长三角地区各城市在户籍、档案、社保等多领域进行合作和一体化改革。南京应积极参与这一过程，以推动自身更好地融入长三角创新圈。

在城市群已经成为推动区域经济发展主要力量的背景下，长三角地区各个城市都在积极融入这个即将成为全球第六大城市群的都市圈。同时，每一个城市都应该根据自身资源状况和禀赋条件确定推动创新发展的主要抓手和动力，而不是千篇一律、一种模式。南京针对其创新资源丰富但科技创新成果转化率低的问题，提出以新型研发机构作为创新型城市建设的主要抓手。

（三）新型研发机构是南京建设引领性国家创新型城市的主要抓手

大学、科研院所、人才等创新资源不仅仅是"资源"，对这些"资源"进行有效地组合，才会有创新产出，科技才会成为生产力。科教资源丰厚但科技成果本地转化率低的问题一直困扰着南京的科技创新工作。因此，南京把新型研发机构这一推进创新资源转化的组织形式作为推动创新型城市建设的重要抓手。

提升南京创新首位度，本质上就是提升南京的发展动力和城市品质，考验的是城市资源的利用程度和综合服务能力。利用新型研发机构这种形式，提升南京的创新首位度，可以为所在区域经济社会发展提供能量和动力。可以说，创新型城市建设和提升南京中心城市首位度，是一个硬币的两面。提升创新引领力和创新带动力，需要在时间维度上"长短结合"。即在引领性国家创新型城市建设过程中，既要注重快速行动的执行力，一些问题不能久拖不决，要有问题导向和解决问题的时间节点；又要注重长效机制建设，一些创新投入可能不会立即见效，甚至只是为后人作嫁衣，这就要有"功成不必在我"的胸怀和谋南京长远发展的担当。

南京提出以新型研发机构建设为主要抓手，全力推进创新型城市建设，但也必须尊重科学规律和经济规律，承认建设新型研发机构直至形成科技成果的转化能力需要一定的周期，并坚持问题导向，补齐南京创新发展中的具体短板。一是通过新型研发机构建设，在激活创新资源的同时，提升产业支撑力。从高速增长向高质量发展转变的关键，是形成有利于创新创业的制度环境。产业发展靠人才，人才集聚靠环境，环境营造需要解放思想，破除僵化思维和制度的束缚以及各种条条框框的限制，从而促进科技创新与产业创新的有序衔接。南京通过优化营商环境，建设营造浓厚的科技创新创业氛围、培养集聚领军型科技人才、培育一批地标产业，以"环境—人才—产业"三联动提升产业支撑力。二是通过新型研发机构建设，激发和保护企业家精神。新型研发机构就是要打通科学与技术之间的分割、链接好科学发现与技术应用、科技创新与产业创新的通道，而搭好这个通道，需要激发和保护企业家精神。南京通过深化"放管服"改革，形成一流营商环境，以环境吸引人才，以人才发展产业，以产业支撑科学发现和科技创新。有了产业基础才能有城市首位度的提高。三是新型研发机构要有空间载体，要在空间维度上集中发力。南京以国家级江北新区为重点，不断提升发展水平和发展能级。无论从面积还是从产业发展来看，江北新区都承担着提升南京中心城市首位度的重任。创新区往往集中在少数区域，如上海的张江、杭州的滨江、武汉的东湖、北京的中关村，江北新区具备成为南京创新高地、开放高地、生态高地、文化高地的潜力。

南京通过探索"搭建一个工作体系、形成一套建设方案、出台一批政策举措、构建一个协同机制、制定一套管理规范"的"五个一"体制机制，建设有效转化科技成果、持续孵化创新型企业的"老母鸡"式的新型研发机构。截至 2020 年底，全市累计组建新研机构 409 家；累计引进各类人才 15 000 多名，其中包括 8 名诺贝尔奖、图灵奖获得者，115 名中外院士；申请专利近 10 000 件；累计孵化引进企业 8 914 家。① 新型研发机构正日益成为南京市推进创新型城市建设的先手棋、突破口和主抓手，是南京科技创新的新标识。

总结来看，南京以新型研发机构作为创新型城市建设的抓手，主要是基于以下原因：一是南京具有众多优质的创新资源，如大学、科学院、研究所等，不需要像创新资源匮乏型城市那样去重新引进和建设大学。这些业已存在的创新资源为新型研发机构建设提供了基础条件。二是南京科技成果转化的产业基础并不十分扎实，从科技创新到产业创新的"转化中介"相对较弱。新型研发机构可以充当转化中介的职能。三是南京科技成果产业化的体制机制需要完善和优化，通过新型研发机构的实践运行，可以进行相应的制度探索，为整个科技成果的转化机制和转化体系建设提供经验借鉴。

---

① 数据由南京市科学技术局科技成果处提供。

二、南京的新型研发机构及其作用

南京将新型研发机构的落地和高效运转,作为推进南京科研成果转化和"两个中心"[①] 建设的"桥梁",聚焦创新首位度以及提升产业基础能力和产业链水平。2018年以来,推进新型研发机构建设始终是南京创新工作的重中之重,并取得了明显成效。

(一)新型研发机构是打通"创新最后一公里"的关键支点

创新成果向现实生产力的转化是公认的创新难题之一,正因其存在的普遍性难度,这种实验室科学研究与工厂技术转化之间脱节的现象才被称为"创新峡谷"。"创新峡谷"的存在主要源于两个方面的原因:一是创新的不确定性;二是资本的逐利性。创新的不确定性尤其表现在前端,这使规避风险的金融难以进入科技创新的前端参与成果转化。如果能把研发环节投入与成果收益分享有机结合起来,则将有效弥合"创新峡谷",提升创新发展的能力。

所谓"创新最后一公里",是指在创新链上将创新成果实现转化的最后一个环节或步骤,这也是前期创新投入能否回收的关键,是创新链条上的"惊险跳跃",在这"一公里"上,既要接受生产线的检验,也要接受市场的检验。对南京而言,大学、研究机构等科学发现环节在科技创新上已经具备了较为丰富的经验,也形成了比较厚重的积累,但在产业化、市场化环节与深圳等产业创新能力较强的城市相比,还有不小的差距。

一是关于打通"创新最后一公里"的激励问题。企业在研发上的投入只有在市场上实现价值,才能为后续研发提供源源不断的资金支持,所以,企业具有创新的动力。如果产生科技成果所需资金不需要通过市场渠道筹集,则科技成果的转化动力也会较弱。深圳创新的"六个90%"[②],决定了其创新转化的动力必须保持强劲。

[①] "两个中心"是指综合性国家科学中心、科技产业创新中心,是南京提出的"121战略"的重要组成部分。2018年1月2日,南京市委市政府印发《关于建设具有全球影响力创新名城的若干政策措施》,将城市发展目标定位为"创新名城 美丽古都"。2019~2021年,南京市委市政府又连续三年出台关于推进创新名城建设的文件。

[②] 即深圳90%以上的创新型企业是本土企业,90%以上的研发机构设立在企业,90%以上的研发人员集中在企业,90%以上的研发资金来源于企业,90%以上的职务发明专利出自企业,90%以上的重大科技项目发明专利来源于龙头企业。

诺贝尔经济学奖得主斯蒂格利茨说，激励机制是经济学的核心问题。同样，打通"创新最后一公里"需要有效的激励机制。大学与企业的考核机制不同，决定了两者在创新成果的转化积极性上必然不同。在大学等创新资源丰富的城市，需要充分发挥企业家的作用，创造条件促进科学家与企业家的合作，并通过各种方式培育科技企业家，新型研发机构具有这个职能。

二是关于打通"创新最后一公里"的能力问题。打通"创新最后一公里"的能力主要表现为市场和政府两个方面。市场能力主要指市场机制作用发挥的程度，包括金融市场、科技成果转化市场，表现为金融集聚和支持能力、科技成果价值识别能力、信息的完备程度等。政府能力主要指保护产权、保护知识产权、服务企业创新创业的能力，表现为营商环境的水平。一些科技成果之所以被拿到深圳去转化，硅谷之所以有很高的科技成果转化率，主要是因为它们有很强的打通"创新最后一公里"的能力。南京的新型研发机构要体现市场的力量，同时政府要提供优良的服务，从而提高转化能力和水平。

三是关于打通"创新最后一公里"的方式问题。采取什么样的方式打通"创新最后一公里"，既取决于当地的资源禀赋、制度条件，又与该城市和周边城市的关系及所在城市群的特征有关。例如，深圳的科技成果转化方式既与其本地大学数量少、金融机构多、国家赋予其特区职能有关；又与其毗邻香港，处在珠三角城市群，有着便利的对外交流条件有关。作为改革开放的前沿，深圳比较早地开始建设新型研发机构，并且取得了较大的成功。南京应对标深圳，建设具有南京特色的新型研发机构。深圳建设新型研发机构的目标是增加高端创新资源供给，南京的目标则是强化科研成果的本地转化能力。深圳依托"以企业为主体、市场为导向、产学研一体化"的创新优势，在基因组学、智能机器人、大数据等前沿技术领域培育新型研发机构，取得了丰硕成果。其中，中科院先进院、光启高等理工研究院、深圳华大基因研究院、深圳清华大学研究院等新型研发机构，成为引领源头创新和新兴产业发展的重要力量。深圳通过引进研究力量合作兴办新型研发机构，弥补了知名大学少、缺乏研究力量的短板。可以说，深圳的创新驱动从一开始就在"创新最初一公里"上下足了功夫。而南京的创新驱动是在"创新最初一公里"上占尽优势，但在"创新最后一公里"上优势不足，这需要通过新型研发机构建设来接上这"最后一公里"。

从理论上来看，创新资源集聚和知识扩散是相互加强的两个过程；从实践上来看，创新中心往往具有较强的影响力，且影响范围足够大。南京的资源集聚力和区域影响力主要体现在大学和公共服务能力上，大学的知识通过与企业的合作扩散出去，遗憾的是，此前很长一段时间，这种扩散在一定程度上"绕过"了南京本地产业的发展，造成"创新最后一公里"短板。从南京建立的新型研发机构的内涵、发展、成效、激励来看，其具有与本地产业结合、推动资源集聚和知识扩散的作用。

（二）南京新型研发机构的基本特征

基于南京科教资源丰富的基本市情，南京新型研发机构设计的出发点就是要推动科研成果落地，实现创新链与产业链的结合，促进校地融合发展。

区别于传统科研机构，新型研发机构集科研开发与产业化于一体。商业化是创新过程中的重要环节，从连接科技创新和产业创新的功能来看，新型研发机构也具有获取经济利润的内在要求。但新型研发机构又不像企业那样以盈利为目的；也不像企业内部的研发机构那样，通过产品创新直接为企业获取利润服务；也不同于大学的实验室专注于科学发现和培养人才。

一般而言，新型研发机构的主要特征包括以下几个方面：一是没有事业编制。中国各地政府与大学共建的大量新型研发机构是没有事业编制的，所以新型研发机构像事业单位又不是事业单位。事业单位最大的一个问题是人员编制，以及对这些人员的财政供养。二是没有行政级别。传统研发机构里一直存在着论资排辈问题，有行政级别和技术级别，还有先来后到等因素，这并不利于优秀的人才脱颖而出。三是没有稳定的政府财政支持。这一点就是新型研发机构的内涵本质，即新型研发机构是效率优先的创新激励导向。自收自支的新型研发机构要靠资产化的核心能力获得造血功能，而不是靠国家投入，因此，新型研发机构是以国家和地方政府的投入为引导，通过核心技术为市场主体和社会提供服务来获得收入。四是企业化管理。新型研发机构不养懒人和庸人，以创新业绩论英雄。五是以研发为主营业务。新型研发机构提供"四技"服务：技术研发、技术咨询、技术培训和技术转让许可。新型研发机构的一个重要特点，就是可以以知识产权、技术、人才和管理服务入股，这实际上是一个重要的经营和增值手段。

南京的新型研发机构除了具有以上五个方面的一般内涵外，还具有自己独特的内涵。

一是研发团队持大股。南京的新型研发机构要求必须组成研发团队，并且必须持股而且是持大股。为了解决科研成果转化过程中研发人员最担心的控股问题，在股权比例限制上做了"研发人员持大股"的规定，这就解除了科学家担心成果"易手"的后顾之忧，使他们愿意把自己的科研成果拿出来转化。这可以使研发人员放下自己的研究成果被资本控制的思想包袱，大胆地走出实验室、走出校门，积极推动科技创新向产业创新转化。

二是研发团队必须有现金入股。这主要是从激励机制出发所进行的制度设计，科研团队要有现金出资，而不能仅以知识产权作价，这可以形成对科研团队的约束和激励。只有现金入股，科研人员才会更有动力和积极性把新型研发机构做好。当然，这并不意味着研发团队的所有入股都必须是现金，技术、知识产权仍然可以入股，而且在资金不足的情况下，政府会给予相应的支持。

三是政府的引导基金在必要时给予相应支持，解决了科技人员创业早期资金不足的问题。在企业成熟后基金适时退出。新型研发机构一方面需要政府财政资金的支持，另一方面也在为社会提供服务的过程中获取自己的利润。为此，南京专门安排了财政资金支持新型研发机构的发展。即使进入创新驱动发展阶段，仍然需要投资，而且做基础研究、原始创新需要更多的投入。

综合来看，南京新型研发机构的核心要义体现在组织结构、股权构成、管理模式方面。一是以南京丰富的人力资本为最大资源，把人才团队作为新型研发机构组织机构的必要条件；二是以产、学、研结合为主要任务，股权结构上体现"研"与"资"的关系，并且"研"具有主导性和控制性；三是以柔性管理为基本原则，新型研发机构的管理团队可以是专业化团队，也可以是研发团队自行管理，采用的是企业化运作模式。

南京的新型研发机构建设与主导产业的发展相结合，这符合"围绕产业链部署创新链"的基本要求。即与"4+4+1"[①]主导产业紧密结合，沿着软件和信息服务、新能源汽车、新医药与生命健康、集成电路、人工智能、智能电网、轨道交通、智能制造装备等八大产业链发展相应的新型研发机构，重点支持研究方向在4个先进制造业、4个现代服务业和一批未来产业的新型研发机构。南京通过新型研发机构支持主导产业发展，集聚高端人力资源和高端创新要素，多主体投入，利益相关者参与管理，以市场需求为导向，采取企业化运作模式。"科技研发""组织管理"是南京新型研发机构内涵的核心点。"科技研发"是社会赋予新型研发机构的主要功能和根本任务，也是新型研发机构社会责任的体现；"组织管理"是实现新型研发机构"科技研发"功能的组织支持形式和保证。对比传统研究机构，新型研发机构除了拥有现代研究院（所）新的主体结构、研究对象以及合作模式的特征外，作为孵化器制度变迁下的新产物，其在组织功能和运行管理方面还具有新的特征，这些特征主要体现在组织功能和运行管理的独特性和创新性上，这又带来传

---

① "4+4+1"主导产业是指：打造新型电子信息、绿色智能汽车、高端智能装备、生物医药与节能环保新材料等先进制造业四大主导产业；打造软件和信息服务、金融和科技服务、文旅健康、现代物流与高端商务商贸等现代服务业四大主导产业；加快培育一批未来产业。

统科研业务活动及其流程的创新性。

南京之所以要把科研团队从高校院所引出来,就是因为科技创新成果在高校院所内部进行产业化会遇到很多制度障碍,如果将其引出到社会上进行企业化运作,就会破除这些制度障碍。企业化的组织治理结构是新型研发机构的核心,也是科技体制改革和科研组织发展的时代产物。从这个具体的实践过程来看,新型研发机构的组织治理结构可以较好地实现利益相关者治理,一定程度上保障决策和管理的民主科学化,能够有效组织、管理、监督科研行为。从治理结构来看,新型研发机构实现了权力的下放,使决策管理与具体执行的权力分离,这让新型研发机构可以真正成为科研开发的平台,充分发挥下属部门或团队的自主权,使其科研活动更好地适应市场的变化。

(三) 南京新型研发机构的总体发展状况

自 2017 年 9 月 29 日,南京正式启动"两落地、一融合"工作以来,培育和发展新型研发机构成为激发创新资源活力、推动南京经济高质量发展的重要抓手之一。持续推进新型研发机构建设,为南京建设创新型城市、加快新旧动能转换提供了有力支撑。在创新型城市建设中,南京依托高校院所资源优势,建设了 400 多家以人才团队持大股、市场化运作、职业经理人管理为特征的新型研发机构,以新的激励机制调动高校院所、科研人员等各方面的积极性,有效打通了科技成果转移转化的"最后一公里"。

一是新型研发机构数量增长迅速。"十三五"以来,南京全市组建新型研发机构 409 家,新型研发机构累计孵化引进科技型企业 9 000 家,培育高企 333 家,8 名诺贝尔奖、图灵奖得主和 115 名中外院士等科学家广泛参与。[①] 依托新型研发机构,高校院所的创新成果走出"围墙",实现产业化,为南京创新名城建设提供了源源不断的动力。新型研发机构建设是创新名城建设的主要指标,也是高质量发展的具体体现。南京市通过加强对新型研发机构分类指导,不断优化完善绩效考评体系,通过耐心培育找到提升新型研发机构质量的正确路径,从而促进科技创新活动与主导产业紧密结合,提升科技型企业的培育质量和产出效益。在 2020 年 7 月底召开的中国共产党南京市第十四届委员会第十次全体会议上,对新型研发机构的要求是"量质并举",确保总数突破 400 家、累计孵化科技型企业 5 000 家。目前这些指标都已完成,并在向更高的目标迈进。

---

① 数据由南京市科学技术局提供。

二是新型研发机构撬动高校科研成果变现成效显著。对南京来说，科教资源"多而不强"，科技创新"有高原无高峰"的短板还较为明显。创新成果及时"变现"对集聚创新资源、激发创新活力具有重要的牵引作用。作为南京创新名城建设的"先手棋"，南京启动科技成果项目落地、新型研发机构落地、校地融合发展的"两落地、一融合"工程，运用市场化办法，实行人才、学科、产业联动，支持高校科研院所人才团队组建新型研发机构。新型研发机构的建设，不仅吸引了国内诸多著名高校院所深度参与，还引进了斯坦福大学、剑桥大学等世界一流名校的高端资源汇聚南京。南京大学高翔教授和他的团队拿出800万元现金入股，组建人源化模型与药物筛选创新技术研究院。要求研发团队用现金入股，对他们形成很大压力，但也有利于激发研发团队的积极性，激励团队全力以赴。江苏省产业技术研究院智能制造技术研究所所长骆敏舟个人投入200万元。通过股权激励，研究所还引进了包括谭建荣院士在内的30多位领军人才，还有30多位来自全世界的资深专家加盟。剑桥大学—南京科技创新中心是剑桥大学首次在英国境外设立的合作研究机构，也是迄今剑桥大学在中国唯一冠名的科技创新中心；世界计算机领域最高奖——图灵奖得主姚期智院士领衔组建图灵人工智能研究院；江宁开发区与以色列诺贝尔化学奖获得者丹·谢赫特曼团队合作共建中以（南京）智慧城市创新研究院等，都极大撬动了创新资源的转化。

三是新型研发机构的"老母鸡"作用逐渐发挥出来。在南京创新名城建设中，新型研发机构不仅是产学研的桥梁和纽带，更是可以持续孵化出创新型企业的"老母鸡"。新型研发机构孵化出的企业依托高端平台、聚焦前沿领域、面向市场需求，蕴含着爆发式成长的巨大潜力，为南京创新名城建设增添了发展新动能。"老母鸡"式的新型研发机构为高校科研院所的原创团队搭建了原创成果转化的高速公路，铸造高水平的产业技术研发平台和转化平台。研发出一批批新产品就是不断生"蛋"，这个"蛋"就是技术；孵化一个个科技公司，就是把"蛋"变成小鸡；转移一批批技术人才，服务一批批有需要的企业，这就是"老母鸡"的作用。南京新型研发机构快速引进孵化企业，带动产业链上下游企业集聚。例如，在南京六合经济开发区，由江苏协合转化医学研究院孵化的中合泰克（南京）生物科技有限公司刚刚投产1个月，就拿到压片糖果和固体饮料的生产许可，年产值达到10亿元。该研究院成立才一年就已经集聚了10位院士，孵化出4家企业，每家企业至少有一个核心产品推向市场，其孵化能力来自核心技术，成熟一项技术就会成立一家企业做产业化。南京城市地下空间研究院落户六合高新区仅1年，就有7项研发产品入选南京"创新产品目录"。2020年，研究院又孵化了智能应急管理装备等一批产品，可以广泛应用于应急管理、自然资源、人防、水利、电力、地铁等重点部门和领域，全部达产后,总年产值将达约20亿元。[①]再如,在国家级江北新区研创园,江苏省产业技术研究院智能制造技术研究所通过"智能制造+"的模式赋能产业,成功孵化33家智能制造企业,研究所自身和多家孵化企业年产值均超亿元。

四是新型研发机构孵化的企业受到资本市场追捧。资本市场的态度反映了企业的质量,南京新型研发机构孵化的企业获得了资本市场的追捧。在麒麟科创园,南京大学团队创办了南京吉相传感成像技术研究院,研究院孵化企业南京威派视半导体技术有限公司成功开发并产业化基于VPS技术的数字显微镜,核心芯片仅有一块钱硬币大小,可达4亿像素,已吸引投资超亿元。江苏省产业技术研究院智能制造技术研究所孵化的一家做半导体芯片的融芯公司,2019年销售额达5 000多万元,A轮融资近4 000万元。[②] 通过练内力强外功,南京的新型研发机构提质增效。从2019年起,坚持质量效益导向就成为南京发展新型研发机构的关键,并探索出市场化运营、聘请职业经理人、建立现代企业制度等提质增效新模式。

三、南京新型研发机构的运行和绩效

与在政府支持和主导下成立的研究机构不同,新型研发机构可以较好地规避人才论资排辈、研发效率较低、财务负担较重等问题。南京新型研发机构主要从运行模式上进行突破,并提升运行绩效。

(一) 新型研发机构的运行模式[③]

以服务为宗旨、以股权为纽带,与核心创业企业结成命运共同体,是新型研发机构运行模式的基本特征。新型研发机构的人事管理采取企业化模式,通过股权结构设计使核心人员和骨干以创业者心态而不是打工者心态参与工作。在运行模式上一般通过董事会、理事会、监事会、全体会员大会等一系列分权制衡的制度,以及决策激励、监督评价等一整套运行机制来实现利益相关者共同治理。

模式1:以项目培育人才,促进知识传播。新型研发机构通过项目进行专业人才培育和人力资源开发,并推动知识创造与传播。人才是创新的第一资源,新型研发机构通过项目培育人才,从而为自身及其所培育企业的发展提供资源支撑,是一

[①②] 毛庆等:《新研机构发力 成果转化形成南京模式》,载于《南京日报》2020年9月15日A02版。
[③] 参见陈喜乐、曾海燕等:《新型科研机构发展模式及对策研究》,厦门大学出版社2016年版。

种正反馈的发展机制。在这种运行模式下，科研人员在共同合作、相互交流中，通过"干中学"能够获取到项目中的隐性知识，并转化为自身的智力资源，从而促进组织知识创造，这就是SECI[①]螺旋循环。这里的隐性知识也被称为"缄默知识"，这类知识不可编码甚至很难用语言传播，而只能通过潜移默化的方式在相互协作的人群中学习、传播。新型研发机构通过项目育人的模式，将知识通过明确的记录、编码等显性化的方式进行外部明示的传播；将显性化知识进行梳理、汇总、组合形成知识的新组合并系统化；最后，这些系统化的知识在成员间传播，被消化、吸收、提升又转化为"缄默知识"。

模式2：柔性化使用人才，促进产学研合作。新型研发机构在人才使用上的重要特征之一是打破身份限制，以柔性化的方式将组织外部的创新人才为其所用，弥补自身人才不足的短板并促进产学研合作。一是以大学为基础成立的新型研发机构，可以充分利用大学的研究型人才，与学界充分接触、相互嵌入，形成"学—研"合作。二是以企业为基础成立的新型研发机构，可以充分利用企业获取市场信息和前沿技术，与产业界充分融合、互通信息，形成"产—研"合作。三是平台型新型研发机构把学界与产业界对接起来，减少搜索成本和道德风险，形成"产—学—研"合作。南京市通过与南京大学、东南大学等高校进行战略合作，以咨询式、项目式、联盟式共享模式建立新型研发机构，推进产学研合作。新型研发机构从大学聘请研究人员为其提供知识培训或技术咨询；也会签订合同，约定彼此的权利义务关系，联合攻关进行新产品开发或完成重大项目。一些在新型研发机构兼职的硕士生、博士生会带来知识和技术。这些柔性化使用人才的模式降低了新型研发机构的经费负担，带来了组织外的知识，提升了新型研发机构的知识转化能力。

模式3：孵化创新型企业，提高资源整合能力。新型研发机构内部的个人或团队，会从原来的"母体"中孵化出来，以掌握的技术、经验、资源为资本，创办新企业。南京把新型研发机构孵化企业的数量作为考核新型研发机构的重要指标。高新技术企业是高新区的内容，是创新发展的动力，孵化高新技术企业是新型研发机构衍生创业的重要模式。数据显示，从新型研发机构孵化出来的企业，其创业成功率远远高于其他企业，原因是新型研发机构可以为衍生企业提供知识、技术、信息等方面的支持。新型研发机构相当于这些衍生企业的准备场、加油站。这类衍生创业又可以分为自行创业和合作创业两种形式，其创立者多数都是新型研发机构的科研骨干人员或高层管理人员。建立在不同股权关系上，孵化企业与新型研发机构存

[①] 野中郁次郎提出，知识转化有四种基本模式——潜移默化（socialization）、外部明示（externalization）、汇总组合（combination）和内部升华（internalization），即著名的SECI模型。

在不同的合作模式，如自行创业模式、合作创业模式等。这种孵化创业模式能够加速科研成果转化效率，加速人才适度流动，提高新型研发机构的资源整合能力。

模式 4：模块式单元开发，提高创新效率。研发服务单元是新型研发机构的研究单位，是其进行科技活动的重要载体。这些研发服务单元可以根据需求进行独立或协作研发，构成一个个的模块，使科技资源灵活组合搭配，发挥更大的效应。从研发服务单元的类型来看，主要包括实验室、研究中心、研究所、技术联盟、研究基地等。实验室的主要目标和功能是能够推进新型研发机构的具体实验项目；研究中心重点主要是在探索性较强的学科或潜在的科技领域进行研究；研究所主要是为了达成明确的战略目标，研究那些会对产业经济发展带来巨大影响的课题。从这些研发服务单元的功能来看，它们对科技资源的综合利用程度是逐渐扩大的。新型研发机构的每一个研发单元就是一个科研团队，研发单元的负责人作为团队的最高层级，实行扁平化的项目管理方式，也可以多个项目同步进行，提高科研运行过程的灵活性、科研效率和创新活力。目前，如海尔等一些大企业也采取了内部模块化创新单元的运行模式。

模式 5：技术入股产权合作，破解科技与经济"两张皮"。新型研发机构将形成的科研成果的使用权或所有权估价后，折算成股份入股企业并参与企业收益分配，与企业构成特殊的合作关系。这种模式能够激励新型研发机构及个人的科研积极性和创造力，能够将某一项科技研发中形成的知识成果转化成有形的、有价的收益，是连接科技创新和产业创新的有效组织模式。从科研成果的转化和知识扩散的角度来说，技术入股促使合作双方建立牢固的伙伴关系，新型研发机构的参与能够使科技成果转化更加规范和科学；企业的参与有利于在科研成果扩散和转化过程中为新型研发机构筹集成果转化资金，且可以分散风险、完善科研成果转化的经营机制。

（二）新型研发机构的激励机制

新型研发机构的组织、模式、管理也存在一个适应市场环境和技术变化趋势而动态组合的过程，这种动态组合本身就是一个创新的过程，通过创新源源不断地创造出新成果，新型研发机构自身的创新效率也在不断提升。

一是通过专利激励，加速知识传播和扩散。专利具有获取垄断利润、促进成果商业化、披露信息和控制研发规模的功能。新型研发机构通过专利许可、转让、质押融资、资本化等多种激励方式，加速知识在学术界和产业界的传播，从而进一步激励创新行为，提升科研创新的效率和质量。从各地的具体实践来看，新型研发机构不仅从专利上获得租金或技术转让利益，更因为地方上对专利数量的考核而获得相关税收政策的优惠倾斜，并提升自身的科研声誉。新型研发机构通过专利激励，既推动了知识生产和技术研发，在大量共性技术的支撑下形成"产业公地"，又促进了科技创新与市场的结合，提高了新型研发机构科技知识生产和传播的速度。

二是通过产权激励，提升成员积极性和组织凝聚力。新型研发机构通过科学的产权制度设计，使科研人员实现个人价值的需求与经济利益结合起来，从而激发出创造潜力，使科研人员自愿投入科研工作，并努力达到组织目标。科技劳动具有较难度量的特点，更多地依靠劳动者个体的兴趣和积极性。在众多具体的人才激励方式中，新型研发机构特别强调产权激励，这种激励对科技人员及其所在组织具有长期的积极作用。新型研发机构虽然是非营利性科研组织，但对科研人员来说，需要考虑脑力劳动付出的合理补偿。产权激励的本质是借由科研人员自觉的科研活动的积极性，在增加个人产权收益的同时提升组织的生产力，使得科研人员的贡献与收益紧密结合起来，使得个人的收益与组织效应最大化结合起来。

南京鼓励新型研发机构建立人才团队，并持有多数股份，政府股权收益部分不低于30%用于奖励高校院所；政府科技创新基金投资平台所占股权，可按协议约定转让；对新型研发机构按绩效择优给予每家每年最高500万元奖励。优化新型研发机构绩效评价机制和标准，强化第三方评估，突出分档培育、分类考核。重点评价新型研发机构孵化培育的科技型企业和高新技术企业数量、研发服务成效和技术转移成交量等，相关支持政策与之挂钩。支持新型研发机构聘用职业经理人，鼓励行业龙头企业平台化发展，支持其面向新兴产业成立新型研发机构。支持新型研发机构集群发展，紧扣产业地标等重点方向，组建专业领域产业技术研究院。根据年度绩效评价，最高给予500万元奖励，涉及人才平台、企业孵化器类政策，按照相关条款给予支持。

（三）新型研发机构的创新效率

创新成果向现实生产力转化慢、转化难是个世界性难题。我国科技成果转化率更低，仅为10%多一点，远低于发达国家40%的水平。相对于传统科研机构，新型研发机构更注重知识的创新与利用和高附加值的生产，其创新效率来源于从传统的与竞争优势相关的资源，如土地、资本、原材料、劳动力，转变为以知识或脑力劳动为基础的人力资本、结构资本等无形资产，我们把这些无形资产称为新型研发机构的智力资本。智力资本与新型研发机构存在着耦合关系，这种耦合关系使得新型研发机构很难被竞争对手模仿，从而保持着强劲的竞争力。新型研发机构的创新效率主要表现在以下方面。

一是扮演第三科技部门角色,提高科研成果转化率。在知识经济时代,新型研发机构扮演着第三科技部门的角色,通过对智力资本的自主管理和运营,提高科研成果的产业转化率。新型研发机构能够较好地自行把握和控制组织的科研和运行过程,它不以追求利润最大化为主要目的,虽然也会有技术转让、技术服务等盈利性活动,但其营利性资金也是用于自身运行和发展需要,特别是提高员工待遇和福利,以及提升本身研发能力。总体来看,新型研发机构既不同于企业,又不同于科技部门,能够更好地配置创新资源。当然,由于新型研发机构接受政府或社会的补贴、资助或优惠政策,同样需要接受监督,并在与企业的合作中推动产业结构优化升级和新兴产业发展。

二是促进科研成果的转化,填补创新"死亡峡谷"。在科学的基础研究与企业的产品开发之间存在着一条"死亡峡谷",这条"死亡峡谷"强调了科技与经济产业的分离,阻碍了产业创新链的贯通。鉴于其特殊的功能定位,新型研发机构能够为跨越"死亡峡谷"架起一座"桥梁",让科技与经济"两张皮"的问题得到缓解。新型研发机构的组织价值体现在促进科研成果的转化方面,其职能介于政府公共科研机构和私人科研部门之间——新型研发机构主要做"政府不能做、企业不敢做"的产业技术研发项目;对于平台型新型研发机构,则"不与企业抢市场,不与大学抢成果",主要面向基础研究到商业应用之间部分的科技研发活动。

三是助力中小企业技术创新,厚积创新土壤。企业特别是中小企业是新型研发机构成果使用和服务的对象,中小企业无法像大企业那样拥有雄厚的资金、充足的人才储备、极强的技术研发能力来内设研发机构,它们需要借助外部研发力量来提升自己的技术水平。新型研发机构为中小企业提供产业技术支撑和服务,加速推动新技术、新产品及新服务进入消费市场。南京对新型研发机构的考核评价内容之一就是看孵化了多少企业。

四是采用柔性化管理,提升组织创新效率。新型研发机构通过引进或灵活使用高层次技术人才进行柔性化管理,提升组织创新效率和知名度。新型研发机构的业务流程都是借助于项目的形式开展,团队成员之间在专业、资源、能力等方面相互补充,基于信任和共同的信念,在项目组负责人的协调下围绕共同的目标开展研究工作。从科研人员的内在动力来看,新型研发机构的科研人员除了需要物质激励外,更需要精神激励,基于"文化人"[①]特性,实施柔性化管理,满足科研人员对自我价值实现、个人发展空间的偏好。新型研发机构的柔性化管理模式可以促进成

[①] 不同于经济人假设,文化人假设更加强调组织的文化因素的作用,要求科技研发人员崇尚个性和自由,将个人价值的实现与科研活动有机结合,并且通过学习来不断完善自己。

员间的相互信任，有利于项目的开展和实施。

五是企业化运行模式，黏合科技与经济"两张皮"。新型科研机构采用市场化、企业化的运行模式，成为科技与经济"两张皮"的黏合剂。新型研发机构像企业一样进行组织管理，体现出灵活性、自主性、专业性和高效性的特点。没有固定人事编制的束缚，投入的人力资源可以得到更高效的利用；没有政府参与管理，科研活动和组织管理可以更加柔性。新型研发机构往往从市场需求的角度确立科研方向，借助产学研合作的方式，更加深入地了解和掌握来自市场主体的需求，把科技与经济黏合起来。

六是保持开放性思维，提高知识传播效率。科研人员的开放性更加有利于知识交流。新型研发机构以开放式思维促进人才合理流动，使得科研人员团队规避"内卷"风险，更有利于创新。同时，新型研发机构开放实验室和信息网络化系统带来组织"全资源服务"的整体开放，可以吸纳更多的合作对象、采用更多的合作形式、产生更多的创新机会。信息网络化的应用，能够缩减组织内部管理层级，促进组织扁平化管理，提升管理效率，畅通产学研合作通路。新型研发机构在面对国家重大战略问题、人类社会发展重大共性问题、科学发展重大攻关问题时，表现出开放性、国际性的思维，跨地域、跨学科研究已成为新型研发机构科研创新与技术研究的主导范式。

（四）新型研发机构的绩效评价

对新型研发机构的绩效评价既存在与一般研发机构相通的地方，又具有一些独特的要求。评价指标设计服务于新型研发机构的主要功能发挥。对新型研发机构的评价导向要有利于知识的传播和扩散。

一是形成科学评价指标体系，引导新型研发机构健康发展。一般而言，对科研机构综合实力的评价使用科技投入、科技产出、科技投入产出率等指标。对新型研发机构效率的评价通常使用的输入指标包括：科研人员数、科研仪器设备数、总经费支出数等；输出指标包括：科研创新产出、竞争能力、毕业研究生数等。南京市则加入了孵化企业数量、技术合同成交额等刚性指标，主要是为了引导新型研发机构提升科技成果转化率，因为这是南京科技创新需要解决的首要问题。除此之外，南京评价新型研发机构还要看管理制度健全、运行机制灵活、组织机构合理、人才队伍精干、基础设施良好、综合效益显著等方面的表现。这些指标反映的是新型研发机构的创新潜力、决策能力、研发能力、产出能力、转化扩散能力等。

二是建立科学的评估制度，实现目标管理与绩效管理的统一。传统研究机构的评估制度看重职称、论文、基金项目等，新型研发机构的评估制度以组织发展为总前提，更为看重实用性和科学性，不再关注论文数量等严苛的指标，这有利于营造宽松的研发和转化氛围。目标是科技成果转化，绩效就是转化的效率，通过把新型研发机构的评估与地区整体科技和产业发展规划统一起来，实现个人、新型研发机构和地方的共同发展。

对南京新型研发机构的绩效评价，可总结为以下几个方面。

一是新型研发机构数量增速较快。从2017年11月28日第一批30家新型研发机构签约，2018年2月7日第二批34家签约，2018年4月26日第三批45家签约，加之存量、专场签约、峰会签约、建设推进会签约等，南京新型研发机构在数量上得到了较快提升。2019年底，南京全市纳入统计推进的签约新型研发机构项目共278个，备案新型研发机构210家，引进孵化企业3931家。到2020年底，全市累计组建新研机构近409家，累计孵化引进企业8914家，为创新名城建设作出了卓越贡献。[①] 南京的"两落地、一融合"工作在国内外产生了较大反响。截至2021年8月20日，百度搜索"两落地、一融合"可以得到6470万个结果。各大媒体纷纷报道南京出台的相关政策，在多家权威机构发布的城市创新力评价中南京均名列前茅。例如，《2018中国创新城市评价报告》中南京与北京、深圳、上海排在第一类中。一批新型研发机构因南京创新名城建设而签约，进而又成为创新名城建设的重要推动力。

二是发展方向明确，主要集中在"4+4+1"产业领域。从已签约的新型研发机构来看，生命健康、生物医药与环境材料类占31%，新型电子信息类占9%，新材料、新能源、增材制造和前沿新材料类占18%，高端智能装备类占9%，软件和信息服务业类占14%，人工智能、智能制造、绿色智能汽车类占19%。[②] 新型研发机构的行业分布主要是南京确定的"4+4+1"产业领域，体现了南京主导产业发展方向。

三是推动大学和科研院所与地方融合发展。在政策的引导下，南京创新资源被有效调动。南京大学、东南大学、南京航空航天大学、南京理工大学等重点高校纷纷参与南京的"两落地、一融合"工作。两院院士、长江学者、中组部"万人计划"入选者纷纷加盟。各高校优势学科资源被充分调动，如南京大学长江学者、国家遗传工程小鼠资源库主任高翔领衔的江苏集萃药康生物科技有限公司，南京大学张全兴院士领衔的南京华创环境技术研究院有限公司，以及南京工业大学周廉院士领衔的南京尚吉增材制造材料研究院等。

四是引进了一批国内外知名院校及学者。参与南京新型研发机构建设的不仅有

[①②] 数据由南京市科学技术局提供。

驻宁高校，也有国内著名高校和院所，如清华大学、北京大学、复旦大学、哈尔滨工业大学、中国科学院等。还有来自全球的顶级高校，如斯坦福大学、美国伊利诺伊大学、英国诺丁汉特伦特大学等。剑桥大学创办800年来首次尝试用市场合作模式设立的海外科创中心——剑桥大学—南京科技创新中心项目落户南京江北新区。这将有力推进南京高层次国际创新研发、成果转化、学术交流，推动全球最新技术及应用成果在中国落地。在开放创新的背景下，城市国际化与城市创新能力相辅相成，新型研发机构通过汇聚全球高端人才和创新要素，聚焦科技前沿领域，助推具有全球影响力的创新名城建设。

五是注重成果转化和发展实效。与以往的产学研合作不同，南京新型研发机构在运行机制、成果商业化等方面都更加依靠市场的力量。其中，要求研发团队占大股是一个重要标志。通过研发团队入股，可以更加激励研发人员关注市场、成果的商业化。通过政府平台基金进入，可以起到帮助新型研发机构早期发展的作用；通过社会资本的引入，可以更好地把研发跟社会资源结合起来。新型研发机构采取混合所有制的模式，研发团队占大股，共同将技术、团队、企业以混合所有制的形式导入南京，使研发活动直接面向市场。

四、争创南京综合性国家科学中心

综合性国家科学中心是国家科技领域竞争的重要平台，是国家创新体系建设的重要支撑。建设综合性国家科学中心，有助于汇聚世界一流科学家，突破一批重大科学难题和前沿科技瓶颈，提升我国基础研究水平，强化原始创新能力。截至目前，我国已批准设立上海张江综合性国家科学中心、合肥综合性国家科学中心、北京怀柔综合性国家科学中心、粤港澳大湾区综合性国家科学中心。在长三角地区范围内有上海张江和安徽合肥两个综合性国家科学中心，南京应把建设综合性国家科学中心作为引领性国家创新型城市建设的主要目标，与上海张江、安徽合肥共同搭建起长三角地区创新发展的基石。根据南京市创新驱动发展"121"战略，南京要打造综合性科学中心和科技产业创新中心，这就要求更加注重基础研究、原始创新，以重大科技基础设施和重点实验室为支撑，形成"科技高峰"。

（一）注重基础研究和原始创新

综合性国家科学中心突出国家创新体系建设的基础平台作用，从目前已获批的四个综合性国家科学中心的特点来看,都是在基础研究上具备优势并有很好的发展前景。

合肥综合性国家科学中心的建设主要依托中国科学院合肥物质科学研究院和中国科学技术大学。主要聚焦于能源、信息、生命、环境四大领域;主要目标是解决重大科学问题、提升原始创新能力、催生变革性技术。同步辐射、全超导托卡马克、稳态强磁场等大科学装置已经在合肥综合性国家科学中心投入运行,并陆续取得重大突破。未来还会有量子信息国家实验室、聚变工程实验堆、先进 X 射线自由电子激光装置、大气环境综合探测与实验模拟设施、超导质子医学加速器等更多的大科学装置等在合肥建成。

毫无疑问,科教资源是创新型城市最稀缺、最宝贵的要素,但创新资源要与城市的发展目标紧密结合,这既有利于城市发展,又有利于创新资源的进一步丰富。20 世纪 70 年代开始,各个工业化国家开始采取措施把大学和产业园区紧密地联系在一起,既推动了产业园发展,又为大学的基础研究提供了产业支撑。越来越多的研究和实践表明,专业科学、技术系统及其外部联系所构成的创新网络所起的作用变得日益重要起来。也就是说,创新中的各个方面对创新传播的影响都不可忽视。因为创新更多的是发生在各种思想的交界处,而不是在某一种知识和技能的局限内。这些"交界地带"的产生依赖于基础研究的发展,新产品和新工艺的开发对外来基础研发,如大学、政府实验室等产生越来越大的依赖。因此,我们可以得出如下结论:那些在基础研究上具有实力的城市,将源源不断地获得发展的动力;而那些只关注技术应用的城市,将越来越依赖别的城市。

综合性国家科学中心是国家创新体系的重要组成部分。在创新驱动的实践中,国家创新体系的内涵和外延都在扩大。一般认为,国家科技创新体系是以政府为主导,充分发挥市场配置资源的决定性作用,各类科技创新主体紧密联系和有效互动的社会系统。发达国家创新实践的不断丰富,促使学术界对创新活动的研究不断深入。人们逐渐认识到,创新的发生并产生丰厚回报,主要依赖于有效的基础研究及其产生的科学新发现。从国家创新体系的角度来看,要更加重视基础共性技术的开发。基础共性技术是创新能力的核心指标,也是创新型产业发育最关键的要素,是否掌握基础共性技术决定了一个国家、城市或企业能否在该领域占据主导地位。虽然南京一直把科技成果本地转化率低看作自己创新发展需要解决的问题,但这并不意味着南京可以放松基础研究能力培育。

一是只有基础研究才会有源源不断的新成果产生,才会营造出创新创业的文化氛围。推进以科技创新为核心的全面创新,首先是以基础研究为支撑,构建起"大创新"制度体系。

二是增强基础研究能力与培育成果转化能力并行不悖。参照硅谷经验,应通过培育引领型发展骨干企业、提高南京的基础研发能力和科技成果转化能力,为技术创新提供"源头活水",为发明创造在经济上的应用提供基础条件。

三是紧紧咬住科技创新前沿领域。通过基础研究,帮助构建起南京现代产业体系。国家创新型城市应坚持面向科技前沿、面向经济实际、面向国家重大需求,因此,南京应根据自身条件,紧紧抓住抓牢"基础研究能力"这个发展方向,做好区域创新策源地。

南京支持基础研究走基于自身资源条件的特色化道路。南京不同于深圳,因为南京有丰富的科教资源优势;南京不同于杭州,因为南京有相对成熟的大工业体系;南京不同于上海,因为南京有制造业大省江苏的腹地优势。同时,南京要学习深圳的科技产业创新能力,要学习杭州接入新经济的能力,要学习上海的开放思维和改革水平。南京的创新名城建设应该是"科学发现引领+工业基础支撑+重大平台推动+市场机制培育"。

在苏南国家自主创新示范区、苏南现代化建设示范区和南京都市圈内,南京是创新成果的策源地。江苏区域创新能力领先全国,就是因为在这一范围内有科技成果的供给地南京,有科技成果的转化地苏州、无锡等。因此,南京创新名城建设是开放的、合作的、协同的建设过程。

南京提升基础研究能力应坚持目标导向:一要真正转向创新驱动发展方式并实施创新驱动战略,建立起系统完备的支持基础研究的激励创新制度;二要充分利用丰富的科教资源禀赋,通过有效的机制和平台实现科教资源与产业基础的对接;三要培育科技产业基础能力,要真正使企业成为技术创新的主体;四要加强区域合作,对周边地区形成更强的辐射力和带动力,夯实创新策源地地位和成为区域经济增长极。

(二)重大科技创新平台建设

重大科技创新平台是专为聚焦国家发展战略和重大需求,按照国家综合性科学中心建设标准设立的,包括重大科技基础设施、重大工程化创新平台等,是构成综合性科学中心的基本框架,具有特定的、明确的指向性。重大科技创新平台专项属于顶层设计构架。近年来,南京市与东南大学共建网络通信与安全紫金山实验室、与南京大学共建扬子江生态文明创新中心,"一室一中心"取得了一系列重大创新成果,成为重大科技创新平台的重要载体。

第五章　南京：以新型研发机构推动科技与产业深度融合

1. 网络通信与安全紫金山实验室[①]

网络通信与安全紫金山实验室（以下简称紫金山实验室）是 2018 年江苏省和南京市为打造具有全球影响力的创新名城，共同推进建设的重大科技创新平台。根据建设目标，紫金山实验室的技术主攻方向是解决网络通信与安全领域的国家重大战略需求、行业重大科技问题、产业重大瓶颈问题，解决这些问题也正是综合性国家科学中心的重要任务。自开始建设以来，紫金山实验室重点围绕未来网络、普适通信、内生安全等布局了一批重大科研任务，根据国家科技创新战略方向，开展基础性、前沿性研究。紫金山实验室集中力量突破重大基础理论和关键核心技术，开展若干重大示范应用，促进成果在国家经济和国防建设中的落地；在引领全球信息通信技术发展，建设世界一流水平的国家战略性科技创新基地，为建设世界科技强国提供强大战略支撑方面不断固本强基。紫金山实验室的目标就是建成体现国家意志、具有世界一流水平的战略科技创新基地，成为国家实验室。

紫金山实验室致力于服务网络强国、制造强国等国家重大战略需求，提供从软件到硬件的自主可控的系统解决方案。其依托单位东南大学是首批获得网络空间安全一级学科博士授权点单位，首批入围中央网信办、教育部授牌的"一流网络安全学院建设示范项目高校"。在"双一流"建设方案中，东南大学明确将网络空间安全作为重点建设的前沿、新兴和交叉学科之一。南京在朝着国家综合性科学中心目标迈进的过程中，通过与东南大学深化网络安全领域的合作，共建平台、协同创新，可实现更多科技成果的转化、应用、产业化，把解决国家重大需求与促进创新型企业成长壮大结合起来，把未来网络产业打造成南京的产业地标。

紫金山实验室聚焦探索学科交叉前沿基础理论，发展颠覆性技术，实现原始创新。未来网络方面，服务定制网络架构与协议、大网操作系统、多云交换互联系统、新型网络承载系统、服务定制工业互联网、空间卫星互联网等核心技术的研究与应用；新型通信方面，毫米波通信、感知与探测、天地融合通信系统、太赫兹通信、人工智能在通信中的应用、高能效移动通信；网络安全方面，互联网内生安全机制、无线通信物理层安全机制、人工智能在网络安全中的应用。

紫金山实验室把技术突破点集中于网络操作系统、毫米波与 5G 核心器件、网络通信内生安全等万物安全互联关键核心技术。为实现宽带通信网络的全覆盖，必须推动宽带卫星通信和 5G 毫米波通信的商用落地。长期以来，宽带卫星通信和 5G 毫米波通信的关键核心器件——毫米波相控阵芯片一直价格昂贵，极大地影响了其

[①] 相关数据来源于紫金山实验室官方网站和现场调研。

商用推广。2020年，一款由紫金山实验室自主研发的毫米波相控阵芯片问世，该产品具有速度快、覆盖广、价格低等优点，实现了中国在该项技术上的突破。这项成果在世界上首次较为彻底地解决了阻碍CMOS毫米波通信的芯片问题，从芯片、模块到天线阵面全面实现自主可控，技术水平国际领先，为其走向大规模推广应用做好了准备。本次技术的突破，可为我国5G的优势延续5~10年打下重要基础。

紫金山实验室致力于产生重大创新成果，同时建设面向全球开放的国际一流的支撑跨学科交叉融合发展的"未来网络+"公共实验平台，打造企业发展的"产业公地"。紫金山实验室的目标并不限于自身的发展，还要融入南京国家创新型城市建设之中。因此，应围绕紫金山实验室布局产业链，承接创新成果并有效转化。紫金山实验室应该像"锚点"一样，成为一流创新环境的布局者，通过创新策源、成果转化、企业孵化，形成充满活力和动力的创新片区。通过打造全球创新高地，集聚国内外顶尖人才，形成信息领域全球知名的创新人才高地。

紫金山实验室从工作性质上把工作人员分为两大类：管理类和学术类。前者主要从事管理和对后者的服务和辅助工作；后者主要从事学术研究、科研开发、项目建设。从人员身份上分为专职工作人员和兼职工作人员。前者是从社会公开招聘的全职人员；后者是在符合相关政策前提下，实验室的建设单位派出的科研人员，或大学与研究机构的项目合作人员。管理类人员实行市场化的薪酬待遇，参考国内同类实验室的薪资标准，根据岗位职责、工作能力、学历经历和业绩贡献确定；学术类人员享受南京市人才引进政策的待遇。紫金山实验室建立了不唯职称、不唯"帽子"的开放、流动、灵活、高效的人才使用机制。根据工作需要进行人力资源配置，按需设岗、合同管理、动态调整、能上能下，确保紫金山实验室的高质高效运行。在人员考核与评价方面，建立分类考核评价体系。科研人员以合同任务目标完成情况作为绩效考核的主要依据；实验技术人员、后勤服务保障人员以服务对象为主体进行绩效考核评价；管理人员以对岗位任务与岗位职责的履责情况作为绩效考核依据。对从事基础研究与前沿技术研究的科研人员，弱化中短期目标考核，建立持续稳定的经费支持机制。同时，在聘用、考核、晋升等方面，以项目和任务目标路线图执行情况为依据，兼顾投入产出比与投资效益。

紫金山实验室对重大研发任务设定了明确的科学目标或工程技术目标，实行分段考核、滚动投入。按照研发任务的属性分为前沿探索类和目标导向类。遵循科学精神，紫金山实验室包容研究失败，但高度强调诚信承诺的负面清单管理制。学术委员会依据建设方案目标和相关规定对项目进行阶段考核，实验室依据本阶段考核的结果做出下一阶段项目的滚动支持或调整方案。实验室重大任务坚持"面向世界科技前沿、面向经济主战场、面向国家重大需求、面向人民生命健康"的原则。其一，研究任务要符合实验室发展方向。属亟待解决的重大基础理论创新或关键技术突破，对实验室发展具有重要带动性。其二，研究任务要能够对接国家相关战略。建设项目必须能够有效支撑国家相关科技、经济和社会发展战略，能够明确对接国家重大需求。其三，研究任务要能够取得国内同类项目领先水平和国际先进水平的成果。其四，研究任务要有明确的推广应用前景，能够有效支撑国家或区域经济社会发展，预期可取得重大社会效益或经济效益。

为了提高科研成果转化效率，紫金山实验室设立了成果转化运作机构，打造专业化团队，提供专业化服务，推动科技成果更好更快地向市场转化。同时，鼓励取得重大应用成果的人才团队申请认定新型研发机构，促进科技成果与新型研发机构"两落地"，孵化更多的企业，营造创新环境。从有利于创新的角度建立科技成果评价体系，实行有利于释放创新活力的科研人员激励机制。

紫金山实验室专职人员与兼职人员所取得的知识产权与科研成果由实验室统筹管理。专职人员所取得的知识产权归属于实验室，兼职人员发表的论文联合署名，所取得的知识产权与派出单位共享。建立实验室内部的知识产权管理制度，会同参与研究的各方主体共同签订知识产权管理协议，明确各方主体在知识产权保护、运用中的责任和义务，以及知识产权的权利归属、使用和利益分配。积极推动科研成果在实验室参与各类研究主体间的共享共用，真正实现风险共担、利益共享。

紫金山实验室根据重大任务协同攻关需求，通过多形式、多渠道、多主体整合高校、科研院所与企业资源，设立伙伴实验室，形成协同的合作与联合机制。实验室的合作与联合包括两个层次：一是在国内范畴的合作与联合，加强国内同行领域以及交叉学科间的科技资源、条件资源的联合；二是在国际范畴的合作与联合，强调"以我为主"的联合，逐步形成自身的相对优势。

紫金山实验室正在积极建设三大科学装置：一是未来网络试验设施，这是我国网络通信领域唯一一项国家重大科技基础设施；二是网络内生安全试验场，这是全球首个面向全球开放的先进防御试验平台；三是网络2030新型体系架构与综合试验环境，这是服务工业互联网的网络创新环境与平台、先进移动通信试验平台和先进防御试验平台的试验设施。紫金山实验室依托单位东南大学拥有的两大国家重点实验室：移动通信国家重点实验室、毫米波国家重点实验室为紫金山实验室提供基础研究支撑。

2. 扬子江生态文明创新中心[①]

扬子江生态文明创新中心由江苏省人民政府、南京市政府与南京大学共同发起

---

① 相关数据来源于扬子江生态文明创新中心官方网站和现场调研。

成立，目标是打造"国家技术创新中心、生态文明实践中心、美丽中国展示中心"，定位是"绿色技术创新与人才培养制高点、生态环保产业培育助推器、高质量发展智囊团、科技体制机制改革试验田"。建立扬子江生态文明创新中心，面向长江经济带高质量发展和生态文明建设重大战略需求，通过组织、牵头、统筹、集聚、协同国内外生态环境科技优势资源，构建"政—产—学—研—用—金—介"深度融合的高水平科技创新平台。中心工作贯通绿色技术研发、应用推广、产业发展全链条，围绕解决重化围江、长江生态修复、绿色产业发展等关键问题，打造生态文明建设可复制、可推广的"南京样板"，助力"创新名城，美丽古都"建设和长江经济带高质量发展。

扬子江生态文明创新中心聚焦生态环境领域的科技创新和技术应用，重点以下列技术为突破口，推进科技成果的示范应用和产业化的发展。

一是水环境治理修复技术。扬子江生态文明创新中心的主要研究目标是以技术创新推动长江经济带高质量发展，因此水环境治理修复技术是其重点研究领域，面对长江治理保护的一系列技术难题，扬子江生态文明创新中心的研究团队就解决水环境污染、水生态损害等突出问题进行持续技术攻关。为了破解重化围江中的技术"卡脖子"难题，扬子江生态文明创新中心牵头，组织相关加盟单位进行技术攻关，已经形成了一批突破性技术，为长江大保护和沿线地区的绿色发展提供核心技术支撑，并服务于国内外诸多应用场景。

二是大气的污染防治技术。我国现阶段具有对大气污染防治技术的现实需求，对大气颗粒物、主要污染气体、工业热源等大气污染遥感监测、综合治理方面的技术攻关，是生态文明创新的重要领域。扬子江生态文明创新中心的"生态眼"环境监测系统，通过人工智能、物联网等现代信息技术手段打造了天地空一体化"智慧大脑"，实现对长江南京段"水、岸、气、船、园"进行实时监测管理，是南京最先进的监测平台。南京的9个空气质量国控点的监测数据全部接入"生态眼"，可全部实时监测、实时更新，时刻掌握空气质量现状和变化趋势。机动车尾气排放也在"生态眼"监测下，利用遥测手段加强机动车监管，可实时监控机动车尾气排放状况。

由扬子江生态文明创新中心开发的基于当代最先进的中—小—微尺度数值模拟技术，能实现工业污染气体扩散特征的实时分析和快速更新预报；可以针对国家重要地区、重大设施、重大活动等，实现特定情形下"零等待"的时间响应，进行精确的颗粒物扩散路径模拟预报。实现不同天气条件下的精细化预报，辅助分析大气污染对中小微区域的影响：应用于化工园区及其邻域，分辨率达到67米；应用于市县区域的小尺度模式区，分辨率达到1公里；应用于省级范围和全国中尺度的粗网格模式区,分辨率分别达到3公里和15公里。该技术利用多尺度气象环流分析及卡尔曼四维资料同化技术,融合高密度地面自动气象站、探空气球、风廓线雷达、天气雷达、卫星等各类气象观测资料,精确模拟省市县环境气体的平流、扩散及干、湿沉降的过程。在化工园区日常生产过程中,能够实现逐小时更新、未来6~12小时的高分辨率、高精度预报,实时分析气体和粒子排放、输送和扩散轨迹。

三是土壤修复技术。土壤有机污染物具有种类多、浓度高、危害大等特点,一直是场地土壤修复的重点、难点及核心问题。扬子江生态文明创新中心开发了活化过硫酸盐技术,基于原位化学氧化技术原理,采用碱活化过硫酸盐化学氧化作用和强化好氧生物降解作用来处理土壤及地下水中的有机污染物。该技术采用高压旋喷工艺,氧化药剂与其他药剂配制的混合药剂通过高压注浆泵至高喷管,随即被注射到污染区域。同时,空压机向高喷管注入空气流,以扩大药剂扩散速率与扩散范围。注射点位间距一般为3~5米,具体根据修复区域面积布设注射点位;采用氧化药剂为过硫酸钠,液碱为活化剂,联合使用以增强氧化药剂对土壤中目标污染物的氧化效果;依据区域土壤污染物浓度,确定碱活化过硫酸盐药剂综合投加比为2%~4%。本技术主要搭配Geoprobe设备及压力启动式注入探头分层注入,在南通姚港化工退役场地污染土壤修复工程、南京煤制气二期地块土壤修复及地下水治理工程中应用,修复后土壤均达到修复目标值。

四是环保材料和环保装备的清洁生产。在新材料开发应用方面,扬子江生态文明创新中心开发了电触媒合金阻垢材料,用于水、石油等流体阻垢,主要包括:石油化工运油罐、油田集输油管路系统、加热炉管线、整体自装卸运油车等;军舰、航母、军营净水装置、运水车、岸滩液货补给系统、漂浮管线油料卸装系统等;工业循环用水设备、净化设备、除盐水系统、专用污水污物处理设备;民用净水装置、污水处理设备等。该材料的技术特点是,当流体介质以一定的流速经过该合金材料,合金材料在不改变水体成分和酸碱度的条件下,通过持续释放自由电子,降低水体的阳离子浓度、改变静电位,使流体中的阴、阳离子不易结合形成垢,同时能使已板结的垢块逐渐溶解、脱落,实现阻垢、除垢的功能。该材料直线作用距离达到2~3公里。产品安装方便,免维护,零排放,无磁无电,不产生二次污染,触媒芯片使用寿命为10年,提高了安全生产的经济效益。主要用于石油化工、电力系统、工业循环用水等流动介质引起管线结垢的区域,能够降低成垢指数,抑制硫酸盐还原菌(SRB),减缓油泥淤积。该技术在延长油田采油厂系统管道设备结垢处理、大唐国际本部热力交换站换热器水垢处理项目中得到应用,均达到了预期效果。

扬子江生态文明创新中心以研发为产业、以技术为商品,打通成果转化"最后一公里",形成了"三院两平台四支撑"的核心框架体系,围绕创新要素完善创新链条,搭建创新网络,构建创新生态。在整合吸纳生态环保领域新型研发机构建设绿色低碳产业技术研究院、实现加盟所协同发展的基础上,与非生态环保领域新型研发机构探索共建工程化研究中心,促进多学科交叉协同创新,支持绿色技术二次开发及工程化。

扬子江生态文明创新中心统筹集聚广大新型研发机构、龙头企业的工程化力量,搭建协同支撑的绿色技术工程化平台网络,实现交互协作与资源共享,为绿色低碳科技创新成果二次开发、中试熟化、样机试制、应用验证、工程化转化等提供支撑。其运行机制是:通过整合加盟研究所和龙头企业等社会化资源,构建协同交叉的工程化平台网络,从而放大工程化能力,其借助的平台有仿真平台、设计平台、智能制造平台、加工生产平台等。平台中的龙头企业提供验证示范基地,包括绿色化工、资源循环利用、生态环境治理、智慧环保的场景验证。

截至2020年11月,扬子江生态文明创新中心已集聚南京市44家生态环境领域新型研发机构,吸纳17家为正式研究所、15家为预备研究所、12家工程化研究中心,与15家龙头企业共建龙头企业创新中心。通过研究所连接了19家境内外高校和22个国家级科研平台,集聚了近30名中外院士和千余名科研人员。

(三)创建综合性国家科学中心的人才支持政策

南京要争创综合性国家科学中心,首要的工作是设计人才集聚、培育和使用政策。

第一,发挥大学的人才集聚功能。大学是南京重要的创新资源,大学也是南京集聚人才的重要平台和载体。

一是为大学引进人才创造条件。主要是提高人才对南京优质公共服务资源的可得性,包括幼儿园及中小学教育、医疗资源等。现在大学对人才的吸引力,除了自身的科研环境及所能提供的待遇外,大学所在城市的品质也是极其重要的因素。南京为在宁高校引进人才创造条件,就是为自身发展创造条件。

二是为大学的人才成长及实现自身价值创造条件。主要是为各类人才的科学研究、创新创业提供包括金融、税收、场所等方面的支撑。从建设综合性国家科学中心需要的角度来看,则要为基础应用研究人才实现自身价值提供支持,包括帮助高校建设实验室、建立大科学装置、共建大学科学园等,南京的"校地融合发展"为实现这一目标提供了政策支撑。

三是以最大的诚意留住尽可能多的大学毕业生。南京有80多万名在校大学生，2021年在宁毕业生达到26.3万人，为助力高校毕业生就业创业，进一步加深大学生对南京的了解，吸引更多大学生留宁发展，南京市重点打造了"南京·大学生开学典礼"和"南京·大学生毕业季"两个品牌活动。其中，毕业季活动2021年首次举办，包括一场主题大会、百场宁企招聘会、offer直通车等4项毕业季品牌活动以及多场高校毕业活动联播。在人才竞争的大背景下，留住了高校毕业生，就是留住了城市的未来。

第二，不拘一格用人才。争创综合性国家科学中心需要基础研究高端人才，也需要各类创新型人才。要进一步放宽各类人才的准入标准，让一大批有创业创新激情的各方人才集聚南京，并使他们与南京的创业创新生态系统发生良性互动。

一是分层次设定人才类别。设定人才类别的目的就是给予相应的支持政策，从经济学的角度来看，不同类别的人才需要付出不同的成本，其市场价值也存在差异，不同的人才政策就是为了弥补其前期的投入成本，也是市场价值的体现。同时，对人才进行分类也有利于使各类人才各得其所。目前，南京的人才支持计划分为顶尖人才、高层次人才、中青年骨干人才、海外人才、创业大学生等几个类别，并分别出台了支持计划的实施细则。

二是分类给予支持。根据南京市2021年发布的《关于新发展阶段全面建设创新名城的若干政策措施》，到2025年集聚顶尖人才（团队）100个、新引进高层次创新创业人才3 000名、培育创新型企业家1 000名、累计引进创业就业海外留学人才8万名、青年大学生创业企业突破10万家。对顶尖人才（团队）给予500万~1 000万元支持，其中具有标志性全球影响力的，综合资助最高1亿元；对高层次创新创业人才给予50万~350万元支持。推出"紫金山英才卡"，集成提供创新创业、子女教育、健康医疗、品质生活等特色精准服务。鼓励高校、企业、新型研发机构联合设立人才定制实验室和科创实验室，鼓励园区探索建设产业共享人才培育、专业技术订单式服务的联合创新体，按年度绩效给予最高30万元奖励。

三是加强监督管理确保公平公正。人才政策要宽松，是指凡是符合条件的人才都应该享受相应的待遇；同时，监管管理又要到位，确保有限的资源真正用在对人才的引进和支持人才发展上。如果相应的资源被滥用甚至盗用，则将使人才政策大打折扣，影响到创新发展战略的实施。

第三，优化创新生态系统。突出人才在创新中的主体地位，使人才有自由支配研发经费、控制研发进度、分配研究任务的权利，尽量减少对其科研活动过程的干扰。作为地方政府来说，就是要坚决执行中央关于给科研人员松绑的相关规定和精神。

一是让科学家成为科学研究的主体。科学家最了解技术演进的路径和科学发展的方向。对科学研究而言，无论成功还是失败都是宝贵的经验积累，需要给予足够的宽容。

二是让创业者、投资家和企业家成为科技成果产业化的主体。唯有他们，才能形成成果转化的激励机制和风险机制。

三是保护好知识产权才能集聚人才。在现代经济实践中，创新中的合作不断增加，专利的市场交易也始终存在且日益重要。知识产权的作用没有因合作创新的增加而淡化，相反，清晰界定知识产权是协同创新的基本前提条件。在创新者、机会、环境和资源这些创新要素中，创新者是最具能动性和最重要的部分。大量研究发现，加强知识产权保护能否促进创新依赖于人力资本状况（Nunnenkamp & Spatz，2004；庄子银，2009）。公平的机会、良好的环境和丰富的资源，无不与知识产权保护情况密切相关。因此，政府对知识产权的保护有利于人才特别是创新人才的集聚，从而提升当地人力资本水平，间接促进创新。

四是鼓励再创业，发挥好大企业的人才孵化作用。对于南京这个国有企业占比较高的城市，倡导像华为、海尔这些大企业所推动的内部创业创新，有着特别重要的意义。如何实现体制内外人才的良性流动是南京需要认真思考的问题。南京有丰富的人才资源，但很大一部分属于"体制内"，其创新成果的市场化转化受到较大限制。利用好新型研发机构，促进人才灵活流动，有利于创新的扩散和创新生态系统的优化。

第六章

合肥：综合性国家科学中心提升安徽省科技创新能力[*]

安徽省将"建设创新安徽、推动转型发展"摆在全省发展全局的核心位置，深入实施创新驱动发展战略，在创新型省份的建设中取得重大进展，科技创新综合实力大幅提升，创新支撑经济发展的能力明显增强，创新体制机制不断深化，创新创业环境进一步改善。与此同时，安徽省科技创新发展也面临一系列新问题、新挑战，如高新技术产业规模偏小、竞争力较弱；区域创新发展不平衡，与同处于长三角地区的苏浙沪差距较大；创新创业环境有待进一步优化，科技成果转化深层次体制机制障碍还依然存在等。为了提升中国的基础研究水平，强化原始创新能力，攻克关键核心技术，增强国际竞争中的话语权，安徽省在科技创新发展的"十三五"规划中提出依托合肥地区大科学装置集群，整合相关创新资源，集聚世界一流人才，建设国际一流水平、面向国内外开放的综合性国家科学中心，保持和巩固安徽省在基础研究领域的先进地位和比较优势。

一、安徽在长三角区域中还是创新"洼地"

近年来，安徽省的科技创新取得了巨大进展，创新投入日益增长，创新成果不断涌现。然而，与苏浙沪地区相比，安徽省的科技创新存在明显的短板，可以说是长三角区域的创新"洼地"。创新"洼地"变"高地"，除了

---

[*] 致谢：本章的部分数据由安徽省科学技术厅提供。安徽省科学技术厅谭海兵、徐洲炉副处长，钟海斌主任，安徽省科技评估与监管中心刘赞扬副主任，中国安徽省省委党校赵菁奇副教授等专家对本章撰写提出了宝贵意见，在此表示感谢。

利用长三角区域一体化发展上升为国家战略的机遇外,自身要寻求创新的生长点。

(一) 安徽省科技创新投入的时空分析

创新投入是一个地区创新产出的前提,决定了该地区创新产出的上界。创新型省份的重要指标是高强度的科技创新投入,具体体现在研发(R&D)资金占 GDP 的比重达到 3% 以上,研发人员和研发机构数量和水平处于国家前列等方面。本章参考徐南平、洪银兴和刘志彪(2015)的中国创新体系指标框架,使用研发经费占 GDP 比重(研发强度)、高新技术产业每万人研发人员折合全时当量数、高新技术产业投资额以及高新技术产业企业个数等指标,从纵向、横向和内部三个层面考察安徽省科技创新投入概况。

1. 纵向比较

由表 6-1 可知,2011~2019 年,安徽省主要科技创新投入指标均总体呈逐年递增态势(除 2019 年研发强度较 2018 年略微下降外)。2019 年的研发经费投入较 2011 增长了 2.52 倍,年平均增长率明显高于 GDP 增长率。研发投入强度由 2011 年的 1.42% 提升至 2019 年的 2.03%,增幅高达 43%。科研机构与研发人员的数量大幅增加,二者 2018 年的数量分别较 2011 年提高了 1.71 倍和 1.39 倍。从创新经济角度来看,高新技术企业数和高新技术产业投资额的增长势头也较为强劲,其中,2018 年的高新技术企业数较 2013 年增长了 1.43 倍,而 2017 年的高新技术产业投资额更是较 2011 年提高了 2.68 倍。综上所述,就总量变化而言,安徽省的科技创新发展形势良好,科技创新综合实力大幅提升。

表 6-1 2011~2019 年安徽省科技创新投入的纵向比较

年份	R&D 经费投入(亿元)	R&D 投入强度(%)	科研机构数(家)	研发人员数(万人)	高新技术企业数(家)	高新技术产业投资额(亿元)
2011	214	1.42	2 221	10.2	1 608	500.85
2012	257	1.6	2 091	14.5	1 860	700.62
2013	341.8	1.8	3 013	15.6	2 189	870.03
2014	408.7	1.96	3 484	18.1	2 589	891.89
2015	432	1.96	4 093	18.7	3 100	1 031.83
2016	475	1.97	4 817	21.3	3 795	1 453.14
2017	542	1.97	5 360	22	4 255	1 844.16
2018	649	2.16	6 018	24.4	5 324	—
2019	754	2.03	7 074	—	6 547	—

资料来源:Wind 宏观数据库、《安徽省科技统计公报》。

2. 横向比较

区域科技创新投入的不平衡会制约长三角区域一体化发展进程。由于历史条件、资源禀赋的差异,安徽省的科技创新投入与苏浙沪地区存在较大差距,因此,纵向的创新投入演化趋势难以充分说明安徽省的科技创新概况。通过与苏浙沪两省一市的对比发现,截至2018年,安徽省的创新投入依然明显低于长三角其他地区(见表6-2)。

表6-2　　　　2018年安徽省与苏浙沪创新投入的比较

指标	安徽	江苏	浙江	上海	全国
R&D 经费投入（亿元）	649.0	2 504.4	1 445.7	1 359.2	19 677.9
R&D 投入强度（%）	2.16	2.7	2.57	4.16	2.19
地方财政科技拨款（亿元）	294.8	507.3	379.7	426.4	5 212.1
科技拨款占地方 GDP 比重（%）	4.49	4.35	4.40	5.11	2.76
高新技术企业数（家）	5 403	18 154	14 586	9 204	181 000
国家企业高新技术中心数（家）	82	117	121	81	1 564
国家级科技企业孵化器数（家）	25	193	68	49	980
国家级众创空间数（家）	41	170	68	49	980
高新技术产业每万人全时当量（人年/万人）	3.49	14.66	14.44	10.01	—

资料来源:《安徽省科技统计公报》、Wind 宏观数据库。

表6-2对比了苏浙沪皖和全国的研发投入情况。从研发经费来看,安徽省的投入仅为江苏的25.9%、浙江的44.9%和上海的47.7%。从研发投入强度来看,安徽省与长三角其他省市也存在较大差距,甚至低于全国平均水平。从地方财政科技拨款来看,安徽省与苏浙沪的差距相对较小,安徽省的财政科技拨款占GDP比重甚至高于江苏和浙江,达到上海的87%。从高新技术企业数来看,安徽省与苏浙沪的差距十分明显,其中,苏浙沪的高新技术企业数分别是安徽的3.4倍、2.7倍和1.7倍。从国家企业高新技术中心的数量来看,安徽与上海基本持平,略低于江苏和浙江。从高新技术产业每万人全时当量来看,苏浙沪分别是安徽的4.2倍、4.1倍和2.9倍。此外,安徽省的国家级科技企业孵化器和国家级众创空间数也远低于长三角其他地区。

安徽省与苏浙沪研发投入差距的根源在于安徽省与苏浙沪的经济发展水平差距。国家统计局的数据显示,2020年,安徽省的人均GDP为6.3万元,而苏浙沪两省一市的人均GDP分别为12.1万元、10.1万元和15.6万元。

3. 省内比较

安徽省内的科技创新资源分布存在明显的空间集聚现象。这种空间集聚现象造成了核心城市对周边中小城市科技资源的"虹吸效应",如蚌埠市的部分科研院所外迁至合肥。"虹吸现象"加剧了安徽省科技创新投入在空间上的两极分化,制约了安徽省科技创新的潜力。

从表6-3中不难发现,安徽省内各地级市的研发经费投入存在严重的空间极化现象。2013年,研发经费最高的合肥市与研发经费最低的池州市投入相差42.8倍,2019年合肥与研发经费最低的黄山研发经费投入相差33.12倍。从研发强度来看,2013年强度最高的合肥是强度最低的宿州的9.69倍,到了2019年,这一数值则下降到5.54倍。由此可见,安徽省的研发经费和研发投入强度空间非均衡性得到了一定程度的改善,但依然不容乐观。

表6-3　　　　　　　　安徽省研发经费的省内比较

地级市	R&D经费(亿元) 2013年	R&D经费(亿元) 2019年	R&D经费占GDP比重(%) 2013年	R&D经费占GDP比重(%) 2019年
合肥	144.70	291.76	3.10	3.10
淮北	9.93	16.74	1.41	1.55
亳州	2.81	10.54	0.36	0.60
宿州	3.23	11.02	0.32	0.56
蚌埠	20.33	48.55	2.02	2.36
阜阳	5.10	23.22	0.48	0.86
淮南	14.96	11.61	1.83	0.90
滁州	18.33	50.63	1.69	1.74
六安	5.92	15.55	0.59	0.96
马鞍山	29.05	60.62	2.25	2.87
芜湖	53.35	111.56	2.54	3.08
宣城	9.79	29.59	1.16	1.89
铜陵	19.03	28.10	2.80	2.93
池州	3.30	10.31	0.71	1.24
安庆	8.32	25.67	0.59	1.08
黄山	3.92	8.55	0.83	1.04
全省	352.08	754.02	1.85	2.03

资料来源:《安徽省科技统计公报》。

为了更为准确地测度安徽省科技创新投入的均衡状况及其演化趋势，本章使用 Dagum 基尼系数测算方法。该系数介于 0~1 之间，其值越小，则安徽省各地级市研发投入差距越小，均衡水平越高。测算公式如下：

$$G = \frac{1}{2\bar{y}}(\sum_{i}^{n}\sum_{j}^{n}|y_i - y_j|)/n^2$$

其中，G 为 Dagum 基尼系数，n 为安徽省地级市数量，$y_i(y_j)$ 为安徽省第 $i(j)$ 个地级市的研发经费（研发强度），$\bar{y}$ 为安徽省各地级市的平均研发强度。根据上述公式测算得到 2013~2019 年安徽省研发经费和研发强度 Dagum 基尼系数的时间序列（见图 6-1）。

图 6-1　2013~2019 年安徽省研发经费和研发强度的 Dagum 基尼系数

图 6-1 表明，2013~2019 年，安徽省研发经费和研发强度的 Dagum 基尼系数的年平均值分别为 0.59 和 0.32。研发经费的 Dagum 基尼系数呈波动下降趋势（2017 年出现微弱上升），下降幅度为 3.85%。研发强度的 Dagum 基尼系数呈持续下降趋势，下降幅度为 19.90%。由此可见，安徽省研发经费和研发强度的空间非均衡情况较严重。观测期内，研发经费空间分布不均的情况并未得到明显改善，相比较而言，研发强度的空间不均衡状况却得到明显的改善，这表明研发经费投入对 GDP 增长的推动作用有限。

（二）安徽省科技创新产出的时空分析

科技进步对经济增长的贡献率大幅上升是对创新性省份的重要要求，科技进步贡献率是各类创新产出对经济增长促进作用的综合反映。创新产出主要表现在发明专利、R&D 获得技术市场成交额、高新技术产业产值等方面，参考相关文献，本章选取每万名 R&D 人员专利授权数、发明专利占专利授权数比重、每万名 R&D 人员技术市场成交额等指标，同样从纵向、横向和内部三个层面考察安徽省科技创新的产出概况。

1. 纵向比较

由表 6-4 可知，2011~2018 年，每万名 R&D 人员专利授权数存在较大的波动，造成这一现象的主要原因是安徽省研发人员的流动性较大，这一现象从侧面反映出面临苏浙沪的激烈竞争，安徽省的经济社会环境以及人才政策对研发人员缺乏足够的吸引力；发明专利占专利授权数的比重增长了 2 倍，表明安徽省科技创新产出的效率显著提升。此外，2018 年，每万名 R&D 人员技术市场成交额也较 2011 年提高了一倍。由此可见，外部竞争使得安徽省科技创新的产出效率呈波动上升趋势。

表 6-4　　　　　2011~2018 年安徽省科技创新产出的纵向比较

年份	每万名 R&D 人员专利授权数（件/万人）	发明专利占专利授权数比重（%）	每万名 R&D 人员技术市场成交额（亿元/万人）
2011	3 204.02	6.20	6.38
2012	2 987.66	7.08	5.94
2013	3 131.35	8.68	8.39
2014	2 672.93	10.72	9.38
2015	3 157.17	18.94	10.19
2016	2 863.05	25.08	10.21
2017	2 646.05	21.37	11.34
2018	3 268.32	18.62	13.17

资料来源：根据 Wind 宏观数据库的科技数据计算得到。

2. 横向比较

为对比安徽省与苏浙沪和全国科技创新的产出水平，此处选取了发明专利授权数、万人发明专利拥有量、国家级科技奖励、技术合同成交额、高新技术产业产值占规模以上工业比重等指标。

由表 6-5 可知，安徽省的科技创新产出与苏浙沪存在较大差距。从发明专利授权数来看，苏浙沪分别是安徽省的 2.83 倍、2.19 倍、1.44 倍；从万人发明专利拥有量来看，安徽仅达到江苏 37.09% 的水平、浙江 41.65% 的水平以及上海 20.69% 的水平，甚至低于全国平均水平；从国家级科技奖励来看，安徽省与苏浙沪同样存在较大差距，苏浙沪的科技奖励数分别是安徽的 3.85 倍、1.92 倍和 3.62 倍。此外，从高新技术产业产值占规模以上工业比重来看，安徽与江苏、浙江基本持平，明显高于上海。

表 6-5　　2018 年安徽省与苏浙沪和全国创新投入指标的比较

指标	安徽	江苏	浙江	上海	全国
发明专利授权数（件）	14 846	42 019	32 550	21 331	432 000
万人发明专利拥有量（件/万人）	9.83	26.5	23.6	47.5	11.5
国家级科技奖励（个）	13	50	25	47	285
技术合同成交额（亿元）	322.6	1 152.6	989.3	1 303.2	17 800
高新技术产业产值占规模以上工业比重（%）	43.6	43.77	49.5	20.9	—

资料来源：《安徽省科技统计公报》。

3. 省内比较

安徽省内科技创新投入的空间集聚势必引致创新产出的空间不均衡性。本章重点从发明专利授权数和万人发明专利拥有量两项指标出发，考察安徽省各地级市的科技创新产出空间分布状况。由表 6-6 可知，安徽省科技创新产出存在严重的空间不均衡性，且这种不均衡性呈现出不断加剧的态势。从发明专利授权数来看，2015 年各地级市最高值为最低值的 24.91 倍，2018 年扩大至 37.31 倍；从万人发明专利拥有量来看，2015 年的最高值为最低值的 31.11 倍，2018 年缩小至 18.2 倍。

表 6-6　　　　　　安徽省研发经费的省内比较

地级市	发明专利授权数（件）		万人发明专利拥有量（件/万人）	
	2015 年	2019 年	2015 年	2019 年
合肥	3 413	5 597	12.25	27.3
淮北	299	255	2.67	4.3

续表

地级市	发明专利授权数（件）		万人发明专利拥有量（件/万人）	
	2015 年	2019 年	2015 年	2019 年
亳州	240	470	0.85	2.4
宿州	137	320	0.44	1.5
蚌埠	890	659	6.39	12.7
阜阳	541	512	1.14	2.4
淮南	483	426	3.97	5.4
滁州	772	703	3.21	8.6
六安	267	254	0.99	2.5
马鞍山	930	1 126	8.94	19.9
芜湖	1 927	2 816	13.69	32.1
宣城	339	740	2.84	9.5
铜陵	249	214	7.86	9.6
池州	203	150	2.72	5.6
安庆	334	452	1.13	3.8
黄山	156	152	2.92	5.7
全省	14 593	20 443	1.85	9.83

资料来源：《安徽省科技统计公报》。

为分析安徽省各地级市科技创新产出的空间依赖关系（即空间单位上表现出的相似性和集聚性），本章使用莫兰指数对表 6-6 的数据进行空间相关性检验。计算公式如下：

$$I = \frac{\sum_{i=1}^{n} \sum_{j=1}^{n} W_{ij}(X_i - \bar{X})(X_j - \bar{X})}{S^2 \sum_{i=1}^{n} \sum_{j=1}^{n} W_{ij}}$$

其中，S^2 为样本方差，W_{ij} 为邻接空间权重矩阵，$X_i(X_j)$ 代表观测样本，$\bar{X}$ 为样本均值。莫兰指数取值范围在 [-1, 1]，该指数大于 0，则为高值与高值相邻或低值与低值相邻的空间正相关；该指数小于 0，则为高值与低值相邻的空间负相关；当该指数为 0 时，则表示不存在空间依赖关系。

由图 6-2 可知，安徽省的发明专利授权数和万人发明专利拥有量呈现出高值与低值相邻的空间负向性，且这种空间负相关性随着时间的推移而增大。事实上，安徽省科技创新发展以合肥为中心，以皖南的芜湖和皖北的蚌埠为副中心。这种"一体两翼"的空间格局，造成了环中心（副中心）城市的"集聚阴影"，具体而言，中心（副中心）城市通过"极化效应"虹吸周边城市创新资源，抑制了周边城市的科技创新产出，由此导致了高值与低值相邻的空间负相关。

（a）2015年专利发明授权数

（b）2019年专利发明授权数

（c）2015年万人发明专利拥有量

（d）2019年万人发明专利拥有量

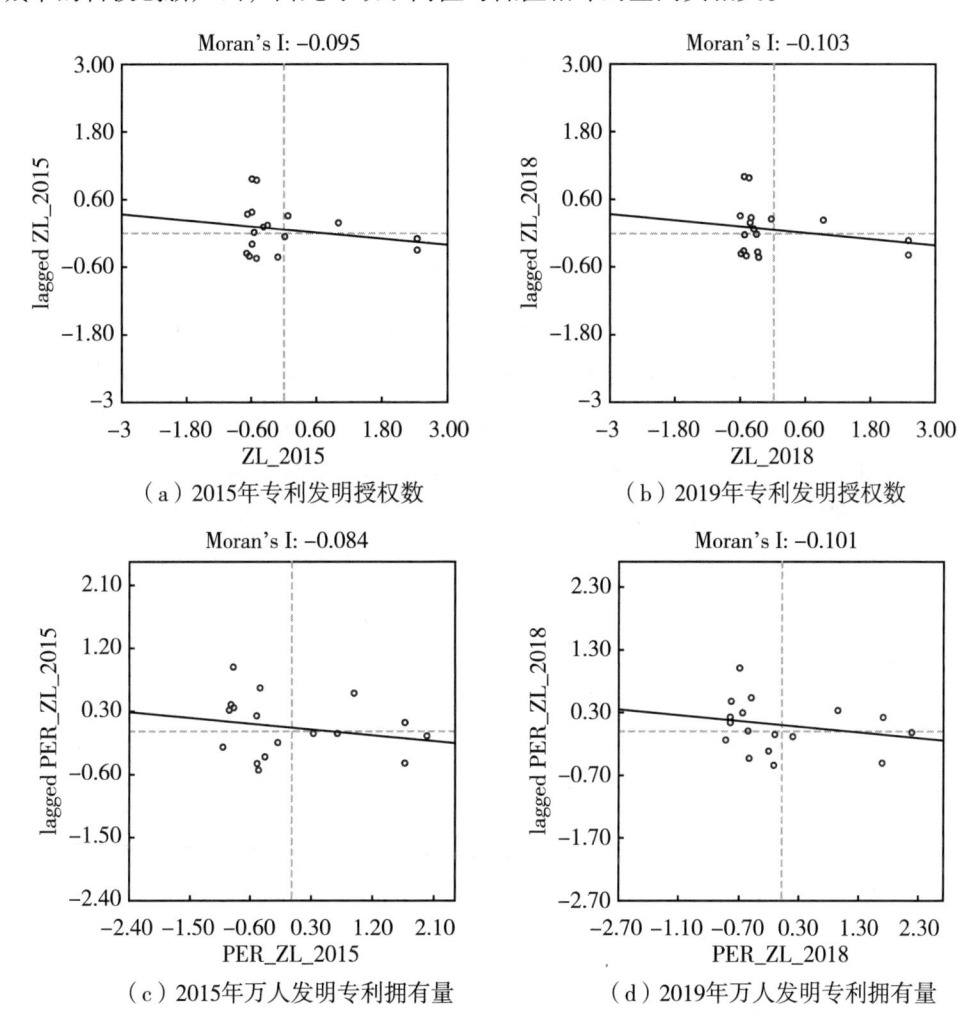

图 6-2　安徽省科技创新产出的莫兰散点图

综上所述，从投入层面来看，安徽省的科技创新呈高速增长态势，但与苏浙沪两省一市的差距依然较大，且创新投入的省内空间不均衡情况较为严重，2013~2019年，这种空间不均衡并未得到明显改善。从产出层面来看，安徽省的科技创新呈波动式上升趋势，其中研究人员的高流动性是造成这一情况的主要原因；安徽省的科技创新产出与苏浙沪地区同样存在明显的差距，部分指标甚至低于全国平均水平；安徽省内科技创新产出呈现出空间负相关性，且这种负相关性随时间推移而加剧，造成这一情况的主要原因是合芜蚌"一体两翼"的科创空间分布格局以及由此产生的"极化效应"。

二、创新"洼地"的突破

（一）合肥成为创新之城

安徽成为长三角区域一体化发展国家战略的重要组成部分，迎来了由创新"洼地"变为创新"高地"的新机遇。其中的一个重要表现是合肥的异军突起。

过去十年间，合肥市凭借其充足廉价的劳动力、独特的地理位置以及相对完善的基础设施，通过一系列政府投资活动，精准地把握住了液晶面板、集成电路、新能源汽车等战略性新兴产业的发展机遇。伴随着中国科学技术大学、中国科学院合肥物质科学研究所等科研机构在可控核聚变、人工智能、量子通信等原始创新领域的突破，合肥的科技创新取得了长足发展，合肥从过去不知名的三线城市一跃成为"明日创新之城"。[①]

2020 年，以政府主导战略性风险投资为主要特征的"合肥模式"成为政府推动科技创新的代名词。在合肥市委、市政府的领导下，合肥市国资委带领市属国有企业积极充当引领战略性新兴产业发展的主力军，围绕推动产业转型升级目标，优化国有资本布局，强化国有资本运营，发挥国有资本引领作用，带动产业发展，撬动社会投资，取得了国有资本保值增值与战略性新兴产业蓬勃发展的双赢成果，探索打造出国有资本引领战略性新兴产业发展的"合肥模式"。[②]

"合肥模式"为合肥市乃至安徽省的经济发展带来了质的飞跃。2000～2019 年，合肥市生产总值从 325 亿元上升至 9 409.4 亿元（见图 6－3），在全国所有地级市中的排名从第 82 位跃升至第 21 位，在省会城市中已经跻身前 10，位列第 7。在创新方面，合肥的研发强度达到 3.24%，2018 年入选全球科研城市 50 强。与此同时，2020 年，安徽省生产总值的增速居全国第 4 位，总量居全国第 11 位。

[①] 《最敢"赌"而且总"赌"赢，为您揭秘"什么是合肥模式"？》，https://www.sohu.com/a/428978461_99919028，2020－11－02。

[②] 《充分发挥国有资本引领作用，助推合肥战新产业发展》，http://m.haiwainet.cn/middle/3544396/2019/0917/content_31630128_1.html，2019－09－17。

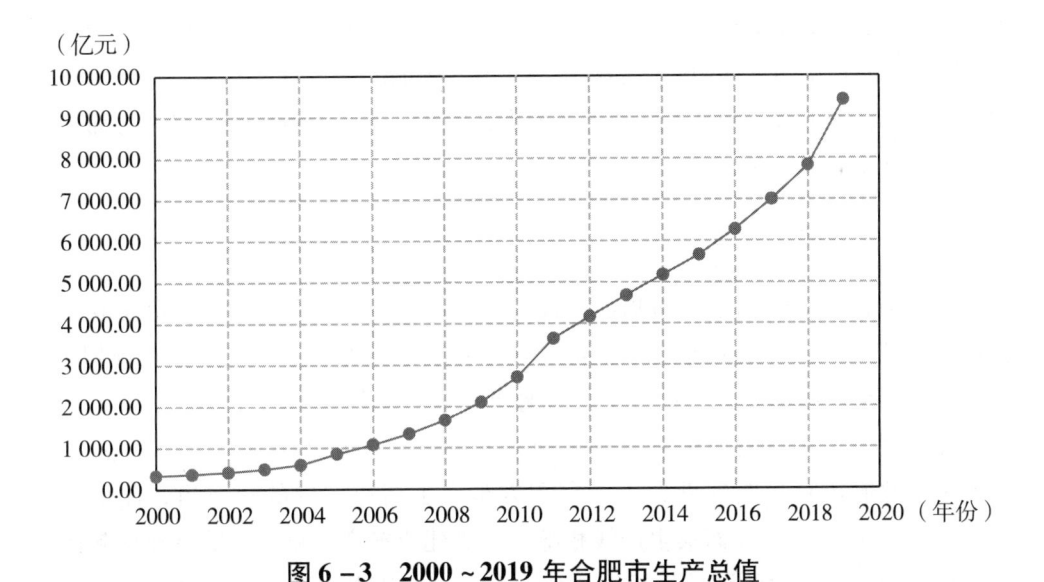

图 6-3　2000~2019 年合肥市生产总值

资料来源：Wind 地区宏观数据库。

1. 传统招商引资模式的弊端

分析合肥模式的兴起离不开对传统政府招商引资模式的梳理。长期以来，在以 GDP 为考核标准的官员晋升锦标赛中，各地方政府始终将招商引资作为推动地方社会经济发展的首要任务。只有引进大企业，才能有效拉升 GDP，带动就业，扩大政府财政收入。在整个招商引资过程中，政府给予企业在银行信贷、土地资源、税收等方面的一系列优惠政策。这种招商引资模式在经济高速发展的早期阶段具有较强的适用性，促进了工业企业的高速扩张，并由此形成了规模效应，降低了企业的制造成本，增强了企业的竞争力。

然而，传统招商引资模式所产生的负面影响也不容忽视。最突出的问题是，政府对投资的过度干预造成了要素市场的扭曲，压低了资本品价格，引发了同质化企业的恶性竞争，造成了投资过度、产能过剩、环境污染等一系列问题。在经济增长动能从传统要素投入驱动切换至创新驱动的新的历史时期，传统招商引资模式的弊端更加凸显。对于创新型企业和技术密集型产业而言，它们对生产要素价格的敏感性相对较低，相比较而言，它们更需要科研人才、启动资金等方面的系统支持，以及营商环境的不断改善。

合肥最初也采取了这种传统的招商引资模式。2000 年前后，合肥开始聚焦家电产业，抓住承接东南沿海地区产业转移的时代机遇，吸引了格力、海尔、TCL 等一批国内外知名家电企业竞相落户。如今合肥的家电产业产值接近 2 000 亿元，已成为名副其实的全球家电之都。伴随着合肥家电产业的蓬勃发展,诸如液晶面板、集成电路等核心技术与关键中间产品被国外企业垄断的问题也日益凸显。这些问题一方面限制了合肥市电器产品更新迭代的速度,削弱了企业的竞争力;另一方面也大幅压缩了企业的利润率。

2. "合肥模式"兴起

为了突破"缺屏少芯"的瓶颈,合肥市开始将招商引资的重点锁定在液晶面板这一领域。2008年,位于北京的液晶显示器制造企业——京东方正在规划第6代液晶面板生产线的布局,但囿于资金匮乏,这一规划迟迟未能落地。合肥市政府在综合评估该项目后,最终通过定向增发的方式向京东方投资了175亿元。[①] 在合肥市政府风险投资的助力下,京东方步入了高速发展的快车道,此后,第8.5代与第10.5代液晶面板生产线相继在合肥建成投产。京东方的迅速崛起让合肥市跃升为国内最大的液晶面板生产基地之一,也让中国在全球液晶面板市场占据了一席之地。

成功引入京东方后,合肥市的战略性风险投资又相继在集成电路、新能源汽车、人工智能等核心技术领域引入了兆易创新、长鑫存储、蔚来新能源汽车等一批国内创新企业标杆。通过一系列成功的战略风投,合肥市政府探索出一条引入龙头企业、发展核心技术、培育创新产业的"投资—上市—退出"市场化运作模式,这一模式被誉为"合肥模式"。

产业是一个城市乃至一个国家经济发展的强大引擎。作为新一轮科学技术革命的突破点和产业转型升级的未来方向,战略性新兴产业是一个地区培育新的经济增长点、取得未来竞争优势的关键领域。全力推进战略性新兴产业是合肥市乃至安徽省在新竞争格局下,争取新发展机遇、抢占新发展风口的重大战略,也是加速产业结构转型升级,实现经济发展方式由高速增长向高质量发展转变的重要保证。

"合肥模式"的重点是尊重产业发展规律,瞄准产业发展方向,科学筛选投资项目,审慎选择投资对象,依托国有资本对创新型龙头企业的风险投资,引导社会资本流向战略性新兴产业;同时建立并完善国有资本有序退出市场的体制机制。国有资本在完成既定投资目标后,将适时退出并转投下一个新兴产业,以此实现良性的投融资循环。

具体而言,合肥市政府瞄准国家重点发展的战略性新兴产业,抢抓外商直接投

---

① 《观察 | 解码"最强风投城市":为何偏偏是合肥》,澎湃新闻网,2020年10月30日。

资（FDI）和国际、国内产业转移的历史机遇，围绕合肥市与安徽省的经济发展长期规划，采取"大项目—产业链—产业集群—产业基地"这种由点及线、由线及面的跨越式与渐进式有机融合的发展模式，依托国有资本，发挥先导作用，用资金换技术、换市场，推动社会资源向战略性新兴产业集聚。通过龙头企业牵引，壮大产业规模，构建产业链条，完善产业集群，提升国有资本的运营、配置效率，推动地区经济持续、健康、高质量发展。

3. 合肥模式助力创新型企业（产业）发展的运作模式

参考金琳（2020）的研究，本章从组建产业基金、强化资本运作，强化投资管理，以及构建国有资本进入退出通道三个方面梳理"合肥模式"的具体运作方式。

（1）组建产业基金，强化资本运作。合肥市通过设立投资基金，通过"基金+项目""基金+产业"等多种模式引入社会资本，充分发挥国有资本的杠杆作用。目前，合肥市通过政府投资已经累计撬动了近4 000亿元的社会投资。以京东方为例，在彩虹8.5代玻璃基板、康宁10.5液晶玻璃基板等相关项目建设过程中，合肥市大力开展政府投资模式创新，以风险投资的方式高效切入资本市场。2016年1月，合肥市发起并组建了市场化运作的合肥芯屏产业投资基金，一改往日政府直接借款或投资的传统方式，充分利用政府投资加市场引导的方式募集资金，服务于新型液晶面板、半导体集成电路等产业，为合肥诸多高成长性创新型企业进行信用背书，为发展新兴产业构建良好的金融支撑体系。

截至2020年，合肥芯屏产业投资基金的实缴规模高达265亿元，累计完成项目投资金额高达366亿元。从规模上看，该基金已经达到了全国私募股权基金头部方阵的水平；从投资方向上看，该基金主要投向液晶面板和集成电路等产业的上、下游关联企业。以芯屏产业投资基金为代表的政府风险投资充分实现了金融资源、产业资源与市场资源的高效整合，为合肥市创新型项目的推进和创新型企业的发展提供了坚实的资金保障。

（2）强化国有资产的投资管理。任何投资都具有风险，在复杂多变的市场中，有效识别并化解风险，确保国有资产保值增值，需要下大力气运筹谋划。随着战略性新兴产业形成一定规模，合肥市在抢抓投资机遇的同时，更注重投资管理。

在项目投资之前，除了一般的调研活动外，针对规模大、风险高、技术先进、专业性强的重点项目，合肥市政府通常会组织专家论证会，深入研讨投资前景，完善投资方案，防范签字风险。与此同时，为了降低项目后期退出风险，合肥市政府在投资前就精心谋划项目的退出方案。

投资期间，为了严格把控企业经营风险，合肥市政府会向被投资企业委派董事、监事、财务总监等,并参与企业重大决策,监督企业经营、财务状况。对于重大项目,合肥市政府将持续跟进项目,协助企业解决问题,全力保障项目顺利建成、投产和有序运营。

对于那些通过上市公司股权转让退出的项目,合肥市政府持续参与上市公司的战略规划及运营活动,为上市公司持续、稳定、健康的发展提供保障。此外,合肥市政府也会密切关注资本市场的走势,力争把握住最佳窗口期,顺利完成股权转让,退出投资。

(3) 积极构建重大项目国有资本进入退出通道。合肥市政府在京东方等投资项目上成功摸索出一套成熟的产业投资模式,即"引进专业团队→国有资本投资引领→项目落地→通过上市通道退出→循环支持新项目发展"。在"一进一退"之间,国有资本一方面推动了产业项目的顺利落地,另一方面也实现了自身的保值增值。例如,合肥市在京东方8.5代线二级市场股票减持实现净收益约140亿元,投资回报率高达271%。2018年4月,合肥芯屏产业投资基金公开转让安世半导体项目七成股权,较初始投资增值131.62%,取得了巨大的投资收益。[①] 国有资本的循环投入有效推动了战略性产业的高质量发展。以京东方三条产品线的建设为例,自2010年6代线投产以来,亩均产出持续增加,既实现了资源的集约利用,也完成了技术的更新迭代,形成了良性可持续的发展模式。成功的风险投资不仅获得了可观的回报,还为新的战新产业投资积累了资金,实现了资金的良性循环,也极大地增强了社会资本的投资信心。

(二) 推进合肥综合性国家科学中心建设

我国在建设创新型国家的过程中始终面临着基础研究和原始创新能力不足的瓶颈。在国内外局势风云变幻的当下,国家提出了创新驱动发展战略,经济发展与社会进步对战略性科学技术的需求比以往任何时期都更为迫切。2016年3月国务院颁布的《中华人民共和国国民经济和社会发展第十三个五年规划纲要》中首次提出了综合性国家科学中心这一概念,它是国家在新的历史时期提出的,蕴含着中国特色科技发展思想的全新事物。建设综合性国家科学中心是实现我国科学技术综合实力由"跟跑"转变为"并跑"和"领跑",争取进入全球创新型国家行列的重大战略举措。

---

① 《充分发挥国有资本引领作用,助推合肥战新产业发展》,http://m.haiwainet.cn/middle/3544396/2019/0917/content_31630128_1.html,2019-09-17。

第六章 合肥：综合性国家科学中心提升安徽省科技创新能力

综合性国家科学中心是依托国家重大科技基础设施（大科学装置）集群建设，支持多领域、多学科、多主体、交叉型、前沿性研究，代表世界先进水平的基础科学研究和重大技术研发的国家级大型开放式研究基地。[①] 综合性国家科学中心的提出与建设对于提升国家科技创新能力、增强综合国力和国际竞争力具有重大意义。首先，它有助于解决重大的基础科学技术问题，提供原始创新动力，提升知识创新能力；其次，它有助于高效整合各类创新资源，广泛开展跨学科、多领域的交叉前沿研究，催生革命性创新成果；最后，它有助于构建由科学到技术、由技术到产业的科研成果转化桥梁，促进科技创新与产业升级的有机融合。

2017年1月，由安徽省政府牵头，与中国科学院合作共建的合肥综合性国家科学中心得到了国家发展改革委和科技部的联合批复。这一重大决策标志着安徽省在我国建设创新型国家的大格局中占据了重要位置，成为代表中国参与全球科技竞争与合作的核心力量（李红兵，2020）。合肥综合国家科学中心是继上海张江综合性国家科学中心之后，长三角地区的又一个国家创新中心。可以预期，在长三角区域一体化进程中，两大科学中心的协同发展将为长三角地区乃至全国科技创新提供源源不断的动力，将极大增强国家的战略科技力量。

"综合性国家科学中心"是一个崭新的概念，国外学者对其界定大致分为三类：第一类是拥有较大面积，科教内容丰富的国家级科技场馆，如瑞士科学中心Technorama；第二类是以某些领域前沿研究著称的国家级大型科研机构，如美国国家能源研究科学计算中心（NERSC）；第三类是全球知名的科技创新园区，如英国牛津郡的哈维尔牛津园区（叶茂等，2018）。

合肥综合性国家科学中心是一个复杂综合性系统，其构成要素具有多样性，大体可以划分为四类：第一类是以大科学装置为代表的重大科研基础设施；第二类是协同创新平台，包括国家实验室、交叉前沿研究平台、科研成果转化平台等；第三类是科研创新主体，包括高校、科研原始、科技企业等；第四类是市场中介服务机构（李志遂和刘志成，2018）。构成要素如图6-4所示。

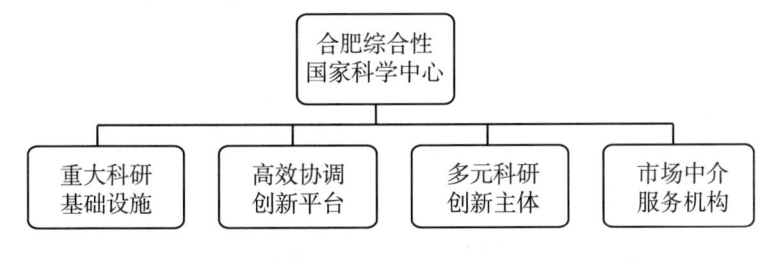

图6-4 合肥综合性国家科学中心的构成要素

[①] 《打造世界级综合性国家科学中心》，http://www.71.cn/2020/0917/1101185.shtml，2020-09-17。

1. 重大科技基础设施

国家重大科技基础设施通常也被称为"大科学装置"或"大科学工程",是通过较大规模人力、资金、设备投入和工程建设来完成,建成后通过长期的稳定运行和持续的科学技术活动,实现重要科学技术目标的大型科学实验设施,是基础科学研究和原始创新的重要工具。大科学装置的目标是面向国际前沿,为国家经济建设、国防建设和社会发展作出战略性、基础性贡献(王贻芳和白云翔,2020)。

这类设施的"重大"特征不仅体现在科技目标和科学意义上,在投资体量和组织规模等方面同样体现出"重大"或者"大型"的特点(见表6-7)。这类设施的"大型"特征源于拓展人类探索能力的自然需要,承载了必要的多元创新要素,"重大"也体现在能否支撑新一轮科技创新上。因为"重大",设施的整个生命周期从预研到规划、设计、建设、运行及未来的升级改造,常常会达到十几年甚至几十年,其立项建设不仅需要通过高水准的科学、技术与工程方案评估,以及对未来发展方向、水平和需求的评估,有时还需要国家层面的政治决策(杜澄等,2011)。

表6-7 大科学装置特点

定位	具有明确的科技目标和国家使命,其科学技术目标必须面向国际科学技术前沿,对促进国家原始创新起到推动作用,科学技术意义重大,影响面广且长远
建设	建设规模和耗资大,建设时间长,具有较长的使用寿命,设施建设具有科研和工程双重属性,建设本身是复杂的科学技术活动
运行	建成后要通过较长时间稳定的运行和持续的科学活动才能产生科学知识和技术成果,间接成果可产生巨大的经济效益
交叉性	使用过程中涉及的学科多,交叉性强,研究人员多,具有资金密集型、技术密集型、人才密集型特点
属性	具有科学性和社会性双重属性。科学性体现在它是具有先进技术特性的科学专用设施,社会性体现在它是包含多个主体目标和期望的公共物品,而且具有明显的开放性和国际性特点

资料来源:西桂权、付宏、刘光宇:《中国大科学装置发展现状及国外经验借鉴》,载于《科技导报》2020年第11期。

大科学装置是合肥综合性国家科学中心的关键要素。目前,合肥拥有国家同步辐射实验装置(一、二期工程)、稳态强磁场实验装置、全超导非圆截面托卡马克核聚变实验装置(EAST)、HT-7超导托卡马克核聚变实验装置四个大科学装置(见

表6-8），是除北京之外全国大科学装置最密集的地区。随着大科学装置的建设，合肥正在形成高度集聚的重大科技基础设施集群，产生一批具有世界影响力的原创性成果（王哲，2020）。

表6-8　　　　合肥综合性国家科学中心的大科学装置

设施类别	设施名称	依托单位	投资额（亿元）	建设
专有研究设施	超导托卡马克核聚变实验装置	中科院合肥物质研究院	5.5	建成
	聚变堆主机关键系统综合研究设施	中科院合肥物质研究院	60	在建
公共实验平台	合肥同步辐射装置	中国科学技术大学	3.6	建成
	稳态强磁场实验装置	合肥物质研究院	2.5	建成

资料来源：王贻芳、白云翔，《发展国家重大科技基础设施，引领国际科技创新》，载于《管理世界》2020年第5期。

合肥综合性国家科学中心已有的大科学装置主要有以下几种。

（1）超导托卡马克核聚变实验装置。全超导托卡马克核聚变实验装置（EAST）又被称为"人造太阳"，是我国可控核聚变研究的集大成装置。该装置的运行原理是：在装置的真空腔室内加入少量的氘或氚（氢的同位素），通过类似变压器的原理使其产生等离子体，然后提高其密度、温度使其发生核聚变反应。该装置自建成以来，就不断开创人类可控核聚变研究的新高度。2017年7月3日，EAST实验装置实现了稳定的101.2秒稳态长脉冲高约束等离子体运行，实现了百秒量级的跨越，创造了新的世界纪录。这标志着EAST成为世界上第一个实现稳态高约束模式运行持续时间达到百秒量级的托卡马克核聚变实验装置，表明我国磁约束聚变研究在稳态运行的物理和工程方面，将继续引领国际前沿。

（2）合肥同步辐射装置（合肥光源）。"合肥光源"主要研究粒子加速器后光谱的结构和变化，从而推知粒子的基本性质。合肥光源目前拥有10条光束线及实验站，包括5条插入元件线站和实验站、5条弯铁线站和实验站。此外还有3个出光口为未来发展预留空间。[①] 2007年，我国首颗探月卫星"嫦娥一号"成功发射，并传回首张月面图像。"嫦娥一号"首次飞行任务携带的太阳风离子探测器，其正机实验标定和测试就是在合肥光源上完成的。随着合肥光源性能的提升，该实验室源源不断地涌现了更多原始创新成果。2018年上半年，基于该装置，用户发表论文

---

① 《合肥同步辐射装置综述及基本情况》，http://www.bulletin.cas.cn/publish_article/2019/Z2/2019Z207.htm。

176篇，其中，一区论文95篇。[①] 作为国家大科学装置和合肥综合性国家科学中心的重要组成部分，合肥光源将继续面向国家战略需求和前沿基础科学研究，为各领域科学家提供长期、可靠、稳定的技术支撑。

（3）稳态强磁场装置。合肥的稳态强磁场装置是一个针对多学科实验研究需要的强磁场极端实验条件设施，包括10台强磁场磁体装置和6大类实验测量系统以及极低温、超高压实验系统。该装置虽然建设晚，但起点高，紧盯国际最先进的装备。2016年11月，稳态强磁场装置实现了40万高斯稳态磁场，达世界一流水平，成为磁场强度仅次于美国、世界排名第二位的稳态强磁场装置。同时，稳态强磁场装置作为一个开放的实验平台，吸引了众多科研团队前来开展研究。自2010年稳态强磁场实验装置的部分设备和仪器陆续建成并投入试运行以来，已经有数百名外来专家利用强磁场装置开展了研究工作，取得了大量重要的科研成果。[②]

2. 协同创新平台

协同创新平台是合肥综合性国家科学中心的重要组成部分，它能够有效统筹中心的建设、运营和研究工作，克服传统研究中学科割裂、协同不足的弊端。协同创新平台可以多种形式存在，包括国家（重点）实验室、交叉前沿研究平台、科研成果转化平台、科研管理平台等（见图6-5）。相关平台可以承担科研战略的制订、组织、实施，科研工作的日常管理，科研资源的有效配置，科研网络的构建与跨区域科研合作推进等重要职能（李志遂和刘志成，2018）。

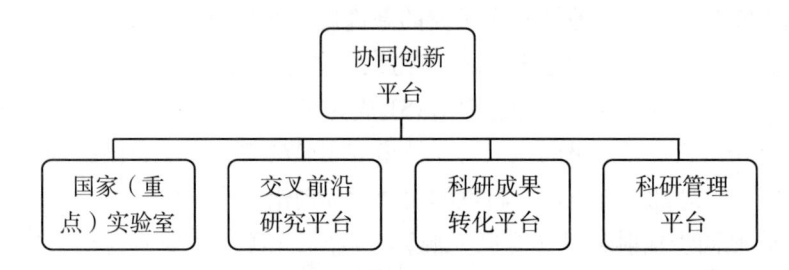

图6-5 合肥综合性国家科学中心协同创新平台的构成要素

（1）国家（重点）实验室。国家（重点）实验室是以国家现代化建设目标和战略需求为导向建设的引领性、突破性科学与工程研究类国家科研创新平台。其中，国家实验室立足于开展前沿基础领域的跨学科、大协同、引领型创新攻关，承担国家重大科研任务，是代表国家水平的战略科技力量，保障国家安全的核心支撑

---

① 《"合肥光源"实现恒流运行》，载于《科技日报》2018年7月27日。
② 《创新安徽》，安徽人民出版社2019年版。

第六章 合肥：综合性国家科学中心提升安徽省科技创新能力

载体；国家重点实验室综合开展基础研究、应用基础研究等，在原始创新能力上集聚发力（连瑞瑞，2019）。

合肥依托中国科学技术大学和中国科学院合肥物质科学研究所，目前已建成同步辐射国家实验室；此外，合肥还同时拥有6个国家重点实验室。根据综合国家科学中心的建设布局，合肥将凭借量子信息、新能源和人工智能方面的技术积累，争创量子信息国家实验室、新能源国家实验室（见表6-9）。

表6-9　　　　　　　　合肥国家（重点）实验室概况

类别	实验室名称	依托单位
国家（重点）实验室	同步辐射国家实验室	中国科学技术大学 中国科学院合肥物质科学研究所
	合肥微尺度物质科学国家实验室（筹）	中国科学院合肥物质科学研究院
	磁约束核聚变国家实验室（试点筹建）	中国科学院合肥物质科学研究院
	量子信息国家实验室（新筹建）	中国科学技术大学
国家重点实验室	火灾科学国家重点实验室	中国科学技术大学
	激光脉冲国家重点实验室	解放军电子工程学院
	压缩机技术国家重点实验室	合肥通过机械研究院
	核探测与核电子学国家重点实验室	中国科学院高能物理研究所 中国科学技术大学
	稀土永磁材料国家重点实验室	安徽大地熊新材料股份有限公司
	认知智能国家重点实验室	科大讯飞股份有限公司

资料来源：《安徽省科技统计公报》。

（2）交叉前沿研究平台和科研成果转化平台。交叉前沿研究平台可以结合现代科技发展的特点，整合不同学科、不同领域的研究力量，以协同创新的方式解决跨领域、跨学科、跨专业的复杂前沿问题。例如，2017年11月批准组建的合肥微尺度物质科学国家研究中心，致力于开展以量子调控及量子信息为主导的原始创新和基于信息科技、纳米科技、认知科学和生物科技的交叉创新；科大讯飞则成为首批国家新一代人工智能开放创新平台建设的主体单位之一，依托互联网交互平台打造智能语音开放创新平台，截至2017年底，该平台聚集开发者团队数超过46万，日均交互次数达40亿次（连瑞瑞，2020）。此外，2020年3月，地球和空间科学前沿研究中心、医学前沿科学和计算智能前沿技术研究中心等交叉前沿研究平台也开始进入招投标环节。

科研成果转化平台是有效衔接创新链、产业链、价值链的载体，可以推动实验室的科技创新成果与产业、市场对接，实现科研成果的转移、转化和知识技术的价值增值。当前，合肥拥有七大交叉前沿和科研成果转化平台（见表6-10）。

表6-10　合肥综合性国家科学中心创新成果转化平台

创新成果转化平台	概况
人工智能中心	由科大讯飞股份有限公司牵头，联合中国科学技术大学、哈尔滨工业大学机器人（合肥）国际创新研究院，通过交叉融合、产学研用协同创新
天地一体化网络（合肥中心）	项目主要包括建设天地一体化信息网络工程研究院（合肥）和合肥地面核心信息港两大部分。其中，工程研究院（合肥）主要聚焦天基骨干网、天基接入网、地基节点网以及大阵列、大数据和物联网等关键技术研究
超导核聚变中心	依托中国科学院合肥物质科学研究院，建设中国聚变工程实验堆，搭建世界一流的大型聚变工程综合测试与应用平台，为未来建成首个1吉瓦（GW）商用核聚变发电站提供支撑
智慧能源创新中心	依托阳光电源股份有限公司、合肥工业大学等，通过高效太阳能电池、高效逆变、先进储能等技术创新，建立智慧能源集成示范基地，带动上下游产业发展
联合微电子中心	依托中国电子科技集团公司第三十八研究所、中国科学技术大学、合肥工业大学、安徽大学等，打造集成电路产业共性技术研发平台、创新孵化平台、高端人才培养和国际合作基地，推进图像传感器芯片、数字信号处理芯片、液晶显示屏驱动芯片等研发和量产
国家大基因中心	依托安徽北大未名，加快基因重组、细胞治疗、细胞制备等的研发，打造国内领先的健康产业基地
离子医学中心	依托中国科学院合肥物质科学研究院和合肥离子医学中心有限公司，引进国际最先进的质子治疗系统，研发国内首个超导紧凑回旋加速器治疗装置，建立国内质子治疗培训中心，打造并拓展合肥医疗健康产业链

资料来源：《合肥：7大领域构建国家重大创新中心》，http://ah.anhuinews.com/system/2016/09/14/007461426.shtml，2016-09-14。

（3）多元化科研创新主体。任何前沿技术的突破、科技成果的应用都离不开各类创新主体和市场主体。合肥综合性国家科学中心的一个重要职能是集聚各类主体，发挥科学研究与产业发展的协同效应，实现高水平研究人员和一流企业的外溢效应。集聚于合肥综合性国家科学中心的创新主体主要有两类：一类是科研创新主体，主要包括大学、科研机构以及从事基础研究与应用研究的各类研究人员，他们是科技创新的主体，通过高水平研究推动技术突破和科技人才培养；另一类是产业发展主体，主要包括企业、企业家及企业员工，他们是科技创新的市场主导力量，通过整合市场需求信息、促进科技成果转化、组织产品生产和服务供应，强化科技与产业的衔接。部分合肥综合性国家科学中心科技创新主体如表6-11所示。

表6-11　合肥综合性国家科学中心科技创新主体（部分）

类型	名称	备注
大学	中国科学技术大学	"双一流"高校
	合肥工业大学	"双一流"学科
	安徽大学	"双一流"学科
科研院所	中国科学院合肥物质科学研究院	中央在皖科研院所
	中国电子科技集团公司第十六研究所	
	中国电子科技集团公司第三十八研究所	
	中国电子科技集团公司第四十三研究所	
	合肥通用机械研究院有限公司	
	华东工程科技股份有限公司	
	中机第一设计研究院有限公司	
高新技术企业	安徽江淮汽车集团股份有限公司	安徽省营业收入百亿元以上高新技术企业
	格力电器（合肥）有限公司	
	合肥鑫晟光电科技有限公司	
	合肥京东方光电有限公司	
	合肥美的洗衣机有限公司	
	中建四局第六建筑工程有限公司	
	合肥晶澳太阳能科技有限公司	

资料来源：《安徽省科技统计公报》。

在推动合肥综合性国家科学中心建设的过程中，安徽省与合肥市政府部门也扮演了重要角色。一方面，政府通过制定科技政策，形成较为科学的科技发展规划，推动科研基础设施建设、科技人才培养，完善科技管理体制。另一方面，政府还为科研工作提供各类公共管理和公共服务工作，为科研工作营造良好的社会氛围。各类主体在合肥综合性国家科学中心的整个创新体系中有各自的功能定位，通过优势互补、能力协作，形成完善的创新生态。

（4）科技创新服务机构。科技企业孵化器、技术转移服务机构、科技信息服机构等科技创新服务机构是合肥综合性国家科学中心的重要组成部分。相关机构及其从业人员通过提供科技信息、推动技术转移等方面的服务，能够有效衔接科技创新与产业发展，降低科研活动的组织成本与科技成果转化的交易成本。创新主体与服务主体之间的良性互动，有助于优化研究方向、提升研发效率。在科技创新的"十三五"规划中，安徽省将集全省市场科技创新服务资源为合肥综合性国家科学中心建设提供支持。①

其一，科技企业孵化器。截至2018年底，安徽省共有科技企业孵化器161家，其中国家级25家，省级81家。孵化场地面积378.1万平方米；在孵企业总收入149.5亿元；在孵企业5 807家，其中当年新增在孵企业1 558家；累计毕业企业3 281家，其中当年毕业企业503家。

其二，众创空间。截至2018年底，安徽省共有众创空间301家，其中国家级42家，省级144家。众创空间总面积418.6万平方米，总收入3.2亿元。

其三，生产力促进中心。截至2018年底，安徽省拥有生产力促进中心128家，其中国家级示范生产力促进中心7家，共有从业人员总数1 862人，拥有资产总额22.01亿元，主要为中小企业开展咨询诊断、信息、技术、培训、人才和技术中介等服务。

其四，技术转移服务机构。截至2018年底，安徽省共有省级以上技术转移服务机构49家，其中国家级技术转移示范机构13家，中国创新驿站安徽区域站点1家，基层站点4家。

其五，科技信息服务机构。截至2018年底，安徽省共有科技信息服务机构11家，其中省属4家、市属7家，从业人员367人。

3. 合肥综合性国家科学中心的管理体制与运行机制②

（1）健全管理机制。合肥综合性国家科学中心实行领导小组领导下的理事会负责制，组长由安徽省与中国科学院的负责同志担任。理事会的职责主要包括：确定中心使命与发展方向，审议和决定重大事项，包括发展规划、年度工作计划、重大科技基础设施等相关科技设施布局；支持区域协同创新网络建设；负责统筹需要国家层面解决的问题。明确安徽省及合肥市职责，省级层面，主要负责统筹协调、项目谋划选、科技计划等工作；市级层面，主要负责科学城建设和项目落地，成立相应的推进机构，加快建设进度。

---

① 《2019年安徽省科技统计公报》，安徽省科学技术厅网站，2019年11月21日。
② 本部分内容参见《合肥综合性国家科学中心实施方案（2017—2020年）》。

理事会下设国家科学中心办公室，负责落实领导小组（理事会）的决策部署，制定相关管理制度，编制并组织实施发展规划和年度工作计划，组织推进重大科技计划，负责与国家部委沟通联系，统筹省内各方创新资源，谋划、争取、引进重大科技基础设施和创新平台，加强高端人才引进，监管专项资金使用，推进重大科技基础设施开放共享。

合肥综合性国家科学中心还设立了专家咨询委员会。聘请有国际视野的战略科学家担任主任，成员由国家科学中心建设单位专家以及国内外相关知名专家组成。在重大科学问题、科技发展战略、发展规划、重大政策等方面发挥咨询作用；研究确定重大科技任务计划和自由探索计划；对研究队伍、研究内容及目标、科研经费支持力度等提出建议；对相关科技成果转化及方式提出建议。

（2）创新运行机制。一是设立联合基金。安徽省、合肥市会同中国科学院、国家自然科学基金委员会等单位，设立国家科学中心联合自然科学基金，鼓励符合条件的全球科研人员申请，围绕信息、能源、健康、环境四大领域，依托大科学装置开展研究。依法探索设立国家科学中心基金会，广泛吸引社会资本参与。

二是实施重大科技计划。积极承接国家重大科技任务。主动服务国家创新战略，调动创新网络单位积极性，加强对重大基础创新平台和交叉研究平台承接国家重大科技任务的统筹协同，承担国家科技重大专项、重大科技项目、重点研发计划。发起倡导或积极参与重大国际科技合作。依托重大基础创新平台、交叉前沿研究平台以及人才团队的支撑，积极引导和争取承担"以我为主"的国际大科学装置研发任务，开展高水平科学研究和国际交流合作。

三是建立动态调整机制。制定出台《合肥综合性国家科学中心项目管理办法》，优化国家科学中心重点项目，构建"引进一批、淘汰一批、置换一批、谋划一批"的动态调整机制。专家咨询委员会根据《合肥综合性国家科学中心项目管理办法》，定期对存量项目进行评估，未通过评估的及时调整退出，对于优先支持领域，不能完成项目的创新单位置换项目承担主体。围绕信息、能源、健康、环境四大领域，瞄准新兴产业发展方向，及时提出和培育一批重大工程和重大专项，作为重大基地的后备力量，成为国家科学中心的重要支撑。

四是构建协调调度机制。统筹国家科学中心与量子信息科学国家实验室、基础设施集群、交叉前沿研究平台、产业创新转化平台建设，加快构建从政策出台到项目落地环环相扣的工作链条，确保各项任务按时间节点推进。合肥市建立重点项目周调度机制，国家科学中心办公室建立重点项目月调度机制，及时了解项目进展情况，整体把握进度，协调解决重点项目推进过程中的问题，加快项目进度。国家科学中心办公室每半年听取一次工作汇报，对各承建单位的工作任务完成情况进行督查。省政府将方案实施情况列入年度督查要点。

4. 合肥综合性国家科学中心的创新成就

（1）原创成果不断涌现。在信息技术领域，中国科学技术大学与南方科技大学合作，首次在毫米级的碲化锆材料上观测到三维量子霍尔效应，研究成果于2019年发表在《自然》杂志上。中国科学技术大学潘建伟团队与美国、澳大利亚科学家合作，利用"墨子号"首次对引力场导致量子退相干的理论模型进行实验检验，研究成果于2019年发表在《科学》杂志上。2020年4月，中国科学技术大学潘建伟团队宣布构建了76个光子（量子比特）的量子计算原型机"九章"。以速度来看，求解数学算法高斯玻色取样的速度只需200秒，而目前的超级计算机需要6亿年。这一成果意味着我国成功达到量子计算研究的第一个里程碑——量子计算优越性，牢固确立了我国在国际量子计算研究中的第一方阵地位，为未来实现规模化量子模拟机奠定了技术基础。

在能源领域，中国科学院等离子体物理研究所承担研制的国际热核聚变实验堆（ITER）大型超导磁体线圈——极向场6号线圈于2019年9月20日在合肥竣工交付。该线圈总重高达400吨，是目前世界上研制成功的重量最大、难度最高的超导磁体，对"点亮"并维持等离子体的稳态"燃烧"起着重要作用，是ITER装置运行成败的最重要线圈之一。此外，中国科学院合肥物质科学研究院等离子体物理研究所EAST团队在前期研究的基础上，于2019年发展出了一种高性能稳态等离子体运行模式，并系统验证了其与未来聚变堆若干运行条件的兼容性。

在健康领域，中国科学技术大学的科研团队发现炎症巨噬细胞的活化、调控及效应机制，获得2019年国家自然科学二等奖。中国科学技术大学合肥微尺度物质科学国家研究中心、生命科学学院研究团队利用冷冻电镜首次解析了人类疱疹病毒基因组包装的关键机制及病毒的DNA基因组结构，有助于预防和控制疱疹病毒引发的多种疾病，并改造疱疹病毒用于靶向治疗，该研究成果于2019年5月在《自然》杂志在线发表。

（2）创新成果转化速度加快。合肥综合性国家科学中心大力推进创新链与产业链的融合，促进量子信息领域产学研深度合作，打造国家级量子产业中心。截至2019年，合肥综合性国家科学中心培育量子科技企业5家，关联企业20余家，从事量子领域科研人员600余人，量子产业全部相关专利占全国的12.1%，位居全国第二。

2020年，中国电信与"量子科技第一股"国盾量子开启战略合作，启动"量子铸盾行动"，双方合资公司已经落地。中国电信计划在未来5年，率先为10个城市的公共安全提供量子安全云,为100个城市提供量子安全组网方案,为10 000个政企客户提供量子安全加密解决方案,为1 000万移动终端用户提供"量子安全通话"服务。①

2021年,由中国信息通信研究院牵头的国内首批量子通信标准正式获批并发布实施,这是量子信息技术走向产业化、规模化,并实现商业化落地的重要前提。量子通信行业国家标准的出台,将进一步推动我国量子保密通信产品的成熟和产业发展,其市场空间有望进一步打开。

除量子信息外,合肥综合性国家科学中心的科研人员相继发明了磁分散电弧快速均匀加热新方法,高性能脉冲压缩光栅和合束光栅,手性分离膜以及轻质、高强度、耐磨损的新型混凝土。这些科研成果在能源、生产制药、高端制造、化工和材料等领域具有广阔的产业化前景。

三、加强合肥综合性国家科学中心对安徽省科技创新的辐射带动作用

(一)依托合芜蚌自主创新示范区增强合肥科学中心辐射力度

为了扭转合肥综合性国家科学中心对安徽省科技创新的辐射力度不足的问题,安徽省应尽力打造"合芜蚌自主创新示范区",通过"一体两翼"的空间布局增强辐射全省的力度,促进安徽省科技创新整体水平的提升。具体而言,应坚持"高端引领、产业提升、先行先试、辐射带动",坚持把提升自主创新能力作为核心,形成"突出三体建设,围绕三个核心,强化三个联动"发展模式,为安徽省乃至中西部地区实现创新驱动发展积累经验。②

一是突出三体建设。三体是指企业主体、创新载体和产学研一体。合芜蚌试验区壮大企业主体和强化企业主体的创新地位,实施"百企示范、千企培育"行动,发挥企业在技术创新决策、科研组织、成果转化和研发投入中的主体作用,引导全社会创新资源向企业聚集,培育壮大一批高新技术企业和创新型企业。合芜蚌试验区强化创新载体,打造具有影响力的应用人才引进和培养基地、先进技术成果转化基地、高技术产业孵化基地和战略性新产业高地。合芜蚌试验区推进产学研一体,

---

① 《5G发牌两周年 | 中国电信云改数转战略迈出新步伐》,澎湃新闻网,2021年6月16日。
② 《创新安徽》,安徽人民出版社2019年版。

采取省部共建、省市共建和校企共建等方式，完善创新服务平台体系，全面运行合芜蚌科技创新公共服务中心，构建"科技路路通"创新服务体系，打通创新资源渠道，激发技术创新活力，引导创新要素向产业集聚。

二是围绕三个核心。三个核心是指核心企业、核心项目和核心园区。合芜蚌试验区聚焦核心企业，奇瑞汽车、江淮汽车、科大讯飞等一批行业龙头企业加速成长，成为全国有影响力的自主创新典型企业，在研发转化核心技术产品、加快产业行业技术进步和创新发展方面，发挥重要的骨干带动作用。合芜蚌试验区以企业、产业发展的重大技术需求为科技项目支持方向，加强科技计划项目的凝练和辅导，对核心项目进行重大推动。合芜蚌试验区围绕核心园区建设科技企业孵化器和公共研发平台，以合芜蚌科技创新公共服务中心为载体，加快引入一批服务机构，培育技术交易市场。

三是强化三个联动。三个联动是指科技创新、产业创新和体制创新的协动。合芜蚌试验区围绕科技创新，加大科技成果研发力度，实现了前沿领域突破，取得量子通信、高性能计算机、"魂芯一号"芯片、大气光学等一批国家重大前沿创新成果，建成运营世界首个全新城域量子通信网络。合芜蚌试验区围绕科技创新成果研发、转化的产业化，加快产业结构调整，加大项目和工程推进力度，培育重大产业化项目，实现产业创新。合芜蚌试验区在科技创新和产业创新的基础上，整合资源，改革创新一系列体制机制，聚焦创新创业环境营造，积极组织开展"江淮双创汇"活动。

（二）加快合肥综合性国家科学中心的科研成果转化

科技成果转化作为科技与经济紧密结合的关键环节，是产业结构转型升级和经济发展方式转变的重要途径。合肥综合性国家科学中心对安徽省科技创新的辐射带动作用不足，很大程度上是因为科研成果转化缓解相对薄弱，原始创新、知识创新等无法通过产业化渠道向省内其他地区溢出，由此造成了科技创新集聚有余、辐射不足的空间格局。为此，合肥综合性国家科学中心应完善科技成果转化体制机制，加快科研成果的转化进程。

首先，应该充分发挥合肥综合性国家科学中心的核心功能，继续强化前沿性的基础研究，增加科学技术的源头供给。借助基础研究，实现核心技术、关键产品的革命性突破，为科研成果的产业化进程提供前提保证。

其次，应着力打造综合性国家科学中心创新成果转化先行区，加快推进科技成果从"实验室"走向"市场"。建立"研发成果技术熟化→企业对接→产业孵化→成果落地"的完整转化链条。构建一个创新成果展示、知识产权交易、科技孵化服务于一体的科技大市场。

最后，围绕新型显示、人工智能、新能源汽车、量子通信等领域，打造若干世界级产业集群。强化科学中心与产业集群的双向互动，搭建科研机构与企业间高效沟通的桥梁，促进两类科研主体的协调创新。

（三）借力长三角区域一体化发展，融入全球创新网络

一是推动合肥上海"两心共创"。以合肥和上海张江两大综合性国家科学中心为牵引，整合长三角地区的科教资源，建立共享服务平台，推动大科学装置、国家（重点）实验室、交叉前沿研究平台、科研成果转化平台等科技资源的开放共享。建立长三角地区两大综合性国家科学中心常态化的联络机制，充分发挥合肥与上海的比较优势，探索规划联动、管理联动、设施联动、项目联动、人才联动的新运营管理模式，努力实现科技攻关协作、成果转化协同。

二是广泛开展协同创新。依托长三角地区高校、科研机构、龙头企业的集聚优势，整合长三角地区的科创资源，充分发挥张江、苏南、合芜蚌等六个国家自主创新示范区的辐射带动作用，提升长三角区域一体化的协同创新能力。对接国家战略需求，共同承担国家重大科技创新项目，积极开展联合攻关，在新一代信息技术、高端装备制造、新能源、智能交通等领域，突破一批核心关键技术，形成一批具有国际影响力的标志性科研成果（李红兵，2020）。

（四）合肥综合性国家科学中心的政策支撑

由于合肥综合性国家科学中心建设的投资强度大、多学科交叉，所需实验设备昂贵复杂、研究周期长、风险大，阶段性创新价值难以确认，成果转化应用过程中收益的不确定性、对资金需求的高度密集等诸多特征，难以通过市场配置机制形成对基础研究与原始创新、成果扩散和应用过程有效和充分的支撑，须通过政府采取措施，通过综合运用法律法规、政策推动引导和行政干预等公共政策体系支持、保障和激励创新活动过程。

综上所述，由于市场配置机制在该领域的功能缺失，政府依托科技政策体系主导和推动综合性国家科学中心建设，通过重大载体建设、科技项目、人才、财税金融、技术转移、新兴产业孵化培育等一系列政策、制度和措施引导各类创新主体和稀缺或独占性创新资源集聚配置，促进反映国家意志、体现国家战略需求的基础研究及重大原始创新突破，促进科技成果扩散应用和新兴产业成长，从而打造国家创新系统的重要支点、大型综合性基础研究基地和产业创新核心区（吴妍妍，2019）。

合肥综合性国家科学中心的政策支撑如表 6-12 所示。

表 6-12　　合肥综合性国家科学中心的政策支撑

政策级别	发布时间	发布/批复机构	政策文件
国家层面	2016 年 3 月	全国人大	《中华人民共和国国民经济和社会发展第十三个五年规划纲要》
	2016 年 5 月	中共中央、国务院	《国家创新驱动发展战略纲要》
	2016 年 7 月	国务院	《"十三五"国家科技创新规划》
	2018 年 1 月	国务院	《关于全面加强基础科学研究的若干意见》
部委层面	2017 年 1 月	国家发展改革委、科技部	《合肥综合性国家科学中心建设方案》
	2017 年 5 月	中科院	《关于参与建设科技创新中心和共建综合性国家科学中心的指导意见》
	2017 年 10 月	科技部、国家发展改革委、财政部	《"十三五"国家科技创新基地与条件保障能力建设专项规划》
地方层面	2017 年 5 月	安徽省（合肥市）政府	《关于合肥综合性国家科学中心建设人才工作的意见（试行）》
	2017 年 9 月		《合肥综合性国家科学中心实施方案（2017—2020 年）》
	2018 年 4 月		《合肥综合性国家科学中心项目支持管理办法（试行）》

资料来源：连瑞瑞，《综合性国家科学中心管理运行机制与政策保障研究》，中国科学技术大学博士学位论文，2019 年。

1. 国家层面的政策支撑

2016 年 3 月发布的《中华人民共和国国民经济和社会发展第十三个五年规划纲要》，要求推动战略前沿领域创新突破和提升创新基础能力。提出坚持战略和前沿导向，集中支持事关发展全局的基础研究和共性关键技术研究，更加重视原始创新和颠覆性技术创新。聚焦目标、突出重点，加快实施已有国家重大科技专项，部署启动一批新的重大科技项目。加快突破新一代信息通信、新能源、新材料、航空航天、生物医药、智能制造等领域核心技术。加强深海、深地、深空、深蓝等领域的战略高技术部署。积极提出并牵头组织国际大科学计划和大科学工程，建设若干国际创新合作平台。加快能源、生命、地球系统与环境、材料、粒子物理和核物理、空间和天文、工程技术等科学领域和部分多学科交叉领域国家重大科技基础设施建设，依托现有先进设施组建综合性国家科学中心。这是综合性国家科学中心首次正式出现在国家层面的政策文件中。

2016年5月，中共中央、国务院印发《国家创新驱动发展战略纲要》，指出要坚持国家战略需求和科学探索目标相结合，加强对关系全局的科学问题的研究部署，增强原始创新能力，提升我国科学发现、技术发明和产品产业创新的整体水平，支撑产业变革和保障国家安全。具体包括以下三个方面：一是加强面向国家战略需求的基础前沿和高技术研究。明确阶段性目标，集成跨学科、跨领域的优势力量，加快重点突破，为产业技术进步积累原创资源。二是大力支持自由探索的基础研究。面向科学前沿加强原始创新，力争在更多领域引领世界科学研究方向，提升我国对人类科学探索的贡献。三是建设一批支撑高水平创新的基础设施和平台。适应大科学时代创新活动的特点，针对国家重大战略需求，建设一批具有国际水平、突出学科交叉和协同创新的国家实验室。加快建设大型共用实验装置、数据资源、生物资源、知识和专利信息服务等科技基础条件平台。

2016年7月，国务院印发《"十三五"国家科技创新规划》，在具体部署方面提出围绕增强原始创新能力，培育重要战略创新力量。持续加强基础研究，全面布局、前瞻部署，聚焦重大科学问题，提出并牵头组织国际大科学计划和大科学工程，力争在更多基础前沿领域引领世界科学方向，在更多战略性领域率先实现突破；完善以国家实验室为引领的创新基地建设，按功能定位分类推进科研基地的优化整合。培育造就一批世界水平的科学家、科技领军人才、高技能人才和高水平创新团队，支持青年科技人才脱颖而出，壮大创新型企业家队伍。进一步提出按照创新型国家建设的总体部署，发挥地方主体作用，有效集聚各方科技资源和创新力量，在北京、上海、安徽等地建设综合性国家科学中心，在优势领域形成全球竞争力。至此，三个综合性国家科学中心全部出现在国家层面政策文件中。

2018年1月，国务院发布《关于全面加强基础科学研究的若干意见》（以下简称《若干意见》），强调突出原始创新，促进融通发展。把提升原始创新能力摆在更加突出的位置，坚定创新自信，勇于挑战最前沿的科学问题，提出更多原创理论，作出更多原创发现。《若干意见》指出要加强基础前沿科学研究。加快实施国家重点研发计划，聚焦国家重大战略任务，进一步加强基础研究前瞻部署，从基础前沿、重大关键共性技术到应用示范进行全链条创新设计、一体化组织实施。支持北京、上海建设具有全球影响力的科技创新中心，推动粤港澳大湾区打造国际科技创新中心。加强北京怀柔、上海张江、安徽合肥等综合性国家科学中心建设，打造原始创新高地。

2. 部委层面的政策支撑

《合肥综合性国家科学中心建设方案》（以下简称《建设方案》）在 2017 年 1 月得到国家发展改革委和科技部联合批复，使得合肥成为继张江之后第二个获准建设的综合性国家科学中心。《建设方案》要求该中心依托大科学装置集群，聚焦信息、能源、健康、环境四大领域，开展交叉性研究，催生变革性技术，推进科技创新为龙头的全方位创新发展，打造科学研究的制高点、经济发展的源动力、创新驱动的先行区，力争成为国家创新体系的重要平台。

2017 年 5 月，《中国科学院关于参与建设科技创新中心和共建综合性国家科学中心的指导意见》中明确，要加大力度支持北京、上海、合肥建成具有世界影响力的科学中心。具体来说，中国科学院将联合整合全国相关科教资源和研究力量，加强与北京、上海、合肥三地高校、科研院所和企业的协同创新与资源共享，共同推进综合性国家科学中心建设；根据共建综合性国家科学中心的需要，陆续出台相关支持和激励政策，加强政策统筹协调，鼓励和引导院属单位积极参与有关建设工作；鼓励院属单位和院所投资企业根据实际情况，依托综合性国家科学中心，建设联合研发平台和科技成果转移转化基地；部署建设国家重大科技基础设施，优先向综合国家科学中心集聚。

2017 年 10 月，科技部联合相关部委印发《"十三五"国家科技创新基地与条件保障能力建设专项规划》，围绕综合性国家科学中心等重点区域创新发展需求，集中布局建设一批国家研究中心，探索国家地方联合共建的有效形式，引导相关地方建设兼具示范性和带动性的区域创新体系，加速推进重点区域向创新驱动转型。

3. 地方层面的政策支撑

2016 年 8 月 16 日，安徽省科学技术厅正式印发《安徽省"十三五"科技创新发展规划》，指出：依托合肥地区大科学装置集群，整合相关创新资源，集聚世界一流人才，建设国际一流水平、面向国内外开放的综合性国家科学中心。为打造合肥综合性国家科学中心，安徽省政府和合肥市政府出台了多项政策。归纳起来，围绕"平台""人才""科技""产业"等四个关键环节部署政策，努力形成支撑综合性国家科学中心建设强有力的政策体系。①

---

① 《建设综合性国家科学中心，合肥有哪些政策支持?》，http://ah.ifeng.com/a/20170925/6023120_0.shtml，2017 – 09 – 25。

在平台政策方面,努力在争取国家重大创新设施、平台、项目布局方面出台地方配套政策。具体来说,一是争取聚变堆主机关键系统、先进光源、大气环境立体探测实验、未来网络实验等一批基础设施;二是争取一批国家实验室、国家重点(工程)实验室和国家工程(技术)研究中心;三是在量子通信与量子计算机、人工智能等领域积极争取国家科技创新2030重大项目等。

在人才政策方面,着力构建"顶天立地—量身定制—铺天盖地"的服务综合性国家科学中心建设的人才政策体系。"顶天立地"指的是高层次创新创业人才,具体文件有《关于进一步扶持高层次人才创新创业的若干意见》。该政策重点从财税金融、科研资助、保障服务、政策激励等方面出台10条举措,对高层次人才在皖创新创业加以扶持。

在科技政策方面,2017年5月出台《支持科技创新若干政策》。该政策是在以前创新型省份建设配套创新政策基础上,围绕综合性国家科学中心建设进一步的完善和拓展。具体内容上,《支持科技创新若干政策》从科技研发、成果转化、企业孵化产业化、创新服务体系建设、知识产权创造保护五个方面出发,提出10条政策措施。这些政策,注重突出业绩导向,通过明确政策奖补绩效指标体系,强化绩效结果运用,发挥资金使用效益,体现了激励创造创新、支持人才的鲜明导向,也为合肥综合性国家科学中心建设提供了有力支撑。

在产业政策方面,2017年4月印发《支持"三重一创"建设若干政策》,围绕聚焦重大项目、构建产业生态、优化支持方式和坚持竞争择优四个方面,通过10条政策措施支持"重大新兴产业基地、重大新兴产业工程、重大新兴产业专项"建设,达到"加快构建创新型现代产业体系"的目标。2017年5月出台《支持制造强省建设若干政策》,通过产业升级、企业培育、要素保障和激励机制四个方面10条政策,突出支持高端、智能、绿色、精品、服务五大制造。2017年5月印发的《关于加快建设金融和资本创新体系的实施意见》从大力发展股权投资基金、推动企业对接多层次资本市场上市挂牌、深化科技金融创新等方面入手,提出建设金融和资本创新体系的18条具体政策措施。为推动量子信息产业发展,专设了100亿元的量子科学产业发展基金。

第七章

苏州：以创新园区支撑科技和产业创新[*]

苏州位于长三角地区的核心区，是国家历史文化名城和风景旅游城市、国家高新技术产业基地和长江三角洲重要的中心城市，在改革开放以来的每个发展阶段都处于引领者地位。通过率先发展乡镇企业实现工业化，苏州成为苏南模式的典型代表。在发展开放型经济引进外资方面，苏州又走在全国前列，以昆山自费建开发区和新加坡工业园区著称。进入创新驱动阶段以后，苏州又走在了全国前列，以科技创新带动产业创新，其动力源，一是与研究型大学、科研院所深度合作，二是引进高科技外资。这两个动力源集聚在各类创新园区，支撑着苏州的科技和产业创新高地。

一、科技和产业创新高地

苏州是中国开放程度最高、经济活力最强、产业创新水平最高、吸纳外来人口最多的城市之一。2020年，苏州GDP总量首次突破2万亿元大关，达到约20 170亿元，同比增长3.4%，在全国大中城市中排名第六位，在长三角城市群中排名第二位，仅次于上海，在全国地级市中排名第一位（见表7-1）。2020年，苏州一般公共预算收入2 303亿元、进出口总额达到22 321亿元，在全国大中城市均排名第四位，仅次于上海、北京、深圳三个一线城市。此外，苏州拥有4个国家级高新区，位居全国首位；昆山市、张家港市、常熟市、太仓市等4个县级市全部位居全国百强

---

[*] 如无特别说明，本章数据均来自《苏州统计年鉴》以及苏州市人民政府、苏州市统计局、苏州市商务局等相关政府部门网站。

县前十名。[1]

表7-1　　2015~2020年长三角地区部分城市GDP情况　　单位：亿元

城市	2015年	2016年	2017年	2018年	2019年	2020年
上海	26 887	29 887	32 925	36 012	37 988	38 701
苏州	14 469	15 445	16 997	18 263	19 236	20 170
杭州	10 050	11 314	12 603	13 509	15 373	16 106
南京	10 016	10 819	11 894	13 009	14 030	14 818
宁波	8 004	8 686	9 842	10 745	11 985	12 409
无锡	8 681	9 340	10 313	11 203	11 852	12 370
常州	5 281	5 752	6 478	6 897	7 401	7 805

资料来源：历年各地统计年鉴。

经过改革开放40多年的发展，苏州已成为长三角地区乃至全球重要的制造业高地。目前，苏州的制造业已涉及35个工业大类、167个工业中类和489个工业小类。2020年，苏州规模以上工业总产值达到34 824亿元，位居全国前列。截至2021年5月，世界500强企业中，已有156家在苏州投资，各类外资企业地区总部和功能性发展机构已超300家。[2] 苏州本土企业中，已有200家企业在境内外上市，其中科创板上市企业33家。[3] 28家企业入围全国民营制造500强，10家企业进入中国500强行列，5家企业营收超千亿元。[4] 特别是，3家苏州本土企业已跻身世界500强。其中，恒力集团2020年总营收6 953亿元，位列世界500强第67位，已发展成为以炼油、石化、聚酯新材料和纺织全产业链发展的国际型企业，拥有全球产能最大的PTA工厂、全球最大的功能性纤维生产基地和织造企业；沙钢集团在做精做强钢铁主业的同时，以钢铁产业链条纵向延伸、横向拓展为主线，已发展成为位列世界500强第308位的跨国企业集团；盛虹集团以石化、纺织、能源为主业，已成长为中国化纤产业引领者、国家石化产业战略发展践行者和新型高端制造业全产业链生态缔造者，在世界500强中排名第311位。[5]

依托雄厚的制造业基础，苏州积极抢抓国家战略机遇，不断加大科技创新力

---

[1] 《2021年中国中小城市高质量发展指数研究成果发布》，载于《光明日报》2021年9月28日。
[2] 《加快建设长三角G60科创走廊 深化沪苏浙皖自贸试验区联动发展》，中国发展网，2021年5月18日。
[3] 《科创板开市两周年！"苏州样本"彰显本色：2家上市33家，增量贡献跃居第一》，人民资讯网，2021年7月22日。
[4] 《苏州26家企业入围"2020中国民营企业500强"》，江苏省人民政府网站，2020年9月11日。
[5] 根据企业官网及公开报道整理。

度，已经成长为长三角地区乃至全国重要的区域科技创新中心。"十三五"期间，苏州的高新技术企业由3 478家快速增长到9 772家，位居全国第五，在长三角地区仅次于上海。同时，苏州市国家科技型中小企业入库评价企业12 594家，位列全国第一。2020年，苏州科技进步贡献率达到66.5%，已经连续11年位居江苏省首位，全社会研发投入占GDP比重达到3.7%，万人有效发明专利拥有量达到68件，这些指标均位居长三角地区领先地位。2020年，苏州新兴产业产值和高新技术产业产值分别达19 400亿元和17 735.8亿元，同比分别增长5.9%和6.4%，占规模以上工业总产值比重分别达55.7%和50.9%。2021年，苏州获批建设生物医药、第三代半导体两大国家技术创新中心以及国家新一代人工智能创新发展试验区。这两大中心和一个试验区，与苏州的制造业基础以及产业高度紧密相关，表明苏州生物医药、半导体以及人工智能等产业已经处在国内领先地位，同时也肩负着提升我国在全球相关产业创新格局中的地位和优势的重要使命。作为战略性新兴产业的代表，苏州生物医药产业产值已超1 000亿元，连续多年保持20%以上的快速增长，生物医药产业竞争力跃居全国首位，信达生物等一批苏州本土企业已成长为全国乃至全球生物医药领域的领跑者，苏州已成为当之无愧的全国生物医药产业高地。

苏州作为长三角地区产业和科创高地具有以下几个特点：其一，江苏是长三角地区开放高地。在开放型经济背景下，产业链的布局是全球性的。苏州的产业发展起步阶段，得益于抢抓全球化发展机遇，通过引进外资等方式主动融入全球价值链，本土企业逐步迈上全球价值链的中高端。其二，江苏是长三角地区高科技产业集聚高地。改革开放之初，苏州的昆山市为了发展计算机产业链，把一台笔记本电脑拆解成1 000多个零部件，按照缺少什么就招商什么的原则，进行产业链招商，最终企业越来越多，产业集群越来越大，产业链越来越长。因此，苏州的产业链发展具有较高的集聚效应，生产厂商可以快速地在苏州及周边地区找到检验检测、工业设计、配套零件以及高素质的产业工人。这种快速响应能力，进一步增强了苏州对各类企业的吸引力。其三，苏州不仅形成了多个先进制造业集群，而且由集群发展到产业链，苏州形成多条产业链的链主。以电梯产业为例，苏州集聚了迅达、通力、蒂森克虏伯等外资高端电梯品牌，也培育了康力、江南嘉捷等本土电梯的链主。这些电梯龙头企业在苏州及周边地区吸引了大批配套企业，这些企业有的落户在苏州，有的则落户上海、浙江以及无锡等地，共同形成了长三角地区电梯产业集群。苏州的支柱产业，如纺织化纤、钢铁冶金、电子信息等同样通过市场主体形成产业一体化，形成多个世界级先进制造业集群。其四，苏州是长三角地区人才高地。作为长三角地区重要的核心城市，苏州始终把人才作为最宝贵的资源，也保持着对人才的强大吸引力。根据第七次全国人口普查公布的结果，苏州常住人口为

1 275 万人，与第六次全国人口普查时相比，增加了 229 万人，增长了 21.88%，增量及增幅均列全省第一位。为加大对优秀人才的吸引力度，苏州多次发布"人才新政"，并已连续举办十三届苏州国际精英创业周，累计吸引了近 3 万名来自全球各地的高端创新创业人才，已落户超过 7 000 个科技型创业项目，苏州对各类人才的吸引力不断增强。

二、外资升级引领产业创新

苏州经济的蓬勃发展，得益于其始终坚持对外开放，积极融入全球生产网络，抓住了经济全球化的历史机遇，在这一过程中，引进外资成为重要的推动因素。自 20 世纪 90 年代开始，苏州积极抓住上海浦东新区开发的战略机遇，主动对接上海，外资引进力度不断加大，外向型经济进入腾飞期。苏州地理位置优越，紧邻上海，交通网络发达，可开发的地理空间较大，有利于发挥低成本劳动力优势。这一阶段，苏州将引进外资作为发展重点，外商投资来源地从我国香港逐步扩大到美国、日本、欧洲等主要发达经济体，外商投资的产业范围也逐步扩大到纺织、化纤、造纸、电子信息、机械制造、化工等行业。外资的引入显著提升了苏州经济的国际化水平，带来了先进的管理理念，为当地培养了大批具有国际化视野的管理和技术人才，推动了进出口贸易的快速发展，外资已经成为苏州经济结构中的重要一环。

（一）外资集聚成就苏州经济强大引擎

外资企业的快速发展，形成了今天苏州制造业的基础。截至 2020 年底，苏州共有存量外商投资企业超过 1.7 万家，已经累计实际使用外资超过 1 300 亿美元，这两项指标始终位列全省第一，在长三角地区乃至全国均位居前列。2020 年，苏州新设外资项目达到 1 256 个、新增注册外资 189 亿美元、实际使用外资 55 亿美元，分别同比增长 26%、69%、20%，外资工业企业实现产值 20 519.4 亿元，同比增长 3.2%，占规模以上工业总产值的比重为 58.92%。得益于外向型经济的发展，苏州的对外贸易也始终位居长三角地区前列。2020 年，苏州进出口总额达到 3 223.5 亿美元，同比增长 1.0%，其中进口总额 1 354.8 亿美元，出口总额 1 868.7 亿美元。在对外贸易中，外资企业实现进出口额 2 218.1 亿美元，占比达到 68.81%。

产业集聚成就长三角地区外资高地。苏州注重产业链招商，外资企业的引入一方面吸引了其国外上下游企业一同到苏州落地，另一方面也带动了一大批内资配套企业的发展，这些企业形成了较为完整的产业链上下游协作配套体系，共同为苏州今天的制造业强市地位打下了坚实的基础。在昆山，自 1990 年第一家台资企业落户以来，已经有 25 家台企成功上市，[①] 123 家台企上榜大陆台企 1 000 强榜单，[②] 228 家台企获认定为高新技术企业。[③] 2019 年，昆山 40% 的 GDP、50% 的工业总产值、60% 的外资引进额、70% 的进出口总额都是由台资企业贡献的，常年在昆山工作的台胞台属超过 10 万人。[④] 昆山已经成为大陆台商投资最活跃、台资企业最密集、两岸经贸文化交流最频繁的地区之一，也是当之无愧的长三角台企第一高地。2013 年，国务院批复同意设立昆山深化两岸产业合作试验区，并于 2020 年批复同意扩大昆山深化两岸产业合作试验区范围至昆山全市。经过多年的发展，在昆山的台资企业逐步形成了电子信息、轻纺、精密制造、新材料以及精细化工等五大产业，产业集聚效应非常明显，在昆山的电子信息产业，集聚了超过 800 家台资企业，形成了以龙头企业为主体、各配套企业紧密配合，涵盖电子基础材料、印刷线路板、电子元器件以及整机生产的较为完整的电子信息上下游产业链条。企业能够在苏州快速、便捷地找到原材料供应商，如在苏州生产笔记本电脑，原材料无须跨国购买，800 多个零配件基本上都可以在苏州范围内满足，这对于进一步吸进外资、稳定外资、推动产业集聚、增强经济发展的韧性发挥了重要的作用。在太仓，随着 1993 年首家德资企业克恩—里伯斯落户至今，已有包括舍弗勒、博泽等知名品牌在内的 387 家德企进驻太仓，投资总额已经超过 50 亿美元。这些德企大多集中在智能制造、生物医药、工业互联网等领域，数字化、智能化程度高，并且在技术研发、产业链配套、人才培养等方面，与 500 多家太仓本土企业开展了广泛合作，显著带动了本土企业的发展和太仓产业链水平的提升，太仓已经成为国内德资企业最为集聚的地区之一，也是长三角地区德资企业集聚高地。1994 年，第一家日资企业苏州日电波落户苏州高新区，随后，一大批为日电波配套的上下游企业纷纷落户高新区。截至 2021 年 2 月，苏州高新区已经集聚了超过 600 家日资企业，占其全部外资企业总数的 1/3 以上，其中包括松下、富士通、三菱、日立等在内的 17 家世界五百强跨国公司。日资企业累计投资超过 200 亿美元，贡献了苏州高新区工业总产值的 20%、进出口总额的 25%，吸纳的就业人口占全区职工总数的 10%。苏州高新区已经成为长三角地区"第一日资高地"。

---

① 许晓明：《全省上市台企多数在昆山 台企上市主题对接沙龙举行》，载于《昆山日报》2021 年 8 月 28 日。
② 《三十而立，两岸合作从这里再出发》，中国江苏网，2020-12-26。
③ 张盼：《来了昆山，就没想过离开》，人民网—人民日报海外版，2020 年 1 月 5 日。
④ 《10 万台商为什么愿意与这座城市共同成长》，澎湃新闻，2019 年 9 月 25 日。

（二）外资的转型升级促进产业创新

在外资进入之前，苏州的外贸商品基本上以丝绸、纺织服装等传统产品为主，乡镇企业也处在起步阶段，技术水平相对较低，管理模式也比较粗放。在外资进入苏州的初始，本土企业即使想进入外资的供应链配套体系也是十分困难的，如为台资企业配套的往往也是来自台湾地区的配套企业，它们在台湾地区就已经形成了紧密的协作关系，又追随龙头企业一起到苏州落户发展。全球领先的鼠标生产商罗技公司在苏州落地后，有30多家配套企业跟随罗技到苏州发展，但基本上都是外资企业。而且，外资企业对零配件的质量要求非常高，脱胎于乡镇企业的苏州民营企业在一开始往往难以满足。因此，要想进入外资的供应商名单，就迫使民营企业必须加大研发投入，提升管理的科学化水平，不断提高产品质量。通过主动融入外资主导的全球价值链，成为跨国公司的配套企业，内资企业从无到有、从小到大，生产能力和技术水平都显著提高。一批内资企业在发展的过程中逐步做大做强，进一步培育出自己的品牌，这为苏州自主品牌的发展壮大打下了坚实的基础。例如，国内民族电梯领军企业康力电梯，在1997年成立之初，就是为迅达等知名外资电梯品牌生产电梯零部件的，随着公司对电梯行业的理解更加深入，对电梯整机生产的技术积累更加成熟，自2001年开始公司逐步由零部件生产转变为以电梯整机生产为主、零部件生产为辅的运营模式，并创立了自主品牌"康力"。2010年，康力成为中国电梯业第一家上市公司，并从此稳居中国自主电梯品牌前列。

自2008年世界金融危机爆发以后，所谓"外资撤离中国"的声音每过几年就会被炒作一次，作为外资集聚高地的苏州，自然经常成为这一话题的中心。从近年来外资关闭在苏州工厂的原因来看，包括以下几个方面：一是由于国内劳动力工资水平的上涨导致劳动密集型企业的成本上升。人口总量和结构的变化，以及"90后"就业观念的转变导致劳动力成本快速上涨，外资企业的用工成本随之提高。因此，劳动密集型产业开始逐步向东南亚等低劳动成本的地区转移，如耐克、阿迪达斯分别于2009年和2012年关闭了位于苏州工业园区和苏州太仓的代工工厂。二是由于产品技术更新慢，被颠覆性的新技术新产品所替代，导致企业无法适应市场的变化。例如，2017年希捷科技关闭苏州工厂，是由于其传统硬盘产品受到新型固态硬盘技术的强烈冲击，市场需求大幅度下滑；2018年欧姆龙关闭苏州工厂，主要是因为OLED自发光技术的发明和产业化，导致其背光板产品市场快速萎缩。三是由于母公司因经营不善开展业务调整。例如，2014年苏州联建科技关闭工厂，是由于其母公司胜华科技破产导致；2015年诺基亚关闭苏州工厂，主要因为其通信产品无法与华为等本土厂商竞争导致业务萎缩。此外，部分外资企业还因为资本重组、兼并收购、污染严重等原因关闭了在苏州的工厂。从苏州的总体情况来看，虽然十多年来有少量外资企业关闭了工厂，但与苏州外资总量相比仍处在一个非常低的水平，且行业领域较为分散，并没有出现大规模的外资撤离现象。

同时需要指出的是，"关闭工厂"并不等同于"撤离苏州"。实际上，虽然所谓"外资撤离苏州"的声音每过几年就会出现一次，但十多年过去了，苏州的外资体量不仅没有萎缩，外资企业对苏州的信心不减反增，持续加码对苏州的投资。苏州在长三角地区乃至全国"外资高地"的地位进一步稳固，而且外资投资结构不断优化，综合效益不断提升。仅2020年，苏州就新引进和形成了35个以区域总部或共享功能中心为中心的外资企业，新增和增资超1亿美元的项目达到112个，注册外资121亿美元，占引资增量的比重超过60%。在制造业新设项目中，外资新设253个项目，其中新兴产业类项目占比超过70%；新增注册外资达69亿美元，其中新兴产业类项目占比超过60%。在服务业新设项目中，外资新设1 003个项目，其中现代服务业项目占比达38%；新增注册外资120亿美元，其中现代服务业项目占比超过40%。同时，苏州的对外贸易结构也不断优化。2020年，苏州对东盟市场出口额增长8.0%，对日本和韩国市场出口额分别增长2.4%和3.7%，对"一带一路"沿线国家和地区的进出口额占比超过21%。在出口产品中，高新技术产品出口额达到990亿美元，占比达到53.0%。

随着苏州产业结构的不断优化，外资布局苏州的重点也从生产工厂逐步转变为管理型总部、研发中心、物流中心、销售中心以及采购中心等多样化共享管理服务机构，这对苏州开放型经济的转型升级起到了重要的推动作用。累计已有超过330家跨国公司在苏州设立了区域总部或共享功能中心，2 000多家外资研发机构以内设机构或者非经营主体形式落户苏州，如微软研究院、苹果研发苏州分公司、西门子中国研究院苏州院、日立汽车新能源核心部件研发生产基地、友达光电创新中心、大金空调研发中心等纷纷成立。2018年，全球体外诊断领域的领导者罗氏集团在苏州工业园区正式建成罗氏诊断亚太生产基地，项目总投资约4.5亿瑞士法郎，是罗氏诊断十多年来投资额最大的项目之一。2020年，星巴克在昆山开工建设咖啡创新产业园，规划占地面积达8万平方米，产业园涵盖咖啡豆进出口、烘焙、存储、物流、营销以及培训等综合性功能，将成为星巴克在美国以外的最大烘焙工厂以及星巴克中国智能化物流配送中心。2021年，全球领先的医药健康企业赛诺菲在苏州设立生物医药研究院，这是赛诺菲在亚洲地区设立的第一个全球研究院，预计未来五年每年将投入2 000万欧元进行生物医药等领域的研发。

外资持续涌入苏州,不仅有许多"新客户",更有不少"回头客"。自1993年落户苏州昆山以来,牧田公司作为全球最大的专业电动工具制造商,已经先后增资7次,在苏州设立了中国区总部和四家工厂。1994年,苏州高新区引进的第1家日企苏州日电波,至今已经实现了6次增资,投资总额超过9 000万美元。1996年就进驻苏州工业园区的金华盛和金红叶,将厂区升级为金光科技产业园,业务也从造纸转变为孵化人工智能等领域的高科技企业。自1999年落户苏州工业园区以来,博世汽车部件持续加大投资力度,2018年建成投资超过3亿元的新研发中心,2021年博世又投入3.6亿元扩建博世苏州MEMS传感器测试中心,同年,博世汽车电子成功入选全球"灯塔工厂"。更具有代表性的是,在关闭工厂后,阿迪达斯在苏州建设了12万平方米的智能运营中心,将引进全球最先进的智能化物流仓储设施,全方位提升阿迪达斯物流网络的整体运营效率。耐克同样加码在苏州的投资,2019年1月总投资达1亿美元的耐克中国物流中心三期在苏州太仓开仓,当年11月耐克又再次增资1亿美元在太仓建设全球领先的全自动智能化大型物流仓促设施,打造世界级物流中心。

三、高水平科技园区成就创新"策源地"

通过建设高水平科技园区,推动企业加速集聚,实现产业创新发展和转型升级是世界各国的普遍做法。改革开放以来,我国各地陆续建设了一批高新技术产业开发区,开启了通过高水平科技园区建设实现产业集聚发展的模式。从此,创业家、科技人才、风险投资家、银行、法律、审计等各类中介机构汇聚在一起,有效降低了信息不对称,进一步推动科技园区的转型升级。

苏州虽然不是最早获批建设高新技术开发区的地区,但后来居上,打造了建设高水平科技园区的苏州样板,具有非常强的代表性和示范意义。苏州的高新技术产业园区已成为长三角地区制造业发展的重要板块,也是长三角地区创新驱动发展的重要动力源,4家国家级高新区已全部纳入苏南国家自主创新示范区整体框架中,并辐射带动了几十个分园。

(一) 各类高新园区集聚高新产业[①]

自1992年11月苏州高新区被国务院批准为国家高新技术产业开发区以来,经

---

① 本部分数据来源于苏州工业园区管理委员会网站。

过多年的发展，苏州已经形成了"4+7"的高新技术产业开发区格局，其中国家级高新区包括苏州工业园区、苏州高新区、昆山高新区、常熟高新区4家，经统计，2020年，苏州国家级高新技术产业开发区完成地区生产总值超5000亿元，实现一般公共预算收入超680亿元。在商务部国家级经开区综合考评中，苏州工业园区连续五年（2016～2020年）位列第一，在科技部火炬中心组织的2020年度高新区评价工作中，苏州工业园区综合排名第4名，在长三角地区仅次于上海张江高新区。苏州的省级高新区包括汾湖高新区、吴江高新区、太仓高新区、张家港高新区、吴中高新区、相城高新区、常熟虞山高新区7家。高水平开发区的建设，使得人才、资金、数据等各类生产要素加速向苏州集聚。各类开发区已经成为苏州科技创新的"策源地"和产业创新的"主阵地"，也是推动长三角地区科技创新和产业创新的重要驱动力。

高科技产业园区的发展带来了高科技产业的集聚，催生了在长三角地区具有重要影响力的产业创新高地。例如，苏州工业园区以生物医药、纳米技术应用、人工智能产业为先导，着力培育新发展动能，抢占发展先机，经过多年努力，2020年已分别实现产值1 022亿元、1 010亿元、462亿元，产值增速已连续多年保持在20个百分点以上。2021年，凭借三大先导产业的发展成效，苏州工业园区获批国家新一代人工智能创新发展试验区，国家生物药技术创新中心、国家第三代半导体技术创新中心也在园区落地。此外，苏州纳米新材料集群也成功入选首批国家先进制造业集群。苏州高新区重点培育先导产业集群，包括新一代信息技术、高端装备制造、医疗器械和生物医药、集成电路、数字经济，战略性新兴产业产值、高新技术产业产值占规模以上工业总产值的比重分别达62.8%、56.3%。常熟高新区则着力打造以汽车及核心零部件、高端装备制造、高端电子信息和高技术服务业为主的四大产业，其中新能源汽车核心零部件创新型产业集群成功入围国家创新型产业集群试点。昆山高新区重点建设从研发到产业化的全链条覆盖的阳澄湖科技园，重点打造新一代电子信息技术、小核酸及生物医药、机器人及智能装备等三大支柱产业，成为入围科技部首批企业创新积分制试点的唯一一个县市级国家高新区。

产业创新高地的形成，伴随着自主创新势头强劲的本土企业大量涌现。截至2021年7月，苏州共有高新技术企业9 772家，境内外上市公司超200家，位居全国第五。2021年上半年境内A股上市企业数量位居全国第三，科创板上市企业数量位居全国第一。《2021中国潜在独角兽企业研究报告》显示，苏州共有39家潜在独角兽企业，数量位居全国第三，在长三角地区仅次于上海，其中苏州工业园区就拥有36家潜在独角兽企业，这些企业自主创新能力强，发展动力足，是苏州建设高水平科技园区的重要成果。例如，苏州纳维科技是中科院苏州纳米所在苏州工业园区孵化的企业，目前已成长为国内第一家氮化镓衬底晶片供应商，技术已达到国际先进水平，一举打破了国外厂商在这一领域的长期垄断地位。信达生物自2011年成立以来，依靠国际一流的研发团队，建立起了涵盖肿瘤、自身免疫以及代谢疾病等领域的24个新药品种的产品链，创新成果已进入全球领先行列，先后与美国礼来制药集团多次开展合作，总金额超过了25亿美元，创造了多项中国第一。旭创科技聚焦光通信模块产品，其产品的低成本、高速率、小型化、大容量等特点，已牢牢占据全球同类产品领先位置，并获批建设国家企业技术中心。

今天，高科技产业园区已经成为苏州科技型企业的孵化基地、高层次人才的创新创业基地、高科技创新成果的产业化基地，以及产业链上下游企业的集聚地。

（二）高科技产业园区的科学规划[①]

高科技产业园区的建设，关键是人。改革开放以来，苏州吸引了来自全球各地的创新创业人才，在"人才争夺战"中，苏州始终保持了很强的吸引力。为什么苏州能够吸引人才？优质的软硬件环境是关键。城市的软硬件环境是普惠性的，也就是阿吉翁和霍依特（2004）所提出的功能性激励政策（或普适性政策），主要包括公共基础设施建设、营商环境优化、知识产权保护、人才培育以及普适性的税收优惠、金融支持等，侧重于硬、软两个方面创新环境的营造。硬环境如城市建设及学校、医院、购物中心等公共性基础设施建设；软环境主要是指进入、运营和退出市场相关的营商环境，或者与之有关的优惠政策。人才所关心的，不仅是薪资待遇问题，还有广阔的就业机会、优质的教育和医疗资源、舒适的生活环境、相对低廉的生活成本等，这些软硬件环境大多是公共产品，需要政府进行投入。苏州的经验表明，政府需要通过软硬件环境的建设为创新创业人才提供优质的基础公共服务，这里一软一硬都不能偏废。

科学发展，规划先行。早在1994年，国内许多城市和产业园区还处在"边建设、边规划"的阶段，苏州就主动借鉴新加坡和国际先进城市的发展理念和经验，并结合自身的发展实际，耗资3 000万元聘请专业团队对苏州工业园区的公共空间、交通、水电管网、产业发展、住宅、商业配套等进行了科学的统筹规划。"先地下、后地上"，在许多产业园区还在做"三通一平"时，苏州工业园区就规划并实现了

---

① 本部分数据来源于苏州工业园区管理委员会网站。

供水、供电、燃气、排水、公共道路、污水排放、供热、通信以及有线电视"九通一平",虽然成本高出不少,但为日后的发展打下了坚实的基础,也避免了许多重复建设可能产生的额外浪费。高标准的排水设施建设和发达的地下管网,使得苏州工业园区成为一座没有内涝的城市。轨道交通、城铁、高速公路结合高密度的城市路网建设,有效提升了城市公共交通体系的运行效率。在规划制定后,苏州工业园区又专门出台政策,明确了各项刚性条件,避免对规划执行的不当干扰,确保规划严格执行到位,做到了一张蓝图绘到底。

苏州工业园区的规划实现了工业区、商业区、住宅区等不同功能区的科学分布,与国内很多其他的城市不同,工厂中不设置宿舍区,员工的住宿问题一部分通过政府统一建设的公租房解决,在这些优租房源紧张的情况下,大部分外来就业人员会租用附近住宅区的居民房屋,针对这一情况,政府部门出台了虚拟优租房的政策,即对符合条件的外来人才,可以自己租房,然后再申请租房补贴。这些政策既解决了大量外来人口的租房问题,又为本地居民提供了通过出租房屋获得收益的渠道。为了满足居民的日常生活需要,苏州工业园区在住宅区比较集中的地方建设邻里中心,提供文化、卫生、体育、购物、教育培训、餐饮等居住配套功能,为社区居民提供一站式综合生活服务,每个邻里中心覆盖2万~3万人口,既方便居民的衣食住行需要,又能够通过集中管理解决流动摊贩、私搭乱建等许多城市管理难题,是一种新型的社区服务。为了吸引人才,苏州工业园区还着力在教育上下功夫,兴建了一批高水准的公办高中、初中、小学和幼儿园,并建立了若干服务外籍人才子女就学的学校,引进并设立了多所具有较强影响力的民办国际学校,针对海归人才的特殊需求,还开办了海归人才子女学校。目前,苏州工业园区的办学水平已经走在了苏州的前列,解决了人才子女教育的后顾之忧,对于吸引各类人才到苏州创新创业发挥了重要的作用。

"产城融合、以人为本",苏州的规划先行不仅体现在城市建设的规划方面,更是逐步扩展到产业发展规划、城市发展定位等方面,并且与国土空间规划有机地融合起来。苏州各个板块根据产业基础,重点培育1~2个先导产业集群。例如,苏州工业园区以80平方公里的"中新合作区"为核心,在金鸡湖、独墅湖、阳澄湖周边,分别布局金融商务、高端制造、科教创新、旅游度假等不同的板块,并前瞻性地规划了生物医药、纳米技术应用、人工智能产业,坚持"十年磨一剑",久久为功,截至2020年底,苏州工业园区已拥有国家高新技术产业超1 800家,科技创新型企业8 000多家,生物医药、纳米技术产值超1 000亿元,万人有效发明专利拥有量超过174件。

（三）引进高水平大院大所推进产学研深度融合

在创新链上游的知识创新环节，大学和科研机构承担了主要任务。科研人员通过基础研究和应用研究，发现新知识、创造新知识，并以此为支撑开展发明创造活动。在下游的技术创新环节，企业不断研发新技术和新产品并最终实现产业化，在这一阶段，企业是主体。孵化新技术则是科技创新的中游环节，这是知识创新和技术创新的关键交汇点。孵化高新技术是科技创新链条上知识创新和技术创新的中间环节，也是二者结合的关键交汇点。历史上，针对创新人才不足的问题，苏州的乡镇企业曾创造性地通过引进上海"星期天工程师"进行了解决。但驻苏知名高校和科研院所的不足，始终是制约苏州打造科技创新高地的关键短板。

为此，苏州积极引进大院大所，把深化与大院大所的合作作为汇聚一流创新要素、吸引一流创新人才，推动产学研协同创新的重要举措。近年来，与苏州开展合作的大院大所越来越多，而且合作的深度和广度都有很大提升，已从以往相对单一的研究院设立转向全方位合作，包括分校、研究生院、附属中学、小学、医院以及协同攻关科研所等模式。这不仅使得苏州逐渐崛起为长三角地区又一座教育高地，更为苏州的产业创新提供了源源不断的高端智力支撑。截至 2020 年底，苏州已累计与 238 家知名高校和科研院所共同建设了 130 多家协同创新平台、1 800 多个产学研联合体，合作开展研发类项目超过 14 000 个，总投入经费超过 300 亿元，为地区经济社会发展注入了强大的动能。[1]

2019 年 3 月，苏州与南京大学（以下简称南大）强强联合，共建南京大学苏州校区，着力围绕"苏州所需"和"南大所强"，重点建设人工智能与信息技术、功能材料与智能制造、地球系统与未来环境、化生医药与健康工程、数字经济与管理科学等"五大学科群"，让南大的国家重点实验室等高端平台能够更好地为苏州的产业发展服务，使南大的高层次人才培养能够更好地契合苏州的产业发展需要。2021 年 7 月，苏州与南大的合作进一步深化，双方签署协议共建太湖科学城环南大科创圈，旨在更大力度充分发挥南大在集聚科创资源方面的领先优势，通过 5~10 年的努力，将太湖科学城环南大科创圈建设成为上海综合性国家科学中心核心联动区、沿太湖地区科技成果转化中心基地和长三角地区产业创新中心重要枢纽。2018 年 8 月，苏州启动与西北工业大学共建西北工业大学太仓校区，重点打造民航、微电子、软件、网络安全等四个学院，培养具有全球化视野的顶尖领军人才。2021 年

---

[1] 景明：《苏州举办大院大所合作发展大会推动深度合作》，央广网，2020 年 11 月 20 日。

2月，苏州与东南大学在东南大学苏州研究院的基础上，合作共建东南大学苏州校区，依托东南大学人工智能、先进材料与制造、纳米技术等优势学科，共同建设东南大学苏州人工智能研究、生物医药研究院以及下一代半导体实验室等高水平科研平台。加上2012年9月成立的中国人民大学苏州校区，迄今苏州已引进4家985大学合作共建苏州校区。

2021年4月，苏州市政府与中国中医科学院开展全面战略合作，双方合作共建全日制公办普通高等学校中国中医科学院大学，旨在打造一所中医药特色鲜明、全国一流、世界著名的研究型大学。此外，苏州还与中国医学科学院北京协和医学院全面合作，在苏州工业园区共建国家医学科技创新体系核心基地苏州基地，共同为苏州生物医药产业全面赋能。除引进知名高校建立校区外，苏州还吸引了更多的名校在当地建立研究院，如牛津大学苏州研究院、中国科学技术大学苏州研究院、武汉大学苏州研究院、西安交通大学苏州研究院、山东大学苏州研究院、四川大学苏州研究院、清华大学苏州汽车研究院、华北电力大学苏州研究院、南京医科大学姑苏创新研究院和南京医科大学—山东大学苏州生殖医学协同创新中心、河海大学苏州研究院、厦门大学昆山研究院等，名城名校融合发展不断加速。

著名高校和科研院所是宝贵的稀缺资源，各地在争夺同大院大所合作的过程中展开了激烈的"区域竞赛"。苏州之所以能够吸引到这么多的大院大所到苏州落地生根，一方面因为有产业发展的优势，能够为科研成果的就地转化提供强大的产业支撑；另一方面也是由于苏州敢于下大力气、拿出真金白眼补上短板。苏州专门出台了《苏州大院大所合作政策》，旨在为产学研合作创新发展提供制度保障，其中提出，"鼓励大院大所在苏州建设国家实验室、国家重大科技基础设施、国家技术创新中心、国家产业创新中心等科技创新平台，对新建的国家级科技创新平台给予不低于5 000万元支持，对大院大所在苏州新建的国家质量基础建设基地、国家工程研究中心、国家制造业创新中心，分别给予最高3 000万元、1 000万元、500万元支持，支持大院大所著名科学家在苏州命名并牵头建设科学实验室，给予一事一议、上不封顶的特殊支持"。

（四）搭建协同创新的公共服务平台

科技创新和产业创新的有效衔接，需要有高效率的产学研协同创新平台。由于创新的投入大，科技型企业特别是科技型中小企业面临着较高的创新投入门槛，而高校和科研院所由于存在各种壁垒且缺少市场导向，导致其科研平台难以为企业所用。产业园区的建设，一开始更多的是实现企业的物理集聚，但若想有效产生集聚效应,还需要看产学研协同创新的推进力度。因此,公共服务平台由于具有公共品属性,其投资主体应是建设高科技产业园的地方政府。由于属于功能性激励政策,公共服务平台具有很强的普惠性,企业可以非常直观地了解和享受相关政策,并对下一步的创新投入进行预期,这有助于建设公平透明高效的营商环境,显著降低企业特别是科技型中小企业的研发成本和经营成本,对于激发企业创新活力,提高区域科技创新水平,推动高科技产业园区实现高质量发展具有重要意义,也是实现产业链、供应链、创新链协同发展的坚实保障。

因此,除了加快人才、资金等创新要素的供给,苏州在全国较早地通过公共服务平台建设为产业发展做好配套,引导创新资源向高科技领域集聚。这些公共服务平台既为企业提供研发设计、检验检测、共用软件、人才培训、知识产权、项目申报等各类服务,也有效集聚了一批法律、会计、知识产权等方面的中介服务机构,从而更加有效地发挥了公共服务平台的集聚和杠杆效应。从财政资金的投入来看,主要有三种形式:一是政府可以通过直接的财政投入建设事业单位性质的技术创新服务平台,如企业发展服务中心等;二是通过当地国有资本建设国有企业性质的研发创新服务机构;三是政府通过购买服务等方式,对各类所有制性质的公共技术服务平台进行资金支持,对使用这些公共技术服务平台的企业特别是科技型中小企业进行资金补贴,从而为产业园区内的各类企业提供了满足不同创新阶段需求的专业化低成本服务,实现了企业创新投入成本的有效分摊。需要指出的是,这些公共服务机构并不局限于为在某个特定产业园区内注册的企业服务,其采用更多的是市场化的运营模式,这就使得更多的企业可以享受到相关公共服务平台提供的服务,也推动更多的产业链上下游企业和高校及科研院所与产业园区产生非传统地理意义上的关联关系,进而产生了更强的溢出效应。

以生物医药产业为例,苏州建设了包括生物医药产业园 1—5 期、苏虞生物医药产业园以及生物纳米园在内的科技创新载体,投资组建了生物医药公共实验平台、知识产权保护中心等在内的多个大型公共技术服务平台,以及包括冷泉港会议亚洲分会场等在内的 10 多个国际科技合作平台,搭建了覆盖研发、制造、上市等环节的全生命周期公共服务平台,有力地推动了生物医药企业的集聚和创新发展,为苏州一跃成为国内领先、具有国际影响力的生物医药产业创新高地打下了坚实的基础。2018 年,苏州工业园区医学检验实验室公共平台正式开业,配备了全球一流的医学检验设施,可为苏州生物医药企业提供公共服务,有效降低重复投入,是江苏省面积最大、检验能力最强的医学检验实验室。2021 年 4 月,苏州市生物医药临床服务中心成立,旨在为苏州生物医药企业临床试验提供整体解决方案和服务,帮助生物医药企业和医院实现从药品研发到临床试验的全面对接。①

为加快推动生物医药领域公共服务平台建设，苏州在2019年8月出台的《关于加快推进苏州市生物医药产业高质量发展的若干措施》中提出："支持生物医药重要公共服务平台项目建设，对于在生物医药产业重点区域新建的药物非临床安全性评价机构、药物（含医疗器械）临床试验机构、有特殊专业要求的临床研究医院、生物医药产业中试及生产平台、专业孵化器、实验动物服务平台、检验检测平台、生物大分子筛选平台、转化医学研究中心、医疗大数据临床研究应用中心、精准医学研究中心、合同定制研发生产服务机构（CDMO）、生物医药物流平台、医药工业废弃物处理设施等公共服务平台，经认定后按照项目总投资的30%予以最高不超过2 000万元的资助。对于已建成运营的生物医药产业公共服务平台，经认定后，按照其上年度为本市企业（与本机构无投资关系）服务金额的10%予以资助，每年最高不超过500万元。对特别重大的关键核心平台项目建设或运营，实行一事一议。"

（五）设立产业引导基金为科技和产业的融合提供金融支持

实体经济是金融的根基，金融是实体经济的血脉。实体经济的健康发展，离不开金融对实体经济的高质量服务。坚持金融服务实体经济的导向，需要不断优化信贷结构，有效降低融资成本，有效防范化解金融风险。金融服务实体经济的职能，主要通过货币资金的流通来实现经济资源的有效配置。在实体经济的不同发展阶段，金融对实体经济的服务侧重点是有所不同的。当前，我国经济正从高速增长转向高质量发展阶段，在这一阶段，增强自主创新能力是核心。然而，创新虽然有高回报，但同时也是高风险的，特别是从0到1的原始创新具有非常显著的高回报和高风险并存的特征。此时，原有的以银行间接融资为主导的金融体系，在支持创新方面存在较大的问题，因为银行负债率较高，必须坚持审慎经营，天然地对风险具有较强的规避冲动，风险厌恶程度较高。要想适应创新创业阶段的高风险高收益特点，以私募股权投资基金为代表的风险投资等形式则是较为合适的金融产品。

从全球各地的实践来看，风险投资具有较高的风险偏好，能够满足创新创业企业的长期资金需求，不仅能够支持企业创新，还能够在推动区域产业集聚和创新发展上发挥重要的作用。新产品新技术的研发和产业化，需要风险投资家的有效介入，后者具备非常专业的知识储备，拥有比较丰富的投资经验，积累了较强的新产

---

① 根据苏州工业园区管理委员会网站公开数据整理。

品新技术商业价值挖掘能力。此外，风险投资家所拥有的先进管理理念、专业知识以及对未来科技发展趋势的准确把握，也可以在战略规划、资本运营、企业经营以及产品审批等方面为所投资的企业带来新的帮助，还能够利用所掌握的上下游渠道关系，为企业搭建良性、紧密的上下游生态合作圈，帮助企业解决供应链、产品链、销售链、创新链等问题，有效提升所投资企业的市场价值。当一个区域的风险投资能够跟当地的产业政策导向紧密结合时，就能够产生对区域产业集聚和创新发展的支撑及引领作用。

早在2011年，苏州就在国内较早地采用政府引导基金等方式，主动探索财政资金、社会资本以及产业有效融合的新路径，推动金融创新与产业创新、科技创新协同发展。截至2019年12月12日，苏州已设立14只市级政府产业引导基金，总规模18.9亿元，累计投资超过300家企业，资金杠杆效应明显，放大效果最高达到10倍。[1] 2016年，苏州与中国并购公会、中国金融博物馆共同发起建设东沙湖基金小镇，旨在打造基金产业集聚平台、资本科技对接平台和创新创业服务平台，积极构建一个紧密对接实体经济，打通资本和企业连接的基金产业集聚区。经过几年的发展，东沙湖基金小镇已经实现超200家股权投资管理团队入驻、集聚超过2 200亿元资金、设立超300只基金的基金产业集聚区，基金小镇入驻的投资管理团队所投企业中有超过130家实现上市或过会，其中科创板就有30家。[2] 2017年，苏州成立创新产业发展引导基金，采取"母基金+子基金"的运作方式，根据苏州下辖各区县产业发展规划方向和具体需求联动设立子基金，截至2020年2月，基金已实现累计实缴资金规模超40亿元，资金放大超过8倍。[3] 2021年7月，苏州高新阳光汇利股权投资母基金正式成立，规模达到100亿元，同时成立的还有苏州纽尔利新策股权投资S基金，首期规模30亿元，这有助于进一步将苏州打造成为全国S基金交易的新高地。[4]

从苏州引导和激励风险投资的经验来看，政府作用的发挥必须尊重市场规律，运用市场化的手段引进一流的基金管理团队，将专业的事交给专业的人去做，鼓励风险投资更多地进入符合当地产业发展特点的领域，加大对新技术研发和孵化环节的支持，敢于承担风险，避免陷入"资金保值"的约束困境，真正发挥风险投资的功能。为了分散投资风险，私募股权投资基金往往要通过投资多个项目进行风险分

---

[1] 江苏省财政厅：《苏州市政府产业引导基金阶段性效果显现》，江苏省财政厅网站，2019年12月12日。
[2] 《东沙湖基金小镇助推创投产业高质量发展》，澎湃新闻，2020年12月24日。
[3] 江苏省财政厅：《苏州市创新产业发展引导基金成效初显》，江苏省财政厅网站，2020年2月7日。
[4] 苏州高新区管委会：《建设国内私募股权投资新高地百亿元母基金签约落地苏州高新区》，苏州高新区管委会（虎丘区人民政府）网站，2021年7月12日。

摊，但这也从客观上制约了单个项目的投资规模，可能导致项目所需资金难以得到充分满足。因此，苏州通过产业引导基金等形式设立母基金，并通过母基金对市场化运作的各类风投机构进行投资，这种形式能够帮助风险投资扩大资金规模、有效降低融资成本，并更好地满足科技型企业的融资需求。在这个过程中，苏州各地根据产业发展方向，选择国内外专注于该领域的风投机构，同时约定对苏州本土企业的返投比例，以及对所投项目引导至苏州落地的比例，此外，一些母基金还可以对感兴趣的投资项目进行跟投。

为吸引风投机构到苏州落户，苏州出台了贷款贴息、税收优惠等政策，激发创投机构落地苏州的积极性，鼓励对苏州本土企业开展投资。风险投资活动的复杂性和高风险性，对从业人员提出了较高的专业要求，他们既要具备较高水准的专业知识，又要拥有较为丰富的企业管理和运营经验，同时又要熟悉资本运作模式。为此，苏州在税收、生活配套等方面出台优惠政策，吸引风投机构及其人才到苏州发展，同时对其引进到苏州落地的科技型创新创业项目进行政策支持，从而实现了对风险投资机构的有效引导和激励。2020年1月，苏州自贸片区出台《关于推进苏州自贸片区金融开放创新的若干意见》，其中提出"设立规模20亿元的天使母基金和100亿元的政府引导基金"，并明确"对新引进的符合要求的金融机构总部及其持牌专业法人子公司，经认定给予最高5 000万元的开办补贴；最高1 000万元的新购或租赁办公用房补贴；最高600万元的人才引进奖励"。2021年4月，苏州出台了《关于促进苏州股权投资持续高质量发展的若干措施》，主要涵盖鼓励股权投资机构集聚发展、完善募投管退环境、加强股权投资行业管理、优化配套服务环境等4个方面的支持政策，进一步聚焦股权投资行业高质量发展，推动股权投资与科技创新、产业创新加快形成相互促进、健康可持续的发展机制。

苏州在推动金融创新方面的努力取得了明显的成效。截至2021年5月，苏州有27家企业登陆科创板，这些企业平均获得了5家以上股权投资机构的支持。[①] 特别是苏州重点发展的生物医药产业，在政府引导基金的引导下，成为私募股权投资的热点，仅苏州生物医药产业园就有23家企业成功上市，而且有更多具备上市潜力的企业正在筹备上市工作，苏州生物医药产业园内企业的累计融资规模超过500亿元。[②] 政府引导基金以及私募股权基金已经成为推动苏州中小企业创新发展的加速器，"资本+科技+产业"融合发展的模式也为苏州打造科技创新高地和产业创新高地指明了新的方向。

---

① 王珞：《苏州建设国际股权投资生态体系 力促重点产业与国际资本对接》，中国证券报·中证网，2021年5月8日。
② 苏州生物医药产业园官网。

四、打造长三角产业科技创新核心区

1978年,苏州GDP仅有不到32亿元,排名全国第15位。2020年,苏州GDP总量首次突破2万亿元大关,排名全国第六位。能够实现从32亿元到2万亿元的跨越,除了改革开放的时代红利和毗邻上海所承接的溢出效应,更得益于苏州人敢为人先的拼搏精神。改革开放40多年来,苏州先后创造了张家港精神、昆山之路、园区经验,成为苏州实现发展奇迹的"三大法宝"。当前,苏州正面临着长三角区域一体化发展的重大机遇,也面临着土地空间等资源要素约束、区域竞争加剧等新的挑战。在新的历史起点上,苏州需要找准在长三角区域一体化发展中的战略定位,根据发展实际找准比较优势,加快推动产业和科技融合发展,积极打造全国产业科技创新中心,努力探索可复制可推广的苏州经验。

(一)跳出地级市思维

苏州可以说是全国最强地级市。其发展思路跳出了地级市思维。

张家港前身是沙洲县,经济基础较为薄弱,1992年,张家港提出"工业超常熟、外贸超吴江、城建超昆山、各项工作争第一",通过奋力拼搏,张家港争创了建成全国第一条城市步行街、全国第一个长江内河港口国家级保税区等28个全国第一。在经济发展的同时,张家港还积极开展精神文明建设,"张家港精神"已经成为全国各地学习的典范。

1984年,国务院批准建设秦皇岛经济技术开发区等10个国家级经济技术开发区(以下简称经开区),苏州并不在列。当时的苏州,工业基础仍较为薄弱,昆山更是苏州六个区县中排名最靠后的。但昆山下定决定自筹经费、自己规划、自己建设了一个3.75平方公里的开发区,并想尽一切办法蹲点在上海进行招商引资,最终成功引进了江苏省第一家外商独资企业"苏旺你"。昆山在没有政策支持、没有资金支持的情况下,凭借敢为人先的精神,开启了自费办开发区的成功之路,1992年昆山经济技术开发区获评国家级开发区,在2020年国家级经开区考核中,昆山在全部218家经开区中综合发展水平排名第5位。

创建于1994年的苏州工业园区,从"规划先行"开始,广泛吸收借鉴新加坡等发达国家和地区的先进做法,一跃成为国家级经开区的排头兵。

在张家港精神、昆山之路、园区经验这"三大法宝"的指引下,苏州取得了举世瞩目的发展成就。但同时也应看到，今天的苏州面临着激烈的竞争压力和迫切的转型压力。各地政策的同质化越来越高，如何提升对资本、技术、人才等资源要素的吸引力，让苏州在区域合作与竞赛中保持优势，根本地是要继承和发扬好"三大法宝"，核心是解放思想、敢为人先。苏州需要跳出地级市思维，既不能"小富即安"、满足于做"最强地级市"，也不能因为地级市政策层级不够就故步自封，而是应自加压力，敢闯无人区。

（二）抢抓长三角区域一体化发展重大机遇

《长江三角洲区域一体化发展规划纲要》提出了长三角地区"一极三区一高地"战略定位，即长三角地区通过一体化发展，成为全国经济发展强劲活跃的增长极、全国经济高质量发展的样板区、率先基本实现现代化的引领区、区域一体化发展的示范区和新时代改革开放的新高地。当前，作为长三角城市群中的重要一员，苏州所面临的最大发展机遇就是主动融入长三角区域一体化发展，特别是主动对接上海、融入上海。"大树底下碧螺春"，经常被用来形容上海和苏州的关系。改革开放以来苏州的发展，离不开上海的强大辐射效应，新时期苏州要在更高起点上实现更大发展，仍然必须毫不动摇地搭上上海发展的快车道。在这个过程中，苏州需要找准自身定位，找到最强比较优势。2021年上半年，苏州实现规模以上工业总产值19 664.9亿元，同比增长26.5%，从总量上来看，苏州已经是全球最大的制造业基地。制造业体量大、种类全、链条长，先进制造业引领发展，传统支柱产业加快转型升级，这些是苏州在长三角区域一体化发展中的重要比较优势。"十四五"规划提出，"支持北京、上海、粤港澳大湾区形成国际科技创新中心，建设北京怀柔、上海张江、大湾区、安徽合肥综合性国家科学中心，支持有条件的地方建设区域科技创新中心"。苏州应主动对接上海张江综合性国家科学中心建设机遇，积极争创区域科技创新中心，并凭借自身的产业发展优势，全力打造长三角产业科技创新核心区，走"产业+科创"深度融合之路，推动产业链和创新链融合发展，让苏州成为全国乃至全球具有重要影响力的科技创新策源基地和产业成果转化中心。

（三）创新环境的营造

政府的科技政策和产业政策，按照服务对象不同，分为普惠性政策和选择性政策。前者如研发加计抵扣、中小微企业税收优惠等，具有普惠性；后者则通过项目评审等机制筛选出符合政策导向的企业，受众面相对较小。要想充分发挥科技政策和产业政策的作用，需要将普惠性和选择性两种方式有机地结合起来。苏州虽然一般公共预算收入超过 2 300 亿元，排名全国第四位，但由于地级市能级限制，加之经济发达的县级市又属于省直管，因此苏州市级财政自身可支配财政资金与经济体量严重不匹配。要想充分发挥财政资金的激励和引导效应，就需要对有限的资金进行合理的配置，降低扭曲程度，提高配置效率。一方面，更多地采用税收减免、公共基础设施建设等普惠性的政策手段，让市场在资源配置中起决定性作用，降低政府对资源配置的不合理干扰；另一方面，又要在重点领域关键环节加强市域统筹能力，集中优势资源，有针对性地支持南京大学苏州校区等重点高校、重点学科建设，加大大型知名企业的引进力度，在全国乃至全球范围更好地宣传苏州城市形象和苏州制造品牌。

如何吸引人才、留住人才是城市创新发展永恒的命题。苏州从世界工厂转型产业科技创新核心区，需要一流的人才支撑。苏州的营商环境一直走在全国前列，创新创业人才选择苏州，看的往往不是政府补贴的多少，而是优异的营商软环境。当然，从人才的角度考虑，既要宜业也要宜居，更多的就业机会、良好的人居环境、便利的生活条件、优质的教育和医疗配套服务，这些都是人才在选择城市时的重要选项。即使是在城市内部，拥有先进教育资源的新城往往房价高出老城区很多，就是各类人才在"用脚投票"。因此，苏州需要加快推动优质的教育和医疗资源落地建设，并且考虑区域间的均衡发展。同时，应坚持"房住不炒"，推动房地产市场平稳健康发展，让与上海、杭州、南京等地相比较低的房价，成为苏州吸引人才的重要比较优势。需要指出的是，苏州虽然在引进高端人才方面成效斐然，但人才政策的普惠性仍然不够强，落户门槛仍然高于一些同类城市。人才是否能够真正成为人才，最终要靠市场来检验。因此，苏州需要进一步大力度地降低人才门槛，放宽落户政策条件限制，不唯学历，让更多的人才乐居在苏州、乐业在苏州，成为苏州打造长三角产业科技创新核心区源源不断的动力。

第八章

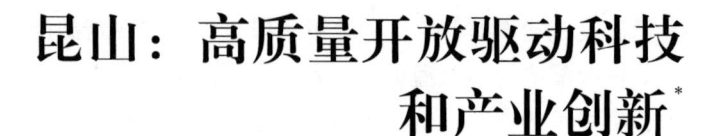

昆山：高质量开放驱动科技和产业创新[*]

在中国县域经济排行榜中，昆山市连续 16 年位居榜首，昆山也因此被人们誉为"中国第一经济县"。翻开昆山的改革开放史，可以发现昆山的快速发展起始于 1984 年自费开发建设经济技术开发区，1992 年被列为国家级开发区。以后又借助浦东开发开放的东风，发展开放型经济。如今，昆山已发展成全球资本、技术、人才的集聚地，海峡两岸产业合作的集聚区，中国对外贸易加工和进出口重要基地，综合发展实力连续八年位居全国开发区前四。2022 年 1 月，昆山经济技术开发区荣获 2021 年国家级经济技术开发区综合发展水平考核评价排名第 5 位。特别需要肯定的是，昆山依靠高水平的对外开放推动科技和产业创新，探索出了一条以创新驱动产业升级的昆山之路。

一、昆山高质量发展之路

昆山位于江苏省的苏州，地理位置处于苏州和上海交界处，昆山面积为 931 平方千米，常住人口 209 万人。作为县级市的昆山，其经济实力十分雄厚，2020 年昆山的 GDP 总量达到了 4 276 亿元。

---

[*] 如无特别说明，本章数据均来自《昆山统计年鉴》《江苏统计年鉴》《中国统计年鉴》，以及昆山经济社会发展数据中心（昆山宏观数据库）。

第八章　昆山：高质量开放驱动科技和产业创新

（一）自费建设开发区起步的昆山之路

1984年14个沿海城市获国务院批准建立经济技术开发区。昆山人解放思想、转变观念，酝酿自费创办"工业新区"。昆山县政府在制定的《1984—1986年工作规划》中提出，开辟建设一个"工业新区"，功能定位以工业型、开放型、外向型为方向，以加强基础设施建设和项目开发为重点，以高水准开发、高效率办事、高质量服务为目标，这个规划于1984年8月经县九届人大常委会第三次会议审议批准实施。这一年，昆山引进设立江苏第一家县级城市创办的中外合资企业——中日合资苏旺你有限公司。

昆山当时定的开发目标是"三个为主、四个一起上"：资金以引进为主、项目以工业为主、产品以出口为主，致力于发展高新技术产业；实行内联企业、中外合资企业、中外合作企业、外商独资企业同时并举，一起发展。在招商引资上，采取"东依上海、西托三线、内联乡镇、面向全国、走向世界"策略，从此闯出了一条投资省、速度快、效益好的成功开发之路。

改革开放40多年来，昆山有过高速增长的历史，昆山的产业先后经历了"农转工""内转外""散转聚""低转高""大转强"阶段，目前正进入以质量和效益为中心、以增强自主创新能力为抓手的创新发展阶段。

昆山人始终秉承"艰苦创业、勇于创新、争先创优"的"昆山之路"精神，自2006年起，昆山正式提出将转型升级作为经济发展的头等大事，努力打造主导产业，加快产业升级步伐，着力引导企业科技研发和自主创新，逐步实现从要素驱动向创新驱动转变，产业结构向高端化攀升，全力打造昆山经济发展的升级版。

党的十八大以来，昆山市秉持"敢于争第一、勇于创唯一"的新昆山精神，提出率先实现现代化的目标，重点围绕主导产业高端化、新兴产业规模化，积极构建和完善现代产业体系。以市场需求为导向推进供给侧结构性改革，逐步淘汰增加值不高、技术不先进、生态不友好的落后产能，加快以信息化改造提升传统产业。在培育战略性新兴产业的产业改革浪潮中，昆山市"争当排头兵、敢做领头羊"，县域经济产业竞争力一直稳居全国前列。

2017年党的十九大首次指我国经济已由高速增长阶段转向高质量发展阶段。昆山着力从经济发展、改革开放、城乡建设、文化建设、生态环境和人民生活等六大方面践行高质量发展理念，努力推进经济发展方式转变。在产业结构方面，昆山重点打造光电产业园、机器人产业园、德国工业园、大数据产业园等一批特色园区，同时也引进了一批如中科曙光、深时数字地球国际卓越研究中心等高新企业和科研院所。2021年，昆山市战略性新兴产业产值占规上工业产值超50%，高新技术产业产值占规上工业产值提高至49.5%，这也表明昆山的产业创新开始进入了新高地。

昆山积极把握国家"一带一路"建设、长江经济带建设、长三角区域一体化发展上升为国家战略的重大历史机遇，重点围绕主导产业高端化、新兴产业规模化，积极构建和完善现代产业体系。昆山市现已建成以光电、半导体、智能制造、小核酸及生物医药四大高端产业为龙头和支柱的现代化产业体系架构。昆山市逐步淘汰增加值不高、技术不先进、生态不友好的落后产能，同时加快以信息化改造提升传统产业，培育战略性新兴产业。2019年，昆山市光电、半导体、智能制造、小核酸及生物医药四大高端支柱产业完成产值2 350亿元，增长16.2%；10个服务业集聚区实现主营业务收入2 348亿元；产业结构现代化升级成就突出，为全国县级城市树立了标杆。

近年来，昆山GDP总量增速迅猛，高于长三角地区和苏州市同期水平，昆山市经济总量增长，具有快速、持续两大特点。"快速"体现在改革开放以来，保持年均高于长三角地区近7个百分点的增幅，累计增幅高于长三角地区超过4倍，昆山由一个普通江南农业县发展成蝉联数年全国百强县之首。

（二）昆山经济的高质量发展

按常住人口计算，昆山2020年的人均GDP达25.6万元，高于韩国、接近日本人均GDP水平。昆山在县域经济中保持领跑地位已经长达16年，位居全国各县（市）之首，这都表明了昆山经济实力与地位的不断提升。

2020年昆山完成地区生产总值已经突破4 000亿元，达到了4 276亿元，按可比价计算，比上年增长5.0%。昆山市一般公共预算收入迈上400亿元新台阶，同比增长5.1%，总量、增量继续保持江苏省县级市首位。此外，昆山市2020年存款余额突破5 000亿元，贷款余额突破4 000亿元，市场主体超50万户，社会消费品零售总额超1 000亿元，形成了"民富城强企活市场旺"的良好局面，这也充分体现出昆山居民生活富裕、企业富有活力、市场兴旺发达。昆山更是摘得全国中小城市综合实力、绿色发展、投资潜力、科技创新、新型城镇化质量百强县市"五个第一"，连续16年位居全国百强县首位。

昆山财政收入随经济总量的快速增长也显著增长。2020年昆山全口径财政收入428亿元，占GDP比重达到10.06%；2010~2020年，年均增长率达10.7%，财政收入水平的提高为产业创新与升级提供了重要保障。1978~2020年昆山GDP占苏州、江苏及全国的比重变化情况如表8-1所示。

表8-1　1978~2020年昆山GDP占苏州、江苏及全国的比重变化情况　　单位:%

年份	昆山/苏州	昆山/江苏省	昆山/全国
1978	7.57	0.97	0.07
1990	9.95	1.42	0.11
2000	13.03	2.35	0.20
2010	22.76	5.07	0.52
2015	21.59	4.47	0.46
2020	21.07	4.13	0.41

资料来源:《昆山统计年鉴》《江苏统计年鉴》《中国统计年鉴》。

改革开放40多年来,昆山第一产业比重下降较多;第二、第三产业呈爆发式增长。2000年以来,昆山第二产业占GDP比重一直稳定在60%左右,形成以第二产业为主导的结构。由于第二产业发展对生产性服务业需求小、层次低,不利于第二、第三产业的融合发展,造成第三产业比重偏低,产业结构出现一定的失衡现象,进而影响昆山城市竞争力的提升。2013~2020年昆山主要国民经济和社会发展指标如表8-2所示。

表8-2　　2013~2020年昆山主要国民经济和社会发展指标

年份	GDP（亿元）	人均可支配收入(万元)	第一产业增加值（亿元）	第二产业增加值（亿元）	第三产业增加值（亿元）
2013	2 920	3.62	26.94	1 691.09	1 202.05
2014	3 045	3.95	27.46	1 726.30	1 291.90
2015	3 130	4.27	28.88	1 741.53	1 360.48
2016	3 214	4.63	30.07	1 757.94	1 426.77
2017	3 520	5.09	30.75	1 916.89	1 572.71
2018	3 832	5.51	31.62	2 074.53	1 725.91
2019	4 045	5.97	30.34	2 072.49	1 942.23
2020	4 276	6.22	30.95	2 149.19	2 096.62

资料来源:《昆山统计年鉴》。

因此,昆山积极进行产业创新与升级,如成立了以现代服务业为主导产业的开发园区——昆山花桥国际商务城。昆山花桥国际商务城成立以来,经过多年发展已完成了制造业向服务业的产业转型,产业结构成功从"二三一"转为"三二一",第三产业比重不断增加。1978~2020年昆山产业结构变化情况如图8-1所示。

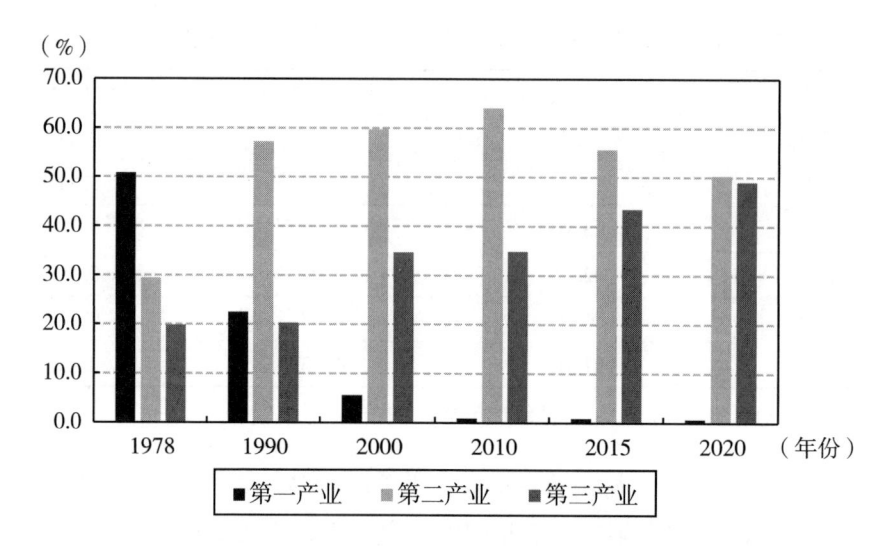

图 8-1　1978~2020 年昆山产业结构变化情况

资料来源：《昆山统计年鉴》。

高效率的行政服务、成熟的招商运营，在昆山集聚了一大批世界知名企业，支撑起了电子信息、光电显示、精密机械、民生轻工、装备制造并举的多元化产业格局。

当前，昆山加快建设以企业为主体、市场为导向、产学研相结合的创新体系，积极扶持重点企业设立企业技术中心，增加原创性自主知识产权的拥有量，促进科技成果转化。从自身条件看，昆山已培育形成了雄厚的制造业产业基础，构筑了"临沪对台"的独特优势，形成了通达便捷的交通体系，打造了高效特色的服务品牌。尤其是近年来，昆山新旧动能转换加速，创新驱动成为昆山产业升级与发展的主旋律。2020 年，昆山全市全年高新技术产业产值 4 288.06 亿元，增长 8.2%，占规上工业总产值比重达 47.6%；战略性新兴产业产值占规上工业总产值比重达 55.2%，占规上工业总产值比重的"半壁江山"。

昆山明确科技创新产业导向，开展重大科技攻关，抢抓新一轮科技革命和产业变革机遇，大力发展战略性新兴产业，开展重大科技攻关，培育壮大光电、半导体、小核酸及生物医药、智能制造四大高端产业。

以光电产业为例，自第一家企业龙腾光电落户光电产业园区后，昆山开发区光电产业经历了从无到有、从弱到强的蝶变，实现了从"缺芯少屏"到如今的"芯屏双强"，同时昆山发力引进核心显示项目、延伸上下游产业链、推进关键技术自主创新，形成了"原材料—面板—模组—整机—装备"完整产业链条。截至 2020 年，昆山光电产业园已落户企业 43 家，光电产品的产量也逐年上升。

二、昆山产业转型与升级

科技创新是区域发展的核心动力,是推动产业创新与升级的关键。面对创新发展的新时代命题,昆山依靠着科技创新不断实现新的跨越,通过科技创新不断引领昆山产业的发展,实现昆山产业创新与升级。昆山主动抢抓国家创新驱动发展战略和长三角区域一体化发展战略机遇,立足雄厚的制造业基础,拿出当年自办开发区的精神和魄力,在国内率先提出打造具有国际影响力的国家一流产业科创中心,全面开启"昆山就是产业科创中心、产业科创中心就是昆山"的新模式,成功地探索出一条科技创新引领昆山产业创新与升级的昆山之路。

(一)产业结构的调整和升级

昆山通过政策引导和行政推动,鼓励企业采用新设备、新技术、新工艺,实施技术改造,淘汰落后装备工艺,升级装备水平和智能化程度,实现产业层次提升或转型发展。

昆山通过积极引导落后产能有序退出和转移,产业结构现代化建设取得了显著成效,低附加值、高能耗、高污染、高劳动强度的低端制造业产出占比不断减少。与此同时,高技术含量的电子信息、平板显示、高端装备等制造业已发展成为昆山市的支柱产业,目前,昆山市高新技术产业和新兴产业产值占规模以上工业总产值的比重分别达63%和67%,创新驱动发展作用增强,研发投入占地区生产总值比重也达到2.95%。

昆山通过借助智能系统与"工业大数据",进一步实现了产业的升级与创新。昆山仅2018年共腾出土地4 361.2亩,去产能关停企业(淘汰产线)229家;宝能新能源汽车、毛豆新车全国总部等一批旗舰型高质量项目落户,新批超亿美元项目16个。

目前,昆山正将企业资源集约利用综合评价结果与各部门工作深度融合,构建产业发展、城镇建设、资源消耗、空间利用、风险管控等专项分析系统。届时,产业发展与空间的匹配将更加精准。

由昆山市主要工业产品出口结构的转型升级也可以窥见昆山供给侧结构的快速优化。昆山市以低端劳动力密集为特征的家具、玩具及杂项制品出口额增速明显下滑,但以资本和技术密集为特征的机器电子产品出口额出现上涨,工业产品出口结构的资本和技术密集化特征愈发凸显,劳动密集型的产业正在快速淡出昆山出口支柱产业的舞台。2020年昆山主要工业产品出口额及出口情况如表8-3所示。

表8-3 2020年昆山主要工业产品出口额及出口增速

主要工业产品	出口额（亿美元）	同比增速（%）
机器电子电气设备及零件	484.11	7.0
化学工业及其相关工业产品	6.78	-1.7
贱金属及制品	13.53	-4.5
塑料及其制品、橡胶及其制品	9.49	1.1
车辆运输设备及零件	21.37	-8.9
光学、检测、钟表、乐器	10.56	-3.1
家具、玩具及杂项制品	12.38	-11.9

资料来源：昆山经济社会发展数据中心（昆山宏观数据库）。

（二）打造科技和产业创新载体

昆山一直以来强化企业创新主体作用，充分释放企业及社会各阶层、各组织的创新动能，不断完善协同创新体制机制。在推进科技创新的过程中，昆山积极推动跨领域跨行业协同创新，打造"政、产、学、研、金、介、贸、媒"深度融合的创新体系，形成区镇优势互补、部门互相配合的创新格局，不断引领昆山的产业创新与升级。

为加快科技成果转化和产业化，提高高校的科技成果转化率，推动地方经济转型升级，增强企业自主创新能力和竞争力，昆山已经建立了一个集技术成果、技术需求发布、管理和交易的一体化技术供求服务平台。该平台以网络为纽带、以线下服务体系为支撑，提供高校成果及企业技术需求发布建成供需双向交流的服务平台。平台提高信息的有效获取，从而促进"供—需"双方的直接交流，加强技术合作效能，增进产业创新能力。

为了给创新型企业和创业项目提供更好的创新资源、公共服务和协同创新环境，昆山市成立了推进产业科创中心建设办公室，积极推进高水平产业科创平台建设，成绩斐然。2018~2019年，昆山市入围国家首批创新型县（市）建设名单；昆山高新区在国家级高新区中的排名上升7位，创历史新高，并获批建设国家创新型特色园区；智谷小镇入选"全国最美特色小（城）镇"50强；中美（昆山）科创中心、中韩（昆山）智能创新中心揭牌设立；国家先进计算产业创新中心成功落户，国际一流超算中心已启动建设。

在创新型企业和创业项目的孵化方面，昆山市依托各类产业科创中心的资源支持，也取得了突出成绩。截至2020年，昆山高新技术企业已突破2 000家，拥有国家级企业技术中心4家、省级企业技术中心144家、苏州市级企业技术中心375家。创新型企业的扎堆集聚成为了支撑昆山市打造"创新昆山"名片的核心支柱（见表8-4）。

表8-4　　　　　　　　　2018年昆山科创园区情况

序号	园区名称	面积（亩）	企业数（家）
1	昆山智谷小镇	4 790	36 592
2	三一重机昆山产业园	982	8
3	昆山德国工业园	723	103
4	昆山浦东软件园	583	164
5	浩盛工业园	498	44
6	平谦国际（昆山）现代产业园	378	23
7	西班牙蒙德拉贡工业园	372	35

资料来源：昆山市统计局网站。

产业转型升级需要打造高端科创载体，集聚高层次人才，构建自主可控产业体系，加快新旧动能转换，推动科技创新，充分激发企业活力。推动科技创新，创建国家一流产业科创中心，就是要加快完善以企业为主体、市场为导向、产学研深度融合的技术创新体系，使企业成为创新决策的主体、研发投入的主体、成果转化的主体。

2019年，昆山全年举办"千企千校产业科创合作万里行"系列活动100场，新增产学研合作项目1 000个，新认定省级以上工程技术研究中心、企业技术中心、工程中心、院士工作站、博士后工作站等创新平台50个，拥有研发机构的企业占比将超过60%，大中型工业企业和规上高新技术企业研发机构构建率达95%，万人有效发明专利拥有量也达65件以上。2015~2020年，昆山专利申请量和专利授权量均保持较快的增长趋势（见图8-2）。

为加快推进昆山产业创新与升级，昆山大力吸引和集聚海内外人才来昆山创新创业，以人才和智力资源的集聚引领和支撑昆山产业的发展。充分利用国际国内智力资源，瞄准自主可控，狠抓人才科创，着力打造经济发展的"最强大脑"。

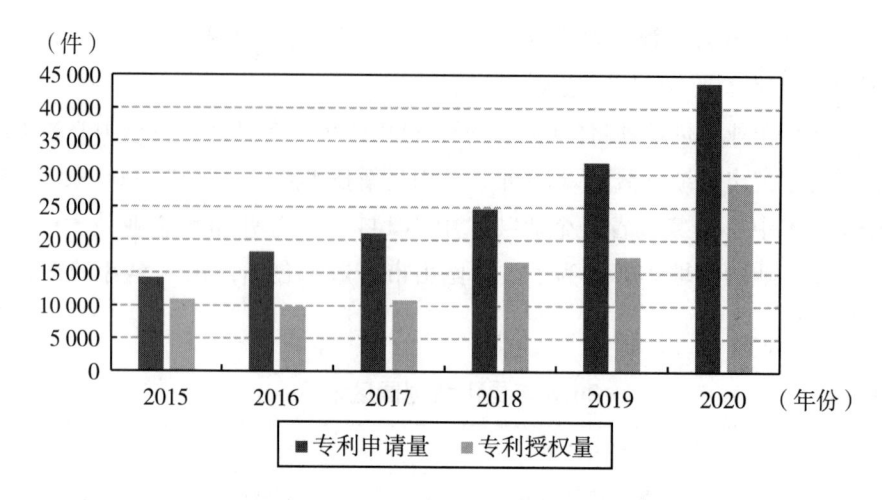

图 8-2　2015~2020 年昆山专利申请状况

资料来源：昆山经济社会发展数据中心（昆山宏观数据库）。

昆山全面实施人才科创"631"计划、双创人才计划以及"头雁人才"等项目，支持产学研合作，聚力提升企业自主创新能力，加快推进昆山市产业科创中心的建设；同时昆山也大力吸引和集聚海内外人才来昆山创新创业，以人才和智力资源的集聚，引领和支撑昆山产业创新与升级。

昆山正不断加大研发投入，推动企业真正成为技术创新的主体，利用"互联网+"构建开放式创新体系，加大重大核心技术攻关力度，通过自主创新、集成创新和引进、消化、吸收、再创新的有机结合，逐步形成具有自主知识产权的核心技术，依托新技术培育新产业、新业态、新模式，把昆山建成全球重要的制造业创新高地。通过创新创造利润，利用利润反哺创新，形成产业创新与产业升级，推动产业向价值链中高端攀升的良性循环。

昆山通过高校院所技术转移、国际先进技术导入、军民融合技术双向转化、大企业大科学工程协作分工等路径，着力实施千项产学研项目，攻克百项"卡脖子"技术难关，形成十项国际领先水平技术项目，加快培育自主创新、自主可控的"热带雨林"，真正让企业真实需求、院所有效供给"显山露水"，助力企业对接研发需求"最初一公里"，打通成果转化"最后一公里"，真正做到了产业的创新与升级。

（三）培育壮大高端产业

昆山开展重大科技攻关，抢抓新一轮科技革命和产业变革机遇，大力发展具有优势和基础、代表产业发展方向的战略性新兴产业，开展重大科技攻关，培育壮大光电、半导体、小核酸及生物医药、智能制造四大高端产业，进而实现了产业的创新与升级。

1. 半导体产业

在半导体产业上，昆山曾一度面临"有屏无芯"的尴尬境地，近年来，昆山按照"一颗芯"全产业链布局，完善芯片设计、制造、封装测试、设备材料等产业链，大力引进中科曙光、澜起科技等核心项目，努力破解电子信息产业"缺芯"难题。2018年，中科可控产业化基地项目已启动建设，一期总投资120亿元，将建设国家先进计算产业科创中心、400p算力的昆山超级计算中心和年产100万台安全可控高性能服务器智能生产线，项目将带动上下游产业链总投资超100亿美元，形成千亿美元级的安全可控国家信息技术产业集群。

2018年3月，昆山在高新区启动深时数字地球国际卓越研究中心的建设，该研究中心将系统承载"深时数字地球"国际大科学计划，面向地球数字科学重大基础前沿，建立国际地球数字科学产学研协同生态链，推动地球信息产业链、创新链、服务链融合，促进地球信息产业研发应用集群化发展，力争建成具有世界影响力的国家级科学中心。

2. 光电产业

作为中国百强县（市）之首的昆山，高度重视光电产业发展。2005年，昆山率先突破电子信息产业"缺芯少屏"的发展瓶颈，规划建设光电产业园，致力于打造"芯屏双强"产业格局。经过14年的努力，昆山的光电产业已成功实现了从"缺芯少屏"到"强芯亮屏"的重大转型，昆山已经成为国内目前唯一同时掌握TFT-LCD、LTPS、AMOLED三类面板显示技术并具备产业化能力的光电产业基地，年产值超千亿元，成为中国乃至全球一流的光电产业高地。

在澜起科技、中科曙光等一批重大龙头项目带动下，产业发展势头强劲，产业链"硬支撑"由点成线。在集成电路产业IC、材料设备和封测等环节上，昆山均拥有国际领先企业。昆山链式布局发展光电产业，围绕三大核心技术，持续整合产业上下游项目、技术等资源。其中，昆山光电产业园形成了以高端中小尺寸面板为特色的完整光电产业链，成为国家新型平板显示产业发展的重要支点。目前，昆山光电产业园"原材料—面板—模组—整机"完整产业链条，占到全球中小尺寸面板市场近10%份额，并且每个关键环节都有相应的龙头项目。

3. 小核酸及生物医药产业

在小核酸及生物医药产业方面，昆山以"十年磨一剑"的定力培育小核酸及生物医药产业。十年前，昆山选定以小核酸作为极具竞争力的新兴产业时，人们对小核酸的认识还十分陌生和模糊，在一个县级市发展高冷的小核酸产业更被视为天方夜谭。但现在，历经十年的磨难与持续探索，昆山小核酸产业基地已成为亚洲最大的研究基地，集聚了国内这个领域几乎所有的知名企业和研究机构，全国80%的小核酸服务及科研试剂供应和90%的小核酸原料和药物在这里汇聚。到2020年底，昆山市生物医药企业近200家，规上医药企业43家；承担了国家"863"计划、重大新药创制等国家级项目30个；建立了亚洲最大的小核酸药物品种线，开展创新药物及三类医疗器械临床研究30多个；小核酸、重组蛋白、质子治疗等一批技术已达国际先进水平。2020年，昆山生物医药产业规模达200亿元以上，同比增长30%。

"做核酸，到昆山"现如今已成为业内的强烈共识，并形成了支撑未来发展的良好基础，包括4种新药在临床三期，建有8个GMP厂房设施，2020年核酸产值可达300亿元。当前，昆山致力于成为长三角区域内集研发、孵化、生产于一体的生物医药和生命健康产业示范区，全力培育生物医药特色产业集群。昆山正着力推动阎锡蕴院士"铁蛋白科技成果转化"，启动铁蛋白纳米药物载体等中国原创在研的国际一流新药的自主转化，并开展专利授权、研发、生产和销售。该项目意味着具备适应人源肿瘤主动靶向性的铁蛋白类创新药物将实现"昆山智造"，这将进一步推动中国原创蛋白类生物医药产业集群化发展。

4. 智能制造产业

在昆山智能制造产业方面，需要生产什么样的产品，首先要在实验室进行全程模拟，在每个环节、每个数据都达到最优化后，再进行实际操作，这样不仅可以减少试错成本，还能将产品做到最好。在昆山德国工业园绿色孵化基地的项目中，这样的智能制造生产方式将成为常态。值得一提的是，德园还与启德航公司共同设立蕴启公司，以西门子工业4.0实验室为核心，引入工业4.0领域先进的项目和技术，建设昆山蕴启实验室。通过打造德园智能制造样板工厂，为制造业企业实施智能化改造提供自主可控的解决方案，助力昆山产业实现创新发展。实验室作为一个开放式的平台，企业可"现场"或在演示区展示技术、主办会议和活动，以及执行数字化验证等程序，这也将助力欧洲公司和中国公司在实际应用中展示其技术，并成为该多维生态系统的一部分。

除此之外，昆山还集聚研华科技、川崎、萨驰等众多智能制造企业，2020年实现主营业务销售收入470亿元。以研华科技为例，在智能制造工厂里，机器高速运转时几乎看不到工人，所有产品工艺参数都预先设置在生产线的"大脑"内，经过8年的智能化改造和数字化转型，研华科技人均产值提升60%，设备利用率提升40%，能耗降低50%。昆山也正加快制定实施大数据发展、智能制造三年行动计划，与中软国际、华为等企业开展三方战略合作，加快推动"工业云"建设，合力打造具有国际一流水准的智能制造示范区。

（四）产业迈向全球价值链中高端

改革开放以来，由于我国产业发展主要是在融入国际分工体系过程中实现的，而中国前一轮开放主要发生在制造业领域，并且主要是以"低端嵌入"的方式融入全球价值链分工体系，表现为处于全球价值链底部的组装、加工、装配以及生产型制造业成长，而在高端和先进制造业领域发展方面也相对滞后，产业结构呈现出明显的不合理布局。促进产业迈向全球价值链中高端，不仅要在制造业产业内实现价值链攀升，还要在制造业和服务业之间实现产业链升级，更要在产品品质链上实现攀升。概言之，依托新的比较优势进而培育出的产业内容，从产业间看将会是从传统低端产业向高端产业攀升，从价值链角度看将会是沿着价值链向研发、设计、营销等两侧高端攀升，而从产品品质角度看则是向精致化高端方向发展。至于服务业，将进一步通过融入全球价值链分工体系，从而在开放竞争中反向拉动服务业发展尤其是高端服务业发展，最终在产业结构上实现更加平衡和充分的合理发展布局。

要应对参与全球价值链的外部风险，关键在于建立健全稳定的产业体系，增强自主可控性，实现全球价值链参与模式升级。一方面，需要掌握关键环节的生产技术，打破关键零组件的外部企业垄断，尽可能实现供应链当地化；另一方面，应该通过实现全球价值链的攀升，提升分工参与位置，在获取更多收益的同时缩短上游供应链，降低供应链中断风险。

昆山在显示产业领域，被誉为"下一代显示技术"的有机发光显示器（OLED）显示技术正在成为行业的"宠儿"。昆山发展光电产业具有明显的产业优势，形成了全球最为完整的产业链，同时具有明显的区位优势、环境优势、服务优势和政策优势，为产业的升级与企业的发展提供了极大的便利。企业不仅仅从事简单的劳动密集型工作（如组装、测试等环节），而更多地参与价值链中附加值较高的研发与设计环节。以昆山光电产业企业维信诺为例，维信诺公司充分利用昆山光电产业链优势,建设 OLED 生产线,这也标志我国 OLED 显示技术的产业化之路。截至 2017 年 3 月,维信诺已经申请专利 2 400 多件,同时主导制定或修订了 4 项 OLED 国际标准、5 项 OLED 国家标准、3 项 OLED 行业标准,建成中国大陆第一条 PMOLED 大规模生产线和第一条专业 5.5 代 AMOLED 大规模量产线,使中国的 OLED 技术实现了从无到有。[1]

生产性服务业能够深化制造业价值链内专业化分工,可以降低制造业价值链内生产成本和交易成本,促进制造业价值链内的综合创新,从而成为理论界公认的制造业价值链攀升的重要动力。制造企业不再追求价值链的完整性,而是根据自己所拥有的核心竞争力和关键资源,实现价值链上的某一个环节或区段的价值。其竞争优势体现为在产业价值链中所占据的环节,而将非核心价值环节外包、出售,或剥离出去,由专门的生产性服务企业承担,从而形成了制造业与生产性服务业之间按不同价值链环节分工的格局,出现了由不同价值链模块构成的价值网。随着制造业结构形式的不断变革,服务作为中间投入要素已越来越多地融入制造业,制造企业活动的外置又带动了服务业的发展,服务业与制造业发展已进入了一个高度相关、双向互动的阶段。在全球化分工和知识经济背景下,昆山积极培育生产性服务业发展的土壤和环境,尊重知识,尊重人才,从战略和操作层面充分重视生产性服务业在制造业价值链攀升中的根本推动作用,加快发展生产性服务业,形成制造业与生产性服务业互动发展的良性循环,推动昆山产业价值链攀升。昆山能取得较好的成绩并不单纯是依靠制造业的发展,而是制造业链条上生产性服务活动和生产性服务业共同作用的结果。

三、科技和产业创新的开放动力

(一) 加工贸易转向一般性贸易

1993 年,昆山海关建关,那一年昆山的进出口总额为 2.98 亿美元。随着昆山坚持外向带动,加速产业集聚,形成开放型第一特色经济。在此基础上,昆山进出口总额连续 9 年稳定在 800 亿美元以上,最高达到 889.83 亿美元,居同类城市第一,甚至超过一些省会城市。近年来,国际市场疲软,国内市场却进入一个加速增长期。昆山通过优化产业结构,大力淘汰落后产能,推动产业从低端迈向高端、产

---

[1] 赵清建:《维信诺:科技创新引领产业升级》,光明网,2017 年 3 月 9 日。

品从低附加值迈向高附加值，从外向带动迈向创新驱动，实现转型升级，跨入创新发展的新轨道。此后，在昆山综保区一般纳税人资格试点等一系列改革强刺激下，昆山进出口总额依然保持在800亿美元以上（见图8-3）。

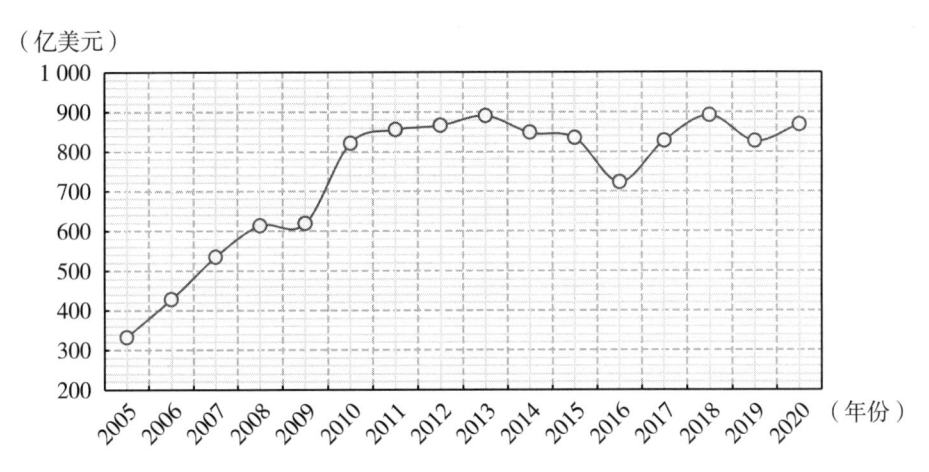

图8-3　2005～2020年昆山外贸进出口总额

资料来源：《昆山统计年鉴》。

2000～2020年，昆山的年均出口增速高达20.3%，远高于江苏其他地区和中国其他省份。2008年全球金融危机以来，发达国家经济受到重挫，需求大幅减少，对中国产品的"双反"调查也显著增加；与此同时，中国经济减速换挡，昆山的贸易企业也进入转型升级的阵痛期。在国内外一系列负面因素的影响下，昆山出口在基数较大的情况下依然实现了稳步增长。2010年昆山出口总额533.4亿美元，2020年增加至573.8亿美元。

出口市场多元化战略在昆山的出口增长中发挥了重要作用。随着老市场的潜力逐渐饱和，挖掘新市场成为出口增长的进一步动力。近年来，昆山企业对欧美和日韩等传统市场的依赖程度逐渐下降，对新兴发展中国家的出口显著增加。截至2021年第三季度，昆山市与"一带一路"沿线国家、区域全面经济伙伴关系协定（RCEP）国家经贸往来日益密切，进出口值分别为936.8亿元、1382.5亿元，分别增长20.5%、10.7%；此外，昆山市企业积极开拓拉丁美洲、非洲等新兴市场，同期进出口分别增长21.1%、23.2%。

出口技术含量不断提高，昆山智造和昆山创造的出口比例增加。机械电子电器设备及零件（海关编码第十六类）是昆山的主要出口产品，2010～2020年该类产品占昆山出口产品的比例始终保持在80%左右。在所有机电产品中，智能手机和笔电是昆山最主要的两大出口产品。仅2021年11月，昆山出口笔记本电脑312万台，价值135.6亿元；出口手机406万部，价值125.5亿元。昆山市笔记本电脑和手机出口值分别占江苏省笔记本电脑和手机出口值的76.3%和98.7%。此外，机电产品中，手提式电动工具、印刷工具和集成电路分别出口12亿元、11.8亿元和10.2亿元，分别增长39.4%、45.5%和88.3%，均实现大幅增长。

昆山一直是全国加工贸易发展最活跃的地区，昆山出口加工区是全国首家正式封关运作的出口加工区。加工贸易也是昆山出口的主要动力，2020年加工贸易出口占昆山出口总额近六成。加工贸易为昆山的经济增长和就业稳定作出了重要贡献，但其"两头在外"的特点使得其增长质量和效益不高，出口增加值不高。近年来，昆山稳步推进加工贸易转型升级。一方面，加工贸易企业逐步从劳动密集型产业向技术和研发密集型产业升级，并进一步向产业链两端延伸，出口增加值提高。2019年初，昆山率先试点综合保税区报税维修业务，使得综合保税区内的企业能够承担进口产品维修业务，使得昆山加工能够向昆山服务转型，大大提高了出口的国内增加值。另一方面，加工贸易企业从原来单一面向国际市场逐步向国内市场开拓。为了让加工贸易企业能够参与国内市场竞争，享受"营改增"红利，昆山综合保税区一般纳税人资格试点率先落地，实现了多个全国第一，包括申报首家试点企业、开出全国首张内销增值税发票、完成首笔成品内销征税出区业务等。2013年，昆山玩具基地入选第三批国家外贸转型升级专业型示范基地。2010~2020年，昆山的加工贸易出口从467.3亿美元降低到375.8亿美元，加工贸易出口占总出口比例从87.6%降低到65.5%，加工贸易转型升级也使得昆山的一般贸易出口竞争力不断提高，自主知识产权、自有品牌产品出口比重进一步提高。2010~2020年，昆山的一般贸易出口额从44.3亿美元增加到115.1亿美元，年均增速10.1%，一般贸易出口占总出口比例从8.3%提高到20.1%。国显光电、三一重机、南亚电路板等一批龙头企业实现"井喷"增长，逐步积聚以技术、品牌、质量为核心的外贸新优势。

服务贸易和跨境电商等新业态增加。近年来，昆山市服务贸易年均增长速度达到10%左右，其中，昆山花桥依托其独特的区位优势、成熟的产业基础、丰富的载体资源，初步打造了电子商务产业集聚区。截至2021年7月，已累计引进燕文物流、地素时尚、优护优家、梵舒网络等电子商务企业183家，注册资本超13亿元。[①] 昆山花桥跨境电子商务产业园目前已规划面积约3.22平方公里，建有新零售展示体验区、物流配套区、产业孵化区三个功能区，依托"昆山海峡两岸电子商务经济合作实验区"，打造以两岸电子商务为特色的产业集聚区。昆山也将紧抓国内独角兽项目，提升花桥电商企业整体质量，聚焦当前直播电商、网红经济等新热点经济形态，努力打造龙头企业引领、特色平台支撑、中小企业集

---

① 《昆山唯一！花桥这一产业园登榜省级名单》，昆山市人民政府网站，2021年7月9日。

聚的产业发展形态。

（二）外商投资企业转型升级

昆山依靠其紧邻上海的独特区位优势，抓住了全球产业重组的历史机遇，用好劳动力和土地资源优势，主动融入国际分工体系，实现了经济的高速增长。昆山解放思想，破旧立新，以"创新驱动"为主线，全面构建开放经济新体制，培育出开放经济新优势，努力实现产业创新与升级。随着威马智慧出行、纬新智能终端生产、丘钛高端摄像头、愿景集团、京东数字产业园、立讯镜像模组6个百亿元级项目落户，20个世界500强企业、央企或总部项目进驻，为昆山产业创新增添了无穷活力。

要素驱动是昆山开放型经济发展的重要特征。近年来，昆山要素成本上升较快，特别是在土地资源持续收紧、劳动力成本上升以及生态环境等方面更是压力重重，昆山培育开放型经济新优势迫在眉睫。昆山继续保持较高的外商投资增长势头，外商投资规模继续增加。2021年昆山累计新设外资企业87家，总投资超亿美元项目10个，新增注册外资17.6亿美元，同比增长229.9%。千亿元级产业集群集结成势，持续攀升的经济指标，诠释着开发区高质量发展的铿锵步伐，也为外商持续加码注入了"强心剂"。

引资规模的持续增加一方面是得益于昆山继续深耕台资，另一方面则是因为昆山最近几年加大了对其他国家和地区资本的引入力度。台资一直是昆山最主要的投资来源，昆山也是台资企业最密集、两岸经贸交流最频繁的地区之一。截至2021年底，新批台资项目193个，新增投资总额28.4亿美元，昆山累计批准台资项目超5 500个，投资总额超670亿美元。[1]

近年来，昆山的外商投资呈现地区和国别多元化的趋势，港澳地区以及日韩和欧美对昆山的投资逐渐增加。2010年昆山的非台资企业投资额为36.6亿美元，占比55.4%；2020年非台资企业投资额增加到46.2亿美元，占比大幅增至70.2%。最近几年香港与昆山合作密切，前者在金融、物流等新兴服务业方面具有强大的经营实力，正好与后者寻求发展高端服务业以促进产业升级的需求相契合，2012年昆山荣获"香港内地投资热点奖"。截至2020年底，昆山一共汇集了全球60多个国家和地区的8 000多家外资企业。在欧美国家发起"再工业化"以及其他新兴发展中国家吸收外资能力提高的背景下，昆山能够继续保持外资增加势头实属不易。

---

[1] 《昆山发力打造"对台合作第一城"》，载于《新华日报》2021年12月31日。

由于产业转型升级的阵痛以及对招商选资的重视，昆山的外商投资增速不再像改革开放头30年那样独占鳌头，但引资质量在近年明显提高，主要表现为外商投资产业高端化、投资国别多元化、大型项目投资增加、服务业外商投资比例提高、总部投资发展良好。

1. 外商投资制造业产业高端化

传统劳动密集型和高污染高能耗产业的外商投资继续减少，电子信息和机械产业的外商投资继续增加。长期以来，昆山只能承接上海的产业转移，外商投资大多集中在低端制造业，但高端制造业的外商投资越来越多。2010~2020年，电子信息产业外商投资额占制造业外商投资总额比例保持在40%左右，机械产业外商投资额占制造业外商投资额比例保持在30%左右，二者合计占制造业外商投资额比例接近60%。以友达光电为例，友达光电扎根昆山近6年来取得长足发展，2021年友达光电再次与昆山继续深化合作，随着总投资18亿美元的低温多晶硅（LTPS）显示面板增资项目正式落户昆山，友达光电将进一步扩大产能，成为昆山外资单体投资最大的产业项目，为昆山打造国内规模最大、技术最强、产业链最完备的光电产业基地赋能添力。

2. 大型投资项目增加

一批掌握核心技术、投资体量大、牵引力强的"关键项目"加快布局、落户，带动关联产业协同发展，促进产业整体素质提升。2020年，外商投资金额达到38.74亿美元，其中投资额大于2 900万美元的项目总数为20项，较上一年增长153.8%。其中，总投资6亿美元的丘钛高清摄像头模组及汽车摄像头模组项目等一批重大项目签约落户，预计完成到账外资9 376万美元、注册内资83.1亿元、进出口总额16.6亿美元；此外还有"中国芯、中国根、中国脑"智慧高新等项目均成功签约，这些项目签约落户为昆山高质量发展注入更多活力、增添更大动能。

3. 总部经济呈现良好发展势头

总部经济产业关联度强、集聚带动作用大。2012年，仁宝投资、沪士电子、捷安特投资等11家企业被认定为江苏省首批总部企业，此后全市省级跨国公司地区总部和功能性机构数量连年攀升。截至2020年底，昆山获得江苏省跨国公司地区总部和功能性机构认定的企业共有47家，其中33家为地区总部，14家为功能性机构，累计获得省级商务专项扶持资金近1.3亿元，各项数据均列昆山市和江苏省前列。47家企业涉及制造、贸易、投资、研发、物流和销售等多个领域，初步形成了业态丰富、领域多样的总部企业群。此外，昆山还有近100家企业获得苏州市总部企业认定。这些总部企业，部分是昆山新引入的跨国企业，部分则是已经在昆山扎根多年的企业。2012~2020年昆山市获江苏省跨国公司地区总部和功能性机构认定的部分企业名单如表8-5所示。

表8-5　2012~2020年昆山市获江苏省跨国公司地区总部和功能性机构认定的部分企业

序号	企业名称	认定年份	总部类型
1	哈森商贸（中国）股份有限公司	2012	功能性机构
2	昆山润华商业有限公司	2012	功能性机构
3	江苏龙灯化学有限公司	2014	功能性机构
4	丹尼斯克（中国）有限公司	2014	功能性机构
5	威富服饰（中国）有限公司	2016	功能性机构
6	纬创资通（昆山）有限公司	2016	功能性机构
7	昆山宏致电子有限公司	2016	功能性机构
8	昆山中辰矽晶有限公司	2017	功能性机构
9	长兴化学工业（中国）有限公司	2017	功能性机构
10	艾利（中国）有限公司	2018	功能性机构
11	实耐宝工具仪器（昆山）有限公司	2019	功能性机构
12	昆山日门建筑装饰有限公司	2020	功能性机构
13	捷安特投资有限公司	2012	地区总部
14	仁宝投资（江苏）有限公司	2012	地区总部
15	沪士电子股份有限公司	2012	地区总部
16	昆山富港投资有限公司	2014	地区总部
17	正新橡胶（中国）有限公司	2014	地区总部
18	昆山广兴电子有限公司	2016	地区总部
19	昆山元茂电子科技有限公司	2016	地区总部
20	台玻长江玻璃有限公司	2016	地区总部
21	江苏荣成环保科技股份有限公司	2016	地区总部
22	定颖电子（昆山）有限公司	2017	地区总部
23	昆山丘钛微电子科技有限公司	2017	地区总部
24	通力电梯有限公司	2017	地区总部

续表

序号	企业名称	认定年份	总部类型
25	好孩子儿童用品有限公司	2018	地区总部
26	神达投资有限公司	2018	地区总部
27	裕晟（昆山）体育用品有限公司	2018	地区总部
28	牧野机床（中国）有限公司	2018	地区总部
29	昆山乙盛机械工业有限公司	2019	地区总部
30	福伊特造纸（中国）有限公司	2020	地区总部

资料来源：江苏省商务厅。

4. 服务业外商投资增加

深化服务业对外开放，为昆山制造业服务，是利用外资稳量提质增效的一个重要方向。近年来，昆山服务业吸引外资的能力逐步增强，金融、教育、文化、医疗、旅游等服务业外商投资增加趋势明显。2015 年，外商在服务业共投资 149 个项目，投资总额为 6.3 亿美元，占当年外商投资总额的 56.3%；而到了 2020 年，外商在服务业投资项目增长到 232 个，投资总额增加至 19.3 亿美元，占当年外商投资总额的 49.9%。

（三）壮大外商高科技企业

昆山充分依托国际国内两个市场和两种资源，实施跨国、跨界、跨地区、跨所有制并购重组，增强在全球市场布局和整合全球资源的能力。通过兼并、收购、参股、控股、托管等多种形式，实行产业的聚合裂变扩张，培育和发展一批集投资、融资、结构调整和技术创新为一体，技术创新能力强的具有国际竞争力的大企业和企业集团，推动昆山产业向价值链高端攀升。在培育大企业、大集团的同时，昆山也积极鼓励广大中小企业发挥其专、精、特、新优势，在行业细分领域深耕细作，加快积累技术优势，努力成为行业领跑者，打造更多"隐形冠军"和行业"小巨人"。

昆山国际科技合作不断加大国际交流合作力度。昆山工业技术研究院多次组团赴俄罗斯、乌克兰、白俄罗斯，开展科技人才交流、共建联合实验室、科技园区合作、技术转移 4 项行动，推动昆山与俄罗斯友谊科技园签订战略合作协议，促成高新区与白俄罗斯国立技术大学共建"中—白联合创新中心"、与乌克兰国家科学院共建"江苏—乌克兰装备制造国际创新院",融入全球创新网络。昆山用好杜克大学、蒙纳士大学等资源,推进中美(昆山)科创中心建设。做大中德、中西国际科技合作基地;响应国家"一带一路"倡议,巩固与俄罗斯、乌克兰、白俄罗斯等国合作成果,打通与捷克、立陶宛等国合作渠道。

昆山市组织华恒焊接、捷安特等昆山企业赴乌克兰国家科学院巴顿焊接研究院、俄罗斯国家科学院乌拉尔分院等进行技术合作,共建联合实验室、技术研究院等机构。2018年以来,仅捷安特公司就与乌克兰签订了技转项目14项。此外,2021年,昆山举办多场大型"一带一路"国际科技人才成果推介会,引入科技成果200余项,对接企业120余家。通过国际科技合作在提升区域间要素流动与优化要素配置,可以帮助昆山突破低端锁定、实现价值链攀升和产业升级。

(四)走出去创造昆山企业国际经营新优势

在国家和省市政府的大力鼓励和支持下,昆山企业"走出去"的步伐也正在加快。"走出去"对昆山企业优化产业链分工布局、突破贸易壁垒、规避贸易风险、开拓国际市场皆具有重要价值。

1. 境外投资加速企业国际化

2010~2020年,昆山企业共完成境外投资项目160多个,合计约6亿多美元,投资目的地覆盖中国台湾、中国香港、日本、美国、德国等30个国家和地区,投资行业主要覆盖商务服务业、纺织业等33个行业。从投资目的地来看,昆山的对外投资主要分布在东亚地区,尤其是中国香港和台湾地区,昆山企业对这两个地区的累计投资占境外总投资的40%。此外,在"一带一路"倡议的支持下,昆山企业对"一带一路"沿线国家的投资近几年也快速增长。从投资行业来看,昆山企业的境外投资主要分布在服务业和制造业。服务业境外投资额占比54.3%,服务业中境外投资最多的是商务服务业和房地产业,这两个行业的境外投资占服务业投资总额的62.6%。制造业境外投资额占比45.7%,制造业中境外投资最多的是纺织业,该行业的境外投资占制造业投资总额的43.7%。值得注意的是,通用设备制造业、通信设备和计算机行业等高端制造业的境外投资业也有较快的增长速度。

境外投资为昆山企业发展所面对的各种问题提供了解决方案。例如,主营纺织业务的江苏AB集团在2012年、2017年和2018年分别赴柬埔寨、越南和埃塞俄比亚共完成境外投资1.08亿美元,这些投资为AB集团利用东道国的劳动力成本优势和规避贸易壁垒提供了机会;主营儿童用品的"好孩子"集团已在全球设立了7个研发中心、11家工厂，每年生产新产品500多款，累计创造专利9 200余项，境外投资使得"好孩子"集团能够更好地利用东道国的研发优势，并有助于其扩张市场。

2. 境外园区建设输出昆山经验

除了企业赴外投资，昆山"走出去"的另一大亮点是产业园"走出去"。依靠产业园集聚发展是昆山经济的主要特色之一，也成为了昆山"走出去"的比较优势。从投资主体来看，境外园区建设包括政府主导建设和企业主导建设两种模式。按经营方式来看，境外园区建设分投资运营型和管理输出型两种模式，前者全面负责园区的规划设计、投资谈判一直到招商引资、建设运营；后者不直接开展园区投资建设，而以复制输出园区管理模式、牵头开展运营服务为主。2017年5月，在"一带一路"国际合作高峰论坛举行期间，昆山市与埃塞俄比亚签署合作备忘录，"昆山模式"将被复制应用于埃塞俄比亚另外9个在建的国家级工业园。2019年5月，埃塞俄比亚德雷达瓦特殊经济区正式投入使用。该特殊经济区为昆山企业抱团进入埃塞俄比亚搭建了良好的平台，目前已有AB集团、海王科技、统亚食品等几家企业正式签约入驻，此外来自中国、美国、印度等国家和地区的企业也已计划投资项目20多个。产业园"走出去"不仅为东道国经济发展注入了动力，创造了大量就业机会，而且为昆山企业利用国际市场和输出园区开发管理软实力创造了平台。

四、产业创新的政府推动

昆山依靠产业创新，走出了新时代的"昆山之路"，成为县域经济创新发展的榜样。昆山的产业创新与升级离不开政府的推动，昆山围绕要素集聚、成果转化、产业创新、科创服务等方面，不断推动昆山产业的升级与发展。

（一）集聚产业创新要素，加强产学研协同创新

突出市场需求导向。注重政、产、学、研、金、介、贸、媒八要素深度融合，坚持引进来和走出去相结合。昆山建立与如清华大学、南京大学、中国科学院等大院大所合作的长效机制，成建制引进科研院所，梳理一批国家级重点实验室、工程技术研究中心对接目录，有偿预订研发一批科技成果和转化技术。

拓展产业链协同创新。发挥行业协会、商会等桥梁作用，支持行业骨干企业、民营企业牵头组建校企合作联盟，开展重点产业全产业链梳理，通过联合攻关、集成创新，承担各类重大科技计划，如昆山在大数据应用、自动化设备核心部件等领域率先攻关，促进企业、高校、科研机构在产业链、创新链、资金链上深度融合。

实施科创人才培育工程。落实优才计划，通过专业引才、平台引才、金融引才、活动引才、企业引才、社会化引才六大方式，定点、定向、定任务、定机制开展定制化招才引智。实施人才科创高峰计划，大力引进、培育国家千人计划、万人计划以及省双创人才、团队，重点引进一批在职或退休院士团队等，支持企业院士和大院大所院士互设工作站，共同打造人才高峰。

实施创新企业家培育工程。弘扬现代企业家精神，引导企业家提升发展理念，打造企业家创新俱乐部，用好企业"科技副总"，搭建不同领域、行业的企业家，分享科技创新经验的交流平台。

实施农业人才培育工程。深入推行科技特派员制度，依托农村科技服务超市等各类服务平台，壮大生物育种技术研究及良种推广、农业新品种引进与示范等特色产业。创新推进新型职业农民培育，加强与农科院合作，建设实训基地，鼓励师徒结对，加快培育勇于创业、善于农业科技创新的实用人才。

建设人才项目孵化平台。加快推进龙头企业牵头建设专业孵化器和众创空间，建设运营创客空间、创新工场、微观装配实验室等新型载体平台。发挥海外高层次人才创新创业基地和创新人才培养示范基地人才引进孵化功能，推广"人才+项目"引进培育模式，提高带土移植存活率。设立离岸离地技术转移平台和孵化基地，分离研发和产业化环节，吸引优质项目，利用本地区产业配套优势开展科技成果转化。探索与清华大学、中国科学院等高校院所建立产学研办公室，布局全国产学研合作网络。

（二）搭建新型研发载体，强化创新成果转化

培育重大创新载体。积极发挥自身区位优势，集中力量建设国家先进科创中心、国际一流超算中心等大科学装置，力争率先在先导产业领域大手笔推进建设1~2个国家大科学装置中心、技术创新中心、产业创新中心、重点实验室、工程技术研究中心等分中心，全力打造人才引进强地标、资源集聚大平台和成果转化新高地。

加快企业研发机构建设。推动大企业技术创新中心建设，争取实现在国家大科学装置、技术创新中心、工程研究中心、产业创新中心、重点实验室等国字号研发

机构的零突破。支持企业建设省级以上院士工作站、博士后工作站、企业技术中心、工程技术研究中心、重点实验室等高水平研发机构，提升大中型工业企业和规上高新技术企业研发机构建有率。

鼓励龙头企业整合大院大所力量，加大产学研一体化力度，推动企业家和科学家强强联合，建立创新联合体。推广"企业研发机构+孵化器"与"专业研发机构+孵化器"模式，加大与省产业技术研究院的合作，提升产学研协同创新平台服务能力。

推进研究院体制机制改革。借鉴以色列等创新国家技转经验，构建以工业技术研究院为龙头的国际技术转移转化体系。坚持市场化机制、专业化服务、资本化运作相结合，着力打造科技转化平台"升级版"，大力推进首台（套）重大装备保险试点，切实降低重大科技成果转化风险，实现规模以上企业产学研全覆盖。

拓展特色产业园区内涵。贯彻落实当地科创政策，建设特色型科创产业园区，充分结合地区特色，提升科创园区服务能力。以昆山为例，深入贯彻落实《苏南国家自主创新示范区条例》，推动昆山高新区建设一流创新型特色园区。以"一特三提升"为工作抓手和目标，重点打造"一廊一园一港"科创空间布局，建设杜克智谷小镇、童趣小镇等特色小镇，做强机器人、高端装备等火炬计划特色产业基地，全面提升园区服务能力。

推动大院大所通过"校内孵化+天使投资+政府资金（资本）+产业基金"的模式，与地区联合共建市场化运作的产业技术研究院，重点引进校内成熟项目开展成果转化。同时依托科研众包平台，建立产学研合作利益共享与风险共担机制，助力企业对接研发需求"最初一公里"，打通成果转化"最后一公里"。

培育技术交易网络。规范技术合同认定登记工作，推动大额技术合同交易、拥有自主知识产权的科技成果优先申报省级以上项目。搭建知识产权运营交易平台，积极对接省技术产权交易市场，围绕基础数据、产业预警、交易运营、维权保护、服务促进等内容，搭建五大中心，发展多层次技术交易市场。

大力发展科技服务业。培育壮大科技服务市场主体，对接引进中高知识产权服务平台等专业服务机构和服务人才，推动成立创业孵化、技术转移、知识产权等一批行业协会，做实机构运作，提升服务水平。培育发展技术经纪组织。突出技术经纪人在成果估价、议价和双向选择中的特殊地位，集聚一批科技镇长团成员、高校院所科技处负责人、科技项目投资人、专利代理人及具有相应资质的技术经纪人等为提供企业技术转移服务。制定技术经纪人及中介服务机构扶持政策，大力引进高端中介服务机构来昆山聚集。

组织开展科技资源普查，探索灵活多样统筹服务的运作模式体系，聚焦重大项目、打破条块壁垒，推动技术、人才、信息、管理等要素横向集聚。加快建设人才科创发展服务中心，围绕政策性服务、生产性服务、生活性服务功能，实现全天候、全链条、全内容的专享式综合服务。

（三）培育壮大先导产业

推动先导产业创新发展。充分研判分析产业前景，加强技术研判，分析产业前景，促进应用基础研究、前沿高新技术研究与产业关键技术攻关紧密衔接，促进优势技术成果转化与战略性新兴产业培育紧密衔接，每年组织一批重大原创性研究项目，努力实现关键核心技术自主可控。充分发挥龙头企业引领作用，巩固提升厂商技术优势和市场地位，打造具有影响力的产业基地。

完善全产业链布局。以链式布局推进产业集聚，以技术升级带动产品更新换代，不断推进更高世代、更新技术的发展，不仅适应市场需求的快速变化，也推进园区产业层次、科技含量持续提升。以昆山半导体产业链为例，昆山按照"一颗芯"全产业链布局，积极完善芯片设计、封测、制造，半导体设备和材料等产业链环节。这不仅完善了上下游产业链，增强了自主创新能力，也促进了整个昆山半导体产业向高端化发展。

协同推进先导产业发展。大力引进国内外知名龙头企业和人才团队，积极扶持本土技术提供商，实现研发制造、示范应用、产业规模和发展质量全方位突破；同时，高标准建立产业资本运作平台，完善技术产业公共服务平台，加快技术应用创新中心建设，积极推动重点企业资产证券化和产品产业化，实现企业市值的提升。

打造创新型企业集群。制定创新型企业分阶段扶持政策，深入实施科技企业"小升高"计划，建立高新技术企业培育库，形成"民营科技企业—科技型中小企业—高企培育企业—高企—瞪羚企业—独角兽企业"的链式培育体系，打造以高新技术企业为主体的创新型企业集群。

实施"科技小巨人"培育工程，推动企业"小升规"。支持科技型中小企业走"专精特新"道路，加快培育一批"独角兽"企业、"瞪羚"企业和隐形冠军。实施创新企业"高峰计划"，重点培育一批有国际影响力、自主品牌、综合竞争力强的行业龙头企业集团和创新型"高峰"企业。

培育农业科技企业。支持农业科技示范园区、科技型企业、科技型合作社、科技超市等载体建设，加大农业科技成果转化，提高全市农业科技含量，着力培育一批农业高新技术企业。充分发挥科技引领作用，促进科技与旅游休闲、教育文化、健康养生等产业深度融合。

发展创新型产业集群。释放龙头企业作用，围绕重点产业，充分发挥领军企业创新骨干作用，构建良性发展企业梯队，形成大中小企业在创新链条上的合理分工，形成具有行业带动作用和国际竞争力的产业组织形态。

发挥财政资金杠杆作用。做大做强市级国有控股平台，整合设立政策性综合风险池，建立天使投资阶段参股资金投入机制，以引导科技成果转化、重点产业孵化为导向，实行差异化的子基金返投、让利政策，规范天使投资阶段参股资金运作方式，吸引知名、优秀投资机构设立天使投资子基金，全面提升地区天使投资发展水平。以创新型科技企业投融资需求为导向，创新科技风险分担机制，统筹科技企业贷款风险补偿、工业企业转贷应急资金、加工贸易企业风险资金等，吸引更多社会资本投入科技创新领域。

丰富科技金融工具。实施金融产品创新"一行一特色一产品"工程，鼓励银行业金融机构开发科技金融创新产品。用好"直接投资、信用担保、风险补偿、科技保险、利息补贴"五大工具，实施天使投资补贴奖励及风险补偿，建立健全保险保费补贴机制，大力发展种子基金、创投基金、产业发展基金和并购基金等股权投资机构，加快创新型企业上市步伐。

集聚发展金融服务机构。积极参与国家区域性金融改革试点，加快推进第三方科技金融服务平台建设，不断汇聚银行、保险、创投、担保、租赁和科技小贷等金融机构，引进培育科技金融专营机构及专业化管理团队，促进产业与金融、科技与金融深度融合。

第九章

常州科教城：政府主导的产学研协同创新体系[*]

常州可以说是长三角地区的制造业大市和强市。在科教资源禀赋方面，常州原先的优势是基础教育和职业教育，劣势是优质高等教育资源相对缺乏。常州发展创新型经济一开始是扬其职业教育的优势，建设以高等职业教育为特色的常州大学城，其职业教育水平进入全国前列，常州大学城也成为长三角地区制造业高技能人才的基地。在此基础上，常州将大学城更名为科教城，秉持"经科教联动、产学研结合、校所企共赢"的理念，一方面吸引全国研究型大学进入科教城建创新研究院，弥补优质高等教育资源相对缺乏的劣势；另一方面激励当地企业进入科教城与大学研究院合作研发。同时加快集聚创新资源，孵化创新企业，创造了科教资源相对缺乏地区自主创新的新模式。近20年来，科教城创新型园区建设氛围日渐浓厚，鼓励创业创新的政策环境不断完善，多元创新平台建设与服务功能突出，政产学研协同创新的机制与生态更加完善，科技企业集聚孵化能力不断增强，科技企业等创新资源加快溢出和提前布局，培育机器人、人工智能、新一代信息技术等未来主导产业等对区域产业升级带动作用成效明显，科教城已经成为常州区域创新体系的强劲内核，也是苏南国家自主创新示范区核心创新园区。

---

[*] 本章数据主要来源于常州科教城网站和常州科教城管理委员会。

一、从大学城到科教城的提升

（一）以高等职业教育为特色建设常州大学城

进入21世纪，科学技术日新月异，现代制造业迅猛发展、产业结构加快升级，需要大量的高层次人才，包括大批能在一线从事生产、管理，具有扎实的基础知识和创新实践能力的高技能"银领"人才。这种介于"白领"与"蓝领"之间的"银领"，是"中国制造"的基础，更是"中国创造"的必要条件，需求量十分巨大。与此同时，江苏高等教育发展迅速。2006年9月，教育部发布《关于"十一五"期间普通高等学校设置工作的意见》。这对各地政府来说，意味着中国高等职业（以下简称高职）教育发展迎来了的时代机遇，谁能够加快在发展中调整高等教育结构，迅速形成高职教育的规模，提高水平，谁就有可能领全国之先，占领制高点。

从常州的情况来看，常州直至20世纪80年代初才开始了高等教育艰难的起步。发展高等教育需要长期的历史积淀，从常州来说，也许很难拥有像北京大学、清华大学、南京大学等一流研究型高校，但是常州的教育优势在于基础教育和职业教育。尤其是在职业教育方面，常州拥有大量的优质资源，具备了向高层次集约化发展的条件。常州在高等技术教育上闯出一条新路，占领制高点是大有可为的。

2001年9月，常州市委市政府提出了通过资源整合发挥集聚效应，建设常州大学城的构想，并着手进行前期调研和各项筹备工作，起草《常州大学城建设总体方案》（讨论稿），从发展定位、规划理念、建设体制、资金筹措、市场运作等方面，提出了"省市共建、政府主导、学校主体、统一规划、市场运作"的建设体制，提出了一系列建设的政策保证，特别是提出了开放共享的规划建设理念。2001年11月，常州市委召开扩大会议，提出建设大学城的意义不仅在于教育，还要着眼全市经济社会和城市的发展。2002年3月，江苏省政府将常州大学城建设列为2002年全省70个重点项目之一。2002年10月19日常州大学城建设隆重奠基，全国首家以高等职业教育为特色的常州大学城建设正式拉开了序幕。

常州大学城充分突出"城"的理念，打破传统建校模式，在大学城内筹划最大限度地实现各种资源的共享，不仅有城内各院校之间资源的共享，还有大学城与社区资源的共享；不仅有硬件的共享，还有软件信息的共享。同时，不断深化教育教学改革，强化学生动手能力、实践能力和创业能力的培养，为学生充分就业和创业作好准备。坚定应用型人才培养的目标，推行五种证书制度，启动建设大学城高职实训基地，突出校企互动和产学研紧密结合，着力建立与国内外高校、企业联合办学的机制。经过两年的基础设施建设和组织动员，2004年5所院校完成整体搬迁，当年9月，4万名大学生入驻大学城；教育部批准信息学院建设国家级重点软件学院，批准大学城为国家级数控实训基地和国家级汽车维修实训基地。大学城有关院校和德国、意大利、加拿大、澳大利亚、新加坡、韩国等17个国家的大学进行联合办学和教育合作。

常州大学城在园区发展目标上，提出了建设国内一流、国际先进的高职基地，建设大学科技园区（高科技创新创业园区、研发总部园区），建设国际性教育园区，发展教育培训业；实现从单一的教育功能向公共平台建设，形成教育、科技、经济、社会的综合功能转变；实现从政府、学校建设为主向政府统筹、经科教联动，学校、企业、社会共同建设转变；成为全省、全国紧缺专业技术人才和职教师资培训的基地。同时实现学校与社会共享、产学研结合、与地方经济发展互动，最大限度地提高装备、设施的利用率。以新产品、新技术、新工艺的引进吸收、研发推广、消化创新为重点，建立技术创新创业中心，为学校教师、学生及社会企业参与研发和创业创新提供物质和人才平台。

（二）从教育走向科技：建设常州科教城

2006年春，全国科技大会举行，发布《中共中央 国务院关于实施科技规划纲要 增强自主创新能力的决定》，首次提出建设创新型国家。在创建创新型国家的号召下，全国各高校、研究院所开始自觉走向经济建设主战场。对一个地区来讲，未来发展和核心竞争能力的提升，关键是提高地区创新能力。现实困境是：常州5万多家中小企业，绝大部分缺乏自主创新研发的能力，企业的科技需求十分强烈，但是常州本地科教资源相对匮乏。常州市敏锐地意识到，中央提出建设创新型国家的号召代表着我国科技创新春天的来临，极大可能是科教资源新布局的先声，抓住这个机遇将大学城转型升格，吸引科技和人才资源，是破局常州创新型经济和创新型城市建设的重大机遇。

中国共产党常州市第九届委员会第二十九次全体会议专题听取了大学城建设指挥部《关于建设常州科教城的设想》的汇报。会议决定在常州大学城的基础上，整合和集聚教育、科技、人才资源，构建开放共享的公共科技、教育和服务平台，拓展大学城功能，建设常州科教城，走经科教联动、产学研结合的创新之路。常州市委市政府这一决策得到了国家科技部、江苏省委省政府的充分肯定和支持。

2006年4月7日，常州市委市政府召开了常州科教城建设领导小组第一次全体成员会议。明确科教城建设"321计划"，即在科教城建立教育、科技和社会共享的公共教育平台、科技发展平台和社会服务平台3个平台；引进或重点建设具有较高先进水平的各类技术研发机构（或以技术开发为主的创新型企业）200家；在校学生规模（含培训学生）超过10万人。从此，科教城以全新的理念、全新的规划、全新的工作和全新的姿态迈入新的发展阶段。2006年7月6日，作为企业研发总部的第一家落户科教城的远宇科技大楼开工奠基；9月28日，南京大学常州高新技术研究院批准成立；11月6日，中国科学院与常州市人民政府共建中科院常州先进装备制造技术研发与产业化中心签约。

根据常州市委市政府要求，科教城在进一步建设好一流高职园区的基础上，将工作重点放在集聚科技、人才资源，发展科技事业上，致力于把科教城建成开放共享、集约发展、经科教联动、产学研结合的科技创新园区和人才培养基地，成为常州科技创新创业的源头之一和人才集聚基地之一，开启常州区域创新体系构建的先河。常州市委市政府对科技创新投入了更大的决心和热情，提出常州经济发展要"招商引资和科技创新"双轮驱动，出台了"金凤凰高层次人才引进计划的实施意见"等一系列扶持创新创业的政策和举措，反复强调和突出科技创新的重要性和紧迫性。常州历届市委市政府领导多次带领企业出访，转辗大江南北、长城内外，对接知名高校科研院所，节奏之快、热情之高、成果之丰前所未有。在基础设施建设方面，圆满完成一期115万平方米建设工程；适时调整了二期规划，调出250亩土地作为科技启动区；在江苏省政府支持下向东规划建设科教城三期国际科技创新园区。招商孵化方面，中国科学院36家研究所和40所著名高校进驻科教城举办先进技术成果展示会和共建合作机构；中科院常州先进制造技术研发与产业化中心，南京大学、东南大学、大连理工大学、西安交通大学、中国科学技术大学等高校研究院以及北大众志等60多个国内科研机构、高校、高科技企业的研发中心和总部落户科教城。在成果转化方面，集聚了中国技术交易所成果转化与技术交易平台、全国高校科技成果转移转化基地、江苏省技术转移（常州大学）研究院等技术转移服务机构20家，技术合同成交额近8亿元。经过持续推动，科教城打造的覆盖"人才培养—创新研发—转化孵化—产业育成"的科技创新链条，实现从"0—1—N"的创新过程的科教新城建设已初现雏形，在已建成区内（一期二期），坚持"原貌升级、功能提升"原则，打造智力资源高度集聚的教育培训板块和创新研发板块；在正在建设区（三期），坚持"要素流通、开放包容"原则，打造创业服务高度完善、全球创新资源链接高度频繁的国际创业加速板块；在东部拓展区，坚持"以绿引人、以城留人、以人聚产"原则，打造产业高度集聚、新经济爆发增长、空间与服务互联共享的产城创融合板块，奠定和拓展了常州科教城新的跨越式发展的宏伟蓝图。

在科教城的建设实践中，政府主导因素贯穿常州科教城产学研合作的全过程，表现为：政府牵头招商引智，政府主导搭建产学研合作平台和构建"研究院—孵化器—创业园"三位一体的协同创新机制等。这种政产学研协同创新模式取得成功的主要特色或经验是强政府与强市场的协同，政府对经济的强力推进不影响市场作用的发挥。

在推动产学研协同创新中，常州市政府发挥苏南模式的优势，以规划、政策和资金投入引导等多种方式，强力建设科教城这一综合性载体平台，服务和推进区域科技创新，同时也充分发挥企业在技术创新中的主体作用。常州由政府推动建设科教城，研究院、孵化器、创业园三位一体，大学研究院和企业合作共赢，科技创新同产业创新互动推进，在科教资源相对缺乏地区率先建成科教城这一区域创新内核。

二、政府主导的产学研协同

现代科技进步背景下的创新驱动，需要大学、科研机构作为知识创新主体同企业技术创新主体的协同创新。这就是产学研协同创新。科研院所与高等学校必须面向经济发展，加速科研成果的转化和推广，以科技引导和支撑经济加速、健康发展。经济发展又要求企业依靠科技进步和技术创新，适应市场竞争，追求尽可能大的经济效益。科技创新与经济发展一方面推动高校科研单位与企业合作，促进科研人员与经济结合；另一方面也迫使企业主动与高校科研单位"联姻"，实现自身发展。企业与高校科研单位互为需求、优势互补，为解决科技与经济结合、科技为经济建设服务、科技引导经济发展找到了有效途径。

常州科教城产学研协同创新体系的形成很大程度上是政府主导的，被称为政产学研协同创新模式，体现了强政府与强市场的协同。在推动产学研协同创新中，常州市政府发挥苏南模式的优势，以规划、政策和资金投入引导等多种方式，强力建设科教城这一综合性载体平台，服务和推进区域科技创新，同时也充分发挥企业在技术创新中的主体作用。发挥政府在产学研合作中的主引导作用，促进产学研合作，这不仅是适应常州市经济发展的需要，而且对进一步推动科技创新、产业结构的调整，探索新形势下科技与经济结合的有效途径具有重要的现实意义。

常州市政府引导的对象是作为知识创新主体的大学和作为技术创新主体的企业，不仅是将大学研究机构和企业均引入产学研合作平台，还要将进入平台的大学和企业有效对接，形成通畅的研发和成果转化机制。其政策目标就是真正体现"产学研结合，院所企共赢"。

（一）政府牵头招科引知

产学研创新的核心在于为创新提供所需的人力资源。常州的科教资源相对稀缺，市内没有知名的大学和科研机构，只有四所本科院校和五所高职院校，在这种资源禀赋环境下，常州市委市政府拿出了当年招商引资的劲头，开展多种方式的招科引知工作。2006年1月至2009年6月，常州市委书记亲自带队10次拜访中国科学院、24次组织"党政企业代表团院校行"，参访中国科学院、北京大学、清华大学、南京大学等47家院校和科研机构，仅2008年就开展各类产学研专题对接活动65场次，引进各类科研机构、高科技企业和科技中介服务机构82家，签订正式合同270项，意向合同500项。同时，产学研活动还向国际拓展，面向欧美、日韩、俄罗斯等国家和地区拓展科技合作渠道，建成中俄科技合作创业园、博恩国际技术转移中心和国际知识产权交易中心等一批基地和机构。从2006年开始，每年在常州科教城举办"中国常州先进制造技术成果展示洽谈会"，以此为平台，引进国际项目、成果和研发机构。

常州市委市政府对进入常州科教城的大学和科学院的研究院不仅提供研发场所，还提供研发的引导资金。允许进驻的研究院注册为事业法人单位，在独立核算的基础上既可独立自主地开展研发活动，又可合法地获得政府资金支持。所有这些政府引导措施，不仅增强了对大学和科学院的吸引力，而且大大增强了进入常州的大学研究院面向市场的研发能力。通过引进外地科研机构在常州落户、建立科教城、鼓励企业与科研机构和大学等结合，利用研究机构与大学优势科研力量相结合，按照"经科教联动、产学研结合、校所企共赢"的发展目标，积极引进、整合、运用科教资源，构筑起柔性灵活、多元迸发、机制全新的科技创新平台，走出了一条具有常州特色的政府主导的科学创新模式。经过几年的努力，常州取得了较为有效的成果：构建了一个具有内生的含有关系根植性、结构根植性的网络环境系统；形成了强大的区域知识和科技创新能力；利用常州区域经济发达、区域位置优越、居于长江三角洲腹地和其所生产的产品国内外市场需求巨大等优势，在竞争中加强或新形成了机器人、涂料、轨道交通、新能源、电子通信设备制造、生物医药等10大产业集群。

（二）政府主导搭建产学研合作载体（平台）

为了吸引科技项目和科技人才落户常州，政府为产学研合作搭建创新平台，建好创新要素集聚的载体。在机器人、先进装备、电子信息、人工智能等领域合建一批研发机构；支持一批具有较强国际竞争力的企业到国外设立研发机构，充分利用国际创新资源。常州科教城着力打造四大平台建设。

1. 抓技术研发平台建设

中国科学院的院所以及清华大学、北京大学、南京大学、东南大学、哈尔滨工业大学、大连理工大学、湖南大学等在科教城设立了42家研究院（所）、中试基地、工程技术中心和开放实验室。江苏远宇电子集团等企业在科教城建立了研发总部、研发中心。园区还建立了现代设计与制造中心等科技资源共享平台。南京大学常州高新技术研究院按照"研在南大，发在常州"的思路，不断学习、借鉴清华深圳研究院那种"四不像"的发展理念，雏形初现，前景广阔。目前已建成"机电控制、新材料、新能源、生物医药、软件新技术"等5个开放实验室和15个校企联合实验室，获得江苏省科技厅立项支持建设"江苏省常州工控软件与智能监控技术服务中心"，与常州合作企业已有50余家，在科教城孵化高科技企业8家。北京大学在科教城建立了北大众志CPU研发和产业化基地，清华大学建立了节能和新能源汽车中试基地，哈尔滨工业大学建立了机器人研发中心，大连理工大学建立了工程机械设计和研发中心，等等。目前，入驻的研发机构加上园区高校，在精密加工和检测、自动化、机器人、电动汽车、高分子材料、精细化工等领域有较强的研发力量。常州大学（原江苏工业学院）还获得了2006年度国家科技进步二等奖、2008年国家技术发明二等奖各1项。

2. 加快科技成果转移平台建设

加快建设常州技术产权交易中心和高新区国际技术转移中心，引进国内外先进技术成果。通过创新平台建设，开发具有自主知识产权的重大创新成果。实践证明，科技创新平台是推动高新技术产业化的有效组织形式。常州把科技创新平台作为科技成果转化的有效载体和科技人才创业的战略基地，充分发挥政府科技投入的杠杆作用，通过创业中心数量的扩张和素质的提升，创建更多的社会资本流向创业企业的机制，在更大更广阔的空间上为科技成果转化和科技人才创业创造良好的环境和条件，加速实现本地区创新资源优势向经济优势的转化。以大学科技园、省技术转移研究院（常州大学）等为主要载体的创新服务平台，在专利代理、技术产权交易、共性关键技术攻关等方面发挥了不可替代的作用，共为企业创新提供了3 000多项专业科技服务。全面整合社会闲置资本资源，发展各种产权组织形式的综合孵化器、专业孵化器等科技创业孵化组织。

3. 抓好国际科技合作平台建设

建设中以研究院大楼，构建对以色列合作新网络，争取到中以创新园在科教城落户。依托中德创新园，全力推进与德国巴登－符腾堡州在教育培训、产业升级等层面的合作；建设中德产业创新与合作中心，中德职业教育与科技创新服务中心。德国弗劳恩霍夫技术展示转化基地、卡尔斯鲁厄理工学院技转中心等机构入驻，与博世力士乐合作打造国内首条充电桩自动化生产线。开展企业"引进来"和"走出去"，引进美国康宁公司，合作共建康宁微通道反应器业务全球总部。支持美淼环保、高尔登科技、绿尚科技等本地企业深耕欧美市场。举办"一带一路"产教融合创新国际高峰论坛、跨国技术转移大会、亚太经济合作组织智慧城市与产业科技合作论坛、中英合作国际对接会等活动，积极对接国际优质创新资源，促进技术进步和产业升级。

4. 抓好现代服务业平台

常州科教城引进和建设了美国爱涛（ITALKBB）呼叫中心以及中国佰腾网、长城天禄创投等23家从事服务外包、软件、专利服务、金融服务的现代服务业企业。它们既为企业的技术创新插上翅膀，同时自身也是技术创新的生力军。

政府通过为产学研合作搭建平台，充分发挥了产学研合作对常州市经济的聚集、辐射和带动作用。重点建设创新科技园、大学科技园、技术转移中心、国际联合研发中心等应用技术研发和科技成果转化基地，吸引国内外一流的高等院校、科研院所、企业来常州设立研发机构，吸纳国内外顶尖人才来园区开展研发和成果转化工作，更好地发挥了院地合作平台的技术转移、技术保姆、孵化企业和培育产业的四大功能。通过园区的辐射作用，推动了常州市企业的产学研合作创新，带动了常州市产业升级和核心竞争力的提高。

（三）着力打造"研究院—孵化器—创业园"三位一体的创新机制

常州政府以科教城基本平台吸引大学到此建设各种类型的研究院，引导企业进入科教城与研究院共建科技成果转化孵化器，并在科教城建立高新技术产业化的创业园。这样，在科教城形成研究院—孵化器—创业园三个环节相辅相成的三位一体科技创新机制，由此产生创新的集群效应。这体现了地方政府运用行政权力和资源集中推动科技创新的优势。

1. 科教城研究院

科教城作为常州市技术研发、技术转移、资源共享、孵化企业的综合性创新平台，对提升科技综合竞争能力具有非常重要的意义。按照"经科教联动，产学研结合，校所企共赢"宗旨，以中国科学院常州中心为核心，联合国内大院大所大学，强化科教城技术转移、人才积聚、技术研发、国际合作、科技创业和现代服务等六大中心建设。促进科技与教育资源有机整合，在科教城建立教育、科技和社会共享的公共教育平台、科技发展平台和社会服务平台。建立科技教育和产业的创新联盟，加强与国内外高校、科研院所的产学研对接活动；制定引进研发机构、科技服务机构和企业集团（研发）总部的政策，大力引进名校、名院、名所和名企。努力使科教城成为国内一流、国际先进的国家级示范性高等职业教育园区和常州高科技产业发展、科技创新、成果转化的集聚区。

重点建设好中国科学院常州先进制造技术研发和产业化中心、现代设计与制造中心、南京大学和东南大学常州研究院、江苏省轨道交通研究院等研发机构，使科教城成为常州市高科技研究中心；加紧实施"金凤凰计划"，吸引更多国内外高层次研发人才汇集科教城，使科教城成为常州市高科技人才集聚中心；建设高水平大学科技园等高科技企业的孵化器，使科教城成为常州市创新创业中心；推进科教城建设，加快建成国际产学研合作基地特别是中俄经济科技合作示范基地，使科教城成为国际科技合作中心。

在科教城引入稀缺科教资源和人才资源的过程中，常州市并不是盲目接受，而是经过自身甄别，有选择有计划地引入各种科教资源，形成了独具风格的常州科技特色，我们可以简单地将这种特色概括为"一高一低，相辅相成"。一方面，常州市着力引入国内最顶尖的高等院校和科研机构的科研资源，如中国科学院、清华大学、北京大学、南京大学、哈尔滨工业大学等科研机构和高等院校纷纷在常州市设立科研单位，呈现出"常州无名校，名校汇常州"的崭新局面。通过这种方式，有效地加速推动了国内最顶尖的科技人才和科研成果这两项稀缺资源向常州市的聚集，奠定了产学研创新机制和科技成果产业化的基石。另一方面，常州市集中资源建立健全一套完善的职业教育和技能教育体系，为高科技创新成果实现产业化储备了雄厚的高素质劳动力资源。常州科教城独具特色的"一高一低"，准确地抓住了现代产学研创新活动的两个核心环节，既要为加速产学研创新引入一流科技人才，又要为产学研创新成果的产业化储备高素质的劳动力资源。

2. 高新技术孵化器

所谓孵化器，是指将技术资源、人才资源、基础设施和金融资本结合在一起，为有才干的企业家从零开始创业提供发展环境的一种方式。以大学及科研机构的科研成果为基础的孵化器，借助自身其他优良条件，如学科交叉所形成的人才聚集效应，为企业提供共享的平台，往往能够成为培育企业并创造科技价值的成功商业模式。孵化器作为科教城产学研创新机制中将科技创新成果转化为产品的重要环节，在整个产学研创新机制中起着承上启下的关键作用。

科教城的科技产业孵化器大多是带有政府扶助性质的半市场化主体，最典型的代表就是各种高新技术创业服务中心。这种孵化器不是以营利为目的的企业，而是为实现科技创新成果产业化提供各种服务和支持的资源整合平台。这种孵化器的存在，一方面成为科研基地和产业化企业之间的桥梁，极大降低了科技创新成果产业化的交易成本和风险；另一方面也是政府主导产学研创新机制的着力点。暂时不成熟的创业项目可以在孵化器中享受各种政策支持和服务，最大效率地整合各种资源，待项目成熟，成功打开市场后，这些企业可以脱离孵化器独立进行市场化运作。

产学研创新体制中政府对高科技成果产业化、市场化的各种帮扶政策和措施，可以通过孵化器得到有效的实施，这样既有效地扶持了高科技成果产业化的进程，又最大限度地避免了政府对科技企业市场独立性的干扰。

3. 高新技术产业化的创业园

在科教城内、外设置创业园作为常州不同类别高新技术产业的集聚地，这里分别集中了常州市大量高新技术企业和各种高新技术产业基地，也是为国内高科技人才和海外留学人员创业而设立的专业性产业转化园区。创业园区通过技术与资金的有效嫁接成功地实现了资源整合，持续吸引众多海内外高科技人才在此创业，促进了国内外先进技术、管理经验与常州市本地资源的有效结合。创业园中的高科技企业市场化运作，享受税收、人才引进等方面的优惠政策，同时具有统一的创业平台整合各种资源。常州市创业园一方面加大了当地对海内外高科技人才的吸引力度，为高科技人才创业提供了良好的环境；另一方面有效地培育了市场环境下的科技创新主体，充分实现了将科教城相对成熟的创新资源、已孵化科研成果产业化和市场化。同时，政府部门从加强产业规划、项目育引等方面入手，积极对接科教城孵化成果，择优培育各种特色产业基地，进行上、下游产业配套，拉长和增粗产业链，充分发挥产业的集聚效应。

政府主导下的研究院—孵化器—创业园"三位一体"的科技创新机制是常州依托科教城推进区域创新模式取得成功的关键，常州市独创性的"三位一体"科技创新机制，既体现了地方政府运用行政权力和资源推动科技创新的优势，又保证了高科技企业作为市场化主体的决策独立性；既充分发挥了科研人员、政府公务员和企业创业者的主观能动性，又完全遵循科技创新活动的客观规律性。政府的主导是整个产学研创新机制的核心和驱动力，其影响和推动力贯穿整个产学研创新体制的各个环节。而科教城—孵化器—创业园三个环节相辅相成，顺序展开，使得产学研创新及其产业化活动得以有效开展，围绕创新链部署产业链，加强了创新链、产业链和人才链的贯通融合，使得常州区域创新体系构建取得丰硕成果，实现了高科技创新成果和高科技企业效益的双丰收，推动了常州创新型经济的大发展。

（四）案例：对常州铭赛机器人科技公司的分析

常州铭赛机器人科技有限公司的成功创立与运营是政府主导产学研协同创新企业孵化的成功典型。

常州铭赛机器人科技有限公司（以下简称公司）是由哈尔滨工业大学参股，依托机器人技术与系统国家重点实验室（哈尔滨工业大学）的重要科研成果转化基地。公司地处常州科教城，旗下全资子公司——哈尔滨铭赛科技有限责任公司作为技术预研基地，承担和参与了多项国家级项目。公司依托机器人技术与系统国家重点实验室（哈尔滨工业大学机器人研究所）20多年来的机器人技术研发经验，创建了哈尔滨工业大学机器人研究所、哈尔滨工业大学常州机器人研发中心、哈尔滨铭赛全资子公司，为产品提供了强大的技术支撑。在强大技术实力的支撑下，公司主要为电声、电子、光伏、半导体、仪器仪表、汽车、锻压等行业提供工业机器人、精密自动化装备和全套自动化技术解决方案。立足工业机器人及自动化装备的生产，利用自动化装备来代替传统的劳动密集型制造模式及在电声、电子、电机、IC制造、MEMS制造等领域开发自动化装备是战略发展方向。

哈尔滨工业大学机器人研究所1986年成立，2007年被确定为机器人技术与系统国家重点实验室，是国家"863计划""211工程""985工程"重大装备制造技术与系统科技创新平台等一类重点建设实验室，与美国、日本、德国等国家建立了广泛的学术交流与合作关系。可见，哈尔滨工业大学机器人研究所的技术实力是非常强劲的。凭借这种技术优势，公司在产品创新和研发方面形成了巨大的优势。哈尔滨工业大学机器人研究所在机器人研究领域一直名列前茅，建树颇多，形成了很多杰出的研究成果。但这类研究机构往往在研制出先进技术后，缺乏产业资本的支持，也没有寻找具有发展潜力的市场和开创企业的经验或能力，这就导致一些先进的技术并不能转化为产品进入市场，这对我国的经济发展是一种巨大的损失。哈尔滨工业大学机器人项目最终落户常州，与常州市委市政府积极寻求外部科教资源的努力是密切相关的。在常州市委市政府的努力下，哈尔滨工业大学最终以技术参股，常州市有关方面出资出力，并引入了风险投资资本，在常州科教城共同组建了常州铭赛机器人科技有限公司和哈尔滨工业大学常州机器人研发中心。常州铭赛机器人科技有限公司主要通过吸收、运用哈尔滨工业大学机器人研究所的核心技术，将其转化为高质量的产品，投向市场，最终产生经济效益。哈尔滨工业大学常州机器人研发中心则主要在技术向现实产能转化的过程中给予指导与支持，并积累技术现实运用的经验，以此为技术的进一步改善或研发提供支持。由于哈尔滨工业大学机器人研究所与常州市在要素禀赋上是互补的，双方存在很大的合作空间，哈尔滨工业大学机器人研究所提供技术，常州市方面提供支持资金，最终使铭赛机器人科技有限公司在常州落户。

常州铭赛机器人科技有限公司自 2008 年 4 月 11 日正式运行以来，在公司资本、人员、办公环境、市场开拓等方面取得了快速稳步发展，并建立了工业机器人和精密自动化装备的产品研发和生产制造基地。公司通过顺利吸收哈尔滨工业大学机器人研究所的核心技术，并凭借其在机构设计、仿真设计、运动控制、电机驱动、机器视觉和传感采集等基础技术领域的优势，能制造出面向亚毫米级微小零件装配、面向真空和高温等极端复杂环境的各类工业机器人，产品广泛应用于电声、电子、光伏、半导体、仪器仪表以及锻压等行业。

在形成经济效益后，铭赛机器人科技有限公司不忘创新是根本出路，只有不断地进行研发和创新，才能保持竞争优势。因此，一方面，公司在生产过程中不断改进、改良技术，优化生产工艺，提高产品质量，以此促进生产效率的提升；另一方面，不断增加投入，进行新技术和新产品的研发。目前，公司正计划研制扬声器支架的自动化装配设备、磁路自动化封装设备、光伏电池组件自动装配系统等新项目和新产品。若研发成功，能为公司带来更大的经济效益。可见，公司正在步入技术—产品—研发—新技术—新产品的良性循环之中。

常州铭赛机器人科技有限公司的成功创建与常州市政府的努力密不可分，常州市政府引进先进的科学技术，并为先进的科研机构在常州科教城落户提供资金支持、政策支持和高素质的人力资源支持，推动了常州市产学研深度协同，培育了新市场主体，成功孵化和带动了具有先进技术的机器人产业成长，促进了常州经济创新转型和产业结构升级。

三、常州科教城建设成效

常州科教城建设创造了发展创新型经济的特色，即依托教育链部署创新链，围绕创新链布局产业链，强化企业技术创新主体地位，促进成果转化，实现科教创新与经济社会发展的积极互动，带动提高城市区域的自主创新、人才育引和产业成长能力。

常州科教城长期坚持"以科技创新为引领、以产业培育为导向"的经科教联动发展之路，积极营造氛围、创新政策、搭建平台、完善政产学研协同机制、集聚和孵化企业、促进创新成果溢出，有效促进了区域产业升级。经过多年的培育和实践，一个以政府为主导、市场为主体、产学研合作为基础的具有常州地方特色的区域创新体系内核基本形成，科教融合、产教融合态势显著增强，辐射全市的"创新之核"的极核功能日益凸显。

常州通过大力宣扬以"敢于冒险、敢为人先、宽容失败、开放包容、崇尚竞争"为主要内容的创新精神，在园区营造了敢于创新、尊重创新、激励创新的文化氛围，着力使勇于探索、敢闯敢干内化为园区各类创新创业人才的心理素质和品格特征。"创新是园区发展的灵魂""创新是企业发展的不竭动力"等观念已经成为共识。加强创新体系和创新环境建设、加快创新步伐、加快招才引智、集聚创新人才，这些都已经成为园区上下自觉努力的方向，创新型园区建设氛围不断得到提升。

（一）鼓励创业创新政策环境不断完善

2006年，在落实好《国务院关于印发实施〈国家中长期科学和技术发展规划纲要（2006—2020年）若干配套政策〉的通知》以及江苏省政府出台的50条力促科技创新企业发展政策的基础上，常州市委市政府结合本地实际制定了鼓励创新的40条实施意见，出台了《关于进一步加快软件园发展的若干政策意见》《常州市千名海外人才集聚工程实施意见》等一批科技政策文件以及相关配套办法。各有关部门专门制定了27条具体操作细则，涵盖产学研合作项目经费补助、新建国家及省以上科技创新平台资助奖励办法等内容，为科技创新创业营造了良好的政策环境。

常州根据科教城实际情况，对管委会机关、直属事业单位和国有企业进行机构整合、职能优化等改革，构建"一委三中心一平台"组织体系，全面推进政事分开、政企分开、事企分开，推动重心下移、事权下放、人员下沉。全面优化科教城创新创业环境，围绕人才引育、平台建设、企业培育等方面营造良好的政策环境。在人才引育方面，实施"高层次人才双岗互聘计划"，引导高校、科研院所、高科技企业人才合理有序流动，实施"金凤凰"人才计划，支撑高层次人才落户园区创新创业；在平台建设方面，对省级以上新型研发机构给予地方配套支持，对促进产学研合作的研发机构给予奖励；在企业培育方面，实施了企业"双百行动"计划、高企奖励办法、企业挂牌上市等支持政策，在企业晋级规上、申报高企、专精特新、股改上市等方面给予有力支持。围绕科技服务、金融服务、创业服务等方面建设科教城公共服务中心，推进智慧园区建设，开展营销"安琪下午茶"、金融"天使下午茶"、政务服务"半月下午茶"活动，帮助企业解决实际问题，努力创成园区服务的靓丽品牌，营造良好的政务环境；规划建设人才公寓和配套设施，让各类人才在园区安居乐业，营造良好的生活环境；通过全域增绿、柔性治水、人造景观等方式，推进园区景观美化绿化，营造良好的生态环境。

（二）创新平台建设与服务功能突出

按照"面向未来，发挥优势，有限目标，重点跨越"的思路，科教城坚持以应用研究与市场集成为基点，将科技创新与产业创新有效对接。突出公共研发平台高端化，积极发展平台型科技服务，在更高层次上为产学研用协同创新注入动力。科教城与中国科学院联手组建了先进制造技术研发与产业化中心及其12个分中心，南京大学常州高新技术研究院等10余个实验室均已投入运行，园区创成常州首个省属科研机构——江苏中科智能科学技术应用研究院，常州先进制造技术研究所、南京大学常州高新技术研究院、北京化工大学常州先进材料研究院入列江苏省产业技术研究院，机械科学研究总院江苏分院、大连理工大学常州研究院、常州湖南大学机械装备研究院、常州光电技术研究所、常州数控技术研究所等10个单位先后创成江苏省产学研联合重大创新载体；全国首个知识产权保护中心——中国（常州·机器人及智能硬件）知识产权保护中心正式批复运行；联想控股联泓（江苏）新材料研究院快速发展；2018年江苏省新型研发机构奖的前11家机构中，常州占有6席，均位于常州科教城。

科教城起于教育，兴于研发，成于产业。孵化园区担负着聚集创新资源、培育新兴产业、实现跨越发展的使命，面向科技革命和产业变革孕育突破，紧紧扭住产学研用结合和市场配置创新资源这两个根本，聚焦"制造智能化、制造服务化、市场平台化、市场电商化"，勇担探索实践现代化经济体系的重任，以"高科技+新产业"企业集群为重点,一手抓领航企业和领军团队,一手抓链上企业和初创团队,加快做大做强做优科技公司,大力推进科技服务向研发经济升级,凝心聚力主攻招科引智突破,以智能数字产业园、中德创新园区、江苏省互联网产业园建设为主要抓手,招引培育具有高端产品和核心技术的高科技公司,形成立体的多重交织的产业链环,增强载体带动效应。园区平均月营业收入从2012年的1亿元,增加到2020年的18亿元;与中国移动江苏公司共建移动通信互联产业园,与电子科技大学签约共建"成电—常州未来通信创新中心",与江苏电信全面合作打造科教城5G试点示范区。天正股份由归国博士创立,两年时间通过技术集成、兼并重组、远程诊断和平台运作等,快速成长为华东地区最大的中低功率激光加工一体化解决方案供应商,开创了行业内唯一的"工业物联网+生产力征信"模式,为中小微企业和金融机构架设沟通桥梁,迄今为止帮助工业中小微客户融资超过8亿元。纳恩博公司入驻园区后,实现了"从0到1"的嬗变,成功引入小米、英特尔公司战略投资,荣登"2015年福布斯中国成长最快科技公司"榜首。佰腾科技公司在全国率先开发并上线"专利巴巴",业已成为国内知识产权一体化在线运营商的龙头企业。

(三) 政产学研合作创新的机制与生态更加完善

常州针对本地企业日益增长的创新需求,积极组织开展产学研对接活动。科教城通过常态化举办产学研活动,签订合作项目,引进研发机构和可供转化的科技成果。主要探索建立了三种合作机制:一是与重点院校的战略合作机制。科教城与中国科学院、北京大学、清华大学、南京大学、东南大学等大院大所大学签订全面合作协议,合作共建研发机构。二是企业与高校院所的长效合作机制。科教城企业承担的省级以上科技项目,全部拥有产学研合作背景。企业通过与院校对接,承接实施了一批高水平的科技项目。三是多元化的国际科技合作机制。探索建立面向欧美、日韩、俄罗斯等技术发达及先进国家和地区的合作渠道,中俄科技合作创业园、国际知识产权交易中心、中德创新园、中以创新园等一批基地和机构正在稳步推进。

从2013年起,科教城用生态理念来统合观念与认知。以"人人参与、人人尽力、人人享有"为中心,让人才成为主体与客体协调发展的自觉践行者,汇众智,集众力,既鼓励有理想的年轻人,特别是具有一技之长的大学生进入载体和平台,营造大众创业、万众创新的生动局面;又支持有才能和敏锐性的创业家,通过专业化公共服务,发展高科技新兴公司。积极引进和深化科技金融、市场营销、人力资源、知识产权以及公共管理、创业辅导等要素与服务,为创业者提供必要的条件和支撑。组织制定《常州科教城关于聚力创新加快建设苏南国家自主创新示范区创新核心区的实施意见》；统筹指导园区教育、科技、产业发展，突出人工智能前沿技术进行全面布局，出台《常州科教城关于加快人工智能产业发展的若干意见》，突出高尖项目精准招引，突出骨干企业领航发展，创新型科技企业集群呈现蓬勃崛起势头；修订出台了《常州市科教城鼓励争创国家高新技术企业奖励办法》等政策文件，在更高层次把园区推向高质量发展。加大金融支持实体经济的力度。大力推进政银企合作，出台《科教城管委会工商银行常州分行关于共同推进科技创新创业金融合作的实施意见》，制定并印发了《常州科教城加快企业发展双百行动计划》，建立了园区优质企业库。加快推广中国工商银行"小微贷"，同时深化与江苏银行、江南银行等的合作，推广"苏科贷"及"人才贷"等金融产品。努力探索契合科技创新的金融生态系统，着力破解实体经济、科技创新、人才创业的金融"瓶颈"。

（四）科技企业集聚孵化能力不断增强

依托完备的创新创业生态，科教城通过转化院所科技成果、孵化科技型企业、引入创新人才项目的方式，累计集聚了 3 000 余家科技企业。常州先进制造技术研究所、大连理工大学常州研究院等公共研发平台持续推动高端技术在本地的产业化，孵化出微传智能科技、强力电子、易控汽车电子、靶标生物等 200 余家科技型企业；国家大学科技园、国际创新基地等创业载体孵化出小飞猪网络、精拓机器人、龙道电子等 400 余家创业企业；瞄准前沿产业，引入了高凯精密机械、高尔登、罗盘星等 500 余家企业。科教城涌现出纳恩博、邀博、铭赛、苏文电力、中瑞电子、博睿康、天正股份、冰鉴信息、明月软件等一批机器人、人工智能、工业互联网、金融科技等前沿产业领域的企业，初步形成了"初创企业—高新技术企业—瞪羚型企业—领军企业—独角兽企业"的企业梯队，其中苏南国家自主创新示范区有瞪羚企业 8 家、独角兽企业 3 家、上市挂牌和股改企业 20 家，孵化培育了苏文电力、强力电子、纳恩博科技、联泓新材料、易电行等企业上市，铭赛科技、易肌雪、中科朗恩斯、泰瑞斯特、易控点子等企业新三板挂牌。2020 年科教城实现营业收入近 300 亿元，是 2006 年营收金额的 10 倍，较"十二五"期末增长 387.5%。

（五）科技企业等创新资源不断溢出

常州科教城是苏南地区重要的创新资源集聚区，汇聚了众多研发智力资源，面向全市输送了300多家高科技企业，成为全市产业升级发展的重要动力源泉。形成了公共研发机构集群，集聚了技术服务型、应用研发型等42家公共研发平台，其中省级创新中心1家、省产研院专业所3家、省级重大创新载体7个，为常州及周边区域企业提供技术创新服务。集聚了一批技术型和技能型人才，科教城拥有在校生7.8万余人，园区科技人才总数累计达2.1万人，其中国家级人才70人，江苏省级人才80人，海归创新创业团队489个，为地区经济发展提供了强有力的人才支撑。积累了一批顶尖技术创新成果，2020年科教城新增授权专利2 700件，大幅提升了全市的科技创新水平。

科技服务赋能产业方面，围绕"技术开发—小试中试—产业化"的技术生命周期，科教城在合作研发、检验检测、知识产权、技术转移等领域集聚了120余家初具规模、拥有发展潜力的服务机构，占全市的30%以上，形成了包括常州先进制造技术研究所、中国（常州·机器人及智能硬件）知识产权保护中心（全国首家）、常州大学技术转移中心等在内的知名服务机构集群，集聚专职科技服务人员700余人，服务企业超2.6万家次。依托常州大学技术转移中心、大学仕、佰腾科技、天正股份等服务机构，探索形成了"技术供需对接"众包服务、"云端+线下"的专利大数据云平台、基于工业企业生产数据的信贷服务等新型服务模式。佰腾科技被商务部办公厅授予"在2019—2020年度承担商务部应对贸易摩擦工作站"的职责，为常州乃至全国范围内涉美337案件的企业提供公共服务。

（六）布局和重点培育未来主导产业

常州立足科教城创新资源及产业基础，紧抓新一轮产业智能化发展趋势，面向常州国际智造名城产业升级方向，布局发展机器人、人工智能、新一代信息技术等三大主导产业，培育高成长企业集群。

1. 机器人产业

根据科教城及周边园区机器人产业市场需求，常州全力支持纳恩博、深兰亚太中心以及高凯、铭赛二期总部等加快建设，做优做强机器人产业。一是以常州先进制造技术研究所、常州数控技术研究所等科研院所为平台，围绕产业链引进项目和团队，突破深度学习算法、图像识别算法、视觉系统、人机交互系统等关键技术，重点发展高精度减速器、高性能专用伺服电机、开放式结构控制器、末端执行器等，着力推进机器人关键零部件领域；二是以机械科学研究总院江苏分院、江苏微纳激光应用技术研究院、大连理工大学江苏研究院等为创新源，依托常州检验检测标准认证研究院，深入推进激光微加工、微通道反应器、微马达、柔性制造、精密刀具、高性能复合材料等方面的技术研发和产业化进程，培育智能制造产业化项目，夯实机器人产业的制造基础终端应用领域发展。

2. 人工智能产业

把人工智能作为常州科教城高质量发展的助推器，依托江苏中科智能科学技术研究院、常州光电技术研究所、北京航空航天大学常州智能物联创新中心等科研院所、深兰人工智能研究院，以及博睿康、百分点、国科智算等领军企业，重点发展交互设备等基础设施领域，推动机器学习、自然语言处理、图像识别等领域关键技术研发，推动"AI＋N"跨界融合创新。联合本地人工智能领军企业及相关科研院所，打造"AI＋"应用场景，重点围绕生物特征识别、3D视觉、视频理解等新技术领域开展技术应用，探索图像搜索、视频摘要等技术领域的典型应用。

3. 新一代信息技术产业

以推动常州制造业转型升级为导向，依托北京邮电大学新一代信息技术研究院、西安交通大学常州集成电路与智能技术研究院、常州市工业互联网研究院等高端创新平台，支持国创新能源、三艾网络、青之峰、国科微等领军企业发展壮大，推进大数据、云计算、集成电路芯片、工业互联网、5G移动通信网络、物联网和空间信息网络等领域的技术研发和推广应用。

2006年以来，常州科教城大力弘扬"科技长征"精神，面向科技革命和产业变革孕育突破，坚持系统化思维、高质量发展，加快政产学研协同推进区域创新，先后获得省部级、国家级荣誉数十项，成为区域创新带动功能突出的科教园区发展样板。仅仅在"十三五"时期，2016年园区荣获科技部"创新人才培养示范基地"，2017年获评"苏南国家自主创新示范区优秀科技园区"，2018年获评江苏省知识产权服务业集聚区，被省委省政府授予"为江苏改革开放作出突出贡献的先进集体"称号，2019年荣膺中国创新园区TOP10第一名，中德创新园区成为江苏省唯一入选的全国12个中欧城镇化合作重点支持项目，中以产业园创新体系建设方案获科技部批复和江苏省政府政策支持，2020年获批国家高等学校科技成果转化和技术转移基地、江苏省生产性服务业集聚示范区。科教城产学研协同创新示范和持续极核作用有力地促进了常州创新型城市建设，常州市连续被评为全国科技进步先进城市，全社会R&D支出占GDP的比重保持江苏省内领先，科技进步统计监测综合评价得分也多年在江苏省内城市中名列前茅。2020年常州国家创新型城市创新能力指数列全国第16位、地级市第3位。

四、新发展阶段做强区域创新内核

常州由政府推动建设科教城,研究院、孵化器、创业园三位一体,大学研究院和企业合作共赢,科技创新同产业创新互动推进,在科教资源相对缺乏地区率先建成科教城这一区域创新内核。进入新阶段,要适应科技发展前沿和区域竞争的发展新态势,常州科教城需要更进一步布局建设具有强大创新带动作用的大科学装置,更充分重视创建具有强烈示范效应的国家级创新基地等高端平台,更有效探索、创新科教城招商引智新方法和开拓国际创新协同的新渠道、新机制,来保持和显著增强区域创新体系内核,提升"创新之核"的创新资源富集度、创新能量级及其辐射带动效能。

(一)高标准布局"智能制造龙城实验室",发挥大科学装置创新带动作用

随着与前沿科学探索相对应的科学城建设走向"重型化",规划建设有"大科学装置"的"重装科学城"是目前科学中心城市建设的重要特点之一。从周边情况来看,南京打造紫金山实验室,深化创新名城建设;苏州大力建设姑苏实验室和发展太湖科学城;无锡吹响"建设太湖湾科技创新带"号角的同时积极筹建太湖实验室,大科学装置的创新功能逐步成为承载发展要素、带动区域经济快速增长以及参与合作与竞争的"先手棋"。在常州科教城高标准研究建设"智能制造龙城实验室",重点支持智能制造领域顶尖科研团队和重大基础研究项目,争取国家重大科技基础设施建设布局,支持园区高校和引进的数十家公共研发机构与企业开展深度合作,重点提升产业应用技术研发水平,以提质增效、支持新建等方式提升公共研发服务质量,集聚提升科教城形成链条完善、紧密协同的产学研研发创新核心单元。智能制造龙城实验室目标瞄准国家实验室,聚焦智能制造高端新材料、数字化制造技术、智能制造与机器人技术等三大研究领域,积极构建常州创新"策源地",建设采用"总体规划、分步实施",建立开放式研发机制,架起基础研究和产业发展之间的桥梁,联动常州的高校、科研院所等公共研发平台发展,与常州及国内外创新型龙头企业联合组建若干企业研究院或实验室,压强投入并加速实现基础研究领域的关键技术突破,推进前沿技术项目孵化落地。以龙城实验室集聚一批全职全时的科研、技术及管理人才,其中吸引国内外顶级人才(团队);面向产业需求,

以研发产业共性技术为目的，突破一批智能制造领域产业关键共性技术问题，建成产业共性技术研发中心，攻克一批制约我国战略安全和社会经济发展的"卡脖子"技术，形成解决国家和本地智能制造重大科学技术问题、产业转型升级重大需求的支撑能力，推动我国智能制造基础研究发展和产业高质量发展，高水平服务常州智能制造产业集群，为常州建设"国际化智造名城"提供坚强有力的支撑。

（二）积极创建国家级创新创业基地，充分重视高端创新平台的品牌效应

园区重点发展的三大未来产业代表新一轮科技和产业革命的重要发展方向，是培育发展新动能、推动经济高质量发展、获取未来区域竞争新优势的关键。从全国情况来看，国家重点培育的未来产业科创中心是北京、上海、广州，以及其他创新资源相对富集的一线或省会城市。虽然常州异军突起领先在科教资源贫乏地区集聚了一批大院大所等科研机构，但是城市自身禀赋局限将成为其进一步大规模引进作为创新来源的科研院所的"短板"，未来科教城要以更完善的科技服务与企业集群优势招引和孵化产业。如果说科教城过去的成功在于"补短"，则将来的成功在于"扬长"。为此，科教城要主动筹划申报和创建国家级小型微型企业创业创新示范基地，一方面以国家级平台创建为契机，建设和完善一批区域产业创新中心、共性技术研发中心、技术成果产业化和创新人才引育，加快构筑和整合公共研发平台、公共服务平台、技术交易平台等，大力发展人才、中介等科创辅助服务体系，不断丰富面向未来产业的天使投资基金、创业投资基金，引导产业资本、金融资本、社会资本支持未来产业发展；另一方面发挥国家级创业创新示范基地的品牌效应，招引、构建一批创新与产业结合、投资与孵化结合，满足未来产业重点领域创业创新需求的产业孵化器、加速器等各类众创空间，为创业者配建良好的工作空间、网络空间、社交空间和教育、医疗、生态等资源共享空间；进而以国家级平台小微型创新创业企业集聚、产业孵化成效和市场声誉建立与一流大学、新型研发机构、央企、中小企业等未来产业创新主体以及各科创中心等产业技术创新策源地的有机联系，打造区域、全国乃至全球协同创新网络上高效运行的重要节点。

（三）创新科教城招商引智新方法

招商引资、招才引智仍将是未来时期科教城乃至长三角区域一体化发展机体中极其活泼的一支脉动。新发展阶段和新发展格局下，招商引资形势发生着新变化，

招商引智与被招引双方互动探索，正在丰富双招双引的具体方式，这意味着需要结合园区实际，对标对表，跟踪研究先进园区项目、人才招引的新举措，拓宽可选择余地或思路，探索、学习和创新招商引资方式方法。

1. 基金招商引智

新阶段招商引资的技术含量和资本含量大幅提高，现代市场经济以金融为核心的逻辑显示出增强效应。目前，国内已有很多产业地产商和产业园区日益注重充分利用资本的催化和杠杆作用，运用产融结合的基金招商模式。园区政府产业政策着重运用产业基金工具，以资本来招商和扶商；社会资本投资也偏好运用基金方式，以便于集聚资金和管理基金。应着力建立科教城产业基金池并引进外部头部基金公司，形成创投基金支撑体系。

2. "众创孵化+产业园区"招商引智

在招商引资中注重建设众创孵化平台，引入创新团队，但如果没有与产业园区结合，这个科技产业生态系统则不完整，众创孵化空间成长起来的企业不能在当地落地发展就会流失到外部。为此，以"众创孵化+产业园区"为基础，园区管委会适时推进创建国家级小型微型企业创新创业示范基地，形成科技产业生态的高端"品牌"效应，是招商引资和招才引智的可行之道。

3. 互联网招商引智

信息不对称是招商引资的严重障碍之一。互联网的普及和运用，已使双方能够快速、全面、准确地掌握相关信息，提高效率并降低风险。要着力建设招商信息平台并与外界联通，突破"信息孤岛"瓶颈，善于运用互联网招商"运筹于帷幄之中，决胜于千里之外"。

4. 联合招商引智

以往有依靠龙头企业"以商招商"的模式，但存在势孤力单的缺陷。管委会与待招产业龙头企业再加基金等运营商联合招商，形成多方集成的招商合力。这就要求多方的统一整合、协同配合，因而涉及招商引资的组织架构与运作机制的创新。

5. 产业新城整体招商引智

中新苏州工业园招商建设的成功经验，应推广成为产业新城整体招商模式。长三角区域活跃着一批产业新城开发投资运营机构,主要锚定节点园区与先发地区共建合作园区。科教城园区要以产城融合为指向,探索推进科教城地产开发并招引产业和资本。当然,这需要巨大的投资量和极强的运营实力,一般必须分期分片推进。

(四) 开拓国际协同创新的新渠道、新机制

立足科教城已有国际合作基础,坚持"引进来"与"走出去"相结合,重点引入国际一流科研院所、服务机构等创新资源,推动本地企业建立海外研发中心、开展海外并购、参与国际标准制定,营造开放包容的国际化环境,深度参与国际合作。

1. 做强中以常州创新园

强化中以产研院创新平台建设,重点推进机器人与智能制造、生命健康、信息技术及其他以色列优势领域子平台建设;积极争取与以色列高校共建联合实验室。搜集整理江苏省、常州市产业发展的关键共性技术清单,建立对以色列的技术合作资源库,开展前沿技术"揭榜攻关"计划、龙头企业对接计划、中以供应链合作计划,加速产业技术对接。引进一批以以色列为重点的国际化科技服务团队,在园区科技孵化、技术转移、风险投资等领域复制、嫁接以色列机构资源,完善创新服务支撑体系。

2. 发挥中德创新园桥梁纽带作用

建设中德产业技术创新与合作中心,全方位对接德国知名高校和产业资源,引入国际科技服务理念与模式,共建科教城分支机构。建设弗劳恩霍夫创新基地和中德共性技术赋能中心,支持与常州大学等高校院所共建联合实验室。重点打造创新技术示范基地,推动机器人导航、室内定位、人机交互等技术的落地。支持园区企业、高校院所积极对接德国机器人等产业领域科研机构,共建国家机器人产业创新中心。

3. 探索与海外机构合作机制

联合江苏省技术转移(常州大学)研究院,共同培养具有国际视野的高层次、专业化技术转移人才,加速吸收海外科技创新力量。支持本地企业融入全球创新链与产业链,鼓励企业通过建立海外研发中心、跨境兼并收购、参与制定国际标准等

方式，加速"走出去"的步伐。鼓励企业通过独资或合资新建、独资或合资并购等方式建立海外研发中心、生产基地、营销分支机构，形成集"研发—生产—销售"于一体的全球化经营体系。构建常态化的国际沟通交流机制，积极承办全球智能制造创业创新大赛、国际创新创业教育生态大会、中德投资合作论坛等高水平国际赛事、国际会议和论坛活动，促进国际科技创新交流。

第十章

以创新一体化推动长三角全域一体现代化

长三角区域一体化发展上升为国家战略的一个重要定位是建设成为率先基本实现现代化的引领区。需要指出，长三角区域率先基本实现现代化绝不是指长三角的部分地区率先基本实现现代化，而是指长三角全区域率先基本实现现代化。目前长三角区域实际上存在先发展地区和后发展地区的二元结构。这种二元结构转向一元的现代化，就要求后发展地区同先发展地区一起基本实现现代化，实现现代化的跨越。全区域一体现代化的路径与长三角区域先发展地区已有的发展道路不完全相同，需要根据系统思维和协调发展的理念调整发展战略，由不平衡战略转向平衡战略。

一、长三角区域内的二元结构

研究改革开放史可以发现，长三角区域的全面小康社会建设实际上采取的是不平衡战略。允许一部分地区先富起来实际上是允许一部分地区有条件先发展起来，改革措施先行先试。在此发展理念下形成的不平衡发展战略，符合当时我国的国情，释放出巨大的生产力。长三角区域的先发展地区最早是以上海为中心的长三角16市，该地区的先发进程是：首先先行推进农村工业化、城镇化；接着又利用浦东开放开发机遇率先进入开放前沿，发展开放型经济，近期又抓住国家实施创新驱动战略的机遇，长三角区域形成了沪宁杭合科创走廊（科技创新圈），成为我国的科创高地。显然，长三角区域的先发展地区全面小康的水平走在全国的前面，这些地区率先基本实现现代化是没有悬念的。

现在面临的问题是长三角区域一体化扩大到上海、浙江、江苏和安徽一市三省，区域内发展不平衡问题突出，不只是省际不平衡，就是在省内不同地区也很不平衡。后发展地区虽然已经达到小康水平，一些地区还进入全国百强，较国内其他经济落后地区处于高位，但是在长三角区域内，其现代化水平与先发展地区相比差距很大，甚至在某些地区可能是一个发展阶段的差距，呈明显的二元结构。就人均GDP来说，2020年高的地区已达18.8万元，而低的地区低于4.5万元。这种状况对长三角区域一体化发展的国家战略提出的挑战是，根据木桶原理，整个区域的现代化进程是由短板决定的，后发展地区实现现代化的进度决定了全区域现代化的进度。没有全区域的现代化，区域一体化的目标就不能算达到。特别需要指出，党的十九届五中全会绘就的基本实现现代化蓝图的一个重要指标是全体人民共同富裕取得更为明显的实质性进展。全区域一体现代化就是共同富裕取得实质性进展的体现。

经济的现代化涉及工业化、城市化、农业现代化和信息化四个领域。习近平在2013年主持十八届中央政治局第九次集体学习时的讲话中指出："我国现代化同西方发达国家有很大的不同。西方发达国家是一个'串联式'的发展过程，工业化、城镇化、农业现代化、信息化顺序发展，发展到目前水平用了二百多年时间。我们要后来居上，把'失去的二百年'找回来，决定了我国发展必然是一个'并联式'的过程，工业化、信息化、城镇化、农业现代化是叠加发展的。"① 对先发展地区和后发展地区来说，"四化"目标是一致的，但进程各不一样。对后发展地区来说，要实现现代化的跨越，更需要四化同步。

一是新型工业化。原来意义的降低农业比重、提高工业比重的工业化任务目前已完成。全国的农业占比已经降到了7%的水平，而长三角的先发展地区农业比重降到2%上下。工业比重基本上在36%~38%的水平。为了给服务业发展留出更大的发展空间，其工业化就不能是进一步提高比重，而是要在制造业比重多年下降的基础上稳定制造业比重。其新型工业化的内容就定位在"新型"上，也就是转向工业现代化和绿色化，尤其是要在碳达峰上走在全国前面。而对后发展地区来说，则需要补工业化课。长三角区域现有的后发展地区基本上是农业地区（农业比重大都在10%以上），工业比重大都达不到全国的平均数（36%以下，有的地区不到30%），其服务业比重也明显低于先发展地区。虽然不排斥农业为主的地区照样有可能进入现代化社会，但在目前中国的发展阶段，只是靠农业就能进入现代化社会是非常困难的。因此，后发展地区补工业化的课，意味着还需要提高工业尤其是现

---

① 中共中央文献研究室编：《习近平关于社会主义经济建设论述摘编》，中央文献出版社2017年版，第159页。

代工业的比重。

二是城镇化。原来的农民进城意义上的城镇化在我国已经完成：全国城镇化率达63%，长三角先发展地区城镇化率超过89%。现代化要求的城镇化是人的城镇化，不仅要求城镇转移人口实现市民化，还要求留在农村的农民市民化，享受平等的市民权利。但在后发展地区，城镇化率还只有40%左右。对城镇化不能简单理解为农民进城。城镇化的发展意义在于集聚发展要素。后发展地区经济落后的重要原因是城市少、城市小、城市功能弱，集聚不了发展要素，聚集不了人气。特别要指出，先发展地区是在城镇化达到较高水平后实施乡村振兴战略的。而后发展地区城镇化相对滞后，其乡村振兴得不到城镇的支撑，因此要增强其集聚要素和人才的能力就要补城镇化这门课，不仅要推进城市现代化，还要推进城镇城市化，使其具有城市功能。

三是农业现代化。长三角区域先发展地区农业比重已经很低了，而对农业比重较大的后发展地区来说，推进农业现代化意义非常重大。进入新时代的农业现代化关键是改变农业现代化范式，不能停留在提供剩余农产品和剩余劳动力的剩余范式上，而是要转向品质和附加值范式，在满足人民美好生活对农产品品质需要的同时，提高农业附加值，从根本上改变农业的弱势地位。目前先发展地区农业现代化的短板和瓶颈是经营农业的人力资本缺乏，解决好"谁来种田"的关键是吸引和培育新型农业经营主体。

四是信息化。信息化进入现代阶段，不仅要求信息产业本身达到国际前沿，还要为各个产业提供高级化的信息化基础，也就是信息化为其他"三化"赋能。在信息化上没有先发地区和后发地区之分。后发展地区要实现现代化的跨越，关键是在信息化上实现跨越，直接瞄准前沿信息化技术，发展现代信息产业。而目前的后发展地区恰恰是信息化水平落后于先发展地区，缺乏发展的动能。

概括起来，后发展地区与先发展地区同步基本实现现代化可以说是现代化的跨越。不仅要明确新发展阶段同步推进的四化目标，还要明确四化的短板。四化同步的现代化可以概括为：工业化引领，信息化赋能，城镇化和农业现代化补短。

二、长三角全域一体化的发展格局

站在全面实现小康这一现代化的新起点上，用新发展理念来指导未来的发展方向和发展路径。长三角区域一体化需要明确一体现代化的目标。长三角区域成为现代化的先行示范区必须是以全域现代化呈现出来。相应地长三角区域一体化发展的战略重点需要转向后发展地区，也就是说让后发展地区现代化从边缘走向中心。一体化的长三角区域同步基本实现现代化，要求后发展地区实现现代化的跨越。

开放的长三角区域融入内循环为主体的新发展格局的突破口就在于在现代化进程中实现全域经济的一体化循环。

对先发展地区来说，已经实现了经济起飞，也就有了自我持续发展的能力，具有内生的发展资源和动力。因此只要放开手脚，其完全有能力率先基本实现现代化，这是其优势的彰显。而对后发展地区来说，其目前是现代化的"洼地"，"洼地"变高地是个重大跨越，其现代化缺乏内生的资源和动力：缺乏创新要素，缺企业家；人才不足，人才外流、创新人才进不来；基础设施落后，尤其是被交通边缘化，难以吸引和集聚发展的要素。显然，这些地区如果没有发展的外源和外力推动，就搭不上现代化的列车，实现不了跨越式发展。

对先发展地区来说，与后发展地区一体化联动有自身发展的要求。其推进"四化同步"的现代化不是没有弱项和瓶颈的。首先，工业化最早并且工业比重高的地区环境和生态的压力最大，现代化不仅不能上影响环境生态的项目，还要治理已经遭到破坏的环境和生态。其次，先发展地区普遍面临着土地开发强度过高的问题，甚至到了无地建新项目的地步。最后，现代化所涉及的人的全面发展及美好生活的要求需要通过现代服务业的发展来满足，先发展地区发展现代服务业的空间也受限。克服先发展地区发展瓶颈的出路就在于根据新发展格局的要求与后发展地区一体协调。这样，支持后发展地区现代化，先发展地区和后发展地区互有需求和共同的利益。

长三角区域一体化的国家战略不仅给后发展地区现代化提供了机遇，也提供了机制。长三角全域现代化，难点在后发展地区。后发展地区就成为一体化的重点。发展要素和产业流向后发展地区有两大阻力：一是市场原则。这种流向往往是同市场调节的方向相背离的。二是行政壁垒。涉及各级政府的政绩考核，阻碍要素的跨行政区域流动。这就需要有效的政府行为引导，对区域内的要素流动和合作给予政策支持。其突破口在于建立一体化的创新机制及相应的改革。要建立彰显优势协调联动的现代化区域体系。所谓彰显优势，不仅仅是指彰显先发展地区的先发优势，还需要彰显区域一体化的优势。协调联动就是要求先发展地区与后发展地区在现代化上协调联动，也就是一体化联动。

三、科创中心与科创成果产业化的一体化布局

创新型区域中心和外围的关系，从一定程度上说，是科创中心与高新技术产业

化的空间关系。科创中心同高新技术产业化是可以在空间上分开的。外围与科创中心对接的主要方式是将科创中心的创新成果实现产业化。上海、南京、杭州、合肥等地是区域乃至全国的科创中心，但因处于城市中心，高新技术产业化的空间有限，意味着这些科创中心的周边区域有条件成为高新技术产业化基地。由此提出科创中心和科创成果在长三角区域一体化配置中的要求。

外围与创新中心对接，首先要求作为创新中心的创新型城市主动向外围扩散技术。这是建设创新型区域的主动力。中心对外围是辐射还是虹吸创新资源，不只是影响创新型区域的范围，还涉及中心自身的创新能力。同一般的中心和外围的关系一样，在贫穷的外围不可能有富裕中心，在科技落后的外围不可能有强大的创新中心。其直接原因是创新的科技成果只有转化为新技术并产业化才能实现其潜在价值，而创新中心普遍缺乏转化空间尤其是高新技术产业化的空间，需要进入外围实现转化。辐射外围范围越大，创新中心地位越突出。

长三角区域一体化包括三省一市的范围，这只是指行政范围，而从经济范围考虑，有的地区本来就远离长三角区域的中心区，因接受不到中心辐射在实际上不属于长三角经济区域。这些地区只有主动与创新中心对接并接受其科技成果辐射才能成为创新型区域的组成部分，否则其在经济上并不属于长三角区域。因此，进入长三角范围的各地都必须主动对接科创中心，以成为创新型区域的重要组成部分。

创新型区域内的不同地区经济和科技发展水平不平衡。区域内创新型城市和创新型企业分布也不均匀。在此背景下，建设创新型区域要求各地都有明确的创新驱动发展的战略和政策，但不要求各地县、乡都从事同样内容的创新，避免重复创新。各地要根据各自的创新能力和供求条件形成各具特色的科技创新、科技创业和科技创新成果的产业化。

现阶段的科技创新更多地依靠科学新发现所转化的新技术。对外围来说，其发展尤其是要成为创新型区域的一部分，更需要接受中心扩散的高新技术。现代技术和产业更多地来自集聚于中心的大学、科研院所创造的知识、发明和突破性科技成果。因此，必须寻求有效的知识流动或技术转移机制。

创新中心的科创成果进入后发展地区实现产业化需要有效的市场通道和机制。最为有效的方式是建设双向的"飞地经济"。一是先发展地区到后发展地区建科技成果转化基地。原因是先发展地区的创新要素跨地区配置，相应地就需要对GDP的统计，在税收的分享、人才政策等方面作出一体化的制度安排，不仅要打破行政性堡垒，还要具有激励作用。先发展地区到后发展地区建"飞地"，包括各类工业园区，将其成果实现产业化，就可打破行政堡垒。二是后发展地区到先发展地区建研发机构，就地利用先发展地区的科技力量和人才，研发自身所需要的并可以实现产业化的新科技，就可以克服后发展地区创新技术缺乏人才、缺乏科研条件的短板。

四、产业链一体化区域布局

现代经济中，区域竞争力表现为产业竞争力。地区之间的二元结构表现为现代产业与传统产业的二元结构。先发展地区和后发展地区创新一体化需要落脚到产业一体化上。后发展地区要改变自身的落后状态，最为需要的是引入先发展地区的现代产业和优势产业，其基本路径包括先发展地区把新项目（主要是制造业项目）落到后发展地区，把企业建在后发展地区，把产业链延伸到后发展地区，形成一体化的产业体系。其中最为有效的是将先发展地区优势产业的产业链环节布局到后发展地区，发挥产业结构和资源禀赋互补优势，培育利益共享的价值链和大市场，形成联动发展格局。

对区域分工和合作需要有产品内分工和贸易的概念。同一种产品在不同地区布局生产、流通和营销环节，并且形成中间品贸易即产品内贸易，相应的形成连接研发、生产、销售、服务等过程的跨区域的产业链。产业链的各个环节跨区域布局，是要吸纳和整合各地最优资源和市场。在哪个区域布局产业链的何种环节，就看该地能否为特定的环节提供最合适的资源和配套条件。产业链也称为价值链，原因是在不同地区布局的各个环节因所利用的资源差别以及在其中所处地位的不同而有不同的附加值。价值链不同环节的附加价值差别是怎么形成的？一是价值链不同环节所要求的劳动力的复杂程度不同，劳动技能不同；二是谁在价值链上拥有关键技术和核心技术的知识产权，谁就在其中居主导地位。因此，研发环节有高的附加值。三是谁能控制市场渠道，谁就在其中居主导地位，有高的附加值。因此，营销环节具有高的附加价值，起作用的是品牌的价值和商业模式的价值。

对长三角区域来说，对产业链需要有全球价值链的视角。在长三角地区有多条以我为主的产业链环节是在全球布局的，其中在国外布局环节的主要目的，或者是获取构建高技术配套，或者是获取当地市场，等等。现在，愈演愈烈的中美贸易摩擦实际上转向了科技战。美国阻碍中国技术进步的重要路径就是利用产业链对中国的高科技企业断供技术、中间产品和市场，再加上近期新冠肺炎疫情在世界蔓延导致多条全球产业链中断，长三角可以说是受此影响重大的区域，由此提出产业链重组的要求。对长三角区域来说，重组产业链也是构建新发展格局、塑造竞争新优势的机会，其中包含核心技术和关键技术的产业链环节从国外回流。

长三角区域产业链重组的基本思路是习近平提出的"围绕产业链部署创新链，发展科技含量高、市场竞争力强、带动作用大、经济效益好的战略性新兴产业，把科技创新真正落到产业发展上"[①]。在现阶段，围绕产业链部署创新链有两方面要求：一方面，创新核心技术的创新链从基础研究开始，创新处于国际前沿的核心高新技术；另一方面，在产业链的每一个环节上都将科技创新与产业创新融合，形成良好的科技成果转化体系，打通从科技强到产业强的通道，解决好从"科学"到"技术"的转化，并实现产业化。

长三角区域产业链的一体化布局包括以下三个重要内容。

第一，在依托所拥有的高端技术布局的以我为主导的产业链上布局创新链。在核心技术和关键技术的产业链环节从国外回流的背景下，以我为主的产业链的"链主"需要在所在区域和企业攻克全球价值链上的核心关键技术，着力研发能替代进口的关键核心技术，以替代全球价值链上国外高科技含量高的中间品供给环节。其产业链和创新链的融合也就是产学研深度融合，科技创新与产业创新有效衔接。

第二，先发展地区把产业链上原有的低端环节向劳动和资源环境成本更低的地区转移。其意义在于：一是先发展地区在土地等资源供给达到极限的条件下，价值链低端环节转移能起到腾笼换鸟的作用，为产业转型升级腾出空间；二是企业腾出精力致力于核心竞争优势环节的经营和新技术研发。一般来说，在长三角地区优势产业的价值链低端环节延长价值链，一般是向长三角区域内的后发展地区转移。这些地区具有明显的劳动力、资源的比较优势，现在正步入增长阶段，具有强烈的承接先进产业生产能力转移的需求。

第三，培育优势产业的产业链链主。在新发展格局下，即使是经济相对落后的地区也可能培育和引入优势产业的产业链链主。这里对产业链链主的培育有两点认识需要更新：一是优势产业的产业链链主并非需要在某个地区经过长期的积累和培育形成，在现代科技和产业革命的背景下，谁先掌握"黑科技"，谁在新科技上下先手棋，谁先成为"独角兽"，谁就可能成为新的优势产业的链主。而且，产业链的链主并非只在发达地区产生，后发展地区也可以引入优势产业链主，从而得到跨越式发展。优势产业链的链主直接进入后发展地区，从而一举使该地区成为优势产业的中心。最为成功的案例是安徽的合肥一举引进京东方（显示屏）和蔚来（新能源车）两家龙头企业，由长三角的边缘城市一跃成为新一线城市。二是并非要在原有的全球价值链中处于高端环节的才能成为链主。处于加工组装的价值链环节也

---

① 中共中央文献研究室编：《习近平关于社会主义经济建设论述摘编》，中央文献出版社2017年版，第132页。

可能通过延长价值链的途径攀升至延长的价值链的中高端,从而成为价值链的链主。处于全球价值链中低端环节的企业可以利用自身在全球价值链上掌握的技术组建以自己为中心的价值链,从而成为新的价值链的链主。其路径是,在消化吸收再创新基础上创造自己的品牌,在国内外寻求零部件配套,进行系统集成,建立自己的营销和物流中心,由此进入新的价值链的中高端环节,并成为链主。

特别需要指出的是,有了产业链及其链主的概念后,产业一体化就不只是靠企业并购重组的路径了。企业在产业链上就能够达到一体化目的,同时也可规避被链上企业破产拖垮的风险。

五、后发展地区实现现代化跨越的基础条件和制度安排

(一) 交通信息设施的一体化

后发展地区落后很大程度上是因为在基础设施(尤其是交通设施和信息化设施)上被边缘化,在时间和空间上远离发展中心,难以获得中心发展要素的辐射。特别是,创新一体化需要以交通信息基础设施一体化为基础。现在提出的新基建,实际上是奠定创新驱动的基础设施,其中包括:基于新一代信息技术演化生成的基础设施;深度应用互联网、大数据、人工智能等技术,支撑传统基础设施转型升级,进而形成的融合基础设施;支撑科学研究、技术开发、产品研制的具有公益属性的基础设施。后发展地区在传统的基础设施上的短板需要补上,新基建更不能落后。只有这样,才能克服其获取发展要素和信息流动的瓶颈,实现现代化的跨越。

(二) 政府有所作为

推动长三角区域一体实现现代化的有为政府的基础是政府创新。政府有为的重要方面是区域政策思路的调整。改革发展的政策应该更多地向后发展地区倾斜,增强其获取先发展地区发展要素的能力和自我发展的能力。主要涉及以下几个方面。

第一,改革开放以后实施的允许一部分地区先富起来的效率优先政策基本上给了先发地区,先行先试的改革措施及诸如试验区、先行区、示范区之类的区域发展政策往往采取选优原则,都是给的先发展地区。后发展地区很少得到这种机会,因此形成后发展地区与先发展地区的政策性差距。这种向先发展地区倾斜的政策在当时是十分必要也是有成效的。但是,现在转向基本实现现代化,更需要推动后发展地

区实现现代化的跨越。这就有必要调整政策思路。先发展地区已经具备了自我持续发展的能力，但是后发展地区要能够实现跨越式的现代化，必须要有发展政策的支持。例如，可以在后发展地区建立四化同步现代化的示范区，并给予必要的政策支持。

第二，目前设定的限制类政策，如针对环境污染设定的碳排放指标、针对土地过度开发时设定的土地开发强度指标，基本上都是以先发展地区为标准。后发展地区面临与先发展地区相同强度的限制约束。这样的政策无异于限制后发展地区的发展空间。因此，考虑到后发展地区现代化对长三角区域一体现代化的重大意义，在推进一体化进程中，政府的政策安排应该从实际出发，根据后发展地区所处的发展阶段和实现现代化跨越的需要来确定相应的限制性指标，为后发展地区提供一定的发展空间。

第三，长三角区域各级政府需要根据系统思维、协调和共享发展的理念评价和考核各地的政绩。要实现企业跨地区投资、人才跨地区流动，作为吸引先发展地区发展要素方的后发展地区地方政府要克服"等、靠、要"思维，要用市场思维创新吸引发展要素的政策，最为重要的是营造法治化营商环境。

以上一体推动全域现代化的路径和相应的政策创新彰显了长三角区域一体化的优势，是长三角区域高质量实现现代化的可靠保证。

参 考 文 献

[1] 陈宾：《关于高校科技体制机制改革创新的思考——以上海高校为例》，载于《中国高校科技》2019 年增刊。

[2] 陈宏伟、陈红：《我国沿海发达省份创新能力测算比较》，载于《科技与经济》2016 年第 4 期。

[3] 陈建勋：《全球科创中心建设新思维——基于上海科创建设的理论与实证研究》，上海交通大学出版社 2018 年版。

[4] 陈立旭：《论特色小镇建设的文化支撑》，载于《中共浙江省委党校学报》2016 年第 5 期。

[5] 陈曦：《创新驱动发展战略的路径选择》，载于《经济问题》2013 年第 3 期。

[6] 陈喜乐、曾海燕等：《新型科研机构发展模式及对策研究》，厦门大学出版社 2016 年版。

[7] 陈宇峰、黄冠：《以特色小镇布局供给侧结构性改革的浙江实践》，载于《中共浙江省委党校学报》2016 年第 5 期。

[8] 陈钊、陆铭、金煜：《中国人力资本和教育发展的区域差异：对于面板数据的估算》，载于《世界经济》2004 年第 12 期。

[9] 崔宏轶、张超：《综合性国家科学中心科学资源配置研究》，载于《经济体制改革》2020 年第 2 期。

[10] 戴魁早、刘友金：《要素市场扭曲与创新效率——对中国高技术产业发展的经验分析》，载于《经济研究》2016 年第 7 期。

[11] 丁显有、肖雯、田泽：《长三角城市群工业绿色创新发展效率及其协同效应研究》，载于《工业技术经济》2019 年第 7 期。

[12] 董佑起：《国际城市创新经验对打造上海科创中心的启示》，载于《上海企业》2018 年第 5 期。

[13] 杜澄等：《国家大科学工程研究》，北京理工大学出版社 2011 年版。

[14] 杜德斌：《对加快建成具有全球影响力科技创新中心的思考》，载于《红旗文稿》2015 年第 12 期。

[15] 段立新、凌鸣、张晓宏：《基于大数据的苏州数字经济》，苏州大学出版社 2017 年版。

[16] 范柏乃、段忠贤、江蕾：《创新政策研究述评与展望》，载于《软科学》2012 年第 11 期。

[17] 方新：《论科技政策与科技指标》，载于《科技管理研究》2001 年第 1 期。

[18] 冯锋、汪良兵：《协同创新视角下的区域科技政策绩效提升研究——基于泛长三角区域的实证分析》，载于《科学学与科学技术管理》2011 年第 12 期。

[19]（法）弗朗索瓦·佩鲁：《新发展观》，张宁、丰子义译，华夏出版社 1987 年版。

[20] 高培勇、杜创、刘霞辉等：《高质量发展背景下的现代化经济体系建设：一个逻辑框架》，载于《经济研究》2019 年第 4 期。

[21]（德）赫尔曼·哈肯：《协同学：大自然构成的奥秘》，凌复华译，上海译文出版社 1995 年版。

[22] 郝莹莹：《长三角创新券通用通兑之路径探索》，载于《科技中国》2018 年第 3 期。

[23] 何振海、侯翠环：《高等教育系统化发展模式的理论基石——1960 年美国加州高等教育总体规划解析》，载于《河北大学学报（哲学社会科学版）》2009 年第 5 期。

[24] 洪银兴：《产业化创新及其驱动产业结构转向中高端的机制研究》，载于《经济理论与经济管理》2015 年第 11 期。

[25] 洪银兴：《产业结构转型升级的方向和动力》，载于《求是学刊》2014 年第 1 期。

[26] 洪银兴：《创新型经济：经济发展的新阶段》，经济科学出版社 2010 年版。

[27] 洪银兴：《关于创新驱动和协同创新的若干重要概念》，载于《经济理论与经济管理》2013 年第 5 期。

[28] 洪银兴：《建设和完善国家创新体系》，载于《中国党政干部论坛》2015 年第 8 期。

[29] 洪银兴：《科技创新与创新型经济》，载于《管理世界》2011 年第 7 期。

[30] 洪银兴：《论创新驱动经济发展战略》，载于《经济学家》2013 年第 1 期。

[31] 洪银兴：《论区域创新体系建设——基于长三角区域一体化创新体系的考察》，载于《西北工业大学学报》2020 年第 3 期。

[32] 洪银兴：《围绕产业链部署创新链——论科技创新与产业创新的深度融

合》，载于《经济理论与经济管理》2019年第8期。

[33] 洪银兴：《再论产业化创新：科技创新和产业创新的衔接》，载于《经济理论与经济管理》2016年第9期。

[34] 洪银兴、安同良、孙宁华：《创新型经济学》，江苏人民出版社2017年版。

[35] 洪银兴、范燕青：《科教资源相对缺乏地区创新型经济发展模式研究——常州创新型经济发展的启示》，载于《江苏社会科学》2011年第3期。

[36] 洪银兴等：《产学研协同创新研究》，人民出版社2015年版。

[37] 侯璟琼：《上海科技创新迈向新征程》，载于《科技智囊》2021年第8期。

[38] 胡鞍钢、周绍杰、任皓：《供给侧结构性改革——适应和引领中国经济新常态》，载于《清华大学学报（哲学社会科学版）》2016年第2期。

[39] 黄茂兴、李军军：《技术选择、产业结构升级与经济增长》，载于《经济研究》2009年第7期。

[40] 霍国庆、杨阳、张古鹏：《新常态背景下中国区域创新驱动发展理论模型的构建研究》，载于《科学学与科学技术管理》2017年第6期。

[41] 季波、刘毓闻、陈龙等：《美国高校国际化人才培养模式的特征与启示——以美国五所知名研究型高校为例》，载于《华南师范大学学报（社会科学版）》2019年第6期。

[42] 金琳：《合肥建投：探索产业投资合肥模式》，载于《上海国资》2020年第6期。

[43] 康乃馨、张新宁：《科技创新引发经济学的"深刻变革"——经济学界对科技创新理论研究的历史述评》，载于《当代经济研究》2018第6期。

[44] 蓝庆新、姜峰：《新常态下供给侧结构性改革理论解析》，载于《上海经济研究》2017年第2期。

[45] 李锋、向明勋、陆丽萍等：《上海打造国内大循环中心节点和国内国际双循环战略链接的切入口和发力点》，载于《科学发展》2021年第3期。

[46] 李钢、廖建辉、向奕霓：《中国产业升级的方向与路径——中国第二产业占GDP的比例过高了吗》，载于《中国工业经济》2011年第10期。

[47] 李红兵：《合肥综合性国家科学中心建设现状与对策建议》，载于《科技中国》2020年第4期。

[48] 李俭国、肖磊：《创新驱动与我国经济发展方式转变》，载于《当代经济研究》2015年第8期。

[49] 李军林、李岩：《合作博弈理论及其发展》，载于《经济学动态》2004年第9期。

[50] 李林木：《改进财政投入方式，全面提升江苏科技创新水平》，载于《群众》2018年第1期。

[51] 李凌、李南山：《上海建设全球科创中心的优势与挑战》，载于《上海市经济管理干部学院学报》2017年第6期。

[52] 李培楠、赵兰香、万劲波：《创新要素对产业创新绩效的影响——基于中国制造业和高技术产业数据的实证分析》，载于《科学学研究》2014年第4期。

[53] 李强：《特色小镇是浙江创新发展的战略选择》，载于《中国经贸导刊》2016年第4期。

[54] 李强：《用改革创新精神推进特色小镇建设》，载于《今日浙江》2015年第13期。

[55] 李希义、朱馨乐：《"创新券"如何更好撬动企业研发》，载于《科学导报》2016年第19期。

[56] 李侠、周正：《关于上海科创中心的基础条件诊断与对策》，载于《科学与管理》2015年第3期。

[57] 李志遂、刘志成：《推动综合性国家科学中心建设，增强国家战略科技力量》，载于《宏观经济管理》2020年第4期。

[58] 厉华笑、杨飞、裘国平：《基于目标导向的特色小镇规划创新思考——结合浙江省特色小镇规划实践》，载于《小城镇建设》2016年第3期。

[59] 连瑞瑞：《综合性国家科学中心管理运行机制与政策保障研究》，中国科学技术大学博士论文，2019年。

[60] 连玉明：《大数据新时代2》，团结出版社2018年版。

[61] 刘爱玲、褚欣维：《博洛尼亚进程20年：欧盟高等教育一体化过程、经验与趋势》，载于《首都师范大学学报（社会科学版）》2019年第3期。

[62] 刘锋：《地级市经济高质量发展综合评价指标体系研究——以温州为例》，载于《浙江工贸职业技术学院学报》2020年第1期。

[63] 刘伟、张辉：《中国经济增长中的产业结构变迁和技术进步》，载于《经济研究》2008年第11期。

[64] 刘伟等：《资源配置与经济体制改革》，中国财政经济出版社1989年版。

[65] 刘志彪：《建设现代化经济体系：基本框架、关键问题与理论创新》，载于《南京大学学报（哲学·人文科学·社会科学）》2018年第55卷第3期。

[66] 龙晓、孙波：《建设粤港澳大湾区科创中心的建议——基于世界其他湾区的经验借鉴》，载于《科技创新发展战略研究》2019年第3期。

[67] 罗志军、洪银兴：《基于科教资源优势建设创新型城市的南京模式》，经

济科学出版社2007年版。

[68] 马斌：《特色小镇：浙江经济转型升级的大战略》，载于《浙江社会科学》2016年第3期。

[69] 闵学勤：《精准治理视角下的特色小镇及其创建路径》，载于《同济大学学报（社会科学版）》2016年第5期。

[70] 南京大学长三角经济社会发展研究中心、南京大学长江产业经济研究院：《长三角区一体化发展与江苏作为》，江苏发展高层论坛第三十六次会议，2019年。

[71] 欧小军：《世界一流大湾区高水平大学集群发展研究——以纽约、旧金山、东京三大湾区为例》，载于《四川理工学院学报（社会科学版）》2018年第3期。

[72] 朴哲范、缪彬彬、张伟恩：《区域经济创新发展能力评价研究——以浙江省为例》，载于《河北经贸大学学报》2019年第3期。

[73] 齐艳杰、薛彦华：《京津冀高等教育一体化进程对策研究》，载于《北京师范大学学报（社会科学版）》2017年第2期。

[74] 钱智、史晓琛：《2019年上海深化科创中心建设思路与举措》，载于《科学发展》2019年第2期。

[75] 钱智、史晓琛：《上海科技创新中心建设成效与对策》，载于《科学发展》2020年第1期。

[76] 钱智、史晓琛、骆金龙：《提升张江综合性国家科学中心集中度和显示度研究》，载于《科学发展》2017年第11期。

[77]《全国技术市场统计年报（2019）》，兵器工业出版社2019年第9期。

[78] 任媛媛、张文君：《合肥综合性国家科学中心建设政策实施进展与成效》，载于《安徽科技》2018年第9期。

[79] 商丽媛、韩子睿、魏晶等：《长三角科创圈："内涵、意义和路径初探"》，载于《科技中国》2020年第7期。

[80] 上海发展战略研究所课题组：《借鉴深圳经验加快建设上海科创中心研究》，载于《研究探索》2019年第7期。

[81] 上海市科学技术委员会：《2019年上海科技进步报告》，2019年。

[82] 上海市科学学研究所：《科技创新中心指数报告2019》，上海交通大学出版社2020年版。

[83] 上海市人民政府发展研究中心：《科技创新策源功能与高质量发展研究》，格致出版社2020年版。

[84] 上海市人民政府发展研究中心课题组：《上海科创中心建设"攻坚突破"的思路和抓手》，载于《科学发展》2018年第9期。

[85] 上海推进科技创新中心建设办公室：《上海科技创新中心建设报告2019》，格致出版社2020年版。

[86] 盛朝迅：《构建现代产业体系的思路与方略》，载于《宏观经济管理》2019年第1期。

[87] 盛世豪、张伟明：《特色小镇：一种产业空间组织形式》，载于《浙江社会科学》2016年第3期。

[88] 宋宏：《欠发达地区招商引资的模式创新与策略选择》，澎湃新闻网，2021年7月8日。

[89] 孙福全：《上海科技创新中心的核心功能及其突破口》，载于《科学发展》2020年第7期。

[90] 孙早、席建成：《中国式产业政策的实施效果：产业升级还是短期经济增长》，载于《中国工业经济》2015年第7期。

[91] 檀园园、车丽萍：《浅析上海科创中心建设下科创人才集聚的影响因素》，载于《物流工程与管理》2016年第11期。

[92] 唐坚：《上海加快建设全球科技创新中心研究》，载于《科技创业月刊》2019年第3期。

[93] 唐坚：《深科技促进上海科创中心建设研究》，载于《科技创业月刊》2019年第8期。

[94] 唐坚：《张江科学城打造创新策源地 助力上海国际科创中心建设》，载于《地方经济》2020年第4期。

[95] 唐坚：《张江科学城打造创新策源地 助力上海国际科创中心建设》，载于《现代经济信息》2020年第3期。

[96] （美）V. 布什等：《科学——没有止境的前沿》，范岱年等译，商务印书馆2004年版。

[97] 王海军、骆建文：《基于长三角经济带发展的上海科创中心建设对策》，载于《科技管理研究》2016年第8期。

[98] 王伟光、马胜利、姜博：《高技术产业创新驱动中低技术产业增长的影响因素研究》，载于《中国工业经济》2015年第3期。

[99] 王小章：《特色小镇的"特色"与"一般"》，载于《浙江社会科学》2016年第3期。

[100] 王贻芳、白云翔：《发展国家重大科技基础设施，引领国际科技创新》，载于《管理世界》2020年第5期。

[101] 王瑜：《增长极理论与实践评析》，载于《商业研究》2011年第4期。

[102] 王玉柱：《专利存量市场化困境及上海科创中心建设的突破口》，载于《科学发展》2017年第4期。

[103] 王哲：《合肥综合性国家科学中心知识协同创新网络构建》，载于《经济研究导刊》2020年第19期。

[104] 卫龙宝、史新杰：《浙江特色小镇建设的若干思考与建议》，载于《浙江社会科学》2016年第3期。

[105] 魏江、李拓宇、赵雨菡：《创新驱动发展的总体格局、现实困境与政策走向》，载于《中国软科学》2015年第5期。

[106] 吴妍妍：《综合性国家科学中心建设公共政策绩效实证分析——以安徽合肥为例》，载于《贵州财经大学学报》2019年第5期。

[107] 吴一洲、陈前虎、郑晓虹：《特色小镇发展水平指标体系与评估方法》，载于《规划师》2016年第7期。

[108] 吴颖、崔玉平：《长三角区域高等教育一体化的演进历程与动力机制》，载于《高等教育研究》2020第1期。

[109] 西桂权、付宏、刘光宇：《中国大科学装置发展现状及国外经验借鉴》，载于《科技导报》2020年第38期。

[110] 肖兴志、韩超、赵文霞等：《发展战略、产业升级与战略性新兴产业选择》，载于《财经问题研究》2010年第8期。

[111] 谢瑜宇：《借鉴世界三大湾区发展经验 把杭州湾经济区打造成世界一流湾区》，载于《三江经济》2017年第12期。

[112] 徐辉：《欧洲"博洛尼亚进程"的目标、内容及其影响》，载于《教育研究》2010年第4期。

[113] 徐梦周、吕铁：《数字经济的浙江实践：发展历程、模式特征与经验启示》，载于《中国发展观察》2019年第24期。

[114] 徐南平、洪银兴、刘志彪：《创新型省份建设与江苏的探索》，南京大学出版社2015年版。

[115] 徐伟金、张旭亮：《长三角协同共建全球科技创新中心的思考》，载于《宏观经济管理》2016年第3期。

[116] 许长青、郭孔生：《粤港澳大湾区高等教育集群发展：国际经验与政策创新》，载于《高教探索》2019年第9期。

[117] 许宪春、张美慧：《中国数字经济规模测算研究——基于国际比较的视角》，载于《中国工业经济》2020年第5期。

[118] 许学国、桂美增、张嘉琳：《多维距离下科创中心辐射效应对区域创新

绩效的影响——以长三角地区为例》，载于《科技进步与对策》2021年第10期。

[119] 殷晶晶：《美国加州高等教育总体规划对江苏高校分类发展的建议》，载于《江苏科技信息》2017年12月25日。

[120] 苑大勇：《高等教育协同创新：理论建构与演进》，载于《高校教育管理》2015年第3期。

[121]（美）约瑟夫·熊彼特：《经济发展理论》，何畏等译，商务印书馆1990年版。

[122] 张宝明、詹威：《上海市民营科技创新企业上市存在的问题及对策——基于科创板试点注册制的研究视角》，载于《中国物价》2021年第4期。

[123] 张辉：《全球价值链动力机制与产业发展策略》，载于《中国工业经济》2006年第1期。

[124] 张坚、黄琨、李英等：《张江综合性国家科学中心服务上海科创中心建设路径》，载于《科学发展》2018年第9期。

[125] 张婕、金宁、张云：《科技金融投入、区域间经济联系与企业财务绩效——来自长三角G60科创走廊的实证分析》，载于《上海财经大学学报》2021年第3期。

[126] 张其仔：《比较优势的演化与中国产业升级路径的选择》，载于《中国工业经济》2008年第9期。

[127] 张少军、刘志彪：《全球价值链模式的产业转移——动力、影响与对中国产业升级和区域协调发展的启示》，载于《中国工业经济》2009年第11期。

[128] 张树义：《张江综合性国家科学中心服务上海科创中心建设路径》，载于《科学发展》2018年第3期。

[129] 张蔚文：《政府与创建特色小镇：定位、到位与补位》，载于《浙江社会科学》2016年第3期。

[130] 张耀方：《综合性国家科学中心的内涵、功能与管理机制》，载于《中国科技论坛》2017年第6期。

[131] 赵佩佩、丁元：《浙江省特色小镇创建及其规划设计特点剖析》，载于《规划师》2016年第12期。

[132] 赵清军、车鑫、周毕芬等：《基于DEA-Tobit模型的中国省域创新发展效率测评》，载于《资源开发与市场》2018年第9期。

[133] 郑慧慧：《多维临近性对创新网络中非核心企业知识转移绩效的影响》，辽宁大学硕士学位论文，2017年。

[134] 政策性金融促进中小企业发展课题组：《发展政策性金融 破解中小企业

融资难题》，载于《中国中小企业》2013 年第 4 期。

［135］中共浙江省委人才工作领导小组办公室：《浙江人才发展蓝皮书（2019）》，浙江大学出版社 2019 年版。

［136］《中国科技创新政策体系报告》编写组：《中国科技创新政策体系报告》，科学出版社 2020 版。

［137］中国科技评估与成果管理研究会：《中国科技成果转化 2019 年度报告》，科学技术文献出版社 2020 年版。

［138］中国科技评估与成果管理研究会、国家科技评估中心、中国科学技术信息研究所：《中国科技成果转化年度报告 2019 高等院校与科研院所篇》，科学技术文献出版社 2020 年版。

［139］周纪建：《浙江省实施科技创新券的现状与问题研究》，载于《科技视界》2020 年第 17 期。

［140］周叔莲、王伟光：《科技创新与产业结构优化升级》，载于《管理世界》2001 年第 5 期。

［141］周晓虹：《产业转型与文化再造：特色小镇的创建路径》，载于《南京社会科学》2017 年第 4 期。

［142］庄子银：《创新、模仿、知识产权和全球经济增长》，武汉大学出版社 2009 年版。

［143］卓泽林：《美国旧金山湾区高等教育整合动因及路径》，载于《苏州大学学报（教育科学版）》2019 年第 2 期。

［144］宗晓华：《地方高等教育财政投入及其影响因素》，载于《高等教育研究》2010 年第 11 期。

［145］宗晓华、冒荣：《合作博弈与集群发展：长三角地区高等教育协同发展研究》，载于《教育发展研究》2010 年第 9 期。

［146］Deutsch K, Burrell S, Kann R. Introduction. In Political Community and the North American Area［J］. Princeton, New Jersey: Princeton University Press, 1957.

［147］Fleisher B, Li H, Zhao M Q. Human Capital, Economic Growth, and Regional Inequality in China［J］. Journal of Development Economics, 2010, 92（2）: 215 - 231.

［148］Hamel G. Competition for Competence and Inter-partner Learning within International Strategic Alliances［J］. Strategic Management Journal, 1999, 12（4）: 83 - 103.

［149］Jane Knight. A Model for the Regionalization of Higher Education: The Role and Contribution of Tuning [J] . Tuning Journal for Higher Education, 2013 (1): 105 – 125.

[150] Li H, Loyalka P, Rozelle S, et al. Human Capital and China's Future Growth [J]. The Journal of Economic Perspectives, 2017, 31 (1): 25 – 48.

[151] Martin Trow. Problems in the Transition from Elite to Mass Higher Education, Conference on Future Structures of Post-Secondary Education [C]. Paris: OECD, 1973, 51 – 101.

[152] Nunnenkamp Peter & Julius Spatz. Intellectual Property Rights and Foreign Direct Investment: A Disaggregated Analysis [J]. Review of World Economics/ Weltwirtschaftliches Archiv, 2004 (3).

后　记

　　本书是教育部重点基地重大课题"长江三角洲全面建成小康社会中的创新发展研究"（项目编号19JJD790002）课题的研究成果，也是"十三五"国家重点出版物出版规划项目"长三角区域践行新发展理念丛书"之一。由于本书出版之际我国已经全面建成小康社会，所以，本书的书名最后确定为《长三角地区创新发展研究》，但本书的内容很大部分还是总结长三角地区创新发展的进程和经验。

　　2016年国家发展改革委发布《长江三角洲城市群发展规划》，指出长三角城市群正处于转型提升的创新发展阶段。2018年11月习近平总书记在首届中国国际进口博览会开幕式上宣布：支持长江三角洲区域一体化发展并上升为国家战略。2021年国家"十四五"规划纲要提出提升长三角一体化发展水平，需要瞄准国际先进科创能力和产业体系，提高长三角地区配置全球资源能力和辐射带动全国发展能力。

　　长三角地区在全面建设小康社会中利用自身的先发优势，通过创新发展、辐射带动、溢出效应、产业转移、示范引领、扩散效应等多种途径，实现了高质量发展，既是对长三角区域小康社会建设经验的总结，又是对全面开启社会主义现代化先行做法的探索，对全国的创新发展具有推广和借鉴意义。需要说明的是，长三角地区的创新发展经验非常丰富，涵盖的范围非常广泛。本书的研究不可能面面俱到，只能选择有代表性的地区进行分析，其中包括省（市）域、市域、县（市）域；对各地的分析也没有面面俱到，而是注重分析其最有特色的内容。把这些地区创新发展的特色合起来就可以看到长三角地区创新发展的全貌。

　　本书每章的作者都是身处长三角地区的经济研究者，有些亲历了长三角区域经济发展的过程。本书既服务于热衷长三角创新问题的学者，也服务于我国经济管理领域的实际工作者。

　　本书每章分工如下。导论：孙宁华；第一章：洪银兴；第二章：宗晓华；第三章：龙翠红；第四章：李永友；第五章：王辉龙；第六章：周磊；第七章：安志；第八章：刘梦鹤；第九章：季小立；第十章：洪银兴。全书由洪银兴统稿，孙宁华协助进行了组织编辑工作。

　　在研究过程中，我们收到了来自教育部社科司转来的专家评审意见。这些意见十分中肯，很有见地，我们在研究中吸取了专家们提出的修改意见，丰富了我们的研究视角。这里对教育部社科司和各位专家表示感谢！

在研究过程中，课题组到安徽省科技厅进行了调研，第六章的部分数据资料由安徽省科技厅提供。安徽省科技厅谭海兵、徐洲炉副处长，钟海斌主任，安徽省科技评估与监管中心刘赞扬副主任，中国安徽省省委党校赵菁奇副教授等专家对第六章的撰写提出了宝贵意见，在此对安徽省科技厅和上述专家表示感谢。

感谢本书编辑初少磊对本书出版所付出的辛勤劳动。

洪银兴

2021年10月

图书在版编目（CIP）数据

长三角地区创新发展研究/洪银兴等著. —北京：
经济科学出版社，2021.11
（长三角区域践行新发展理念丛书）
"十三五"国家重点出版物出版规划项目
ISBN 978-7-5218-3279-2

Ⅰ.①长… Ⅱ.①洪… Ⅲ.①长江三角洲-区域经济发展-研究 Ⅳ.①F127.5

中国版本图书馆 CIP 数据核字（2021）第 253365 号

责任编辑：初少磊
责任校对：孙　晨
责任印制：范　艳

长三角地区创新发展研究
洪银兴　孙宁华　等著
经济科学出版社出版、发行　新华书店经销
社址：北京市海淀区阜成路甲 28 号　邮编：100142
总编部电话：010-88191217　发行部电话：010-88191540
网址：www.esp.com.cn
电子邮箱：esp@esp.com.cn
天猫网店：经济科学出版社旗舰店
网址：http://jjkxcbs.tmall.com
北京季蜂印刷有限公司印装
787×1092　16 开　19.5 印张　360000 字
2022 年 7 月第 1 版　2022 年 7 月第 1 次印刷
ISBN 978-7-5218-3279-2　定价：78.00 元
（图书出现印装问题，本社负责调换。电话：010-88191510）
（版权所有　侵权必究　打击盗版　举报热线：010-88191661
QQ：2242791300　营销中心电话：010-88191537
电子邮箱：dbts@esp.com.cn）